北京市哲学社会科学重大项目（15ZDA33）

教育部人文社会科学重点研究基地北京语言大学国际中文教育

汉语课堂教学结构和过程建模研究

郑艳群　陆凯英　田晋华
王　艳　周梦圆　朱世芳　◎著

Research on Chinese Classroom Teaching Structure and Process Modeling

北京语言大学出版社
BEIJING LANGUAGE AND CULTURE UNIVERSITY PRESS

© 2023 北京语言大学出版社，社图号 23252

图书在版编目（CIP）数据

汉语课堂教学结构和过程建模研究 / 郑艳群等著
. -- 北京：北京语言大学出版社，2023.12
　　ISBN 978-7-5619-6467-5

　　Ⅰ.①汉…　Ⅱ.①郑…　Ⅲ.①汉语—对外汉语教学—
课堂教学—教学研究　Ⅳ.①H195.3

　　中国国家版本馆 CIP 数据核字（2023）第 231421 号

汉语课堂教学结构和过程建模研究
HANYU KETANG JIAOXUE JIEGOU HE GUOCHENG JIANMO YANJIU

责任编辑： 周　鹏		**责任印制：** 周　燚	
排版制作： 闫海涛		**封面设计：** 春天书装	

出版发行： 北京语言大学出版社

社　　址： 北京市海淀区学院路 15 号，100083

网　　址： www.blcup.com

电子信箱： service@blcup.com

电　　话： 编 辑 部　8610-82303670
　　　　　国内发行　8610-82303650/3591/3648
　　　　　海外发行　8610-82303365/3080/3668
　　　　　北语书店　8610-82303653
　　　　　网购咨询　8610-82303908

印　　刷： 北京鑫丰华彩印有限公司

版　　次： 2023 年 12 月第 1 版　　**印　　次：** 2023 年 12 月第 1 次印刷
开　　本： 710 毫米 × 1000 毫米　1/16　**印　　张：** 26.25
字　　数： 379 千字
定　　价： 88.00 元

本研究得到北京市哲学社会科学重大项目"大数据视角下的汉语课堂教学系统模型建模及实证研究"（15ZDA33）及教育部人文社会科学重点研究基地北京语言大学国际中文教育研究院经费资助。

汉语教学研究方法的创新（代序）

崔永华

2022 年，世界汉语教学学会发布了《国际中文教师专业能力标准》（T/ISCLT 001-2022）。该标准在"专业技能"的二级指标"教育技术"下要求："了解并关注前沿技术应用于国际中文教育的最新进展，理解教育技术在中文教学中的本质作用，具有将信息技术与中文教学过程深度融合的意识。"

教育技术在中文教育中的"本质作用"表现在技术应用已经成为中文教育理论和实践中不可或缺的一个组成部分。它存在于教师的知识和能力结构之中，存在于教学理念、大纲、教材、资源、环境之中，存在于教学途径、方法、技巧、活动之中。当前全面铺开的中文线上教学、网络平台建设、教学资源建设，更是须臾离不开教育技术。可以说，教育技术与中文教育"深度融合"已经成为毫不夸张的事实。就拿中文教育的基本行为——课堂教学来说，现在对学习者进行的画像和需求分析、课前预习、线上／线下教学、作业处理、各种教学反馈、学习管理、班级管理等，每一步都在运用教育技术，甚至越来越依赖教育技术。

今天摆在我们面前的这本由郑艳群教授及其研究团队撰写的《汉语课堂教学结构和过程建模研究》，旨在用"教育数据挖掘的方法"探讨汉语课堂教学规律，并总结具有普遍意义和应用价值的研究方法。这表明郑教授将技术手段融入国际中文教育的研究进入了一个新的阶段。

本书尝试利用技术手段对汉语课堂教学进行深入的、系统的、全方位的研究。具体做法是：通过梳理探讨汉语教学"经典"著述中对教学过程的阐释，做教学构件、结构和过程类型的"应然"描写；同时用数据库方法分析归纳"经典"课堂教学实录中教学的实际操作情况，完成教学构件、结构和过程类型的"实然"实证研究；在此基础上，对"应然"和"实然"的研究结果进行多方面对比分析。此外，聚焦"结构和过程"这一研究问题，首次将历时发展与共时分布结合起来，对不同历史时期的相关认知及代表人物进行史料研究。显然，这有助于我们把握研究发展脉络，建立全局意识，对研究汉语教学发展史的意义不言而喻。

作者用"经典"修饰本研究所用的相关著述和教学实录，只是想比较简洁地表示这些资源具有较高的质量。著述的作者都是具有丰富汉语教学经验和相当研究能力的研究型教师；教学实录都是"精心设计后付诸实施的"，具有"可模仿性和可推广性"，"可视为教学实践智慧的典型代表"。毋庸置疑，每位专家的具体论述和优秀教师的教学实践都会带有一定的主观性、局限性、偶然性，可能会存在某些创新或瑕疵。但是，像本研究这样，借助教育技术的手段和思路，对多种"经典"论述和"经典"教学案例加以梳理、归纳，使其互相支持、互相印证、互相补充，是站在理论和实践的最高点上，"站在巨人肩膀上"得出的结论。它摆脱了单纯的理论探讨和教师经验总结各自的弱点，而使二者的优点互相补充、验证，大大克服了个人的主观性、局限性、偶然性，其结论非常值得参考。这一系列研究得到的结论，可以总结成汉语教学的经典理论，并直接用于教学实践，可以用来指导汉语教材的编写，也应当作为教师培养、培训课程的重要内容。更值得注意的是，这项研究为国际中文教育研究开辟了一条新的路径，可以视为国际中文教育研究内容、研究思路及研究方法上的一次飞跃。这种飞跃至少表现在研究的内容、思路、方法三个层面。

第一，研究内容上的飞跃。本书的研究聚焦于汉语课堂教学。课堂教学本来就应当是汉语教学研究的核心内容，因为课堂教学是汉语教学最直接的现实，汉语教学的一切理论、理念、内容、方法、技巧，最终都要在课堂教学上实现。换句话说，尽管中文教学涉及的因素很多，但最终成败还是要看课堂教学效果。所有教学活动，包括线上教学以及今后的学习者自适应学习，两者在本质上都遵循着与课堂教学一致的基本原理、原则、过程和方法。因此，课堂教学研究是探寻国际中文教育本质的核心所在。

但现实却并非如此。这些年国际中文教育的研究项目、成果越来越多，但是大都在外围打转，真正意义上的课堂教学研究项目和成果越来越少，尤其缺少实证的、全方位的、透彻的课堂教学研究。用郑教授的话来说就是，"应然"研究多，"实然"研究严重不足。同时，大多数"应然"研究都是基于经验或观察、思考后的"纸上谈兵"，也就是说，缺少实证研究的支持。即使是一些实证研究，也限于驾驭能力，多为有限范围内的个案研究。

毫无疑问，对科学认识语言教学规律来说，"实然"研究的意义远大于"应然"。因此，之所以说本书所展示的成果是研究内容上的飞跃，一是它回归了汉语教学的核心问题，把课堂教学作为研究对象；二是它打开了对汉语课堂教学进行全方位的、彻底的实证研究的大门。

第二，研究思路上的飞跃。本书的研究以教育技术框架为指导，运用了基于现代科技思维的全息研究思路。郑教授称之为"教学分析"，并将其定义为"通过教学系统中丰富的信息来探究教学系统的各个组成要素及其相关关系的过程"。这可以看作是国际中文教育研究思路的一个创新。

我们有时会讨论汉语教学是不是"科学"。其实，任何一种现象都可以成为科学研究的对象，关键在于你是否在用、是否会用科学的思路和方法来研究它。想让汉语教学研究成为科学，就必须掌握适合它的研究思路和方法，正所谓"工欲善其事，必先利其器"。

汉语课堂教学研究需要新的研究思路，首先是因为"教学分析的对象是复杂的，它要求我们从多个维度和空间把握研究内容，既要考虑教学的结构构成和过程实现，又要考虑教师、学生、教学环境及相互间的一切交互表现形式和结果"。课堂教学包含众多因素：从大的方面说，包括学生、教师、教材、环境等；从小的方面说，课堂上出现的每一个词语，每一句话，每一个动作、手势、表情，每一个师生、生生互动，每一个环节、步骤、技巧、活动，都可能影响课堂教学的进程和效果，都可以作为独立或相互关联的分析对象。

汉语课堂教学研究需要新的研究思路，这是因为传统的研究思路天然地无法对课堂教学中复杂的、多维度的动态现象，从数量、层次、关系、效果等维度进行全面、精细的研究。事实上，用传统的研究思路进行课堂教学研究，也很难再取得新的成果，所以核心研究越来越少，只能在外围打转。

其实大家都知道课堂教学地位重要，理当着力研究。但不是我们不想研究，而是囿于传统的研究思路，不知道还能怎么研究。"教学分析"的研究思路建立在信息时代科学研究的背景下，其突出特点之一就是运用大数据和数据挖掘进行复杂、系统的研究。本书所展示的研究成果说明，大数据和数据挖掘，可以运用于对汉语教学和学习中的信息搜集、整理、分析和利用，可以从不同的维度和空间发现教学活动中的问题，描绘教学系统的构成因素、特性和运行规则，进而全面认识和发现汉语教学规律。换句话说，我们以往找不到合适的研究思路，是因为我们不了解现代技术手段对教学研究的潜在作用。

本书展示的成果让我们看到，教育技术为课堂教学研究提供了新的、更有前景的思路，让我们超越过去以"应然"为主的研究，有能力对汉语课堂教学进行多维度、全方位的实证分析、对比研究，让"走投无路"的汉语课堂教学研究能够走出困境。

第三，研究方法上的飞跃。本书展示的成果使用了计算机信息处理和数据库等技术，郑教授称之为"教学计算"，并定义为"对教学系统中教师、学生、教学环境及其关系的数据进行测量、采集、分析并报告结果的方法"[①]。

"教学计算"以信息处理、数据库为主要手段，对教学要素进行详细分解和多维度属性标注，建立起"汉语教学·文献研究数据库""汉语教学·实录研究数据库"等丰富的基础数据资源，并从多角度梳理、关联、比较课堂教学的构件、结构、过程，通过"数据挖掘"发现相关教学规律。其基本做法是：（1）收集整理关于特定研究问题的有影响力的论述，归纳出基本认识，计算倾向性结果并得出相关结论；（2）收集相关的规范化教学实践案例（包括教学实录、教案等，其中教案介乎"应然"和"实然"之间，偏向后者），建立数据库，进行相应的标注、统计，计算倾向性结果并得出相关结论；（3）将基于经典论述归纳出的认识与数据库相关案例的分析、统计结果进行比较，探求结构和过程的运用条件，以及特定条件下的最佳教学方案；（4）从历时和共时两个角度探索相关专家认知中传承与演变的规律；（5）用科学的语言撰写研究报告。

从本书各种课程的数据建模中可以看到，"教学计算"的方法便于梳理教学现象、发现教学规律，它超越了传统的方法，使汉语课堂教学研究达到了以往未曾达到的广度和深度，成为打开全面、深入研究复杂的汉语课堂教学新局面的金钥匙。如郑教授所说："这种方法突破了传统的研究途径，它不仅是教学研究的趋势和方向，也必将推动教学创新和发展。"[②]

科学研究的思路、方法和研究成果，需要用科学的语言来表述。本书的行文也值得借鉴。一方面，它用准确定义的术语和严谨的语句，陈述了研究

---

①② 郑艳群（2020）教学分析与教学计算：大数据时代汉语教学研究方法探新，《国际汉语教学研究》第 2 期。

过程和研究成果，保证了研究结论的可信度；另一方面，我们没有看到为追求"科学性"而生造的术语和貌似严谨却似是而非的艰涩语句。这种科学、平实的文风值得大力提倡。当然，这种研究和陈述方式与作者的学术背景和学术水平有关。但这不是不可以学习的，就像我们成功地学会了测量学方法、心理学方法、统计学方法等一样，运用教育技术手段和方法研究中文教学，也是追求科学化必须具备的能力。

就现实来看，本书运用的研究思路和方法，至少还可以向以下角度延伸、推广：

（1）扩展研究视域。可以扩展到海外非目的语环境下的中文课堂教学研究、国内外中小学中文课堂教学研究、混合模式下的中文课堂教学研究、线上中文课堂教学研究等等。

（2）深化研究内容。进一步研究内部或者说是下位的教学过程。比如，对语法教学中"练习"这个"必有项"继续开展更深入的过程研究；开展课堂习得研究，从中得到课堂教学对习得的促进方式、作用、不足；开展教师语言研究，从中考察课堂用语的词汇、结构、发展、效果、不足，以及体态语的作用；开展课堂纠错研究，从中得到更多实例，并考察课堂教学各种因素对教学效率及学习效果的影响；开展教材研究，从中发现有效和无效的教授、练习方式，为教材编写提供指导；等等。

（3）加强对"变体"的解释性研究。本书指出："'实然'中出现了许多'应然'过程类型的变体形式，应进一步探讨其应用的背景或条件。"我非常赞同这种想法。在讨论教学方法时，大家常常强调"教无定法"。而"无定之法"，其实是"教学有法"中"法"的变体。就像我们在语言研究中对"例外"的解释可以深化对语言规则的认识一样，对教学方法"变体"出现背景、条件的认识，也是深入认识教学方法乃至教学规律的重要途径。汉语教学实录大数据可以为我们认识这些"无定之法"提供方便，帮助我们达到认识汉语教学法的新高度。

（4）开展由"反例"触发的研究。在"实然"中，有时会发现一些"不同寻常"，甚至同已有理论认识完全相悖的教学行为。对这些教学行为加以分类、描写和解释，也是教学法研究的一个重要方面，或许正是教学实践的创新之处。

（5）加强数据库建设。数据库是进行此类研究的基本条件。创造条件建立大规模汉语教学文献数据库和教学实录数据库或专项教学研究数据库是一项基本工作，可以像语料库语言学研究一样，不断地开展下去。

郑艳群教授自上世纪 80 年代起从事对外汉语教育技术的研究和相关产品的开发，一直耕耘在运用计算机和现代科技支持对外汉语教学工作的最前沿，成果颇为丰硕。20 世纪 80 年代，她参与了国内第一个计算机辅助对外汉语教学软件《电脑辅助速成对外汉语教学系统》（1988）的研发工作并在国际会展中获奖。90 年代，她主持研制了第一部《多媒体汉字字典》，国家汉办技术鉴定委员会一致认为，该字典居于汉语作为第二语言教学领域内同类辞书的国际先进水平，是改进汉字教材、革新汉字教法的一种新尝试，也是实现从纸质教材到多媒体教材的一次飞跃。她 1999 年发表的《虚拟现实技术和语言教学环境》、2003 年发表的《课堂上的网络和网络上的课堂》，均极具前瞻性，其中的许多"预见"如今已变成现实。她的专著《计算机技术与世界汉语教学》《汉语多媒体教学课件设计》《对外汉语教育技术概论》《虚拟词语空间理论与汉语知识表达研究》《多媒体和语料库驱动的汉语教学研究》《语言教育技术研究》等，是国际中文教育领域极具影响力的中文教育技术系统专著。此外，她开设多年的"汉语多媒体课件设计""第二语言教育技术研究"等课程，为本领域硕士、博士人才培养发挥了重要作用。近来看到她带领团队共同完成的新作，又为之一振，觉得值得向学界推荐，以供借鉴。国际中文教育事业发展和学科建设需要跨学科人才，这是大势所趋，也是历史必然。

笔者相信，认真研读本书，体会、学习、掌握、拓展本书的这种研究思路和方法，必将为汉语教学研究，特别是科学阐述汉语教学的各级教学模式注入新的活力。这种"接地气"的研究成果，必将为汉语教学方法创新及教师培养提供坚实、可靠的理论和实践内容，而且可以打破汉语课堂教学研究的困局，使汉语教学研究有一个新的跃进。

前　言

　　汉语教学结构和过程研究是汉语教学研究的基本问题，是一项重要的基础研究。分析课堂教学结构和过程，可以使我们更好地遵循教学规律，使课堂教学形成清晰的教学模式。吕必松《汉语和汉语作为第二语言教学》一书（北京大学出版社，2007）在阐述汉语教学本体理论研究的各项内容时，强调了教学结构和教学过程这两个重要的对象。

　　结构和过程研究有不同的研究范式。既可以基于对已有思辨性或经验性教学认知的系统分析推导出理论模型，又可以基于教学实践对实际教学系统进行分析后构建应用模型，还可以进行模型之间的对比研究。

　　本书除第一章外，其余各章围绕汉语听力、口语、阅读、写作和综合课教学结构和过程研究展开，均包括如下四大部分：（1）运用扎根理论和内容分析法，围绕汉语技能教学系统梳理各技能教学结构和过程的思辨性、经验性认知，从"宏观层—中观层—微观层"进行系统架构，从概念出发提取出其中的构件、结构和过程信息，再进行统一赋码和形式化表达；在确立构件系统的基础上完成对理论模型的推导，并对其特征进行分析。（2）以规范化教学实录为研究对象，通过辨识构件、结构和过程信息，以及统一赋码和形式化表达，构建应用模型并对其特征进行分析。（3）进行理论模型和应用模型之间的对比，这不仅有助于归纳其共性，验证已有理论认知，也有助于揭示规范化教学实践与已有理论认知的差异特征，进而提出新的理论假设，以证伪、补充或修正已有理论认知。（4）进行史料分析。通过对结构和过程研究的共时与历时、析出与重组、分解与组合以及代表性人物的分析，可以解释教学模式发生和发展变化的动因，揭示汉语教学模式发展的规律。本书的研究结论可以为汉语教学理论研究的进一步发展奠定基础，并为汉语课堂教学设计、教学管理、教学测评和教学优化提供参考，还可以为汉语慕课或微课教学单元设计、资源建设提供依据。

　　本书理论建模与实证研究并重，对比研究与史料分析紧随其后，是国际中文教育和汉语教学法、教学模式研究的一项重要成果，也是大数据时代教育数据研究方法在汉语教学中成功应用的体现。本书适合国际中文教育师生和科研人员阅读和参考。

目　录

第一章　汉语教学建模的意义和基本方法

我们有时候需要对研究的实体进行必要的抽象和简化，并以适当的形式或规则将其主要特征描述出来，这一过程通常被称为"系统建模"，其中简化后的模仿物被称为"模型"。模型的作用是为了表达不同概念的性质，或为了某个研究目的。模型有时候通过实体形式表现，有时候通过虚拟形式表现，因此有实体模型和虚拟模型之分。此外，根据展示形式，模型还可以分为平面展示和立体展示两种。

大数据时代，数学建模成为解决生态问题的重要方法。通过模型可以更好地理解和解决问题。建模的发展趋势是实现多模态大模型的自动建模，包括对语音、视频等信息特征进行表达，以及对大量无标记数据集中进行更深层次的特征表达，推进智能化发展。

第一节　大数据时代汉语教学数据挖掘研究的
意义和方法 *

大数据时代，数据挖掘技术得到了广泛的应用，取得了很多成效，为教

---

* 本节内容曾以《汉语教学数据挖掘：意义和方法》为题发表于《语言文字应用》2016年第 4 期，作者为郑艳群。

育领域的研究和应用提供了参考和借鉴。

汉语教学领域，无论是对学习系统使用的数据挖掘，还是对课堂教学实录的数据挖掘，都是汉语教育研究的大数据源泉，其中蕴藏着丰富的与汉语教育相关的知识。它可以帮助我们开展全面而深刻的教学理论与实践研究，它对新时期汉语教学学科建设及教学效率和教学质量的提高具有积极的意义。

一、汉语教学数据挖掘的意义

当前，不仅第二语言教学方式发生了诸多变化，而且针对第二语言教学的研究方法和研究范式也随之发生了变化。其中，利用教育大数据，通过数据挖掘开展教育研究就是最为突出的特点之一。它不仅是教育研究的趋势和方向，更是推动教育创新和发展的基础和力量。其意义体现在如下三个方面。

（一）全面认识影响汉语教学的相关因素，发现更多的汉语教学规律

教育是一个复杂的系统，其复杂性因为教师和学生的个体差异而尤其难以进行严谨的分析研究。研究者们一直在探寻与教育相关的各种关系和各种规律。郑艳群（2014）指出："汉语教学软实力的增强，必将提升信息时代汉语教学的生产力。"在新的信息技术背景下，应当以语言教育情境的理念研究宏观社会因素、微观社会因素对语言教学和学习的影响。

虽然我们以往进行了长时间的努力，但结果依然是片面的或有限的。例如：研究对象数量有限，因而无法应用大数据的分析方法；针对本学科的数据分析方法研究的缺失，造成没有驾驭大样本动态数据的能力；开展教师研究的同时，没有做相应的学生研究；分析片面，参照因素有限，不能发现深层的关联关系，更谈不上揭示因果关系；大多是经验性的总结。

事实上，语言教学研究意识早已出现了转向。苗兴伟（1995）指出，外语教学研究已经开始了从规定性研究到描写性研究的转向，如从以教学技

巧和方法研究为重点转向对教学过程和教学行为的研究，强调在教学情境中分析教师、学生、环境的相互关系。这是符合语言教育特点的。

要进行大数据分析和数据挖掘，任务自然是很艰巨的，但是"要使对外汉语教学真正走向科学化，这样的研究就非进行不可"（孙德坤，1992）。郑隆威等（2016）指出，越是面对复杂、系统的研究，就越需要大数据和数据挖掘的支持。利用大数据和数据挖掘，可以使我们在语言教育情境中，发现并厘清学习活动存在的诸多问题和具体的相关因素，全面认识和发现汉语教学规律。

1. 开展教学模式研究

第一，发现新方法、新模式和新理论。纵观已有关于语言教学方法和教学模式的讨论、研究和成果，大都属于原则、策略之类，从实际应用来看，缺少关于要素、结构和过程的准确描述。教学结构和过程问题是教学研究的基本问题，分析课堂教学结构，可以使我们对课堂教学的框架有科学的理解和描述，还可以使我们更好地遵循教学规律，使课堂教学构成清晰的教学模式（崔永华，1992）。而通过数据挖掘，从可操作角度更准确地把握模式的真谛，能帮助我们发现现有理论下的新模式、新方法，总结并提出新的理论；能建立各种类别的教学模型；能使用已经存在的模型进行科学发现；有利于探讨成功教学的机制。例如，根据伯明翰学派 IRF 话语分析理论，也许人们都认为"引发"总是由教师发出的，但在实际的熟手或专家型汉语教师教学实录的众多 IRF 片段中，我们发现并非如此，它体现的是师生平等和对学生的尊重，而非教师主导。

第二，教学模式比较研究。汉语教学对于教学模式的研究一直非常重视，它是学科理论建设和实践研究的重要内容。通过汉语教育共时和历时的大数据挖掘，可以开展汉语教育史研究，开展不同地区、不同教学类别、不同教学形式中的教学模式对比研究等，为各方提供指导或参考。例如，袁媛（2014）对初、中、高不同等级汉语听说课中 172 个"聚焦形式"（focus on form，简称 FonF）的片段进行了细致的研究，发现不同等级中 FonF 片段的分布遵循着一定的规律，并与国外聚焦形式教学研究的结果进行了比较。

2. 开展教学理论与实践关系研究

第一，验证理论模型。汉语教学几十年来的理论研究已经取得了一些成果，但是我们并不真正了解实际应用与理论认识的关系，或者说，不能准确知晓实践中理论运用的具体情况。结合教学效果，大数据可以帮助我们验证理论模型在实施过程中的有效性。

第二，探讨"实然"与"应然"及其关系问题。大数据可以帮助我们探讨"实然"，也可以帮助我们探讨"实然"与"应然"的关系，进而在实现教育目标的过程中，明晰或端正对待"实然"与"应然"的态度，就两者是否可以统一起来以及如何统一开展学术讨论，也可以由此发现理论中提出的与实际不符的"应然"并对理论进行调整。例如，从数据出发论述真实教学中体现出的是结构教学还是功能教学思想，社会文化的活动理论在教学中是如何应用的，等等。此外，还可以结合教师访谈进一步论述。

（二）用丰富的汉语教学知识指导教师和教学行为，开展教师培养和培训

汉语教学需要汉语教学知识，比如汉语本体研究知识、汉语要素教学和汉语技能教学知识，了解教什么、怎么教和怎么学等。这些知识在书本和教学实际中已经存在，但远不及"实然"那么全面且真切。

例如，教师的教学行为现在主要是有一些理论做基础，再加上教师之间的相互借鉴，但是这些方法都没有与教学效果（即学生语言水平的提高）关联起来。如果对教学行为和方法与教学效果及学生反馈的大数据进行分析，就可以给教师提供一个更大的可行教学方法的集合，还可以对这个集合中的教学方法进行分类和评估，并明确它们的使用条件。再进一步，各种来源的教学方法可以形成一个像手机菜谱 App 一样的互动式工具包，供教师们参考选用。目前尚未见到这种针对教学的平台，但是已经有学生评价老师的平

台，比如美国的"Rate My Professors"和中国的"评师网"。

1. 提高教学质量和教学效率

我们通常所说的提高教学质量和教学效率，其实是在探讨教学的有效性，或者说，有效性就是学生学习的付出和成绩的提高量之间的关系。余文森（2006）提出要关注有效性教学，包括学生通过教学活动在认知的范围和程度上，在感情上、动机上的收获、提高和进步。

大数据中所得到的数据挖掘结果有助于教师教学过程和效果的最优化，有助于提高教学效率，提升教育质量。它反映的是有效教学的教学原理，可以具体且明确地指明教学有效性的努力方向，不再使教师仅有教学意识而不知努力方向。它帮助我们从教育的不同空间、不同维度、不同层面去思考教学要素、结构、过程，思考教学改革。

2. 开展科学的教学评估

大数据分析所得到的关于教学过程的各类描述，可以帮助我们科学地开展教学评估，可以为多元主体判断提供客观依据。

教学评估在教学活动中有着重要的作用，是保证教学系统正常运行及保证教学效率和效果的重要手段。对于教学管理者来说，可以通过教学评估对教师或学校整体的课堂教学情况进行评价；对于教师来说，可以对自身的课堂教学有客观的认识。教学评估应该成为一种常态检测，应该实施过程控制，应该有科学的、便于操作的、可衡量的量化标准，而不是按原则或经验性的估分来判断。

需要说明的是，在对问题进行量化，以及对量化大数据进行标准化建模之后，就可以得到具有共性的教学模式的模型。但此时教学仍然可以保持个性化的表达，即此时个性化也被纳入分析中，成为智能教学设计的基础。比如某种适合协作式口语教学的教学方式、优秀教学案例库中异于他人的某位专家型教师的教学方法（很可能是创新研究的起点）等，都应予以保留并受到重视。这是在汉语教学中对待大数据和数据挖掘应有的态度。

3. 构建汉语教学知识体系

实际上，我们目前只知道作为对外汉语教师应该具有理论性知识和实践性知识，但对于汉语教学知识体系并没有明确而精准的认识。这会直接影响到汉语作为第二语言教学/汉语国际教育专业的课程设置，以及相关的教师培训和培养。

大数据报告的教学实录分析结果，对于研究课堂和在线教学、教师之间相互分析教学，以及教师个体开展教学反思来提升职业素质或提出教师发展策略，都是重要的参考。这些结果不仅可以改进教学，而且还可以促进在职教师的专业发展和行动研究。教育大数据结果应该作为教师培训的工具，它是学科建设的重要内容。同时，可以构建体现汉语教学知识运用的教学案例解析库，对教学实录进行标注，并对教学过程和原则进行分析与评价等。

（三）用丰富的学习分析结果提供学习支持并进一步开展习得研究

1. 按需提供学习支持

根据学习研究得到的分析结果，可以归纳出学习者的学习行为特征，由此就可以在学习过程中以可视化的方式展现数据挖掘结果，反馈给学习者，为学生提供各种建议，提供各类学习资源，从而起到控制学习过程的作用。例如，提供并加大真实语言材料输入、在特定教学节点上提供必要的人工辅导、为善听者提供更多的音频语言学习资源；又如，先记录学生汉字学习过程中的各种行为，然后与他们最终的汉字学习成绩关联，就可以知晓成功的汉字学习者基于过程的汉字学习策略和学习行为的分布情况，从而指导同样学习背景和个体因素的学习者，帮助他们获得较好的汉字学习结果。

总之，我们应该充分利用大数据，转变教学理念，更新教学内容，完善教学方法，注重语言的实用性，从多维度出发设计学习情境，创造有利于汉语学习的环境，从而有效指导学习。

2. 为习得研究提供支持

首先，由于语料的系统获得更加容易、信息保存更加完整，因此有望建立真正意义上的多模态全球汉语中介语语料库，从而为新时期开展汉语中介语研究、偏误分析研究、学习者语言系统研究提供丰富的材料。其次，由于大数据记录了汉语学习者及其学习过程中的学习行为，因此有助于系统地研究学习者特征和习得过程，从而为教学和教学决策提供基于真实教学事件的数据支持，为习得研究提供样例证据，也为大规模实验研究创造条件。

可以说，大数据和数据挖掘为习得研究提供了无限的潜能。它帮助我们以开放的、多元的视角看待语言习得问题，有助于研究习得理论，验证习得假设，填补以往研究的空白。

二、汉语教学数据挖掘的方法

汉语教学数据挖掘需要经历如下几个阶段：对研究问题进行分析、数据采集和数据诊断、数据特征收集和模型发现，以及对特征或模型进行分析和解释（如图 1-1 所示）。

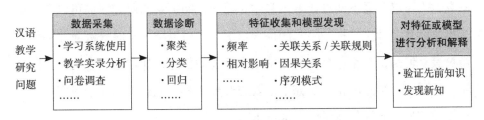

图 1-1　汉语教学数据挖掘步骤示意图

（一）根据研究问题确定与之相关的要素

Baker & Yacef（2009）指出，教育数据挖掘需要明确地对教育数据的多级分层结构和非独立性做出解释。因此，我们首先应围绕研究问题确定与之相关的要素。这其中包括确定要素的结构，即是否要对某个或某些要素的下位进行研究。这实际上是研究问题映射到数据结构的过程。此时对要素及其结构的设置，决定了最终可以对数据进行怎样的分析，以及可能得到什么样的结果。

例如，我们要对师生会话中的教师话语进行大数据研究，至少要了解到教师话语包括提问语、反馈语和示范语等，那么这些就成为该研究的下位属性；又如，我们要对汉语口语课堂教学中练习的功能进行数据挖掘研究，首先就要了解口语教学的目的和口语教学的微技能分类。

（二）数据采集

确定研究问题和与之相关的属性及属性结构之后，就要去采集数据。采集什么样的数据和如何采集数据，取决于需要探究和分析的内容。

用于研究的数据可以是一切来源于教学的原始数据。有关教育研究的原始数据采集有多种方法和类型。如果已经有了大型的包含数据结构的数据库或在线数据平台之类的原始数据，就可以从中提取相关数据；如果原始数据是不具备数据结构的，就要按照与属性结构对应的数据结构去采集数据，也就是通常说的"属性标注"。例如，"汉语中介语语料库"已经标注了学习者的母语背景、学时等级等属性，那么就可以直接开展与母语背景相关的研究，也可以开展不同母语背景和学时等级之间关系的研究，如可以考察某个母语背景下学生"把"字句的偏误情况，也可以结合学时等级对此问题进行考察。但是，对于这个语料库中没有标注的信息，如"把"字句的交际环境，就没有办法开展相关研究了。要想开展研究，就必须先在语料库中标注这样的信息，或从其他属性中推导出来。

如果想做的研究课题中的重要变量在现有的语料库中有所缺失，可能需要选择新的语料库或者重新收集语料建立新的语料库。比如，我们要利用教师的教学实录开展交际活动或教师话语研究，由于目前没有一个收集大量教学实录并对教学实录做练习类型或教师话语类别等属性标记的数据平台，因此就要根据研究目标所设置的属性结构对教学实录进行标注，如截取其中的片段作为研究数据库，从而得到研究的基础数据（库），所以不同数据库中单元或记录的细化程度和综合程度可能是不同的。

教育数据可以有多种类型：课堂或者网络，单纯或者混合，同步或者异步；还有可能是文字、音频或视频等形式的，可用于不同目的的教学研究。吕玉兰、张若莹（2005）认为，课堂教学实录是提高教师课堂教学能力的有效工具，是"鲜活的资料"。微信交流产生的语料也可以用来研究，这些都会产生教学实录或教学资源利用实录的大数据，由此进行的数据挖掘面向不同的应用，各有特点，如音频数据有助于分析教师在教学中语气、语调的教学功能和策略。

我们应该注意到这样的情形，即数据库中代表教学水平的数据的变化幅度越大，越有助于我们更好地量化学生成绩对各种教学手段的反应和敏感度。通俗地讲，就是在数据库中，如果既有教学水平高的教师的教学数据，又有教学水平中等和低下的教师的教学数据，那么我们就可以知道教学方法与学生成绩之间的关系以及教学方法对学习成绩提高幅度的影响了。

（三）数据诊断

数据质量直接影响到计算和分析结果，应给予足够的重视，以防数据库中掺杂不准确或不真实的数据。为此，要先对采集的数据进行判断和清理，最大可能地保证数据的科学性、可靠性，从而保证利用这些数据的分析结果的准确性及其教学实际应用中的有效性。如果数据中与研究题目相关的重要变量缺失太多或属性标注不一致，那么数据库就不能直接用于研究，就要调整研究方案或调整数据的使用方式和范围。换句话说，就是对低质量教育数据的分析会产生有偏差或可信度不高的结果，有可能误导教师的教学。只有在保证数据质量的前提下进行的数据分析工作才是有意义、有价值的。

1. 数据诊断两大步骤

第一步，初步判断数据整体质量。一般通过数据初步形态的表达或展示来看其是否可靠，对数据整体质量的初步诊断常常依赖经验，对一些不确定的数据需要进一步处理并判断。

第二步，发现和处理异常值。首先，发现异常值。为了方便地甄别出异常的数据点，经常会借助各种数据可视化手段。如绘制或生成折线图、散点图、柱形图等，这样可以帮助我们发现异常数据。其次，处理异常值。在必要时，需要剔除异常数据，即剔除一组数据中不符合常识的数据变动，这个过程也叫数据预处理。例如，如果我们要通过专家型教师教学实录考察专家型教师教学行为，那么在教学实录数据库中，就应该去掉非专家型教师的数据。有的时候，如果能够确定某个数据点的某个变量是数据录入或编码错误，而且有其他手段能绝对准确地修正它，那就可以通过调整来改正和归位。

2. 常用的数据诊断三大方法

第一，运用聚类进行数据诊断。聚类是指按照一个数据的集合中一些变量表现出的归类规则，将其分为多个类别的过程。聚类的归类规则是在数据分析时自然归纳的数据的若干特征，而不是由人的已知提炼出来的规则。因此，可能有些数据因为不符合大部分数据点总结出的规则而无法进行归类，即有些数据与大部分数据点的若干特征都不相符，这些数据叫作异常值。

看待异常值，要看它在总数中的比例大小。如果比例小，就属于正常，这一小部分有可能是不寻常的数据（如正常人说话中偶尔的一个病句、文本录入中的同音字词错误等），可以把它们删去，然后再进行下一步的分析，至此可以结束本次聚类工作；如果比例大，则说明用来归类的变量或变量组合不当，应该调整变量及变量细分的程度。如果无论怎样调整，这些无法归类的数据点的比例都比较大，那就说明聚类的总结和研究方式不适合这个数据的结构或预先设定的研究题目。

另外，也有可能虽然绝大部分数据点都能够归类，但可用于归类的变量组合无法用任何理论进行解释或建立关联，甚至它们之间几乎没有逻辑关系，此时就要考虑在下面寻找数据特征时，即试图重做聚类分析时，对归类所选取的变量组合进行合理的限制，在特定的限制条件下再寻找规律。

第二，运用分类进行数据诊断。分类是指按照从理论中提炼出的种类、等级和性质方面的规则进行归类的过程。比如，由文献得知语法教学通常包括引入、讲解、练习和归纳这四个环节，我们就可以把语法教学实录按这四个环节进行划分和归类。

分类中的异常值，是指那些无法归入到已知类别中的数据，常记为"其他"。如果本次研究关心的内容都已归到大类别中，"其他"为不在本研究设计的框架内的数据，那么可将"其他"中的数据全部从后续的讨论和分析中剔除。但有些分类中的"其他"或"例外"却是值得重视的。比如，在对专家型教师教学模式的分析中，某个教师的教学模式不属于任何类别，但并不是说这个教师的教学方法不好，而这可能正是他的创新之处，是值得重视和研究的案例。

第三，运用回归进行数据诊断。回归是运用线性的拟合来总结数据之间的线性关系的过程。比如，自变量是学习汉语的时间长度，因变量是汉语口语的水平，如果做这样的简单回归，发现 R 平方[①]接近 0，即自变量几乎完全无法解释因变量的变化，那么表明这个数据在这方面的噪声过强，不适合进行学习汉语时间长度与汉语口语水平之间的相关研究。如果 R 平方的值在合理范围内，但是绘制出这两个变量的散点图并在图上标出这个回归的直线后，发现有少数几个点与回归线和绝大多数点的距离都非常远，那么就说明这几个点是异常值，应该去掉之后再做下一步的分析。

（四）特征收集和模型发现

在确定数据质量合格，即数据可用后，就可以开始寻找和发现数据的特征或发现模型了。实际上，所有的相关性分析都可以用于特征的收集和发现。

1. 特征收集

关于特征收集，通常可以挖掘到如下类别的数据：（1）频率信息。如慕

---

① R 平方 = 自变量能够解释的因变量的变化规律 ÷ 因变量的所有变化规律。

课中，微型视频是慕课的重要组成部分，但还有家庭作业、阅读材料、学习活动、讨论评估等多个单元的教学资源，通过后台统计数据便可以知道点击某个单元的频率。（2）相对影响，即发现影响因素中哪个因素对结果的影响程度更大。例如，我们已知在汉语否定词学习中，学时等级和母语背景都会对该语法点的习得产生影响，那么通过数据分析就可以知道，这两个因素中到底是哪个因素起主要作用，即对习得影响更大。

特征收集和模型发现依然会用到聚类和分类，有时甚至还会把这两种方法联合起来使用，以挖掘出新知识或更新已有的认识，达到特别的效果。例如，《中介语中程度副词的使用情况分析》（郑艳群，2006）一文中，通过分类和聚类的方法，就得到了如下四个研究结果：第一，论著和论文中的错误类型在语料库中均出现了，此外还发现了一些新的偏误类型。第二，以往汉语中介语论著或论文中重点讨论、广泛讨论的偏误用例，在语料库中出现频率并不高。第三，某些属于大纲中的程度副词在语料中并没有出现。第四，语料中存在的某些偏误，在已有汉语本体研究中很难找到相应的解释。

2. 模型发现

模型实际上是形态、构造或结构等关系的体现。比如，使用哪种多媒体技术手段（如变换字体或字号、加粗、加边框、变换前景色或背景色等）对阅读中的词汇学习有益；远程语言学习中，"成功的快乐、骄傲、希望"等积极情感因素与"无聊、伤心、失望、焦虑、妒忌"等消极情感因素如何影响学生不同能动性的发挥（Bown & White，2010），等等。这些都将成为未来（智能）计算机辅助语言学习设计的基础。研究中常通过挖掘关联关系、因果关系和序列模式等来发现模型。

（1）一般性的关联关系，以及关联规则（即怎样关联、关联方式是什么）。常见情况有：①判断两个或多个变量之间是否有关联及其关联规则。如在学生成绩管理数据库中，我们发现某个或某些国别或母语背景学生的汉字学习成绩较高，而另一些国别或母语背景学生的汉字学习成绩不高，那么就表明国别或母语背景与汉字学习成绩是相关的。具体是哪些国别或母语背景的学生汉字成绩高或低，是什么原因导致的，则属于另外的研究。②判断两个连续变量之间是否有关联及其关联规则。比如，练习时间长度与成绩之间是否呈正相关。

（2）因果关系。①单向因果关系。比如，曾经在中国生活过对学习汉语有帮助。②互为因果关系。有时候，各因素之间是互为因果关系的。比如，多练习，成绩就可以提高；而成绩提高了就更有动力学习，就会更多地练习，于是成绩就又提高了。

（3）序列模式。序列模式挖掘指从大数据中发现一系列相互关联的关系，即连续的一对一关联关系挖掘，这并非仅仅是一对一的关联，而是一个系列相关性结果，好比树形结构中一条条含有结点的路径。例如，综合课语法课堂教学的过程通常为 ABCD 序列模型，即"A（引入）—B（讲解）—C（练习）—D（归纳）"（郑艳群、袁萍，2015）。

（五）对特征或模型进行分析和解释

对特征的收集和发现，可以帮助我们分析先前设计的研究方法或模型的合理性。此时，分析方法应与之前对研究问题的属性和属性结构的认识相结合，从而发现属性结构中各因素之间的关系。例如，在计算了"学习总时间（A）""口语练习时间（B）""阅读练习时间（C）""口语成绩（D）""阅读成绩（E）"的数据后，如果从数据中发现 C 与 D 之间没有相关性、B 与 E 之间也没有相关性，那么就可以初步判断：在处理汉语口语和阅读的练习时间与成绩产出之间的关系时，要遵循"对症下药"的原则，因为该数据的分析和判断排除了"只要练习，成绩就可以提高"这一模型。

使用聚类或分类挖掘数据，是在某个理论的指导下处理数据的工具和方法，并不是一种理论。然而，由数据挖掘产生的新知识可以帮助我们得出新的理论来解释一些规律或现象。例如，数据聚类或分类的结果显示，某国别学生口语成绩好，但汉字书写成绩差，该学生最终的总成绩无论如何达不到

6级，最多只能到 4 级（假设 6 级较 4 级水平更高），这就不符合口语成绩好的学生成绩可能是 6 级也可能是 4 级这样看似符合常识的规则。

三、汉语教学数据挖掘的特点

与传统实验方法相比，大数据挖掘的方法具有如下两个特点：（1）传统实验的方法是对一些假设进行检验，而数据挖掘的方法是在没有假设的前提下发现规律，它可以帮助我们发现更多的规律。（2）传统实验的方法一次只能观察两个或三个因素对研究问题的影响，而数据挖掘的方法可以同时观察或发现更多的相关因素。（3）传统实验的方法是选定符合条件的某些个体，通常数量较少，一般为 20—30 人，其结果在语言教学中一般难以重复或未做重复实验；而数据挖掘的方法要通过大量样本的计算，更能反映群体性特征，其结果也更有说服力。过去实现聚类和分类大多是通过人工进行的，但是当数据量大到超过了人脑的组织能力时，人力就难以驾驭了。因此，大数据时代要想实现聚类和分类这类数据挖掘工作，需要通过机器学习来实现。从机器学习的角度看，聚类属于"无监督学习"（或称"非监督学习"），即事先并没有给出预定的规则（没有标准答案），由机器发现特征并进行归类。从机器学习的角度看，分类属于"有监督学习"（或称"监督学习"），即事先给出预定的规则（有标准答案），由机器自动进行归类。机器学习中也会用到回归算法，就是用模型去拟合已有的历史数据，即根据历史数据去判断和训练模型里的参数。在这个问题上，数值的处理相对容易，而汉语中介语信息处理研究迫在眉睫。开展数据挖掘工作要解决的关键问题是要有相关的教学和学习数据支持。通常有三种方法获得大数据：一是通过学生学习的大数据挖掘和学习分析技术得来；二是通过对教师教学实录的分析得来；三是通过问卷调查得来。因此，面向未来的汉语教学的发展，唯有以开放的姿态贡献于大数据教学的需要，通过积极共享与交流才能实现。美国匹兹堡大学学习科学中心的开放数据资源中心（Pittsburgh Science of Learning Center，简称 PSLC）建立并公开了含有各种学习者交互行为的数据库，非常值得参考和借鉴。

第二节　大数据时代汉语教学计算研究范式 *

一、大数据时代如何为汉语教学画像？

应用虚拟词语空间理论可以为汉语知识画像，在可视化模型中提高获取知识的能力。（郑艳群，2015）同理，对汉语教师、学生、教学环境及其相互关系的特征进行描写和提炼，可以为汉语教学画像。其核心功能是帮助人们明确教学中行为主体（教师和学生）和行为客体（教学环境）的属性，以及教师、学生和教学环境之间的相关因素，以便把握这些因素发生的条件，挖掘并解释教学与学习规律，为汉语教学提供精准服务。

教学是一个复杂的、动态的系统。对教学和学习中的信息进行搜集、整理、分析和利用，可以从不同的维度空间描绘教学系统的构成、特性和运行规则，有利于教学研究。在大数据时代，汉语教学研究可以通过技术手段形成对教学的认知，完成汉语教学画像。

（一）教学分析的定义

教学系统是由教师、学生和教学环境组成的。其中，教学环境既包括由纸质教材、教具和其他硬件设施设备等构成的实体环境，也包括由各类软件、平台和数字化资源等构成的非实体环境。

教师和学生利用教学环境，教学环境对教师教学和学生学习产生影响。实体环境和非实体环境根据教学和学习活动性质的不同而具有不同的地位。

在此，我们将教学分析定义为：教学分析是指通过教学系统中丰富的信

---

* 本节内容曾以《教学分析与教学计算：大数据时代汉语教学研究方法探新》为题发表于《国际汉语教学研究》2020 年第 2 期，作者为郑艳群。

息来探究教学系统的各个组成要素及其相关关系的过程。

（二）教学分析的必要性和可行性

教学系统在运行过程中会产生非常丰富的信息。这些信息记录了教学发生、发展和变化的全过程，教学运行过程中的各种关系和规律都在教学系统中有所体现，都可以通过教学分析揭示出来。另外，正如李泉（2018）指出的，教师对汉语教学方方面面问题的理解和认识可能是了然于心的，也可能是在潜意识中存在着的，但都直接或间接地影响到教师的教学实践及其效果。从教学系统中发现和总结教学规则是教学研究工作者的任务。

如今，信息化手段为记录和描写课堂教学提供了可能，信息化教学平台为记录教学的轨迹创造了绝佳的条件。大量的教学数据得以保留，其中教材和教师智慧也会在教学过程中以数据的形式得以保留，这些隐藏在数据中的对象的属性及其关联关系为挖掘教学和学习规律奠定了基础。

值得一提的是，教学分析与以往思辨性或经验性的教学研究并非是对立的。教学分析既始于思辨性的教学研究，最终也应通过数据分析回归到教学思辨。当然，有效利用大数据技术对教学研究进行全面完整的把握，首先要重新审视和思考教学分析的研究内容和研究方法。

二、教学分析研究的内容框架：横向和纵向及其相互关系

教学分析的对象是复杂的，它要求我们从多个维度和空间把握研究内容，既要考虑教学的结构构成和过程实现，又要考虑教师、学生、教学环境及相互间的一切交互表现形式和结果。

以往由于研究手段或技术工具的限制，研究者主要关注某些特征或关系，其研究和描写多为断点式或结论性的，由此得到的思辨或实证研究结果常常是对教学系统中某个点或某个侧面的画像，未能反映复杂教学系统的全貌。

教学的实施体现为一系列的过程。就微观的系统而言，围绕语言教学，教师与学生通过传统教学手段和现代化教学手段在教学环境中的互动形成了

"教学风貌"，这些"教学风貌"都将纳入教学分析的视野，通过技术手段加以描绘。

这其中既包括从时间上围绕教学的发生和发展做的过程分析，又包括从空间上围绕教学事件的形态与功能做的切片分析（如图1-2所示）。不同的教学模式、教学手段、教学策略在教学过程和教学切片信息中都会有所体现。不同的研究目的、不同的观测视角所获得的教学过程和教学切片信息，经过编码、形式化表达后都将成为汉语教学画像的素材和支撑。对教学过程和教学切片横纵交织全息的描写和分析、归纳和总结，将汇总为教学基因图谱，从而完成对教学的画像。

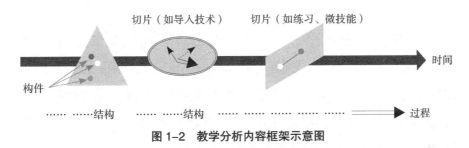

图1-2 教学分析内容框架示意图

（一）横向时间上的教学结构和过程分析

我们认为，在教学系统中，构件是教学中相对独立且相对较小的教学事件，特定的构件或构件的特定组合形成结构，结构或结构的组合在时间轴上的顺序呈现形成过程。

对教学结构和过程的描写构成了教学发生、发展的动态图景，是教学研究的基本内容。教学进程中所涉及的各项因素、所生发出的各类教学事件，都是教学研究的问题，都是建立在结构和过程之上的。只有这样才能更系统、更完整地对教学的方方面面进行描写，从中发现系统运作的原理及根植于结构和过程中的其他相关问题，如有什么样的练习形式或什么样的练习形式对应什么样的微技能训练等。这是按照教育技术理论实现教学绩效管理的基础，也是教学分析的基础研究工作。

而教学系统本身通常是有层次的。首先，从宏观层入手，可以逐层地划分出中观层、微观层，这是一个自上而下逐步求精的工作过程；其次，各层级内部根据概念、通过辨识出构件及结构和过程的具体形态完成建构，这是一个自下而上逐步构建的工作过程。

（二）纵向空间上的教学切片组织分析

"切片"的本义是把物体切成薄片。在医学上，切片是带有生物组织结构的薄片，可以在显微镜下进行观察和研究。借用这一概念，我们把教学过程中某个较小时间段上具有完整教学意义的"风貌"称为教学切片。如果把时间轴看作横向教学发展的过程，那么教学切片则是纵向空间上教学组织的完整体现。

教学切片中的元素分工、分组和协调合作体现为切片的组织结构。它可能是一个极小时间点上的"教学风貌"，如一句反馈性话语；也可能是稍大时间片段上的"教学风貌"，如新课前教学导入环节的内容、方式和呈现等。与教学过程一样，切片的组织结构也是与教学任务相对应的。分析和研究教学切片的目标是围绕当前这个教学生态而进行的。

三、教学分析研究的方法：教学计算

如果把计算看作是运用计算机科学基本概念求解问题、设计系统和理解人类行为的方式，那么我们就有可能对教学中的问题、解决方案进行清晰的、抽象的计算。基于这一认识，教学系统中教师、学生、教学环境及其关联数据也可以进行测量、采集和分析。

教学计算的目的是通过特征表达、特征计算、特征提取等一系列步骤来探究教学中的特定问题。其中，特征是对事物或概念的特性进行抽象的结果。研究者对事物或概念的抽象结果往往取决于当前的研究视角。

（一）特征表达

有效的特征表达是教学分析的前提。适当的表达方式不仅可以描述信息，还能正确反映教学系统的要素、结构和功能之间的关系，更重要的是使教学特性可以计算并提取，使教学研究的内容可以计算。

任何一项对教学特性的研究都需要在特定的环境和视角下对研究对象进行抽象化思考，从而生成研究问题，再依此对研究对象进行特征表达。教学特性研究可以聚焦教学微环境、切片中的微组织结构，应用体现教学特征的观测视角，以获得区别性特征，从而实现特征表达的个性化呈现。

特征表达手段应随描述目标而设定，其中最基础的是文字表达和图画表达。对于复杂的、动态的研究对象，需要拓展更多的、更有效的表达手段。通常情况下，在教学分析研究中需要将语言本体或语言教学信息的描述映射到相应的特征空间、平面或向量来实现对特征的表达。这是教学分析对象的系统性、复杂性和动态性对特征表达方式的要求。具体方式需要根据整体内容和细节内容的性质、上下位关系来决定，因为多媒体手段有其自身的属性空间。

例如，关于汉语教学中的导入手段，通过对已有汉语教学导入手段的文献研究可以发现，学者们的认知观点达 560 条之多。其特点是：第一，已有认知可能分处不同的平面，如语言内容平面、语言内容实现方式平面、语言形式呈现平面；也可能分处同一认知平面的不同维度，如语言内容平面的语言单位与语言规则、教材内或教材外、新知或旧知等。第二，当认知为同一维度的时候，其差异往往体现为特定集合中的不同取值，如"背景知识"的"题材"属性取值范围为集合 { 政治；经济；文化历史知识 }；"导入"内容的"呈现"属性取值范围为集合 { 直接呈现；预现；对比；扩展；设疑；纠错；总结 }[①]。这充分反映了导入问题的复杂性，以及特征表达的重要性。教师在"导入"中如何处理这些相关因素，目前我们并不清楚。我们的目标是可以在一个统一的系统性框架下对导入技术的特点和运用规则进行观测。（郑艳群、刘冰，2018）

---

① 此处所列举的集合，并非学科知识全集，而是来自文献中的教师认知。

（二）特征计算

依据教学理论，参照教学原理，利用相应的技术和算法，可以对特征进行计算。其目的是计算出事物的属性特征，并将结果作为特征予以表达。例如，在发音方面，利用关联规则计算可知，日本学生常常分不清 p 和 f；在认知风格方面，通过计算可以得知，场依存型汉语教师经常使用开放性的问题（吴勇毅、段伟丽，2016）。崔永华（2016）提出了后方法时代的汉语教学理论应如何建立，应当具备哪些特征的问题。在实际教学中，"结构—功能"相结合的教学理论融合了"结构"派教学与"功能"派教学之所长，目前已经成为对外汉语教学的一项基本原则。实际教学中其实并没有完全的结构派，也没有完全的功能派，只有"结构"或"功能"倾向，而且同一类型教学过程中体现出的倾向可能是不同的。如何评说这一现象，正是教学法特征计算需要解决的问题。

例如，我们可以按照教学特征持续时间的长短、优先展现的特征等对汉语语法教学过程中体现的"结构"和"功能"特征进行计算，来探究"结构—功能"相结合原则在语法教学中的运用规则（如图 1-3 所示）。（郑艳群、王雅思，2018）

（三）特征提取

对研究结果的特征提取是在特征计算的基础上得出一个抽象程度更高的特征集的过程和方法。这通常是一个进一步分类的过程，即针对各种不同的应用对信息做识别和预测，从原信息中甄别出有用信息。因此，要在已有的特征集中进行选择，使得目标特征具有最强或最优的代表性和典型性，并且还要选择出最有效的特征。特征选得好，便可以降低数据集合的维度，也可以使后续的计算性能得到提高。有些特征是本质性的，即反映当前研究问题根本特性的特征，如教学的结构和过程问题；有些特征是区别性的，即区别于其他事物或概念、区别于其他环境下的特征，如目的语环境下的汉语口语教学设计区别于非目的语环境下的汉语口语教学设计。

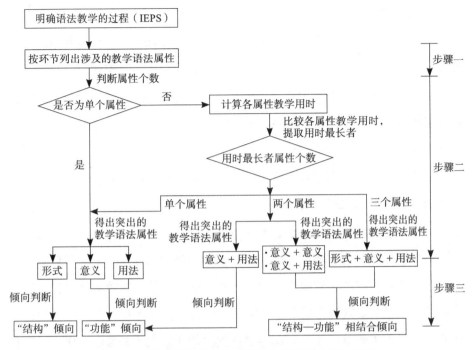

图1-3 "汉语语法结构和功能"教学特征分析流程图

有效的特征提取是发现规则的必要条件。在大数据时代，可以将计算出的数据倾向作为判断结论的依据。当然，数据大小并不是判断正确与否的唯一标准，有时理论认识中的共识未必与实践中的高概率事件一致。

四、教学分析的研究范式：理论模型推导、应用模型构建及对比分析

（一）从已有教学认知出发，推导理论模型

多年来的汉语教学研究积累了许多思辨性或经验性研究成果，体现了学界对相关问题的理性思考或经验总结，这些研究成果常以论文或著作的形式体现。在教学分析研究中，运用内容分析法并借鉴扎根理论的思路，通过对已有研究文献做细致的文本内容分析，对其中体现的教学认知进行计算，可以推导出理论模型。

例如，郑艳群、周梦圆（2018）以现有汉语写作教学研究文献为数据源，从学科概念出发，提取出其中关于构件、结构和过程的信息并进行编码处理，建立了"汉语写作教学·文献研究数据库"；在"宏观层—中观层—微观层"的系统架构下，确立了汉语写作教学的构件系统，进而通过对结构和过程特征的计算，揭示了"写作前""写作中""写作后"各基本教学环节内部、各基本教学环节之间结构和过程类型的认知倾向，并可视化呈现了教学的结构形态、过程模式及关联关系的特征和分布规律，从而推导出汉语写作教学结构和过程的理论模型。

（二）以教学实际为基础，构建应用模型

教学实录是教师在实践中积累的丰富教学经验的体现，凝聚了教师的教学智慧。那些被权威机构或权威专家评估、认证过的可以称为规范化的教学实录可视为教学实践智慧的典型代表。这些教学实录不仅承载着全息的教学现象，还隐含了教学规律。从这些规范化教学实录入手开展实证研究，有利于从正面归纳总结现实教学中典型的、代表性强的、值得推广的教学认知。

例如，通过"汉语综合课教学·实录研究数据库"开展实证研究，与理论模型（郑艳群、朱世芳，2020）进行对比，可以发现中观层的 IG、GT、IVT、VTP[①]结构及其对应的过程是应用模型中独有的结构类型和过程类型。这表明，在教学实践中，当单位教学时长受限时，教学重心可放在生词、语法、课文中的任一教学事件上，导入、综合练习等可根据实际情况进行精简。

对大数据的理解将决定教学分析研究的方法。按照大数据的观点，教学分析不仅要重视全样本大数据，还要重视个体大数据。对个体大数据的深入挖掘有助于对教学做出细致而具体的研究。一方面，可以采用案例分析的路子，对规范化教学实录样本进行特征表达、提取和计算，全面描写并深度挖

---

① 此处 I、V、G、T、P 分别代表导入、讲练生词、讲练语法、讲练课文和综合练习。

掘个体大数据。另一方面，也可以采用数理的方法，高效地处理复杂数据，比如通过教学仿真[①]来判断有效且可能的教学模式。目前，案例研究应用较多，而数理研究还处于萌芽阶段，因为这有赖于教学大数据的使用。随着样本规模的扩大，通过对案例的叠加，可以逐步提高教学分析的信度和效度。我们有理由相信，这将是时代的发展趋势，是面向未来的教育研究的方向。

基于教学分析开展实证研究的目标在于构建能够描述教学系统及其特性的应用模型，这是为教学系统画像的基础。应用模型既可以以理论模型为基础，通过有监督的机器学习获得；也可以通过无监督的机器学习，在教学大数据中浮现；还可以将有监督的机器学习和无监督的机器学习结合起来形成，即半监督学习。

（三）对比理论模型与应用模型，促进教学反思

通过对理论模型做进一步的实证研究，以及对应用模型与理论模型做对比分析，我们既可以发现教学理论与教学实践的共性特征，又可以发现其中的差异性特征。从逻辑上来看，可以于共性中证实已有认识，于差异中证伪或补充、修正相关认识；从教学研究来看，这有助于探讨理论与实践的关系，也有助于发现教学规则、创新教学方法、开展教学反思。

例如，郑艳群、袁萍（2019）在对汉语语法教学结构和过程进行理论建模和应用建模的基础上，通过对比分析发现，应用模型中的高频构件"总结"很可能是影响语法教学效果的重要参数，有待实验验证，且应用模型中的许多过程类型可视为理论模型中相关过程类型的变体形式，应进一步探讨其应用背景或条件，并将其纳入教学认知的视野。理论模型（Theoretical

---

[①] 仿真指的是"利用模型对实际系统进行实验研究的过程"，如果采用的是数学模型，则称作数学仿真。比如，通过建立数学模型并对其进行计算，进而分析具体情况。（熊光楞、肖田元、张燕云，1988）。语言教学涉及的因素很多，彼此之间关系复杂，传统实验的方法难以驾驭且研究进程过长。而开展教学仿真研究，可以达到检验教学效果、发现相关因素、创新教学法的目的。

Model，以下简称"T 模型"）与应用模型（Empirical Model，以下简称"E 模型"）的三种关系如图 1-4 所示：

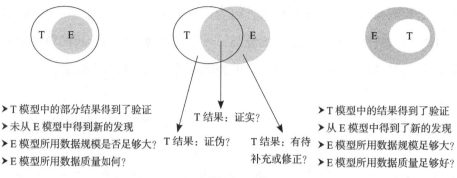

➤T 模型中的部分结果得到了验证
➤未从 E 模型中得到新的发现
➤E 模型所用数据规模是否足够大？
➤E 模型所用数据质量如何？

T 结果：证实？
T 结果：证伪？　　T 结果：有待
　　　　　　　　补充或修正？

➤T 模型中的结果得到了验证
➤从 E 模型中得到了新的发现
➤E 模型所用数据规模足够大？
➤E 模型所用数据质量足够好？

图 1-4　理论模型与应用模型关系图

五、运用教学计算开展教学分析研究的意义

（一）理论意义

1. 从类型学视角探究教学法和教学模式

类型学是一种科学研究方法，该方法已经广泛应用于考古学、建筑学、语言学等多个研究领域。在语言学领域，类型学"就是要发现不同表现类型中的功能共性，即'万变不离其宗'的变化。或者说是寻找对个性变异的共同限制，即差异中反映出来的共性"（陆丙甫，2001）。

如果把这样的研究思路应用到汉语教学领域，就可以尝试开展教学法和教学模式的教学类型学研究，通过教学分析，建立教学法和教学模式的类型学图谱。就像语言类型学中建立语义图模型一样，教学类型图谱可以揭示教学的普遍特征和变异模式，包括从教学结构和过程中得出跨教学法、跨教学模式的系统性和规律性认识，从各教学维度空间中找到定义不同教学法和教学模式特征表达的变量及其使用条件，全面、系统、深刻地认识教学原理和规律。例如，我们不妨做这样一个假设：写作教学或存在一个结构和过程的标准模型，基于特定教学法和教学模式的教学结构和过程可能是不同变量设置下标准模型的变体。

2. 以教学分析和教学计算促进教学理论建设

学科的发展离不开科学的研究方法，不断地探讨适应学科发展的科学研究方法非常必要。教学分析和教学计算可以帮助我们在大数据时代、在占有教学数据的基础上，充分应用数据开展教学研究。

教学分析和教学计算可以适应大数据时代教学研究的需要。通过对教学数据的分析，以及对教学系统要素及其关系的形式化表达，能够在基于有效学习的基础上探究有效的教学分析技术。因此，如能将教学分析和教学计算视为学科发展的分支领域，突破学科的边界，实现跨学科联合，定会促进汉语教学研究的科学化，促进大数据时代的汉语教学理论建设，最终促进汉语教学学科的发展。

（二）实践意义

1. 开展精准的教学评价

教学质量评测也是教学分析的重要应用领域。目前的教学质量评测主要是由教学管理者或者基于教师的教学表现和已有相关理论展开，或者基于学生的评价结果展开，带有较强的主观性。随着大数据技术的发展，教育领域虽然对教学质量评价机制、神经网络在教学评价中的应用进行了理论探讨（柳炳祥等，2005；朱宗元、王秋霞，2018），但目前来看其实际应用非常有限，且基本未出现针对外语教学的研究。

教学分析和教学计算可以量化教师的教学行为，提高教学质量评测的精准度和客观性，使个性化的、全面的教学质量评价与反馈落到实处。而且教学分析以教学过程分析和教学切片分析为研究对象，通过对教学事件及相关因素的计算与分析，能够监测教学并精准定位，从而使教师可以采取科学高效的教学干预策略，为教学过程的绩效管理提供保障。

2. 促进教师发展和教学生态建设

信息化和智慧化教育的发展使资源在教学中的重要性日益凸显。而在教育生态系统中，人是最核心的因子，是最重要的软实力资源。从人力资源的角度来看，通过教学分析和教学计算可以发现教师的实践性知识，包括教学方法、策略和技巧等，以及其中体现出的教师元认知，从而构建教师知识和能力图谱，为教师教育和发展、教师管理和评估提供标准和依据。从环境资源的角度来看，通过教学分析，一方面，可以从微观视角认识资源的形态，建立多属性标注的优质教学资源库，为教师及时推送合适的教学资源并提供资源使用建议，从而提高资源服务水平；另一方面，教师有时以资源的形态存在，那么就可以建立起教师和教学的模型，为动态的教情诊断、预测、干预和评估奠定基础，进而指导智能化教学系统和平台的开发，创建智慧教学与学习的生态环境。

第三节　本研究的意义和基本概念

一、课堂教学建模研究的意义

模型的作用在于它可以表达出一个概念的性质。如果一个事物能随着另一事物的改变而改变，那么此事物就是另一事物的模型。

建模通常是为了理解事物而对事物做出的一种抽象。建模是研究系统的重要手段和前提。通过建模，不仅可以用模型描述系统的因果关系，还可以在大数据视角下描述系统的相关关系。因描述的内容不同、关系各异，所以实现这一过程的手段和方法也是多种多样的：既可以通过对系统本身运动规律的分析，根据事物的机理来建模；也可以通过对系统的实验或统计数据的处理，基于系统的已有知识和经验来建模。

汉语课堂教学建模研究可以为汉语教学设计、教学管理、教学测评和教学优化提供参考，为汉语慕课或微课教学单元设计、资源建设提供依据，为教学法和教学模式研究及创新提供思路。我们应该意识到，汉语教学的建模研究是一个不断发展的过程。文献中一些思辨性或经验性结论或许还有待证实或在教学实践中加以检验；实践中所体现的汉语教学中潜在的规律也需要继续深入挖掘并上升到理论思考；随着相关认识的深入，应不断完善模型，进而建立汉语教学"仿真系统"（郑艳群，2015），研究更多的汉语教学模式，复现汉语教学实际发生的本质过程。

二、构件、结构和过程的基本概念

结构和过程问题是教学研究中的重要问题，也是基本问题。这是因为教学进程中所涉及的各项因素、所发生的各类研究问题，都建立在结构和过程研究的基础之上。在已有教学研究中，教学结构和过程的相关认识常以"教学环节""教学阶段""教学步骤"等概念散见于教学模式、方法，以及语言技能训练的相关研究中，尚未形成统一的、系统的、完整的认识。

为了便于从基元出发对教学进行研究，我们首先要对形成教学系统的构件、结构和过程下定义：（1）"构件"是教学中相对独立且相对较小的教学事件；（2）特定的构件或构件的特定组合形成"结构"；（3）结构或结构的组合在时间轴上的顺序呈现形成"过程"。

三、围绕结构和过程的系列研究内容

本书关于汉语课堂教学结构和过程系统的系列性研究包括四个部分，分别是：（1）基于已有研究文献中的认知开展的理论模型研究，也称"应然"研究；（2）基于课堂教学实践特征开展的应用模型研究，也称"实然"研究；（3）基于理论模型和应用模型研究成果开展的理论与实践模型对比分析，也称模型对比；（4）基于已有研究文献开展的历时和共时研究，也称史料分析。

（一）"应然"研究与理论模型的推导

"应然"与"实然"是相对的两个概念。所谓"应然"，指的是人们认为应该的、理想的情形。文献资料显示，目前有关汉语各课型教学的"应然"研究已有很多，且大多出自权威专家。在此，我们将学者们对于汉语各课型教学构件、结构和过程类型的阐述视为"应然"研究。本书在进行"应然"研究的过程中，立足于已有认知，通过内容分析法系统地研究领域内关于汉语听力、口语、阅读、写作与综合课教学结构和过程的群体性思辨式认知，推导各课型教学结构和过程的理论模型。具体研究步骤如图1-5所示：

搜索、整理已有文献　➡　提取、鉴别相关信息，给出形式化表达　➡　推导理论模型　➡　分析模型特征

图 1-5　"应然"研究流程图

首先，搜集并整理已有相关文献，尤其重视领域内权威专家及机构的研究成果，建立"汉语教学·文献样本数据库"。其次，在"宏观层—中观层—微观层"的整体架构下，从概念出发，在文献中提取汉语教学构件、结构和过程信息，并按类型对概念相同的构件确定统一的名称术语；按构件类型、结构类型和过程类型进行统一赋码和形式化表达，建立"汉语教学·文献研究数据库"。再次，确立构件系统，在此基础上完成对汉语教学系统的理论模型推导。最后，计算倾向性结果，对模型特征进行分析。

在理论模型研究中，我们用"支持率"来表示对某一认知支持的比率（计算公式为：支持率＝支持观点数÷观点总数）。具体做法是：基于文献研究数据库，从已有理论认知中提取出相应的教学构件、结构和过程，由此得出包含教学构件、结构和过程类型及支持率的理论模型。

"应然"研究不仅有利于全面而系统地夯实汉语课堂教学的理论基础，而且也可以成为"实然"研究时的参照。

（二）"实然"研究与应用模型的构建

"实然"是与"应然"相对的概念，指的是事物实际上的情况。"实然"研究是实证研究的一种研究范式，采用的是实际经验中获得的证据而非思辨的结果，具有鲜明的直接经验特点。关于汉语课堂教学的"实然"研究，基于案例或教学观摩的实证研究正逐步开展，但已有研究通常是基于某位学者观点的验证类研究，样本量有限，对研究结果的推广有一定的限制。本研究将课堂教学视为一个实时产生教学大数据的动态资源库，不仅重视全样本数据库，还重视个体大数据。本研究在进行"实然"研究时采用的材料，主要来自青年教师教学基本功大赛获奖作品和世界汉语教学学会网站上的示范课。这类教学实录通常是由一线教师或教师团队精心设计后付诸实施的，且经过了领域内教学专家或教学研究专家的评选、认证，具有可模仿性和可推广性等特点，值得深入学习和研究。通过观察教学实录，经历构件辨识、汇总、表达和特征提取等步骤，我们建立了各课型教学结构和过程的应用模型。具体研究步骤如图 1-6 所示：

图 1-6　"实然"研究流程图

　　首先，选定汉语教学规范化教学实录样本，建立"汉语教学·实录样本数据库"，并对数据库中的样本进行转写。其次，在"宏观层—中观层—微观层"的整体架构下，从概念出发，在教学实录中辨识汉语教学构件、结构和过程信息，对各构件类型依据理论模型中的名称进行命名，若构件为新出现则另外确定统一的名称术语并给出定义；按构件类型、结构类型和过程类型进行统一赋码和形式化表达，建立"汉语教学·实录研究数据库"。再次，确立构件系统，在此基础上完成对汉语教学系统的应用模型建构。最后，计算倾向性结果，对模型特征进行分析。

　　在应用模型研究中，我们用"使用率"来表示对某一认知使用的比率（计算公式为：使用率＝使用样本数 ÷ 样本总数）。具体做法是：基于教学实录研究数据库，从实际教学中辨识出相应的教学构件、结构和过程，由此得出包含教学构件、结构和过程类型及使用率的应用模型。

在大数据时代，开展教学实证研究能够为实现精准教学打下良好的基础，通过实证研究进行教学建模强调对无监督学习结果进行表达，有助于深入挖掘教学规律。因此，建构汉语各课型结构和过程应用模型的目标在于为汉语教学系统绘制"立体、彩色的塑像"（郑艳群，2015）。在此基础上，就可以深入探讨诸如汉语教学策略和汉语教学微技能等一系列相关问题，以多维度、可视化的方式展示汉语教学发生和发展的动态。这不但有利于推动教学实证研究范式和手段的创新，也对师资培养、教学质量的自动化评测等具有重要的方法论意义。

后续随着教学数据规模和质量的提升，可以进一步开展更大规模的教学计算和分析，加强研究结论的信度和效度。我们相信，基于课堂教学实录数据的汉语教学研究水平会在未来得到进一步提高，表现为基于结构和过程来总结和评价已有汉语教学研究及实践之方向和路径的有效性，探讨汉语教学法和教学模式的相关理论问题等。

（三）理论模型与应用模型的对比研究

在哲学领域，理论与实践的关系是经典课题，在对外汉语教学领域也不例外。教学理论与实践的关系问题是教学研究的永恒课题。对外汉语课堂的理论研究与教学实践的关系历来是人们关注的重点问题。吕必松（1999）指出，"教学上需要解决的某些理论问题，还没有可供应用的研究成果"与"一些可供应用的研究成果还没有应用到教学中来"是理论研究与实践应用的主要矛盾，也是推动教学事业发展的动力。目前，学界尚未出现基于教学结构和过程的理论和实践建立模型并进行系统对比的研究成果。我们将基于文献推导出的理论模型与基于教学实践构建出的应用模型进行对比分析，从中既能够发现教学理论与教学实践的共性特征，也能够发现二者存在的差异性特征。从逻辑上看，可以于共性中证实已有认识，于差异中证伪或补充、修正相关认识。教学理论需要在教学实践中进行检验并不断发展，而实践中的创新性教学思想也有待进一步上升为理论，丰富已有认知。

通过对教学理论模型及应用模型的对比分析，我们能够把握汉语教学中理论认知与教学实践之间的关系。两者有异有同，且各有侧重。一方面，我们通过教学实践来验证、补充和完善已有的理论认知；另一方面，可以使教学实践在理论认知的指导下得到优化，更好地促进汉语教学研究。理论模型与实践模型的对比有助于我们思考理论认知在教学实践中的体现。理论模型和实践模型一致的结构和过程类型，是教学理论与实践双向良性互动的结果，有一定的推广价值，但相对固化的教学模式是否还有发展和优化的空间，也值得思考；在教学中，应重视理论对实践的指导作用，同时也要反思教学理论中是否存在不适宜在实践中应用的内容；另外，我们也要重视教学实践对理论研究的反拨作用。实践模型中出现而理论模型中未论及的类型，可能是教学创新，需要通过鉴别排除教学失误的可能性，在此基础上进一步提升，这样也许能够修正或补充现有理论认知。

（四）教学结构和过程的史料研究

鲁健骥（1999）指出，对对外汉语教学历史的发掘与研究是对外汉语教学学科建设中不可缺少的部分，也是学科存在必不可少的条件之一。孙德金（2010）认为，回顾专家学者在对外汉语教学道路上的开拓和探索，总结探索过程中的成功经验和失败教训，有助于为对外汉语教学事业和学科的未来发展提供宝贵的财富。可以说，无论从学科确立还是从学科发展来看，对外汉语教学历史研究都具有重要的意义。

在对外汉语教学领域，史料研究已取得了很多成就。现有史料研究涉及教学事业、学科理论、教学法、教材、师资队伍、教学机构等多方面的内容。（程裕祯主编，2005；吕必松，2017）但针对教学内部具体问题，从微观角度切入的史料分析尚不多见。张西平（2008）指出，现有的历史研究大多以"汉语作为第二语言教育在世界范围内所发生的历史过程"为研究内容，关注汉语教学的发生和发展，属于汉语教学开展史，它们对学科的继承和发展有着重要的推动作用。而实际上，我们还可以从"史"的角度对汉语教学研究成果予以关注，开展基于具体教学问题的汉语教学史料研究。这不仅对汉语教学法、教学模式的研究具有重要意义，也有机会从突出汉语特点发展历程的角度对汉语教学进行总结。

自 20 世纪 80 年代以来，汉语教学的专家学者对汉语教学的任务与目标、原则与方法等进行了诸多探讨，其中不乏关于教学结构和过程的论述。通过对文献观点的分析可知，各种观点随时间的发展呈现出一定的沿袭性和创新性，汉语教学的理论研究正是在传承、坚守和创新中走向新发展的。但是，从研究现状来看，尚未出现针对汉语教学结构和过程的全面而系统的史料研究。因此，不同学者、同一学者不同观点之间的引鉴、支持、更新等关系散见于文献之中，未被明确地揭示出来。

本研究认为，通过对教师、学生、教学环境及其相互关系的描写和提炼，可以为汉语教学画像。从横向和纵向两个角度开展教学分析研究，可以达到描绘复杂教学系统全貌的目标。本研究以此为思路，从史料分析的角度，将历时发展与共时分布相结合，对教学结构和过程观点的形成和发展规律、影响因素及发展趋势进行总结、归纳和分析，希望为相关教学理论的建设和发展提供有益的思路。

汉语教学结构和过程史料研究的意义，正是通过对关于结构和过程的理论认知进行谱系化的描写和分析，揭示出相关认知的萌生、演进路径、共时分布及可能趋势，并结合相关教学理论与实践的发展来开展溯因分析。这项研究有助于我们了解相关研究成果的形成过程，把握发展的脉络，从不同方面吸取经验和教训，建立对问题的全局意识，从而深化对汉语教学的理解，鉴往知来。

回顾汉语教学结构和过程的发展历程，可以发现专家学者探索的脚步从未停止。尽管其间曾有过观点上的不一致甚至出现过争论，但这正是推动新观点和新思想出现的驱动力量。当发现不同认知的时候，史料分析将有助于我们探究其背后教学目标、教学内容、教学方法和教学原则的解释，为教学中体现出的多样性和灵活性找到依据，也为任课教师根据具体教学内容、对象、环境等设计和选择基于结构和过程的教学提供参考。同时，不同认知也将促进学科的理论研究。例如，针对口语教学结构和过程的研究结果显示，专家学者的争论主要集中在两个方面：（1）对"讲练生词（V）"和"讲练语言点（L）"在教学结构中是矛盾还是共生关系的讨论；（2）对"讲练语言点（L）"在教学过程中灵活安排的讨论。未来，围绕这两个问题的讨论还会继续，相关思考或许能为口语教学的结构和过程研究提供新的思路。

本书希望可以借此对教学结构和过程研究的历史做一个系统梳理，为开创未来发展提供依据和契机。

:: 参考文献 ::

程裕祯主编（2005）《新中国对外汉语教学发展史》，北京：北京大学出版社。

崔永华（1992）基础汉语阶段精读课课堂教学结构分析，《世界汉语教学》第 3 期。

崔永华（2016）后方法时代的汉语教学理论建设，《国际汉语教学研究》第 2 期。

李　泉（2018）基于信念的汉语教学法概说，《国际汉语教学研究》第 2 期。

柳炳祥、章义来、方　俊、朱一平、孙志芹（2005）基于数据挖掘的教学评价方法，《计算机与现代化》第 4 期。

鲁健骥（1999）对外汉语教学学科建设的一个重要课题——谈对外汉语教学历史的研究，载中国对外汉语教学学会编《中国对外汉语教学学会第六次学术讨论会论文选》，北京：华语教学出版社。

陆丙甫（2001）从宾语标记的分布看语言类型学的功能分析，《当代语言学》第 4 期。

吕必松（1999）对外汉语教学学科理论建设的现状和面临的问题，《语言文字应用》第 4 期。

吕必松（2017）《对外汉语教学发展史·上编》，北京：北京语言大学出版社。

吕玉兰、张若莹（2005）对外汉语课堂教学实录资料的编撰及应用价值，《语言教学与研究》第 1 期。

苗兴伟（1995）外语课堂教学研究述评，《山东外语教学》第 2 期。

孙德金（2010）教育叙事研究与对外汉语教师发展——《北京语言大学对外汉语教学名师访谈录》编后，《世界汉语教学》第 3 期。

孙德坤（1992）关于开展课堂教学活动研究的一些设想，《世界汉语教学》第 2 期。

吴勇毅、段伟丽（2016）后方法时代的教师研究：不同认知风格的汉语教师在课堂教学策略运用上的差异，《语言教学与研究》第 2 期。

熊光楞、肖田元、张燕云（1988）《计算机仿真应用》，北京：清华大学出版社。

余文森（2006）课堂教学有效性的探索，《教育评论》第 6 期。

袁　媛（2014）对外汉语听说课聚焦形式教学考察和特点分析，北京语言大学硕士学位论文。

张西平（2008）世界汉语教育史的研究对象与研究方法，《世界汉语教学》第 1 期。

郑隆威、冯园园、顾小清（2016）学习分析：连接数字化学习经历与教育评价——访国际学习分析研究专家戴维·吉布森教授，《开放教育研究》第 4 期。

郑艳群（2006）中介语中程度副词的使用情况分析，《汉语学习》第 6 期。

郑艳群（2014）技术意识与对外汉语教学模式创建，《华文教学与研究》第 2 期。

郑艳群（2015）《虚拟词语空间理论与汉语知识表达研究》，北京：商务印书馆。

郑艳群、刘　冰（2018）语法教学中的"导入"技术，第二届语言教学与研究国际学术研讨会，安徽芜湖。

郑艳群、王雅思（2018）汉语综合课中"结构""功能""结构—功能"相结合特征考察，第二届语言信息化与智能化国际学术研讨会暨上海第十一届青年语言学者论坛，上海。

郑艳群、袁　萍（2015）大数据视角：汉语综合课语法教学结构和过程，第十二届对外汉语国际学术研讨会（ICCSL-12），北京。

郑艳群、袁　萍（2019）"应然"与"实然"：初级汉语语法教学结构和过程研究，《语言教学与研究》第 1 期。

郑艳群、周梦圆（2018）"应然"与"实然"：汉语写作教学结构和过程研究，第十届亚太地区汉语教学国际研讨会，台湾垦丁。

郑艳群、朱世芳（2020）基础汉语综合课教学结构和过程理论模型研究，《汉语学习》第 1 期。

朱宗元、王秋霞（2018）基于神经网络的高校课堂教学评价策略重构与检验，《中国教育信息化》第 12 期。

Baker, R. S. & Yacef, K. (2009) The state of educational data mining in 2009: A review and future visions. *Journal of Educational Data Mining*, 1(1): 3-17.

Bown, J. & White, C. J. (2010) Affect in a self-regulatory framework for language learning. *System*, 38(3): 432-443.

第二章 汉语听力教学结构和过程建模研究

语言技能是一个综合复杂的整体，一般可将其分为听、说、读、写四种能力，听的能力作为语言技能不可或缺的一部分，是信息输入最先发生的环节，也是获取语言知识及语言感受的主要途径。听力的重要性已在学界达成共识，在教学中占据重要位置。（石佩雯、李继禹，1977；吕必松，1996；李红印，2000）

听力技能是语言能力的组成部分，也是掌握一门语言的基础。而听力技巧的培养，以及在不同环境下面对不同的人时听力适应能力的提高，都需要专门的听力训练。因此，听力训练在第二语言教学中占有重要地位。学生学习一种语言，目的都是能运用这种语言进行交流。不论最后学生如何运用所掌握的第二语言，良好的听力都是达到其目的的基础。在日常交谈中，只有听懂了别人的话，才谈得上进一步的理解和回答。因此，要加强语言教学的针对性，就必须重视听力课的教学研究。

听觉信息具有转瞬即逝的特点，且听力活动大都在大脑内部发生，很难观测，因此听力成为语言学习中学习者较难习得、教师较难训练、研究者较难探索的一个方面。听力材料、听力策略、听力课教学方法及教学环境等都成为影响听力理解顺利进行的因素。

纵观汉语作为第二语言的听力相关研究，学界重点关注听力理解的性质和过程，听力教学的内容、方法与技巧，以及听力微技能训练等，形成了相对系统的理论体系。

第一节　汉语听力教学理论模型推导 *

已有的汉语听力教学研究中对结构和过程等问题进行过讨论，相关论述主要集中在教学环节、教学方法和教学技巧等，且多出自本领域专家或权威学者。通过文献检索和分析发现，已有研究中共有 9 份文献涉及听力教学结构和过程问题，分别是：杨惠元（1993），王钟华主编（1999），周小兵、李海鸥主编（2004），陈昌来主编（2005），赵金铭主编（2006），崔永华（2007），周小兵主编（2009），翟艳、苏英霞（2010），刘富华、刘立成、李曦（2014）。

但是，学界关于听力教学结构和过程尚未形成统一的认识，相关表述或粗或细，目前无法用一个体系对听力教学进行描写。比如，有学者明确了听前环节下各个教学构件的先后顺序，有学者则尽可能全面地给出了可供选择的方案。

针对上述问题，本研究将对听力教学结构和过程问题进行特征表达、提取和计算。具体实施方案如下：首先，穷尽式地搜索截至 2019 年底论及听力教学结构和过程的文献，建立"汉语听力教学·文献样本数据库"。其次，在"宏观层—中观层—微观层"的整体架构下，从概念出发，在文献中提取听力教学构件、结构和过程信息[1]，并按类型对概念相同的构件确定统一的名

---

* 本节内容曾以《汉语听力教学结构和过程理论模型研究》为题发表于《对外汉语研究》2020 年第 2 期，作者为郑艳群、田晋华。

[1] 文献中出现了 11 种关于构件、结构和过程的观点，本研究有关支持率的计算公式为：支持率＝支持观点数 ÷ 观点总数。

称术语；按构件类型、结构类型和过程类型进行统一赋码和形式化表达[①]，建立"汉语听力教学·文献研究数据库"。再次，确立构件系统，在此基础上完成对汉语听力教学系统理论模型的推导。最后，计算倾向性结果[②]，对模型特征进行分析。本研究的结果可以为听力教学实践提供相关理论依据，也可以为听力教学慕课或微课教学单元设计提供支撑。

一、顶层模型推导及特征分析

专家学者关于汉语听力教学结构和过程的表述或粗或细，通过对文献样本的分析可以发现，汉语听力教学是一个有层次的系统，可以从宏观顶层出发逐层进行描写，从而推导出模型。

（一）顶层模型推导

经过提取、汇总并对术语进行归一化处理[③]，我们从"汉语听力教学·文献研究数据库"中提取出"听前（Ⅰ）""听时（Ⅱ）"和"听后（Ⅲ）"这三个基本环节。综合已有认知，在此我们给出有关基本环节的具体表述："听前（Ⅰ）"环节主要指正式听力训练之前的教学准备和铺垫工作，目的是激活学生已有的背景知识并使学生对听力材料的话题和内容产生预期；"听时（Ⅱ）"环节主要指实施听力训练的过程，目的是在听力训练中学习知识并提升技能；"听后（Ⅲ）"环节主要指针对本课所学内容而做的进一步延伸，目的是加深对听力材料的理解和记忆。基于上述基本环节，通过对基本环节结构和过程概念的认知、分析和计算，可以完成听力课顶层理论模型的推导（见图 2-1）。

---

① 本研究用罗马字母对顶层基本环节进行赋码；用英文字母对中观层或微观层的构件进行赋码，构件代码取自相关名称（或术语）英文表达中有区别性特征或能起到区分作用的字母或字母组合（首字母大写，若有其他字母则均小写）；用字母连写表示对应的结构类型（如 IA 结构，表示由 I 和 A 形成的结构）；用方括号、字母及短横线表示对应的过程类型（如 [I-A]，表示由 IA 结构形成的过程，且构件 I 在前，构件 A 在后）。

② 倾向性结果通过支持率来体现。

③ 专家学者对构件的表述不完全一致，为方便讨论，我们对名称不同而内涵相同的构件进行了归一化处理。

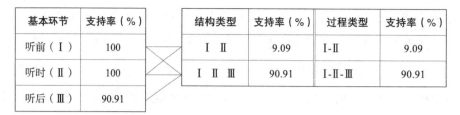

图 2-1 "听力课教学顶层结构和过程"理论模型示意图

（二）顶层模型特征分析

由图 2-1 可以得到关于顶层模型的如下两点结论：

第一，"听前（Ⅰ）"和"听时（Ⅱ）"环节为必有项。其中，"听时（Ⅱ）"环节为听力教学的核心环节，"'听前（Ⅰ）'环节的支持率为 100%"这一结论可视为已有认知中对听前准备阶段的重视；同时，图中结果也显示，并非所有认知中都出现了"听后（Ⅲ）"环节（支持率为 90.91%）。

第二，对Ⅰ、Ⅱ、Ⅲ结构类型及由其形成的过程类型的突出认识体现了已有认知对听力教学的系统性和完备性的重视，也表明学界在宏观层已经对基于结构和过程的教学模式形成了较高的共识。

二、中观层和微观层构件系统的确立及特征分析

听力教学是由不同的教学事件[①]组成的。以顶层模型为基础，自上而下地逐步细化推导出中观层、微观层构件系统，将有助于形成对听力教学系统性、结构化的认识，并在结构化的系统下挖掘其中的教学原理和规律。这是确立中观层和微观层构件系统并进行特征分析的路径。

根据已有认知中关于顶层三大环节下教学事件的描述，我们划分出了中观层和微观层。通过提取、汇总并对术语进行归一化处理，可以推导出听

---

① 本研究所说的教学事件是指在教学过程中可切分的有区别性特征的类型化教学活动单位。从形式上看，教学事件既可以由单一构件实现，也可以由融合在一起进行教学的构件的组合实现。

力教学中观层和微观层构件的理论模型（见图 2-2）。从中可以看出，"听前
（Ⅰ）"和"听后（Ⅲ）"环节在中观层已形成了丰富的构件体系，不仅有中观
层，还含有微观层构件；而"听时（Ⅱ）"环节只有中观层构件，或许可以
说，在已有认知中，它是一个结构相对简单而无须再切分的教学事件。

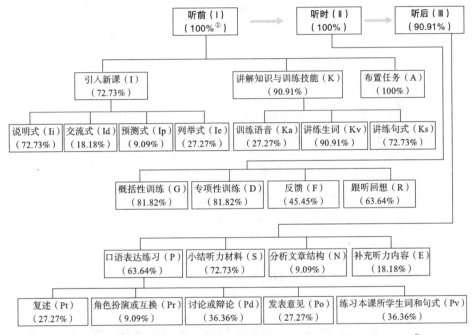

图 2-2 "听力课教学顶层、中观层和微观层构件系统"理论模型示意图[②]

（一）"听前（Ⅰ）"环节下的中观层和微观层构件及特征

1. "听前（Ⅰ）"环节下的中观层构件及特征

由图 2-2 可知，"听前（Ⅰ）"环节可提取出"引入新课（Ⅰ）""讲解知识
与训练技能（K）""布置任务（A）"共 3 个中观层构件。综合已有认知，我

---

① 图中数字为支持率。

② 关于图 2-2 中"口语表达练习（P）"的统计数据，因有文献提及两种或两种以上口语
表达练习的类型（即同一文献中出现两种或两种以上 P 的微观层构件），所以 P 的微观
层构件的统计数据总和并不等于 P 的统计数据。在此，无论同一文献中出现几个 P 的
微观层构件，P 均按 1 次统计。

们给出相关构件的具体表述："引入新课（I）"指通过一定的手段和方式引入新的听力教学和训练的内容；"讲解知识与训练技能（K）"指通过讲练以语言要素为主的相关知识帮助学生扫除听力材料中生词和句式等障碍；"布置任务（A）"指向学生说明在进行听力训练时所要完成的任务。

"听前（I）"环节下中观层构件支持率的统计结果显示：第一，"布置任务（A）"是该环节中的必有项（支持率为100%），表明其在听力训练前的重要作用在已有认知中形成了统一的认识。开展听力训练前让学生带着问题去听，符合"i+1"可理解输入原则（杨惠元，1993）。第二，"讲解知识与训练技能（K）"和"引入新课（I）"也得到了较多讨论（支持率分别为90.91%和72.73%），体现了已有认知对听力训练之前准备工作的重视。通过"引入新课（I）"来调动学习者已有的与听力材料主题相关的背景知识，符合"自上而下"（top-down）的聆听理解过程。同时，"讲解知识与训练技能（K）"涉及语言要素的讲练，符合听者"自下而上"（bottom-up）的聆听理解过程。[①]

2."听前（I）"环节下的微观层构件及特征

分析可知，"引入新课（I）"的方式及"讲解知识和训练技能（K）"的具体内容也是研究关注的焦点，已有认知中对该问题多有涉及。据此，我们可以推导出其下位的微观层构件系统。

由图 2-2 可知，从"引入新课（I）"中可提取出"说明式（Ii）""交流式（Id）""预测式（Ip）"和"列举式（Ie）"共 4 个微观层构件。综合已有认知，我们给出相关构件的具体表述："说明式（Ii）"指教师介绍听力材料的背景知识或主要内容；"交流式（Id）"指师生就自身情况或主题交流互动；

---

① "自上而下"和"自下而上"是认知心理学中聆听理解的两种过程模式。其中，"自上而下"指听者利用已有的背景知识或图式（schema）对所接受的信息进行通篇理解与分析；"自下而上"指听者利用已有的语言知识对所接受的信息进行解码，听力理解的过程从语音、词语和短语等连续的小单位开始，组合起来形成较大的单位，一直到达意义层面。（Chaudron & Richards，1986）

"预测式（Ip）"指教师带领学生预测听力材料的内容；"列举式（Ie）"指教师列举与听力材料相关的词语和句式。

"听前（Ⅰ）"环节下"引入新课（I）"微观层构件支持率的统计结果显示："说明式（Ii）"具有明显的共识倾向（支持率为72.73%），说明听力材料的背景知识在已有认知中很受重视。

由图2-2可知，从"讲解知识与训练技能（K）"中可提取出"训练语音（Ka）""讲练生词（Kv）"和"讲练句式（Ks）"共3个微观层构件。综合已有认知，我们给出有关的具体表述："训练语音（Ka）"指听辨语音语调，"讲练生词（Kv）"指讲解并练习生词，"讲练句式（Ks）"指讲解并练习句式。

"听前（Ⅰ）"环节下"讲解知识与训练技能（K）"微观层构件支持率的统计结果显示：第一，"讲练生词（Kv）"的支持率最高（90.91%），说明已有认知已经认识到扫除听力中生词障碍的重要性。这可能是因为生词是影响听力理解的重要因素（马黎华，2002），也是听力训练中的难点（高彦德等，1993；杨惠元，2000）。第二，"讲练句式（Ks）"的支持率超过半数（72.73%），表明其对扫除听力训练障碍的作用得到了已有认知的共识。

（二）"听时（Ⅱ）"环节下的中观层构件及特征

由图2-2可知，"听时（Ⅱ）"环节可提取出"概括性训练（G）""专项性训练（D）""反馈（F）""跟听回想（R）"共4个中观层构件。综合已有认知，我们给出相关构件的具体表述："概括性训练（G）"指训练时要求学生听后把握文章整体内容，即理解主旨大意的练习；"专项性训练（D）"指训练时要求学生听后了解文章细节，即捕捉细节信息的练习；"反馈（F）"指教师针对学生听力训练任务的完成情况返回信息；"跟听回想（R）"指听材料时不布置具体任务或问题，只修改和完善之前的回答。

"听时（Ⅱ）"环节下中观层构件支持率的统计结果显示：第一，"概括性训练（G）"和"专项性训练（D）"的支持率最高（均为81.82%），可见这两个教学构件是"听时（Ⅱ）"环节的主要教学事件，已有认知已对其必要性达成共识。第二，"跟听回想（R）"的支持率超过半数（63.64%），表明理论认识上较重视学生通过自查的方式对听力训练活动形成自我判断和认知。

（三）"听后（Ⅲ）"环节下的中观层和微观层构件及特征

1."听后（Ⅲ）"环节下的中观层构件及特征

由图2-2可知，"听后（Ⅲ）"环节可提取出"口语表达练习（P）""小结听力材料（S）""分析文章结构（N）""补充听力内容（E）"共4个中观层构件。综合已有认知，我们给出相关构件的具体表述："口语表达练习（P）"指听力训练结束后根据听力材料进行成段表达练习；"小结听力材料（S）"指用概括性话语对听力材料的内容进行总结；"分析文章结构（N）"指分析听力材料的结构；"补充听力内容（E）"指对听力材料的话题进行补充说明。

"听后（Ⅲ）"环节下中观层构件支持率的统计结果显示：第一，"小结听力材料（S）"最具共识（支持率为72.73%），体现了巩固所学内容在已有认知中的受重视程度较高。第二，"口语表达练习（P）"的支持率也超过半数（63.64%），可见，"听说一体化""听说交融"等听力教学理念或原则已提升到理论认知中。

2."听后（Ⅲ）"环节下的微观层构件及特征

由图2-2可知，从"口语表达练习（P）"中可进一步提取出"复述（Pt）""角色扮演或互换（Pr）""讨论或辩论（Pd）""发表意见（Po）"和"练习本课所学生词和句式（Pv）"共5个微观层构件。综合已有认知，我们给出相关构件的具体表述："复述（Pt）"指讲述听到的段落或对话，可在教师引导下完成，也可自主完成；"角色扮演或互换（Pr）"指安排学生根据听力材料中的人物分配角色并就主要情节进行对话；"讨论或辩论（Pd）"指学生就自身情况或听力材料内容进行讨论；"发表意见（Po）"指让学生就某一问题发表自己的看法；"练习本课所学生词和句式（Pv）"指安排学生对本课所学的生词和句式进行练习。

"听后（Ⅲ）"环节下"口语表达练习（P）"微观层构件支持率的统计结果显示："讨论或辩论（Pd）"和"练习本课所学生词和句式（Pv）"的支持率相对较高（均为36.36%）。"讨论或辩论（Pd）"主要以小组为单位，体现了生生互动的模式；"练习本课所学生词和句式（Pv）"与"听前（Ⅰ）"环节下"讲练生词（Kv）""讲练句式（Ks）"相呼应，可以看出生词和句式在听力训练中颇受重视。

三、中观层和微观层结构和过程模型推导及特征分析

以汉语听力教学中观层和微观层构件系统为基础，通过对中观层和微观层结构和过程文献认知的分析和计算，不仅可以推导出中观层和微观层的结构和过程模型，还可以进一步考察顶层三大环节之间在中观层和微观层所特有的关联关系。

（一）顶层三大环节内部中观层理论模型推导

梳理汉语听力教学顶层三大环节内部中观层构件的组合以及由此产生的排列结果，可以推导出三大环节各自内部的中观层结构和过程模型（见图2-3）。而从结构和过程类型的特点、解析过程所得的特点（包括教学事件的取值范围、特定构件出现的位置、构件之间的关联关系等）对各环节内部中观层模型做特征分析，将有助于对听力教学中的规律和制约关系做出更深入细致的模型描写，从而把握教学子系统的运行规律。

1."听前（Ⅰ）"环节下的中观层结构和过程

结构和过程类型的相关数据表明：第一，本环节提取了 IA 等 3 种结构类型。根据支持率统计结果，IKA 结构类型的支持率最高（63.64%），体现了理论研究对该环节结构系统性和完整性的重视。然而考察发现，这里并未出现占绝对优势的过程类型，可以说体现了已有认知多元性和该环节灵活性的特点。第二，KA 和 IKA 这两种结构类型下面还可形成不同的过程类型，说明同一结构类型可以有多种过程上的实现方式。

顶层-基本环节	中观层-构件	中观层-结构 类型	支持率(%)	中观层-过程 类型	支持率(%)
听前（I）	引入新课（I）	IA	9.09	I- A(II)	9.09
				K- A(II)	9.09
				K- A- K(II)	18.18
	讲解知识与训练技能（K）	KA	27.27	I- K- A(II)	9.09
				I&K- A	9.09
				I&K&A	27.27
	布置任务（A）	IKA	63.64	I&K- A- K(II)	9.09
				I- K- A- I	9.09
听时（II）	概括性训练（G）	<UNS>	9.09	<UNS>	9.09
				G- Ks-D	9.09
	专项性训练（D）	GD	27.27	G- Ks-D-Kv	9.09
				G&D&Ks	9.09
	反馈（F）	GDR	18.18	G- D- R	9.09
		<UNS>FR	9.09	<UNS>- F-R	9.09
	跟听回想（R）			G- D-F-R	9.09
		GDFR	36.36	G- A-G-F-R	27.27
听后（III）	口语表达练习（P）	P	18.18	P	18.18
	小结听力材料（S）	S	27.27	S	27.27
	分析文章结构（N）	PS	27.27	P- S	27.27
	补充听力内容（E）	PSE	9.09	P&S&E	9.09
		PSNE	9.09	P&S&N&E	9.09
	/	/	9.09	/	9.09

图 2-3 "听力课教学顶层三大环节内部中观层结构和过程"理论模型示意图[1]

① 构件之间有连线表示有文献支持该路径选择，"<UNS>"表示提及但没有具体信息，"/"表示未提及，下同。

教学事件取值范围的支持率显示："听前（Ⅰ）"环节下至少采用 2 个教学事件，可取 [I-A] 或 [K-A] 过程类型；最多经历 4 个教学事件，可取 [I-K-A-I] 过程类型。根据对过程类型中构件出现位置的分析，可以得出这样的认识："引入新课（Ⅰ）"和"讲解知识与训练技能（K）"的先后顺序并不是固定的，而"布置任务（A）"则常出现在"引入新课（Ⅰ）"和"讲解知识与训练技能（K）"之后。构件关联关系的数据显示："听前（Ⅰ）"环节的中观层构件间并无特定的关联关系。

2."听时（Ⅱ）"环节下的中观层结构和过程

结构和过程类型的相关数据表明：第一，本环节提取了 GD 等 5 种结构类型。根据支持率统计结果，未出现占绝对优势的结构类型。第二，该环节中 5 种结构类型还可形成不同的过程类型。考察可知，结构和过程类型不对应的原因可能是，本属于"听前（Ⅰ）"环节的构件跨环节出现在了"听时（Ⅱ）"环节中。第三，GDFR 结构类型及由其形成的过程类型的支持率相对较高（36.36%），表明"概括性训练（G）""专项性训练（D）""反馈（F）"和"跟听回想（R）"形成的是一个相对完整的"听时（Ⅱ）"环节。

教学事件取值范围的支持率显示："听时（Ⅱ）"环节下至少采用 2 个教学事件，可取 [G-D] 过程类型，体现了"概括性训练（G）"与"专项性训练（D）"在听力训练中的主体地位；该环节最多经历 6 个教学事件，可取 [G-A-G-D-F-R] 过程。根据对过程类型中构件出现位置的分析，可以得出这样的认识：若"概括性训练（G）"和"专项性训练（D）"同时出现，则"专项性训练（D）"必出现在"概括性训练（G）"之后。从认知角度分析，听第一遍材料时，学生可能不能完全听懂，这时教师可安排概括性练习来帮助学生掌握听力材料的主题和中心思想；听第二遍时，学生注意力会更加集中，可通过专项性练习来抓取细节和关键信息。同时，若构件"反馈（F）""跟听回想（R）"与"概括性训练（G）""专项性训练（D）"同时或分别两两共现，那么"反馈（F）"和"跟听回想（R）"位于"概括性训练

（G）"之后，也位于"专项性训练（D）"之后。构件关联关系的数据显示：构件"概括性训练（G）"和"专项性训练（D）"共现的支持率较高，即已有认知中这两者总是粘连出现，说明听力练习中训练学生听懂文章主题和捕捉细节信息的能力往往联合在一起培养。

3. "听后（Ⅲ）"环节下的中观层结构和过程

结构和过程类型的相关数据表明：第一，本环节提取了 P 等 5 种结构类型。根据支持率统计结果，未出现占绝对优势的结构类型。第二，PS 结构类型可形成 [P]、[S] 和 [P-S] 过程类型，可见"口语表达练习（P）"同"小结听力材料（S）"在已有认知中尚未形成固定顺序。除此之外，本环节中其余的结构与其过程类型是一一对应的关系。分析其原因，可能是该环节需要从多角度、多方面对听时内容进行巩固，因此教学构件和结构比较复杂，由此形成的教学过程也呈现出多样化的特点。第三，S 和 PS 结构类型的支持率相对较高（均为 27.27%），可见"口语表达练习（P）"和"小结听力材料（S）"被看作是形成结构和过程的较为重要的参数。

教学事件取值范围的支持率显示："听后（Ⅲ）"环节下至少采用 1 个教学事件，可取 [P] 或 [S] 过程类型；最多经历 4 个教学事件，可取 [P-S-N-E] 过程类型。由此可看出，该环节教学事件的数量及顺序均较为灵活，已有认知中没有限定其实现方式。根据对过程类型中构件出现位置的分析，可发现构件之间不存在固定的先后顺序。构件关联关系的数据显示："口语表达练习（P）"和"小结听力材料（S）"共现的支持率较高（45.45%），"口语表达练习（P）"主要检查学生听力训练中的内化效果，"小结听力材料（S）"主要帮助学生对听力内容进行巩固和复习，已有理论认知多将二者放在一起，共同承担最后的听力训练任务。

（二）顶层三大环节之间中观层关联特征分析

聚焦并梳理汉语听力教学顶层三大环节之间中观层构件的共现关系和发生序列，不仅可以推导出顶层三大环节之间中观层的过程模型（见图

2-4），还可以进一步考察三大环节之间结构及过程类型的映射关系，并从接口位置教学事件的特点出发对模型进行分析，了解其教学作用，透视中观层环节间结构和过程的制约关系。结构或结构的组合在时间轴上的顺序呈现形成过程，从过程类型中可以清楚地看出结构类型，限于篇幅，故不再对结构类型单独论述。

听前（I）	支持率（%）
I-　A(Ⅱ)	9.09
K-　A(Ⅱ)	9.09
K-　A-K(Ⅱ)	18.18
I-K-　A(Ⅱ)	9.09
I&K-　A	9.09
I&K&A	27.27
I&K-　A-K(Ⅱ)	9.09
I-　K-A-I	9.09

听时（Ⅱ）	支持率（%）
\<UNS\>	9.09
G-　　Ks-D	9.09
G-　　Ks-D-Kv	9.09
G&D&Ks	9.09
G-　　　D-　R	9.09
\<UNS\>-　　F-R	9.09
G-　　　D-F-R	9.09
G-　　A-G-D-F-R	27.27

听后（Ⅲ）	支持率（%）
P	18.18
S	27.27
P-　S	27.27
P&S&　　E	9.09
P&S&N&E	9.09
/	9.09

图 2-4　"听力课教学顶层三大环节之间中观层过程"理论模型示意图[①]

1. 关联特征分析：从"听前（I）"到"听时（Ⅱ）"

根据图 2-3 和图 2-4，过程类型的关联数据显示：（1）[I-K-A] 过程类型作为教学事件起点的支持率较高（27.27%）。（2）[G-A-G-D-F-R] 过程类型作为教学终点的支持率较高（27.27%）。值得注意的是，根据对包含构件"布置任务（A）"的过程类型分析可知，该构件既可出现在"听前（I）"环节并位于"听时（Ⅱ）"环节的"概括性训练（G）"之前，也可出现在"听时（Ⅱ）"环节并位于"概括性训练（G）"之后，表明将提问置于听前还是听后，在已有认知中是存在差异的。（3）尚未发现共现关系突出的结构类型。

接口位置教学事件的数据表明：第一，"布置任务（A）"作为教学起点的支持率较高，显示出理论上多通过说明听力训练的任务和问题来开启正式

---

① 构件之间有连线表示有文献支持该路径选择，箭头的方向表示教学进程的发展方向，下同。

的听力训练。第二，"概括性练习（G）"作为教学终点的支持率较高，表明已有认知的观点是在明确任务后应立即过渡到听力训练。第三，"布置任务（A）"与"概括性训练（G）"作为"听前（Ⅰ）"和"听时（Ⅱ）"环节的边界构件时，共现关系较为紧密，说明已有理论认可通过概括性训练实现布置任务所期望达到的目的。

2. 关联特征分析：从"听时（Ⅱ）"到"听后（Ⅲ）"

根据图 2-3 和图 2-4，过程类型的关联数据显示：（1）[G-A-G-D-F-R]过程类型作为从"听时（Ⅱ）"到"听后（Ⅲ）"教学事件起点的支持率较高（27.27%）。（2）[S] 过程类型作为教学终点的支持率在"听后（Ⅲ）"环节下的各个结构类型中均为最高，表明通过小结来结束听力训练具备理论共识。（3）受"听时（Ⅱ）"和"听后（Ⅲ）"环节下结构类型多样化的影响，尚未发现共现关系突出的结构类型。

接口位置教学事件的数据表明：（1）"跟听回想（R）"作为教学起点的支持率较高（63.63%）。（2）由于"听后（Ⅲ）"环节下各教学事件大多不存在先后顺序，因此尚未发现可作为教学终点的构件。（3）"跟听回想（R）"与"口语表达练习（P）"和"小结听力材料（S）"共现关系的支持率相当，体现了由信息输入到内化后输出的听力训练过程，也表明已有认知认为学生自查听力训练的结果之后，教师应再次给予反馈并帮助学生对听力内容形成更加系统全面的认识，帮助其加深理解和记忆。同时，三者可视为连接"听时（Ⅱ）"和"听后（Ⅲ）"环节的关键节点，相互联动，从而完成从"听时（Ⅱ）"环节到"听后（Ⅲ）"环节的转接。

（三）顶层三大环节微观层理论模型推导及关联特征分析

深入到微观层构件来推导听力教学在三大环节的结构和过程理论模型，可以对听力教学形成更加全面细致的认知。依据相关的已有认知，可推导出听力教学微观层过程的理论模型（见图 2-5）。结构或结构的组合在时间轴上的顺序呈现形成过程，从过程类型中可以清楚地看出结构类型，限于篇幅，故不再对结构类型单独论述。

听前（Ⅰ）	支持率（%）
Ii-A(Ⅲ)	9.09
Ka&Kv& Ks-A(Ⅲ)	18.18
Kv-A-Ks(Ⅲ)	9.09
I- Kv&Ks-A(Ⅲ)	9.09
Ii&Id& Kv&Ks&A	9.09
Ii&Ip&Ie&Kv&Ks&A	9.09
Ii&Id&Ie&Kv&Ks&A	9.09
Ii& Ka&Kv& A	9.09
Ii- Kv- A-Ks(Ⅲ)	9.09
Ii- Kv- A-Ip	9.09

听时（Ⅱ）	支持率（%）
<UNS>	9.09
G- Ks-D	9.09
G- Ks-D-Kv	9.09
G&D&Ks	9.09
G- D- R	9.09
<UNS>- F-R	9.09
G- D-F-R	9.09
G-A-G-D-F-R	27.27

听后（Ⅲ）	支持率（%）
Pd	9.09
Pd& Po	9.09
S	27.27
Pd- S	9.09
Pt& Pv-S	18.18
Pd& Po&Pv&S& E	9.09
Pt&Pr&Po&Pv&S&N&E	9.09
/	9.09

图 2-5　"听力课教学顶层三大环节之间微观层过程"理论模型示意图

根据图 2-2 和图 2-5 可知，"听前（Ⅰ）"和"听后（Ⅲ）"环节存在微观层构件，而"听时（Ⅱ）"环节不存在微观层构件。因此，下面主要基于顶层"听前（Ⅰ）"和"听后（Ⅲ）"环节来探讨微观层结构和过程模型的特征。

1. "听前（Ⅰ）"环节下的微观层理论模型推导

过程类型的相关数据表明：本环节提取出的过程类型共 10 种，其支持率相对均衡。这体现了该环节中听力训练准备工作的丰富性与灵活多变性。分析其原因，可能是受到"引入新课（I）"的方式和"讲解知识与训练技能（K）"的内容多样化特点的影响。

教学事件取值范围的支持率显示："听前（Ⅰ）"环节下至少采用 2 个教学事件，可取 [Ii-A] 过程类型；最多经历 6 个教学事件，可取 [Ii&Ip&Ie&Kv&Ks&A] 或 [Ii&Id&Ie&Kv&Ks&A] 过程类型。该环节教学事件取值区间较大，体现出听力训练前准备和铺垫活动在理论认知中的灵活多变性，也可看到已有认知中为提高该环节趣味性和学生主动性所做的理论探讨。

根据对过程类型中构件出现位置的考察，可以得出如下认识：若构件

"训练语音（Ka）""讲练生词（Kv）"和"讲练句式（Ks）"同时出现，那么三者的顺序为 Ka-Kv-Ks，体现出语言单位递进的层级性。

构件关联关系的数据显示："讲练生词（Kv）"和"讲练句式（Ks）"共现的支持率较高（72.72%）。已有认知认为，二者的功能各不相同。"讲练生词（Kv）"主要服务于信息输入，重在理解和记忆词义，而非扩展使用，以达到可理解输入的目的。"讲练句式（Ks）"主要服务于输出，学生需掌握用法。在完成信息输入和解码后，要运用所学句式结合内化的内容表达出来，以达到句式形式与意义相结合的目的。二者相互配合，共同为听力训练扫除语言知识方面的障碍。

2."听后（Ⅲ）"环节下的微观层理论模型推导

过程类型的相关数据表明：（1）本环节共提取出 8 种过程类型，但尚未发现占绝对优势的结构类型。（2）[S] 过程类型的支持率相对较高（27.27%），再次印证已有认知对巩固所学内容重要性的认可。

教学事件取值范围的支持率显示："听后（Ⅲ）"环节下的教学过程至少采用 1 个教学事件，可取 [Pd] 或 [S] 过程类型；最多经历 7 个教学事件，可取 [Pt&Pr&Po&Pv&S&N&E] 过程类型。该环节教学事件取值区间较大，说明已有认知已为此提供了多种方案。

根据对过程类型中构件出现位置的分析，我们可以得出如下认识：该环节在已有过程认知中并未发现存在固定顺序，尚未发现存在较强关联关系的构件组对。

3. 三大环节间"微观—中观—微观"跨层间的关联特征分析

通过分析图 2-5 中从"听前（Ⅰ）"到"听时（Ⅱ）"环节内部微观层与中观层间跨层表达的关联特征，可以得出如下结论："布置任务（A）"作为"听前（Ⅰ）"环节的终点以及"概括性练习（G）"作为"听时（Ⅱ）"环节的起点的支持率较高，二者可视为"听前（Ⅰ）"与"听时（Ⅱ）"环节接口的起点和终点，具有承上和启下的作用。

通过分析从"听时（Ⅱ）"到"听后（Ⅲ）"环节内部过程的关联特征，可以得出如下结论：第一，"跟听回想（R）"作为"听时（Ⅱ）"终点的支持率较高（63.63%），体现出已有认知认为正式的听力训练应以学生的自查与完善作为尾声。第二，"听时（Ⅱ）"与"听后（Ⅲ）"环节下采用的教学构件数量相互制衡，表现在：若"听时（Ⅱ）"构件简单，则"听后（Ⅲ）"下的构件选用相对丰富；反之，若"听时（Ⅱ）"下构件较为丰富，则"听后（Ⅲ）"下的构件选用倾向于简单。

第二节　汉语听力教学应用模型构建 *

本研究以"汉语听力教学·实录研究数据库"为基础开展汉语听力课堂教学的结构和过程研究，通过对汉语听力教学课堂实录[①]的观察与分析，对听力教学构件、结构和过程的特征进行表达、提取和计算，构建应用模型，对听力教学的实践做系统描写和特征分析。具体研究步骤为：首先，选定听力教学规范化教学实录样本，建立"汉语听力教学·实录样本数据库"，并对数据库中的样本进行转写。其次，在"宏观层—中观层—微观层"的整体架构下，从概念出发，在教学实录中辨识听力教学构件、结构和过程信息，对各构件类型依据理论模型中的名称进行命名，若构件为新出现则另外确定统一的名称术语并给出定义；按构件类型、结构类型和过程类型进行统一赋码和形式化表达，建立"汉语听力教学·实录研究数据库"。再次，确立构

---

* 本书内容曾以《汉语听力教学结构和过程应用模型研究》为题发表于《对外汉语研究》2021 年第 1 期，作者为田晋华、郑艳群。

① 本研究中的教学实录主要来自青年教师教学基本功大赛获奖作品，均为初级阶段独立开设的听力课，共 7 份样本。这类教学实录通常是由一线教师或教师团队精心设计后付诸实施的，且经过了领域内教学专家或教学研究专家的评选、认证，具有可模仿性和可推广性等特点，值得深入学习和研究。

件系统，在此基础上完成对汉语听力教学系统应用模型的建构。最后，计算倾向性结果①，对模型特征进行分析。本研究的结果可以为听力教学实践提供参考，也可以为听力教学慕课或微课教学单元设计提供依据。

一、顶层教学环节的建立、结构和过程模型构建及特征分析

通过对教学实录样本的分析可以发现，汉语听力教学是一个有层次的系统，可以从宏观顶层出发逐层进行描写并构建模型，这是一个自上而下的工作过程；而在每个层面内，又可以通过对构件的辨识和计算，自下而上地完成结构和过程模型的构建，从而揭示来自教学实践的汉语听力教学结构和过程的规律。

（一）顶层教学环节的建立及结构和过程模型构建

从概念出发，在"汉语听力教学·实录研究数据库"中经过辨识、归类汇总，以及与理论模型中名称（术语）——对应并进行必要的名称（术语）补充，我们共提取出"听前（Ⅰ）""听时（Ⅱ）"和"听后（Ⅲ）"三个基本教学环节。在此基础上，进一步根据结构和过程的使用信息，完成了顶层模型的构建（见图2-6）。

基本环节	使用率（%）		结构类型	使用率（%）	过程类型	使用率（%）
听前（Ⅰ）	100		Ⅰ　Ⅱ	42.84	Ⅰ-Ⅱ	42.84
听时（Ⅱ）	100		Ⅰ　Ⅱ　Ⅲ	57.14	Ⅰ-Ⅱ-Ⅲ	57.14
听后（Ⅲ）	57.14					

图2-6 "听力课教学顶层结构和过程"应用模型示意图

（二）顶层模型特征分析

由图2-6可以得到关于顶层模型的如下两点认识：

第一，"听前（Ⅰ）"和"听时（Ⅱ）"环节是汉语听力教学不可或缺的环

---

① 相关结果通过使用率来体现。本研究有关使用率的计算公式为：使用率＝实际应用的样本数 ÷ 样本总数。

节（使用率均为100%），其中"听前（Ⅰ）"环节体现了听前准备工作在教学中对听力训练的作用，而"听时（Ⅱ）"环节是听力教学的核心环节；"听后（Ⅲ）"环节的使用率超过半数（57.14%），表明听力教学不以听完材料为终点，还有后续进程。整体来看，听力理解的过程即为对语音信号做察觉接收、识别分析、转换解码等处理，进而储存和记忆的过程。（Anderson，1995）其原理是：经过"听前（Ⅰ）"环节的铺垫、准备和"听时（Ⅱ）"环节对信息的接收解码，学生对听力材料的主题和内容已有所了解，"听后（Ⅲ）"环节的各项活动可以帮助学生对所接收的信息和知识进行重组与内化，从而将短时记忆存入长时记忆。

第二，"听前（Ⅰ）""听时（Ⅱ）"和"听后（Ⅲ）"环节遵循固定的顺序，从功能上看，这体现了听力教学环节循序渐进的特点，也符合学生从接收到解码的听力理解过程。

二、中观层和微观层构件系统的建立及特征分析

对样本的数据分析显示，听力教学是一个在顶层之下还包含中观层和微观层的多层次系统。剖析中观层和微观层系统，有助于对听力教学实践形成全面完整的认识。从概念出发，对实录研究数据库中顶层三大环节内部的构件进行辨识、名称汇总，并与理论模型中的名称（术语）一一对应或进行必要的名称（术语）补充，计算其使用率，可以完成中观层和微观层构件系统的构建（见图2-7）。

（一）"听前（Ⅰ）"环节下的中观层和微观层构件及特征

1. "听前（Ⅰ）"环节下的中观层构件及特征

对教学实录样本标注的数据显示，从"听前（Ⅰ）"环节共得出"引入新课（I）""讲解知识与训练技能（K）"和"布置任务（A）"等3个中观层构件。

根据上述构件的使用率可以得出如下认识："引入新课（I）"和"布置任务（A）"是本环节的必有构件（使用率均为100%），"讲解知识与训练技

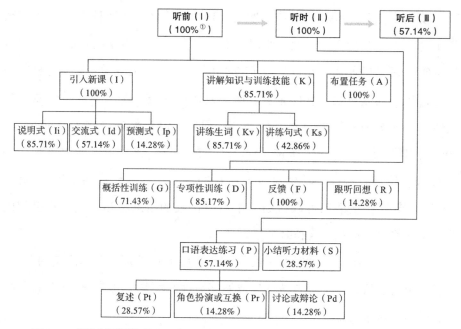

图 2-7 "听力课教学顶层、中观层和微观层构件系统"应用模型示意图

能（K）"的使用率超过半数（85.71%）。可见，在听力教学实践中，教师常通过上述三种方式提供听力材料中的相应线索，激活学生已有的背景图式，并与听力材料的主题关联起来，以降低听力训练的难度，为接下来的听力训练做好准备，从而实现可理解输入的目的。

2. "听前（Ⅰ）"环节下的微观层构件及特征

"听前（Ⅰ）"环节在中观层构件"引入新课（Ⅰ）"和"讲解知识与训练技能（K）"之下共得出"说明式（Ii）""交流式（Id）""预测式（Ip）""讲练生词（Kv）"和"讲练句式（Ks）"等 5 个微观层构件。

根据上述微观层构件的使用率可以得出如下认识：（1）在"引入新课（Ⅰ）"的微观层构件中，"说明式（Ii）"的应用较为突出（使用率为 85.71%），可见教学实践中教师常常通过简要说明听力材料的背景和内容这

---

① 图中数字为使用率。

类非互动型方式来引入新课。（2）在"讲解知识与训练技能（K）"的微观层构件中，"讲练生词（Kv）"使用率最高（85.71%），是语言知识讲解中的重点。对教学实录样本标注的数据显示，在讲练生词时，教师常通过例句帮助学生理解生词的使用规则。由此可见，设计适当的例句可以为生词理解创设具体语境，这符合"在一定的语境中掌握词汇"（刘珣，2000）的教学原则，也有助于学生对生词的理解和掌握。

（二）"听时（Ⅱ）"环节下的中观层构件及特征

由图 2-7 可知，从"听时（Ⅱ）"环节共得出"概括性训练（G）""专项性训练（D）""反馈（F）"和"跟听回想（R）"等 4 个中观层构件。

根据上述中观层构件的使用率可以得出如下认识：（1）"反馈（F）"是必有构件（使用率为 100%），足见教师对听力训练中反馈的重视。可以认为，在听力教学实践中，适时适度的反馈能够引起长时间处于听力信号接收中的学生的注意力，有效地将输入转化为吸收。（2）"概括性训练（G）"和"专项性训练（D）"的应用相对突出（使用率分别为 71.43% 和 85.71%），是本环节较为核心的主要构件，体现出听力教学实践中有多项训练目标和方式，目的是训练不同的微技能。

（三）"听后（Ⅲ）"环节下的中观层和微观层构件及特征

1. "听后（Ⅲ）"环节下的中观层构件及特征

由图 2-7 可知，从"听后（Ⅲ）"环节共得出"口语表达练习（P）"和"小结听力材料（S）"等 2 个中观层构件。

根据上述中观层构件的使用率可以得出如下认识："口语表达练习（P）"的应用相对突出（使用率为 57.14%），体现了教学实践中对学生输出练习的重视。一方面，口语表达练习是教师了解学生听力训练内化效果的途径之一；另一方面，学生通过输出练习对短时记忆的信息进行重组和编码并储存于长时记忆，可以降低遗忘率。这表明在以培养学习者交际能力为主要目的的技能教学中，输入训练与输出训练的重要性都引起了教师的关注。

2."听后（Ⅲ）"环节下的微观层构件及特征

由图 2-7 可知，"听后（Ⅲ）"环节在中观层构件"口语表达练习（P）"之下共得出了"复述（Pt）""角色扮演或互换（Pr）"和"讨论或辩论（Pd）"等 3 个微观层构件。

根据上述微观层构件的使用率可以得出如下认识："复述（Pt）"的应用相对突出（使用率为 28.57%）。可见，"复述（Pt）"是听力教学实践中一种较为常见的输出训练方式。具体做法是：学生利用听力训练中获取的信息，在短时记忆消失前及时组织并重建一段简短的话语，再通过口头形式表达出来。这样做的目的有两个：一是有助于信息的理解内化及长时储存，二是体现了从输入到输出的完整的听力理解过程。

三、中观层和微观层结构和过程模型构建及特征分析

对教学实录样本的数据分析显示，听力教学是一个包含顶层、中观层和微观层的多层次系统。深入考察中观层和微观层的结构和过程类型，可以描写听力课堂中的教学机制。在此，我们基于宏观顶层系统，构建三大环节内部中观层和微观层结构和过程的应用模型，以及三大环节之间中观层和微观层结构和过程的应用模型。

（一）顶层三大环节内部中观层应用模型构建

以中观层构件系统为基础，通过在实录研究数据库中辨识、汇总和计算汉语听力教学顶层三大环节内部中观层结构和过程的使用信息，可以构建出三大环节各自内部中观层结构和过程的模型（见图 2-8）。

1."听前（Ⅰ）"环节下的中观层结构和过程

结构类型和过程类型的实证数据显示：（1）本环节共出现了 IA 和 IKA 等 2 种结构类型，以及 [I-A]、[I-K-A] 和 [K-I-A] 等 6 种过程类型。其中，IKA 结构的使用率最高（85.71%），体现出在教学实践中教师倾向于使用完整的结构来开启下一环节的进程。"引入新课（Ⅰ）"体现了"自上而下"的

顶层-基本环节	中观层-构件	中观层-结构		中观层-过程	
		类型	使用率（%）	类型	使用率（%）
听前（I）	引入新课（I）	IA	14.29	I-　A	14.28
	讲解知识与训练技能（K）	IKA	85.71	I-K-　A	14.28
				I-K-I-　A-K(II)	14.28
				K-I-　A	14.28
	布置任务（A）			K-I-K-I-A	14.28
				K-I-　A-K(II)	28.57
听时（II）	概括性训练（G）	GF	14.28	G-　F	14.28
		DF	14.28	D-F-K-D-F-　K	14.28
	专项性训练（D）			G-　F-　D-F	28.57
	反馈（F）	GDF	57.14	D-F-　G-F-　K	14.28
				G-F-D-F-　D-F-G-F	14.28
	跟听回想（R）	GDFR	14.28	G-F-D-F-　P-R-K	14.28
听后（III）	口语表达练习（P）	P	14.28	P	14.28
		PS	28.57	P-S	14.28
	小结听力材料（S）			S-P	14.28
		/	57.14	/	57.14

图 2-8　"听力课教学顶层三大环节内部中观层结构和过程"应用模型示意图

听力理解过程，而"讲解知识与训练技能（K）"则体现了"自下而上"的听力理解过程，I 与 K 的联合应用体现了教师注重两种听力理解过程模式相结合的整体效果。可以认为，在听力训练中，学生不但要调动语音、词汇和句法等基本的语言知识与听力技能，还要激活已有认知中的相关背景知识，通过对短时记忆中的输入信号进行处理和加工，进而在语言知识、背景知识和听力材料的动态交互中理解并内化意义。（2）过程类型的使用率相对均衡，这或许体现了教师为提高学生对该环节的兴趣所做的多样化设计。

教学事件取值范围的实证数据显示：本环节至少应用 2 个教学事件，取 [I-A] 过程；最多应用 5 个教学事件，取 [I-K-I-A-K] 过程或 [K-I-K-I-A] 过程。其中，"引入新课（I）"和"讲解知识与训练技能（K）"均可重复出现。一方面，这体现了语言要素的讲练在听力教学实践中的重要地位；另一方面，通过样本分析可知，教师常常多次讲练语言要素，以应对听力材料及听力训练的难度呈现出的递增梯度变化。

构件出现位置的实证数据显示：（1）"讲解知识与训练技能（K）"作为"听前（I）"环节起点的使用率（57.14%）略高于"引入新课（I）"的使用率（42.86%），可见教师倾向于通过讲练相关语言知识来开启听力课。（2）"布置任务（A）"位于该环节终点的使用率最高（100%），表明在教学实践中，听前准备工作常以布置任务为该环节结束的标志。

构件关联关系的实证数据显示：I 和 A 连用的使用率（85.71%）远高于 K 和 I 连用的使用率（14.29%）。由此可以看出，I 和 A 的关联度较大；此外，A 与随后进行的听力训练的关联度较大，而 K 与随后进行的听力训练的关联度则较小。可以理解为，为扫除听力训练中的障碍，教师选用的教学步骤一般为：首先讲解听力材料中的语言知识，然后通过调动学习者的相关背景知识引出与听力材料相关的主题，最后说明听力训练的任务，以便开启正式的听力训练。

2. "听时（Ⅱ）"环节下的中观层结构和过程

结构类型和过程类型的实证数据显示：（1）本环节共出现了 GF、DF、GDF 和 GDFR 等 4 种结构类型，以及 [G-F]、[G-F-D-F] 和 [G-F-D-F-D-F-G-F] 等 6 种过程类型。（2）GDF 结构的应用相对突出（使用率为 57.14%），体现出教学实践中常采用多种方式有机结合的听力训练模式。其中，"概括性训练（G）"的主要目的是培养学生概括总结主旨大意的能力，"专项性训练（D）"的主要目的是培养学生捕捉获取关键信息的能力。由此看来，教学实践常通过二者的相互配合来丰富听力训练。（3）过程类型的使用率相对均衡，表明在教学实践中，该环节听力训练的过程不存在固定的序列模式。

教学事件取值范围的实证数据显示：（1）本环节至少应用2个教学事件，取 [G-F] 过程，表明以训练学生概括主旨大意为主要目的的概括性练习可配合教师反馈联合使用。（2）本环节最多应用8个教学事件，取 [G-F-D-F-D-F-G-F] 过程。其中，"概括性训练（G）""专项性训练（D）"和"反馈（F）"在一个教学过程中均可重复出现，表明在教学实践中，教师常采用听、讲、练交替进行的方式完成听力训练。

构件出现位置的实证数据显示：（1）"概括性训练（G）"位于"听时（Ⅱ）"环节起点的使用率较高，且常位于"专项性训练（D）"之前，表明在教学实践中教师更注重学生首遍听懂文章大意的能力，并践行听力训练由浅入深和循序渐进的教学理念。（2）"反馈（F）"位于该环节靠后的位置，体现了听力材料从输入到输出再到接收反馈的完整训练过程。

构件关联关系的实证数据显示："反馈（F）"常与"概括性训练（G）"或"专项性训练（D）"同时出现。这一情形体现了互动式听力训练的理念，也再次凸显了听力教学实践中教师反馈的作用。

3."听后（Ⅲ）"环节下的中观层结构和过程

结构类型和过程类型的实证数据显示：（1）本环节共出现了 P 和 PS 等2种结构类型，以及 [P]、[P-S] 和 [S-P] 等3种过程类型。（2）PS 结构的应用相对突出（使用率为28.57%）。可见，该环节中教师常通过表达练习和小结来检查学生的内化程度，进而巩固和加深学生对听力材料主题和内容的记忆与理解。（3）过程类型的使用率较为均衡（均为14.28%），表明该环节的过程模式尚未形成最终定式。

教学事件取值范围的实证数据显示：本环节至少应用1个教学事件，取 [P] 过程；最多应用2个教学事件，取 [P-S] 或 [S-P] 过程。这表明在听力教学实践中，"听后（Ⅲ）"环节的活动较为简单，主要用于结束听力训练。

构件出现位置及构件关联关系的实证数据显示："口语表达练习（P）"和"小结听力材料（S）"并不存在固定的先后顺序，尚未发现存在较强关联关系的构件组对。

（二）顶层三大环节之间中观层关联特征分析

构建基于顶层三大环节之间结构的应用模型，有助于探讨实际听力教学中这三大环节彼此之间的关联关系。听力教学顶层三大环节之间的中观层过程应用模型如图2-9所示。结构或结构的组合在时间轴上的顺序呈现形成过程，从过程类型中可以清楚地看出结构类型，限于篇幅，故不再对结构类型单独论述。

听前（I）	使用率（%）
I-　　A	14.28
I-K-　A	14.28
I-K-I-　A-K(II)	14.28
K-I-　A	14.28
K-I-K-I-A	14.28
K-I-　A-K(II)	28.57

听时（II）	使用率（%）
G-F	14.28
D-F-K-D-F-　　K	14.28
G-　F-　D-F	28.57
D-F-　G-F-　　K	14.28
G-　F-　D-F-D-F-G-F	14.28
G-　F-　D-F-　　P-R-K	14.28

听后（III）	使用率（%）
P	14.28
P-S	14.28
S-P	14.28
/	57.14

图2-9　"听力课教学顶层三大环节之间中观层过程"应用模型示意图

1. 关联特征分析：从"听前（I）"到"听时（II）"

接口位置教学事件的实证数据显示：（1）含有"布置任务（A）"的教学事件作为"听前（I）"环节接口事件的使用率最高（100%），表明听力教学实践中常以该构件结束"听前（I）"环节的准备工作并开启"听时（II）"环节的训练活动，具有承上启下的作用，是连接上述两个环节的关键节点。（2）含有"概括性练习（G）"的教学事件作为"听时（II）"环节接口位置教学事件的使用率较高（85.71%），在由听前准备活动向正式听力训练的过渡中，学生首先接触到听力材料时通常会完成较为粗略的、概括性的任务。（3）"布置任务（A）"与"概括性练习（G）"相较于其他接口位置教学事件的共现关系更强（使用率为85.71%），表明"布置任务（A）"与正式的听力训练关联度更高，表现为教师在布置听力训练的任务后随即进入听力训练。

2. 关联特征分析：从"听时（Ⅱ）"到"听后（Ⅲ）"

接口位置教学事件的实证数据显示：（1）"反馈（F）"作为"听时（Ⅱ）"环节接口位置教学事件的使用率最高（85.71%），在听力教学实践中可将其视为听力训练结束后的阶段性标志事件，意味着"听后（Ⅲ）"环节的开启。（2）"口语表达练习（P）"作为"听后（Ⅲ）"环节接口位置教学事件的应用相对突出（使用率为57.14%），表现为教师通常在对听力训练情况进行反馈之后即进入以学生输出为主的内化表达阶段。

（三）顶层三大环节微观层应用模型构建及关联特征分析

以微观层构件系统为基础，通过在实录研究数据库中辨识、汇总和计算顶层三大环节内部微观层结构和过程的使用信息，可以完成顶层三大环节内部及之间微观层结构和过程模型的构建（见图2-10）。结构或结构的组合在时间轴上的顺序呈现形成过程，从过程类型中可以清楚地看出结构类型，限于篇幅，故不再对结构类型单独论述。

听前（Ⅰ）	使用率（%）
Ii-　　　　A	14.28
Id-Kv-　　A	14.28
Ii-Kv-　Ip-　A	14.28
Kv-　　Ii-A	14.28
Kv-Id-　Ii-A	28.57
Kv-Id-Kv-Ii-A	14.28

听时（Ⅱ）	使用率（%）
G-F	14.28
D-F-Ks-D-F-　Ks	14.28
G-F-D-F	28.57
D-F-　　G-F- Ks	14.28
G-F-D-　　D-F-G-F	14.28
G-F-D-F-　　Pt-R-Ks	14.28

听后（Ⅲ）	使用率（%）
Pr	14.28
Pt-S	14.28
S-Pd	14.28
/	57.14

图2-10 "听力课教学顶层三大环节之间微观层过程"应用模型示意图

1. 顶层三大环节内部微观层应用模型构建

在实录研究数据库中，从教学构件之间的相对位置来看，"听前（Ⅰ）"环节中，"讲练生词（Kv）"作为"听前（Ⅰ）"环节起点的使用率略高于"交流式（Id）"。对教学实录样本标注的数据显示，在教学实践中，教师最多使用2种方式来"引入新课（I）"（即"引入新课"的4种微观层构件两两组合）。当"引入新课（I）"出现2次（即选用2种引入手段）时，"说明式（Ii）"常与"布置任务（A）"连续出现，而"交流式（Id）"常位于"说明式（Ii）"之前。由此可见，在开启正式的听力训练之前，教师倾向于使用单向输入的方式来引入新课，并未布置较多输出性的师生之间或生生之间活动的练习。

在实录研究数据库中，从教学构件之间的相对位置来看，在"听后（Ⅲ）"环节中，"口语表达练习（P）"若为"复述（Pt）"，则倾向于出现在"小结听力材料（S）"之前，表明它与听力材料内容的联系更加紧密；若为"讨论（Pd）"，则倾向于出现在"小结听力材料（S）"之后。这或许是因为"复述（Pt）"较常在教师引导下进行，便于教师课堂时间管理；而"讨论（Pd）"更多地带有学生与学生之间互动与成段表达的特点，教学时间上较为灵活，易于学生进行自由会话活动。

2.顶层三大环节之间微观层关联特征分析

接口位置教学事件的实证数据显示：若"听时（Ⅱ）"环节出现构件"讲练句式（Ks）"，则"听后（Ⅲ）"环节的过程类型以"/"为主；若"听时（Ⅱ）"环节不包含"讲练句式（Ks）"，则"听后（Ⅲ）"环节的过程类型常包含构件"口语表达练习（P）"（包括P的各种微观层构件）。Ks与P的低同现率体现了二者可能具有同质性，即Ks和P在"听时（Ⅱ）"和"听后（Ⅲ）"中不会同时出现。此外，在听力教学实践中，以检查听力材料内化效果和训练学生口语表达能力为主要目的的活动在教学实践中所占比重并不大，教师倾向于把更多时间和精力集中于听力训练上。

第三节　汉语听力教学模型对比

通过系统梳理汉语教学文献中关于听力教学结构和过程的思辨性和经验性教学认知，可以推导出汉语听力教学的理论模型（Theoretical Model，以下简称"T模型"）；通过对汉语听力教学实录样本数据的分析和计算，可以构建出汉语听力教学的应用模型（Empirical Model，以下简称"E模型"）。我们将T模型与E模型进行对比，希望借此来探讨理论与实践的关系，梳理理论认知对教学实践的指导作用，思考教学实践对理论认知的支撑作用，进而补充或修正已有理论认知。

一、顶层教学环节对比分析

通过对文献研究数据库和实录研究数据库中的顶层构件进行汇总和归一化命名，本研究共得到"听前（I）""听时（II）"和"听后（III）"等三个基本教学环节。以顶层基本环节的建立为基础，分别计算T模型和E模型结构与过程的支持率和使用率，可以得到如下对比图（见图2-11）。

基本环节	支持率（%）	使用率（%）	结构类型	支持率（%）	使用率（%）	过程类型	支持率（%）	使用率（%）
听前（I）	100	100	I II	9.09	42.84	I-II	9.09	42.84
听时（II）	100	100	I II III	90.91	57.14	I-II-III	90.91	57.14
听后（III）	90.91	57.14						

图2-11 "听力课教学顶层结构和过程"模型对比示意图

（一）两个模型的共有特征

对T模型和E模型的顶层进行比较，可以发现它们之间存在如下共有特征：（1）"听前（I）""听时（II）"和"听后（III）"是二者共有的基本教学环节。（2）"听时（II）"环节在T模型和E模型均为必有项（支持率和使用率均为100%）。（3）由基本教学环节所构成的I II结构和I II III结构及其形成的过程类型为T模型与E模型共有的结构类型和过程类型。（4）顶层环节以及由此产生的结构和过程在T模型与E模型中均出现了，但其比重并不相同。T模型强调环节的完备性，因此"听前（I）""听时（II）"和"听后（III）"三大环节的完整运用在理论认知中有更强的认同，而E模型是特定条件下所做的具体教学设计。比如，受时间限制的示范课通常不包括"听后（Ⅲ）"环节，但从理论上来看，"听后（Ⅲ）"环节有其存在的必要性。
（5）IⅡ结构和 [I-Ⅱ] 过程在 E 模型中的使用率远远高于在 T 模型中的支持率
（使用率为 42.84%，支持率为 9.09%），可见听力课教学在实践中表现出的
特点是节奏更加紧凑，教学过程更加简洁明了。

（二）T 模型的特有特征

理论模型中未出现明显的特有特征。

（三）E 模型的特有特征

应用模型中未出现明显的特有特征。

二、中观层和微观层三大环节内部构件、结构类型和过程类型的对比分析

（一）"听前（I）"环节

1. 教学构件对比

以"听前（I）"环节的建立为基础，分别计算 T 模型和 E 模型教学构
件的支持率和使用率，可以得到如下结果（见图 2-12）。

中观层	微观层	支持率（%）	合计（%）	使用率（%）	合计（%）
引入新课（I）	说明式（Ii）	72.73	72.73	85.71	100
	交流式（Id）	18.18		57.14	
	预测式（Ip）	9.09		14.28	
	列举式（Ie）	27.27		0	
讲解知识和训练技能（K）	训练语音（Ka）	27.27	90.91	0	85.71
	讲练生词（Kv）	90.91		85.71	
	讲练句式（Ks）	72.73		42.86	
布置任务（A）		100	100	100	100

图 2-12　"听力课教学顶层三大环节内部
中观层和微观层构件"模型对比示意图——"听前（I）"环节[①]

---

① 为保证全书体例的统一，本书将此类表格一律作为图片处理，下同。

① 两个模型的共有特征

a. 中观层

对 T 模型和 E 模型的中观层教学构件进行比较，可以发现它们之间存在如下共有特征：（1）"引入新课（I）""讲解知识与训练技能（K）"和"布置任务（A）"是 T 模型和 E 模型的共有构件。（2）"布置任务（A）"是 T 模型和 E 模型的必有构件（支持率和使用率均为 100%），可见其在听力教学中的重要作用。（3）"引入新课（I）"在 E 模型中的使用率超过了在 T 模型中的支持率（使用率为 100%，支持率为 72.73%）。（4）T 模型对"讲解知识和训练技能（K）"的理论认知尤为突出，超过了 E 模型中的使用率（支持率为 90.91%，使用率为 85.71%）。

b. 微观层

对 T 模型和 E 模型的微观层教学构件进行比较，可以发现它们之间存在如下共有特征：（1）"说明式（Ii）""交流式（Id）"和"预测式（Ip）"是 T 模型和 E 模型的共有构件。（2）"说明式（Ii）"在理论模型和应用模型中的支持率和使用率均为最高（支持率为 72.73%，使用率为 85.71%），可见其在听力教学中的重要作用。（3）"讲练句式（Ks）"极具灵活性，是可以跨环节出现的构件。"讲练句式（Ks）"在 T 模型中属于"听前（I）"环节；而在 E 模型中，它主要出现在"听时（II）"环节且常位于该环节的终点，即对听力材料中出现的句式进行讲解和练习一般放在听力训练结束后进行。"讲练生词（Kv）"和"讲练句式（Ks）"同为"讲解知识与训练技能（K）"的下位构件，二者所在环节不同表明它们的区别绝不仅限于所学知识内容的不同，更在于性质、功能和指向的不同。具体来看，"讲练生词（Kv）"主要面向信息输入，重在理解和记忆词义，因此可以认为"讲练生词（Kv）"仅指向"听时（II）"环节，为听力训练扫除障碍；而"讲练句式（Ks）"则主要面向输出，重在掌握句式的用法。因此，或许可以认为"讲练句式（Ks）"既指向"听时（II）"环节，又指向"听后（III）"环节，兼具扫除听力障碍和内化使用的功能。（4）应用模型中出现的"交流式（Id）"使用率超过半数，且超过了其在 T 模型中的支持率（使用率为 57.14%，支持率为 18.18%）。

②T 模型的特有特征

a. 中观层

理论模型中未出现特有的构件。

b. 微观层

对 T 模型和 E 模型的微观层教学构件进行比较，可以发现理论模型的特有特征：（1）理论模型中提及的"列举式（Ie）"在应用模型中并未出现。（2）有专家支持在"讲解知识与训练技能（K）"环节对学生进行语音的听辨训练（杨惠元，1993、2019；王钟华主编，1999），而课堂教学中"训练语音（Ka）"这一构件教师并未采用。这或许可以引起我们的反思，即听力教学是否需要专门训练语音，这有待实验研究的进一步证实。

③E 模型的特有特征

a. 中观层

应用模型中未出现特有的构件。

b. 微观层

应用模型中未出现特有的构件。

2. 教学结构类型和过程类型对比

以"听前（Ⅰ）"环节的建立为基础，分别计算 T 模型和 E 模型中观层和微观层结构与过程的支持率和使用率，可以得到如下结果（见图 2-13）。

①两个模型的共有特征

a. 中观层

对 T 模型和 E 模型的中观层教学结构类型进行比较，可以发现它们之间存在如下共有特征：（1）IA 和 IKA 结构是 T 模型和 E 模型的共有结构类型。（2）IKA 结构在 T 模型和 E 模型中的支持率和使用率均为最高（支持率为 63.64%，使用率为 85.71%）。（3）T 模型和 E 模型中 IA 结构形成的过

中观层－结构			中观层－过程			微观层－过程		
类型	支持率（%）	使用率（%）	类型	支持率（%）	使用率（%）	类型	支持率（%）	使用率（%）
IA	9.09	14.28	I- A$_{(II)}$	9.09	0	Ii- A$_{(II)}$	9.09	0
			I- A	0	14.28	Ii- A	0	14.28
KA	27.27	0	K- A$_{(II)}$	9.09	0	Kv- A$_{(II)}$	9.09	0
			K- A- K$_{(II)}$	18.18	0	Ka- A-Ks$_{(II)}$-Kv$_{(II)}$	9.09	0
						Ka-Kv- A-Ks$_{(II)}$	9.09	0
IKA	63.64	85.71	I-K- A	9.09	0	I- Kv-Ks- A	9.09	0
			I-K- A$_{(II)}$	0	14.28	Id- Kv- A$_{(II)}$	0	14.28
			I & K- A	18.18	0	Ii&Ip&Ie& Kv&Ks- A	9.09	0
						Ii&Ie&Id& Kv&Ks- A	9.09	0
			I & K & A	27.27	0	Ii& Kv&Ks& A	9.09	0
						Ii&Id& Kv&Ks& A	9.09	0
						Ii& Ka&Kv&Ks& A	9.09	0
			I- K- A-I	9.09	0	Ii- Kv- A-Ip	9.09	0
			I-K-I- A	0	14.28	Ii- Kv- Ip- A	0	14.28
			K-I- A	0	14.28	Kv- Ii-A	0	14.28
			K-I-K-I-A	0	14.28	Kv- Id- Kv-Ii-A	0	14.28
						Kv- Id- Kv-Ii-A	0	14.28
			K-I- A- K	0	42.86	Kv- Id- Ii-A	0	28.57

图 2-13　"听力课教学顶层三大环节内部中观层和微观层结构和过程"模型对比示意图——"听前（Ⅰ）"环节

程类型虽然存在差异，但总体来看，"布置任务（A）"均在"引入新课（I）"之后发生，表明学界的理论认知在教学实践中得到了验证与支持。（4）"引入新课（I）"位于"听前（I）"环节起点的概率较大，可见 T 模型更侧重逻辑上的环节顺序。（5）应用模型中出现的 IKA 结构的使用率远远高于其在理论模型中的支持率（使用率为 85.71%，支持率为 63.64%），可见在汉语听力教学实践中，"听前（I）"环节的系统性受到了教师的关注。（6）"讲解知识与训练技能（K）"位于"听前（I）"环节起点的概率较大，可见 E 模型更关注当前教学内容及学生认知条件。

b. 微观层

对 T 模型和 E 模型的微观层教学结构与过程类型进行比较，可以发现它们之间存在如下共有特征：（1）Ii A 结构是 T 模型和 E 模型的共有结构类型。（2）就"引入新课（I）"而言，理论模型提及了 4 种引入手段，而应用模型中最多只出现了 3 种。可见，理论模型为听力教学"引入新课（I）"的开展提供了更加多样的选择方式，而应用模型中教师通常根据实际情况对其进行选择和组合，这也是听力教学实践在"听前（I）"环节灵活性的体现。

② T 模型的特有特征

a. 中观层

对 T 模型和 E 模型的中观层教学结构与过程类型进行比较，可以发现理论模型的特有特征：（1）理论模型中提及的 KA 结构及由其形成的过程在应用模型中并未出现。（2）有部分学者并未对 I、K、A 的顺序做出明确说明。

b. 微观层

对 T 模型和 E 模型的微观层教学结构与过程类型进行比较，可以发现理论模型的特有特征：（1）理论模型中提及的 Kv A 结构等及由其形成的过程类型在应用模型中并未出现。（2）已有理论认知大多未对"听前（I）"环节下微观层构件的先后顺序进行详细阐释。

③ E 模型的特有特征

a. 中观层

应用模型中未出现明显的特有特征。

b. 微观层

对 T 模型和 E 模型的微观层教学结构与过程类型进行比较，可以发现应用模型的特有特征：应用模型中出现的 Id Kv A 等结构类型及其形成的过程类型在理论模型中并未被提及。

（二）"听时（Ⅱ）"环节

1. 教学构件对比

以"听时（Ⅱ）"环节的建立为基础，分别计算 T 模型和 E 模型教学构件的支持率和使用率，可以得到如下结果（见图 2-14）。

中观层	支持率（%）	使用率（%）
概括性训练（G）	81.82	71.43
专项性训练（D）	81.82	85.17
反馈（F）	45.45	100
跟听回想（R）	63.63	14.28

图 2-14 "听力课教学顶层三大环节内部中观层构件"
模型对比示意图——"听时（Ⅱ）"环节

① 两个模型的共有特征

对 T 模型和 E 模型的中观层教学构件进行比较，可以发现它们之间存在如下共有特征：（1）"概括性训练（G）""专项性训练（D）""反馈（F）"和"跟听回想（R）"是 T 模型和 E 模型的共有构件。（2）T 模型中提及的"跟听回想（R）"的支持率超过半数，可见其在学界理论认知中的重要性，但该构件在 E 模型中的使用率并不高（支持率为 63.63%，使用率为14.28%）。（3）T 模型中并未引起专家过多关注的构件"反馈（F）"在 E 模型中是必有项（使用率为100%），这表明教学实践中的反馈项应引起重视并纳入理论认知，并从理论认识上加以解释。

② T 模型的特有特征

理论模型中未出现特有的构件。

③ E 模型的特有特征

应用模型中未出现特有的构件。

2. 教学结构类型和过程类型对比

以"听时（Ⅱ）"环节的建立为基础，分别计算 T 模型和 E 模型中观层结构与过程的支持率和使用率，可以得到如下结果（见图 2-15）。

中观层–结构			中观层–过程		
类型	支持率（%）	使用率（%）	类型	支持率（%）	使用率（%）
GDFR	36.36	14.28	G-D- F-R	9.09	0
			G-A-G-D-F-R	27.27	0
			G- F-D-F-Pt-R-Ks	0	14.28
<UNS>	9.09	0	<UNS>	9.09	0
GD	27.27	0	G-Ks-D	9.09	0
			G-Ks-D-Kv	9.09	0
			G & D & Ks	9.09	0
GDR	9.09	0	G-D- R	9.09	0
<UNS>FR	9.09	0	<UNS>-F-R	9.09	0
GF	0	14.28	G-F	0	14.28
DF	0	14.28	D-F-Ks-D-F-Ks	0	14.28
GDF	0	57.14	G-F-D-F	0	28.57
	0		D-F-G-F-Ks	0	14.28
	0		G-F-D-F-D-F-G-F	0	14.28

图 2-15 "听力课教学顶层三大环节内部中观层结构和过程"
模型对比示意图——"听时（Ⅱ）"环节

①两个模型的共有特征

对 T 模型和 E 模型的中观层教学结构与过程类型进行比较，可以发现它们之间存在如下共有特征：GDFR 结构是 T 模型和 E 模型的共有结构类型，可见该结构类型在理论认知及教学实践中均受到重视。

②T 模型的特有特征

对 T 模型和 E 模型的中观层教学结构与过程类型进行比较，可以发现理论模型的特有特征：（1）理论模型中提及的 <UNS>、GD、GDR 和

<UNS>FR 结构及由其形成的过程类型在应用模型中均未出现。（2）GDFR
结构是理论模型中支持率最高的结构类型（36.36%）。（3）"概括性训练
（G）"位于"听时（Ⅱ）"环节起点的概率较大，即大部分专家学者认为，听
力训练应先从理解听力材料主旨大意的"概括性训练（G）"入手，随后才
进行获取细节信息的"专项性训练（D）"。

③E 模型的特有特征

对 T 模型和 E 模型的中观层教学结构与过程类型进行比较，可以发现
应用模型的特有特征：（1）应用模型中出现的 GF、DF 和 GDF 结构及由其
形成的过程类型在理论模型中并未被提及。（2）GDF 结构是应用模型中使
用率最高的结构类型（57.14%）。（3）应用模型中也出现了"专项性训练
（D）"位于"听时（Ⅱ）"环节起点的情况。

（三）"听后（Ⅲ）"环节

1. 教学构件对比

以"听后（Ⅲ）"环节的建立为基础，分别计算 T 模型和 E 模型教学构
件的支持率和使用率，可以得到如下结果（见图 2-16）。

中观层	微观层	支持率（%）	合计（%）	使用率（%）	合计（%）
口语表达练习（P）	复述（Pt）	27.27	63.64	28.57	57.14
	角色扮演或互换（Pr）	9.09		14.28	
	讨论或辩论（Pd）	36.36		14.27	
	发表意见（Po）	27.27		0	
	练习本课所学生词和句式（Pv）	36.36		0	
小结听力材料（S）		72.73	72.73	28.57	28.57
分析文章结构（N）		9.09	9.09	0	0
补充听力内容（E）		18.18	18.18	0	0

图 2-16 "听力课教学顶层三大环节内部中观层和微观层构件"
模型对比示意图——"听后（Ⅲ）"环节

①两个模型的共有特征

a. 中观层

对 T 模型和 E 模型的中观层教学构件进行比较，可以发现它们之间存在如下共有特征：（1）"口语表达练习（P）"和"小结听力材料（S）"是 T 模型和 E 模型的共有构件。（2）"口语表达练习（P）"在 T 模型和 E 模型中的支持率和使用率均超过半数，可见其在听力教学中的重要作用。

b. 微观层

对 T 模型和 E 模型的微观层教学构件进行比较，可以发现它们之间存在如下共有特征：（1）"复述（Pt）""角色扮演或互换（Pr）""讨论或辩论（Pd）"是 T 模型和 E 模型的共有构件。（2）"复述（Pt）"在 T 模型和 E 模型中的支持率和使用率相差不多（支持率为 27.27%，使用率为 28.57%）。（3）"角色扮演或互换（Pr）"在 E 模型中的使用率略高于其在 T 模型中的支持率（使用率为 14.28%，支持率为 9.09%）。（4）"讨论或辩论（Pd）"在 T 模型中的支持率高于其在 E 模型中的使用率（支持率为 36.36%，使用率为 14.27%）。

② T 模型的特有特征

a. 中观层

对 T 模型和 E 模型的中观层教学构件进行比较，可以发现理论模型的特有特征：T 模型中提及的"分析文章结构（N）"和"补充听力内容（E）"在 E 模型中并未出现。

b. 微观层

对 T 模型和 E 模型的微观层教学构件进行比较，可以发现理论模型的特有特征：T 模型中提及的"发表意见（Po）"和"练习本课所学生词和句式（Pv）"在 E 模型中并未出现。

③ E 模型的特有特征

应用模型中未出现特有的构件。

2. 教学结构类型和过程类型对比

以"听后（Ⅲ）"环节的建立为基础，分别计算 T 模型和 E 模型中观层结构与过程的支持率和使用率，可以得到如下结果（见图 2-17）。

中观层-结构			中观层-过程			微观层-过程		
类型	支持率（%）	使用率（%）	类型	支持率（%）	使用率（%）	类型	支持率（%）	使用率（%）
P	18.18	14.28	P	18.18	14.28	Pd	9.09	0
						Pr	0	14.28
						Pd- Po	9.09	0
S	27.27	0	S	27.27	0	S	27.27	0
PS	27.27	28.57	P-S	27.27	14.28	Pd- S	9.09	0
						Pt- S	0	14.28
						Pt- Pv-S	18.18	0
			S-P	0	14.28	S- Pd	0	14.28
PSE	9.09	0	P & S & E	9.09	0	Pd& Po&Pv&S& E	9.09	0
PSNE	9.09	0	P & S & N & E	9.09	0	Pt&Pr&Po&Pv&S&N&E	9.09	0
/	9.09	57.14	/	9.09	57.14		9.09	57.14

图 2-17 "听力课教学顶层三大环节内部中观层和微观层结构和过程"
模型对比示意图——"听后（Ⅲ）"环节

①两个模型的共有特征

a. 中观层

对 T 模型和 E 模型的中观层教学结构与过程类型进行比较，可以发现它们之间存在如下共有特征：（1）P、PS 和 "/"结构是 T 模型和 E 模型的共有结构类型。（2）P 和 PS 结构在 T 模型和 E 模型中的支持率和使用率几乎相同。

b. 微观层

对 T 模型和 E 模型的微观层教学结构与过程类型进行比较，可以发现它们之间存在如下共有特征：（1）Pd S 结构是 T 模型和 E 模型的共有结构类型。（2）理论模型中的结构和过程类型呈现出多样化特征，而应用模型中的结构和过程类型均较为单一。可见，作为训练主体的尾声，"听后（Ⅲ）"环节的活动在教学实践中相对简单，教师通常不会将其作为听力教学的主体。

② T 模型的特有特征

a. 中观层

对 T 模型和 E 模型的中观层教学结构与过程类型进行比较，可以发现理论模型的特有特征：（1）理论模型中提及的 S、PSE 和 PSNE 结构及由其形成的过程类型在应用模型中并未出现。（2）"口语表达练习（P）"应位于"听后（Ⅲ）"环节的起点，且位于"小结听力材料（S）"之前，可见已有理论认知认为听力训练之后应随即进行口语表达的训练，并以小结来结束听力教学。

b. 微观层

对 T 模型和 E 模型的微观层教学结构与过程类型进行比较，可以发现理论模型的特有特征：（1）理论模型中提及的 Pd Po 等结构及由其形成的过程类型在应用模型中并未出现。（2）S 结构及由其形成的过程类型在理论模型中的支持率最高（均为 27.27%）。（3）已有理论认知大多未对"听后（Ⅲ）"环节下微观层构件的先后顺序进行详细阐释。

③ E 模型的特有特征

a. 中观层

对 T 模型和 E 模型的中观层教学结构与过程类型进行比较，可以发现应用模型的特有特征：（1）"/"在应用模型中的使用率最高，甚至超过半数，可见教学实践大多不经历"听后（Ⅲ）"环节。（2）应用模型中也出现了

"小结听力材料（S）"位于"听后（Ⅲ）"环节起点的情况。（3）理论模型为应用模型的具体开展提供了多种方案，应用模型中则未观察到相对复杂的结构和过程类型，重点使用"口语表达练习（P）"和"小结听力材料（S）"这两种方式来完成对听力训练的理解内化和输出巩固。这或许同本研究所选取的样本等级有关。由于初级水平的学生以听为主并降低说的要求（杨惠元，1993），因此教师未实施相对复杂的听后训练任务。

b. 微观层

对 T 模型和 E 模型的微观层教学结构与过程类型进行比较，可以发现应用模型的特有特征：应用模型中出现的 [S-Pd] 过程类型在理论模型中并未被提及。

三、三大环节的中观层之间构件、结构类型和过程类型的对比分析

（一）两个模型的共有特征

从"听前（Ⅰ）"环节到"听时（Ⅱ）"环节，接口位置教学事件的考察结果显示：（1）包含"布置任务（A）"的教学事件多用作"听前（Ⅰ）"环节的后端接口事件（支持率为81.82%，使用率为100%），表明听前明确本次听力训练目的的重要性已得到听力教学研究与实践的认可。（2）包含"概括性训练（G）"的教学事件多用作"听时（Ⅱ）"环节的前端接口事件（支持率为81.82%，使用率为71.41%），体现出理论和实践在将概括主旨大意作为第一项听力训练任务方面达成了一致性认识。

从"听时（Ⅱ）"环节到"听后（Ⅲ）"环节，接口位置教学事件的考察结果显示：（1）包含"口语表达练习（P）"的教学事件多用作"听后（Ⅲ）"环节的前端接口事件，而该类特征在 E 模型中并不显著（支持率为63.64%，使用率为28.56%），体现了听力教学研究遵循并注重听力理解从输入到输出全流程的完整性。（2）包含"讲练句式（Ks）"的教学事件中，出现了其作

为"听时（Ⅱ）"环节后端接口事件的情形（使用率为 42.84%），而该教学构件在 T 模型中则作为"听前（Ⅰ）"环节的构件存在，表明在听力教学实践中，教师常依据具体情况灵活设计教学过程。

（二）T 模型的特有特征

理论模型中未出现明显的特有特征。

（三）E 模型的特有特征

应用模型中未出现明显的特有特征。

第四节　汉语听力教学结构和过程研究史料分析

本研究通过对汉语听力教学结构和过程已有的思辨性和经验性研究文献的梳理，系统描绘了听力教学结构和过程认知的发展历程和分布情况。主要研究角度包括：（1）分别以结构和过程为线索，首先从历时研究的角度看各结构和过程支持率的变化，以探索结构和过程认知的历时发展特点；然后从共时研究的角度看各年份结构和过程支持率的高低，以探索结构和过程认知的共时分布特点；最后聚焦于结构和过程具体特征的变化，探索结构和子结构的析出与重组、过程认知的传承与演变等规律。（2）以研究者为线索，根据各位学者对教学认知的贡献情况，探索结构和过程研究领域的代表性人物。

本研究是在汉语听力教学结构和过程理论建模的基础上展开的。具体做法是：（1）穷尽式地搜索截至 2019 年底论及听力教学结构和过程的文献，建立"汉语听力教学·文献样本数据库"。（2）在"宏观层—中观层—微观层"的整体架构下，从概念出发，在文献中提取听力教学构件、结构和过程信息，并按类型对概念相同的构件确定统一的名称术语；按构件类型、结构类型和过程类型进行统一赋码和形式化表达，建立"汉语听力教学·文献研究数据库"。(3)确立构件系统,在此基础上完成对汉语听力教学系统的理论模型推导。该模型首先从顶层开始,把听力教学划分出大的模块,得到"听前(Ⅰ)""听时(Ⅱ)"和"听后(Ⅲ)"三大基本教学环节;然后自下而上逐步细化,得到基本教学环节之下中观层的教学事件[①],以及由它们组合而成的教学结构、排列而成的教学过程;中观层教学事件之下又得到微观层的教学事件[②],以及由它们组合而成的教学结构、排列而成的教学过程。与此同时,从时间的角度,通过梳理理论模型中各教学构件、结构和过程的认知信息,分析得出教学认知的历时发展面貌和共时分布规律。

一、中观层和微观层教学结构认知图谱及分析

(一)中观层教学结构认知图谱及分析

我们从时间的角度梳理汉语听力教学各结构认知信息,得到了中观层结构认知时间分布图(见图2-18)。

由图2-18可以看出汉语听力教学结构认知发展的以下特点:(1)总体来看,自1990年以来,专家学者共提出了11种观点。(2)从支持率看,KAGDPS结构的支持率最高(共约18.18%),表明专家学者认为该结构在听

---

① 专家学者对中观层教学事件的表述不完全一致,为方便讨论,我们对名称不同而内涵相同的教学事件进行归一化处理,分别是:"引入新课(I)""讲解知识和训练技能(K)""布置任务(A)""概括性训练(G)""专项性训练(D)""反馈(F)""跟听回想(R)""口语表达练习(P)""小结听力材料(S)""分析文章结构(N)"和"补充听力内容(E)"。

② 专家学者对微观层教学事件的表述不完全一致,为方便讨论,我们对名称不同而内涵相同的教学事件进行归一化处理,分别是:"引入新课(I)"下有"说明式(Ii)""交流式(Id)""预测式(Ip)"和"列举式(Ie)";"讲解知识和训练技能(K)"下有"训练语音(Ka)""讲练生词(Kv)"和"讲练句式(Ks)";"口语表达练习(P)"下有"复述(Pt)""角色扮演或互换(Pr)""讨论或辩论(Pd)""发表意见(Po)"和"练习本课所学生词和句式(Pv)"。

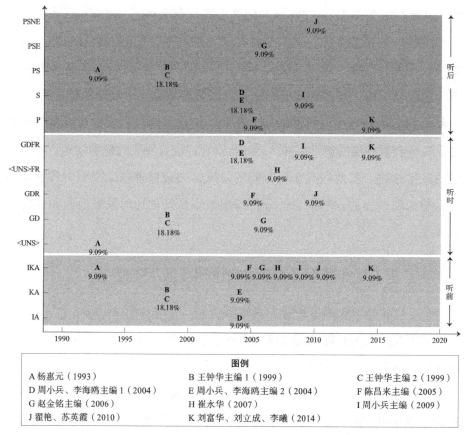

图例

A 杨惠元（1993）	B 王钟华主编 1（1999）	C 王钟华主编 2（1999）
D 周小兵、李海鸥主编 1（2004）	E 周小兵、李海鸥主编 2（2004）	F 陈昌来主编（2005）
G 赵金铭主编（2006）	H 崔永华（2007）	I 周小兵主编（2009）
J 翟艳、苏英霞（2010）	K 刘富华、刘立成、李曦（2014）	

图 2-18 汉语听力课教学结构认知时间分布图[①]

力教学中是相对重要的。（3）从时间看，1993 年是最早关注汉语听力教学结构的年份，在这一年 IKA<UNS>PS 结构首次进入听力教学结构研究的视野（杨惠元，1993），各环节教学结构的提出和结合标志着专家学者首次从汉语听力教学系统的整体审视不同教学事件之间的关系，这是教学认知发展系统化的体现。另外，2014 年是最近关注汉语听力教学结构的年份，这一年专家学者提出了 IKAGDFRP 结构，表明"听前（I）"和"听时（II）"环

---

① 图中横坐标表示年份，纵坐标表示不同的结构类型；大写英文字母表示提出该观点的专家学者，百分数表示该结构的支持率。下同。

节中教学事件的完备性得到了汉语听力教学结构最新研究成果的支持。

1. 教学结构认知发展的历时分析

从历时发展的角度看，教学结构数在时间轴上于 1993 年起步，1993—2004 年间研究较为零散，学界探讨集中于 2004—2015 年。在"听前（Ⅰ）""听时（Ⅱ）"和"听后（Ⅲ）"环节内部，各教学结构认知也在时间轴上呈现出不同的发展趋势，下面分别进行分析。

对"听前（Ⅰ）"环节教学结构认知的历时分析显示，已有认知共归纳出 IA、KA 和 IKA 结构等 3 种结构类型。IKA 结构出现时间最早，于上世纪 90 年代初被提出（杨惠元，1993），经历一段沉默期后进入活跃期，在 2004—2010 年间被多次提及（如周小兵、李海鸥主编，2004），表明汉语听力教学"听前（Ⅰ）"环节各个教学事件的教学价值得到了早期研究的认可并在其后获得了学界的持续关注。

对"听时（Ⅱ）"环节教学结构认知的历时分析显示，专家学者先后提出了 <UNS>、GD、GDR、<UNS>FR 和 GDFR 等 5 种结构类型。其中，<UNS> 结构最早进入研究者的视野，杨惠元（1993）首先提出了"听时练习"，即"一边听课文一边做练习"。而将"听时练习"中训练学生概括主旨大意能力的练习和训练学生抓细节信息能力的练习〔分别是"概括性训练（G）"和"专项性训练（D）"〕明确进行区分的是王钟华主编（1999），他指出，新课中学生听第一遍课文时，"粗听理解大意，理解所听课文传达的主要信息——话题"，在粗听的基础上"精听捕捉细节"。随后，专家学者对"听时（Ⅱ）"环节中教学结构的探讨进一步完善并丰富，但均是由这两类练习形式延伸而来的。GDFR 结构在 2004 年首次被提出，并在随后的时间里受到学界的持续关注。可见，"听时（Ⅱ）"环节的完备性和系统性也得到了专家学者的一致认可。值得注意的是，<UNS>FR 结构中的"反馈（F）"在 2007 年才被学者提及。在第二语言教学中，"反馈"在教学中的重要作用是否有必要上升到理论认识值得思考。

对"听后（Ⅲ）"环节教学结构认知的历时分析显示，已有研究共归纳出 P、S、PS、PSE 和 PSNE 等 5 种结构类型。PS 结构最早出现在 1993年，且在随后相当长的时间内未出现变化。从 2004 年之后开始出现分支发展路径，一支趋于结构类型的多样化，如赵金铭主编（2006）等；另一支则趋于结构类型的简洁化，如陈昌来主编（2005）等，且该支发展路径得到了较高的支持率（约为 45.45%）。最新的研究成果中，该环节的结构类型仅包含"口语表达练习（P）"。

2. 教学结构认知分布的共时分析

自上世纪 90 年代初开始探索汉语听力教学结构以来，2004 年关于教学结构的讨论最为丰富，一共有 4 种。其中，"听前（Ⅰ）"环节中有 IA 和 KA 结构共 2 种结构类型，"听时（Ⅱ）"环节中有 GDFR 结构 1 种结构类型，"听后（Ⅲ）"环节中有 S 结构 1 种结构类型。

3. 结构与子结构的析出与重组

纵观汉语听力教学结构发展历程，出现了从较大的结构中析出独立子结构，以及由较小的结构充当子结构并组合成更大结构的情况。根据"听前（Ⅰ）""听时（Ⅱ）"和"听后（Ⅲ）"环节各结构被提出的时间顺序，可绘制出该环节教学结构析出和重组情况示意图（见图 2-19）。

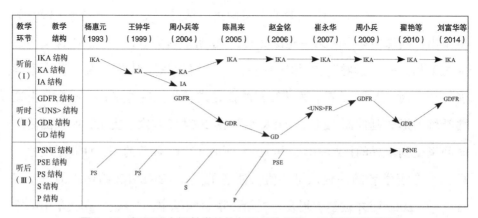

图 2-19　汉语听力课教学结构与子结构析出、重组情况示意图

①子结构的析出

汉语听力教学子结构的析出集中在"听前（I）"和"听时（Ⅱ）"环节。"听前（I）"环节中，子结构的析出具体表现为从 IKA 结构中先后析出 IA 和 KA 结构；"听时（Ⅱ）"环节中，子结构的析出具体表现为从 GDFR 结构中先后析出 GD 结构、GDR 结构和 <UNS>FR 结构。下面分别详细阐述。

a."听前（I）"环节

由图 2-19 可知，IKA 结构最早被提出，后来基于这一传统结构类型，KA 和 IA 结构先后于 1999 和 2004 年被析出，随后学者均采用 IKA 这一结构。由此可见，IKA 结构并未随着时间的推移而发生特别大的变化，"听前（I）"环节的完备性在已有认知中已具备一定的稳定性和成熟性。

b."听时（Ⅱ）"环节

由图 2-19 可知，GDFR 结构最早被提出，后来基于这一传统结构类型，<UNS>FR、GDR 和 GD 结构先后被析出。由此可见，理论上，"听时（Ⅱ）"环节的具体实施过程经历了较为曲折的变化，学者们对其有不同的理解和认知。

②子结构的重组

汉语听力教学子结构的重组集中在"听后（Ⅲ）"环节中，具体表现为由 P 结构、S 结构、PS 结构和 PSE 结构重组为 PSNE 结构。

由图 2-19 可知，PS 结构在上世纪学界的理论认知中占据主导地位，随后很长时间内两者独立出现，学者们分别提出 S 结构和 P 结构，但最终连同 PSE 结构于 2010 年重组为 PSNE 结构。由此可见，"听后（Ⅲ）"环节随着时间推移不断被学界认识、补充和完善，其在听力教学中的重要性也日益提高。

（二）微观层教学结构认知图谱及分析

我们从时间的角度梳理汉语听力教学各结构认知信息，得到了微观层结构认知时间分布图（见图 2-20）。

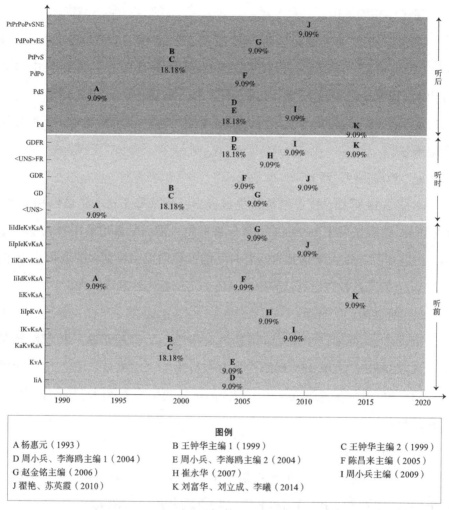

图例

A 杨惠元（1993）	B 王钟华主编1（1999）	C 王钟华主编2（1999）
D 周小兵、李海鸥主编1（2004）	E 周小兵、李海鸥主编2（2004）	F 陈昌来主编（2005）
G 赵金铭主编（2006）	H 崔永华（2007）	I 周小兵主编（2009）
J 翟艳、苏英霞（2010）	K 刘富华、刘立成、李曦（2014）	

图2-20 汉语听力课教学微观层结构认知时间分布图

由图2-20可以看出汉语听力教学结构认知发展的以下特点：（1）总体来看，自1990年以来，专家学者共提出了22种观点。（2）从支持率看，KaKvKsAGDPtPvS结构的支持率最高（共约18.18%），表明专家学者认为该结构在听力教学中是相对重要的。（3）从时间看，1993年是最早关注汉语听力教学结构的年份，这一年中，IiKaKvKsA<UNS>PdS结构首次进入听力教学结构研究的视野（杨惠元，1993），各环节教学结构的提出和结合标志着专家学者首次从汉语听力教学系统的整体审视不同教学事件之间的关系，这是教学认知发展系统化的体现。另外，2014 年是最近关注汉语听力教学结构的年份，这一年专家学者提出了 IiKvKsAGDFRPd 结构。

1. 教学结构认知发展的历时分析

由汉语听力教学结构理论模型可知，听力教学是一个包含从宏观顶层、中观层到微观层的多层级系统。其中，"听前（Ⅰ）"和"听后（Ⅲ）"下各个中观层教学事件可再划分出微观层教学事件。从历时发展的角度看，与中观层相同，微观层教学结构数在时间轴上于 1993 年起步，1993—2004 年间研究较为零散，学界探讨集中于 2004—2015 年。在"听前（Ⅰ）"和"听后（Ⅲ）"环节内部，各教学结构认知也在时间轴上呈现出不同的发展趋势，下面分别进行分析。

对"听前（Ⅰ）"环节教学结构认知的历时分析显示，已有认知共归纳出 IiA、KvA、KaKvKsA 等 10 种结构类型。IiKaKvKsA 结构出现时间最早，于上世纪 90 年代初被提出（杨惠元，1993）。

对"听后（Ⅲ）"环节教学结构认知的历时分析显示，已有研究共归纳出 Pd、PdS、PtPvS 等 7 种结构类型。PdS 结构最早出现在 1993 年，且在随后的时间内无人提及。S 结构先后于 2004 年和 2009 年被提出，且在该环节支持率最高（27.27%）。

纵观"听前（Ⅰ）"和"听后（Ⅲ）"环节的教学结构不难发现，如此多样的结构类型在历时发展过程中很少出现重合的情况，这或许是因为听力教学的中观层教学事件下还划分出了微观层教学事件，使得听力教学系统丰富多样。整体来看，听力理解的过程即为对语音信号做察觉接收、识别分析、转换解码等处理，进而存储和记忆的过程（Anderson，1995）。在听的过程中，学生通过听将注意力放在听力材料上，为避免注意资源的冗余，教师此时不做过多干预。因此，学界对"听时（Ⅱ）"环节的探讨也比较有限，多将视野放在"听前（Ⅰ）"环节的准备铺垫和"听后（Ⅲ）"环节的巩固总结上。

2. 教学结构认知分布的共时分析

自上世纪 90 年代初开始探索汉语听力教学结构以来，2004 年关于教学结构的讨论最为丰富，一共有 4 种。其中，"听前（I）"环节中有 IiA 和 KvA 结构共 2 种结构类型，"听时（II）"环节中有 GDFR 结构 1 种结构类型，"听后（III）"环节中有 S 结构 1 种结构类型。

3. 结构与子结构的析出与重组

纵观汉语听力教学结构发展历程，出现了从较大的结构中析出独立子结构，以及由较小的结构充当子结构并组合成更大结构的情况，下面分别进行分析。根据"听前（I）"和"听后（III）"环节各结构被提出的时间顺序，可以绘制出该环节微观层教学结构析出与重组情况示意图（见图 2-21）。

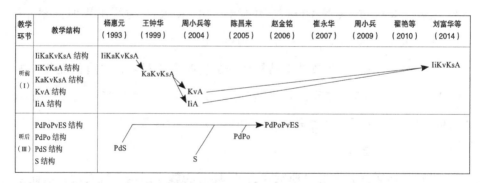

图 2-21　汉语听力课微观层教学结构与子结构析出、重组情况示意图

①子结构的析出

汉语听力教学子结构的析出集中在"听前（I）"环节，子结构的析出具体表现为从 IiKaKvKsA 结构中先后析出 KaKvKsA、KvA、IiA 和 IiKvKsA 结构。

由图 2-21 可知，IiKaKvKsA 结构最早被提出，后来基于这一传统结构类型，KaKsKvA、KvA、IiA 和 IiKvKsA 结构先后分别于 1999、2004 和 2014年被析出。

②子结构的重组

汉语听力教学子结构的重组集中在"听后（Ⅲ）"环节，具体表现为由 PdS、S 和 PdPo 结构重组为 PdPoPvES 结构。

由图 2-21 可知，在"听后（Ⅲ）"环节微观层的教学结构中，教学事件数在 2004 年最少，随后逐渐增多，2006 年达到 5 个。可见学者们对该环节的认识和探讨也处于不断完善和丰富的发展变化之中。

二、教学过程认知图谱及分析

（一）中观层教学过程认知图谱及分析

本研究按提出时间的先后顺序，梳理理论模型中观层各类教学过程认知信息，得到了汉语听力教学过程认知时间分布图（见图 2-22），据此可以分析教学过程的历时发展与共时分布规律。

由图 2-22 可以看出汉语听力教学过程认知发展的以下特点：（1）自 20 世纪 90 年代以来，已有教学认知共归纳出 [I-K-A-I]、[G-D-F-R]、[P-S] 过程等 21 种过程类型。（2）这 21 种过程在历时研究中均积累了一定的支持率，其中 [K-A(-K)]、[G-A-G-D-F-R]、[S] 和 [P-S] 过程的支持率最高（均为 18.18%），是专家学者最为重视的过程类型。（3）从各过程被提出的先后顺序看，[I&K&A]、[<UNS>]、[P-S] 过程最早进入听力教学过程的理论认知，各环节教学过程的提出表明专家学者开始立足于听力教学系统的全局，探究各类教学事件发生和发展的先后顺序。

1. 教学结构认知发展的历时分析

从历时发展的角度看，教学过程数在时间轴上于 1993 年起步，1993—2004 年间研究较为零散，学界探讨集中于 2004—2015 年。在"听前（Ⅰ）""听时（Ⅱ）"和"听后（Ⅲ）"环节内部，各教学过程认知也在时间轴上呈现出不同的发展趋势，下面分别进行分析。

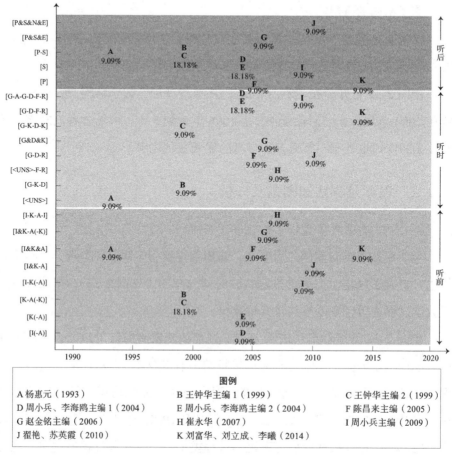

图2-22　汉语听力课教学过程认知时间分布图

对"听前（Ⅰ）"环节教学过程认知的历时分析显示，已有认知共归纳出 [I(-A)]、[K(-A)] 和 [I-K-A-I] 等 8 种过程类型。[I&K&A] 过程出现时间最早，于上世纪 90 年代初被提出（杨惠元，1993），随后分别于 2004 年和 2014 年再次被提出。

对"听时（Ⅱ）"环节教学过程认知的历时分析显示，专家学者先后提出了 [G-D-R]、[G-K-D] 和 [G-D-F-R] 等 8 种过程类型。包含明确时间顺序的过程类型中，[G-K-D] 过程最早进入研究者的视野。

对"听后（Ⅲ）"环节教学过程认知的历时分析显示，已有研究共归纳

出 [P]、[S]、[P-S]、[P&S&E] 和 [P&S&N&E] 等 5 种过程类型。[P-S] 过程最早出现在 1993 年，1999 年被延续之后无人提及。

2. 教学过程认知分布的共时分析

纵观汉语听力教学过程认知的发展史，2004—2010 年可以说是过程研究的活跃期。从过程类型来看，该阶段共提出了 18 种过程类型，其中"听前（Ⅰ）"环节有 [I(-A)] 和 [K(-A)] 等 7 种过程类型，"听时（Ⅱ）"环节有 [G-D-R]、[<UNS>-F-R] 和 [G-A-G-D-F-R] 等 6 种过程类型，"听后（Ⅲ）"环节有 [P-S] 过程等 5 种过程类型。从支持率来看，2004 年各环节中教学过程的总支持率均达到峰值，其中"听前（Ⅰ）"环节为 18.18%，"听时（Ⅱ）"和"听后（Ⅲ）"环节为 9.09%。总之，该阶段是目前汉语听力教学过程研究最活跃的年份，专家学者在过程研究方面做出了大量有益的探索。

3. 过程认知中的传承与演变

随着时间的推移，汉语听力教学过程的部分认知得以继承，同时也有一部分认知吸收了教育学和心理学的研究成果而发生演变。下面将聚焦于子过程的传承和演变，分析相关教学认知的发展情况。

①子过程的传承

对汉语听力教学过程认知的历时分析发现，专家学者对部分子过程间的先后顺序、出现位置等认知是非常稳定的，未随时间推移而发生改变，体现了对已有教学认知的传承和对教学经验的吸收。下面以"听前（Ⅰ）"环节为例进行具体分析。

在"听前（Ⅰ）"环节中，子过程的传承体现在以下几个方面：（1）"引入新课（I）"和"讲解知识与训练技能（K）"均可位于"听前（Ⅰ）"环节的起点，且两者没有固定顺序。这样的观点在历时研究中具有坚实的共识基础。其中，"引入新课（I）"体现了"自上而下"的听力理解过程，而"讲解知识与训练技能（K）"则体现了"自下而上"的听力理解过程，I 与 K 的联合应用表明教师注重两种听力理解过程模式相结合的整体效果。可以认为，在听力训练中，学生不但要调动语音、词汇和句法等基本的语言知识与听力技能，还要激活已有认知中的相关背景知识，通过对短时记忆中输入信号的处理和加工，进而在语言知识、背景知识和听力材料的动态交互中理解并内化意义。第二，在教学过程认知发展中，以"布置任务（A）"为"听前（Ⅰ）"环节的教学终点具有一致倾向，体现了以 A 为本环节教学落脚点的理论立场。

②子过程的演变

对汉语听力教学过程的历时认知分析发现，子过程的演变主要体现在子过程的变序和扩展这两方面。

a.子过程的变序

对汉语听力教学过程纵向发展脉络进行解析，可以发现子过程的变序主要体现在"听前（Ⅰ）"环节的教学事件"布置任务（A）"出现在"听时（Ⅱ）"环节中。聚焦教学事件 A 的实施情况，根据各过程类型被提出的先后顺序，可以绘制出 [A] 过程变序情况示意图（见图 2-23）。

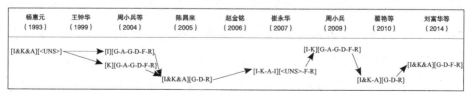

图 2-23 "听前（Ⅰ）"和"听时（Ⅱ）"环节 [A] 过程变序情况示意图

根据图 2-23，可以得出关于 [A] 过程变序情况的以下几点发现：（1）在大多学者的已有认知中，"布置任务（A）"主要出现在"听前"环节。比如陈昌来主编（2005）指出："提一两个关于材料的主要内容，让学生带着问题听，这可以使他们的注意力更加集中。"（2）周小兵、李海鸥主编（2004）和周小兵主编（2009）则将 A 放在"听时（Ⅱ）"环节的"概括性训练（G）"之后，提出"听完提出问题"。（3）由此可见，"布置任务（A）"在听课文之前还是之后进行，也成为学者们讨论的问题。

b. 子过程的扩展

对汉语听力教学过程纵向发展脉络进行解析，可以发现子过程的扩展主要体现在"听前（I）"环节教学事件"讲解知识与训练技能（K）"的跨环节实施上。聚焦 K 的实施情况，根据各过程类型被提出的先后顺序，可以绘制出 [K] 过程扩展情况示意图（见图 2-24）。

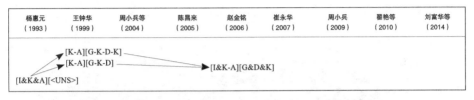

图 2-24　"听前（I）"和"听时（II）"环节 [K] 过程扩展情况示意图

根据图 2-24，可以得出关于 [K] 过程扩展情况的以下几点发现：（1）K 最早出现在"听前（I）"环节，杨惠元（1993）将其命名为"听前练习"，并指出"听前练习包括语音、词语和句子三个方面，通过辨析难音难调、听辨词语、听辨句子等方式，降低学生理解课文和做练习的难度"。（2）随后，王钟华主编（1999）在此基础上将 K 纳入"听时（II）"环节中。对于"听前（I）"环节的 K，他认为该环节主要对学生做"语音辨析"的训练，培养对语音感知的敏感性；而"听时（II）"环节的 K，则是对课文中出现的词语进行讲解说明，这时可在听课文之前"把关键词告诉学生"，也可在听完课文后"引导学生注意课文中出现的关键词语"。（3）进入 21 世纪，赵金铭主编（2006）则将 K 作为与"概括性训练（G）"和"专项性训练（D）"同等地位的听时训练活动的一个部分。在其研究成果中，K 被命名为"语言类活动"，其主要内容包括"字、词、句的用法"，主要目的是在听力理解的基础上学习语言要素和语用规则。（4）由此不难看出 K 的发展历程，即：最初只出现在"听前（I）"环节，与"引入新课（I）"和"布置任务（A）"一起发挥着为听力训练做准备和铺垫的作用；然后进入"听时（II）"环节并依附于听力训练；最后独立为"听时（II）"环节中与听力训练同等地位的一项完整的教学事件。这期间，K的主要内容与任务及其处于不同环节所发挥的不同作用，正在被学界清晰并系统地认识着。

（二）微观层教学过程认知图谱及分析[①]

本研究按照提出时间的先后顺序，梳理理论模型中观层各类教学过程认知信息，得到了汉语听力教学过程认知时间分布图（见图2-25）。据此，可以分析教学过程的历时发展与共时分布规律。

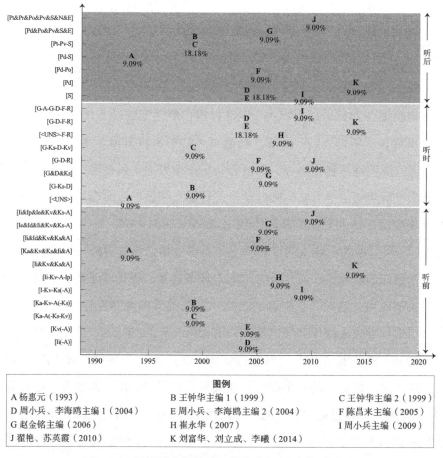

图2-25　汉语听力课微观层教学过程认知时间分布图

---

① 汉语听力微观层教学过程的理论认知中，子过程传承与演变的体现并不明显，因此这里不做分析。

由图 2-25 可以看出汉语听力教学过程认知发展的以下特点：（1）自上世纪 90 年代初以来，已有教学认知共归纳了 25 种过程类型。（2）这 25 种过程在历时研究中均积累了一定的支持率，其中 [G-A-G-D-F-R]、[S] 和 [Pt-Pv-S] 过程的支持率最高（均为 18.18%），是专家学者最为重视的过程类型。（3）从各过程提出的先后顺序看，[Ka&Kv&Ks&Ii&A]、[<UNS>]、[Pd-S] 过程最早进入听力教学过程的理论认知，各环节教学过程的提出表明，专家学者开始立足于听力教学系统的全局，探究各类教学事件发生和发展的先后顺序。

1. 教学结构认知发展的历时分析

从历时发展的角度看，教学过程数在时间轴上于 1993 年起步，1993—2004 年间研究较为零散，学界探讨集中于 2004—2015 年。在"听前（Ⅰ）"和"听后（Ⅲ）"环节内部，各教学过程认知也在时间轴上呈现出不同的发展趋势，下面分别进行分析。

对"听前（Ⅰ）"环节教学过程认知的历时分析显示，已有认知共归纳出 [Ii(-A)]、[Kv(-A)] 和 [Ii-Kv-A-Ip] 等 11 种过程类型。[Ka&Kv&Ks&Ii&A] 过程出现的时间最早，于上世纪 90 年代被提出（杨惠元，1993）。

对"听后（Ⅲ）"环节教学过程认知的历时分析显示，已有研究共归纳出 [Pd-Po]、[Pd-S] 和 [Pt&Pr&Po&Pv&S&N&E] 等 5 种过程类型。[Pd-S] 过程最早出现在 1993 年。

2. 教学过程认知分布的共时分析

纵观汉语听力教学过程认知的发展史，2004—2010 年可以说是过程研究的活跃期。从过程类型来看，该阶段共提出了 25 种过程类型，其中"听前（Ⅰ）"环节有 [Ii(-A)] 和 [Kv(-A)] 等 11 种过程类型，"听时（Ⅱ）"环节有 [G-D-R]、[<UNS>-F-R] 和 [G-A-G-D-F-R] 等 8 种过程类型，"听后（Ⅲ）"环节有 [Pd-S] 等 7 种过程类型。从支持率来看，2004 年各环节中教学过程的总支持率均达到峰值，其中"听前（Ⅰ）"环节为 18.18%，"听时（Ⅱ）"和"听后（Ⅲ）"环节均为 9.09%。总之，该阶段是目前汉语听力教学过程研究最活跃的年份，专家学者在过程研究方面做出了大量有益的探索。

三、教学结构和过程研究代表性人物图谱及分析

自上世纪 90 年代以来，专家学者在汉语听力教学结构和过程研究上做出了不懈的努力，并取得了相应的成果。在此仅基于中观层，以研究者为线索，分析各学者进行结构与过程研究时间的早晚，以及贡献观点数的多少，由此得出汉语听力教学结构和过程研究领域的代表性人物。

（一）教学结构研究的代表性人物

从研究时间的早晚来看，杨惠元（1993）最早关注听力教学结构的研究，按照听力理解的性质将听力课划分为"听前（Ⅰ）""听时（Ⅱ）"和"听后（Ⅲ）"环节，并对每个环节下的具体教学事件做了大致说明，提出了 IKA、<UNS> 和 PS 结构的观点，是开启汉语听力教学结构研究的代表性人物；刘富华等（2014）是最近几年研究汉语听力教学结构的学者之一。

从贡献教学认知的多少来看，周小兵提出的结构类型最多，先后提出了两种不同的教学结构。其中，周小兵、李海鸥主编（2004）提出了 KA、GD、PS 结构的观点，周小兵主编（2009）提出了 IKA、GDFR、S 结构的观点。

（二）教学过程研究的代表性人物

从研究时间的早晚来看，杨惠元（1993）最先研究汉语听力教学过程，首次勾勒出了听力教学过程的整体轮廓；刘富华等（2014）是最近几年研究汉语听力教学过程的学者之一。

从贡献教学认知的多少来看，周小兵提出的过程类型最多，一共有 3 种。其中，周小兵、李海鸥主编（2004）提出了 [I]、[G-A-G-D-F-R]、[S] 和 [K]、[G-A-G-D-F-R]、[S] 过程，后来周小兵主编（2009）继续提出了 [I-K]、[G-A-G-D-F-R]、[S] 过程，其中最主要的变化体现在"引入新课（Ⅰ）"和"讲解知识与训练技能（K）"的融合与分立上。可以看出，在专家学者的认

知中，汉语听力教学过程的实施具有多样性，教师在具体教学中需要考虑教学内容、对象、环境等，灵活安排教学。

第五节　汉语听力教学多模态形式调用及协同关系 *

日常交际中，人们总是通过文字、声音、图像和肢体动作等一系列符号资源来进行意义建构（Kress & Van Leeuwen，2001），这些符号可以称为"模态形式"。同时，人类主要通过视觉、听觉、嗅觉、味觉和触觉这五种感官通道来获取外界信息，我们称之为"模态类型"。当多种模态形式同时激活多种感官通道时，就形成了多模态。

一、应用多模态的重要性

（一）多模态是听力认知加工的传输通道

根据认知负荷理论（Sweller，1988）及多媒体学习认知理论（Mayer & Moreno，2003）中的双通道假设和容量有限假设，人类大脑主要通过视觉和听觉两种独立的通道对所接收的信息进行加工，加工容量有限并消耗认知资源。某一通道容量超载会引起认知资源的分配失衡。为减少认知负荷，所输入的信息应与已有经验建立一致的心理表征，这时有意义的认知加工才会发生。

听力学习也是一种认知和信息加工的过程，学习者的大脑初步加工新知识后，会关联已有的知识并存入长时记忆中，这其中难免会发生知识丢失的情况。

为平衡认知资源的分配并减少知识的丢失，可以借助多种符号输入多种感官通道来获取信息。这时，多模态的输入和协同就可以在新知识的交互

---

* 本节内容曾以《初级汉语听力课中多模态形式调用及协同关系》为题发表于《国际汉语教学研究》2019 年第 3 期，作者为田晋华。

再现中加强感官认知，巩固短时记忆与长时记忆的转化，进而提高信息内化的程度（张舍茹、闫朝，2014）。此外，一系列实证研究的结果也表明，多模态学习符合认知基础，有助于学习者听力活动的进行（龙宇飞、赵璞，2009；胡永近、张德禄，2013）。

（二）多模态是听力教学设计的影响因素

理想的课堂教学应该是一个多元动态的生态系统，包含教师、学生、环境和工具等多个因子。为维持各因子之间的生态平衡与稳定，教师应根据教学目标和任务等来设计教学媒体、整合教学资源。

作为一个有机的生态系统，听力教学以提高学生准确理解信息的能力为目的。教师在根据"可理解输入"原则设计并进行听力训练的同时，应以学生多模态感知为基础，以多媒体技术为支撑（谢竞贤、董剑桥，2010），为学习者提供多种模态和媒体的交互式语言输入环境。因此，如何呈现与教学内容相匹配的模态形式，各个模态之间如何协同以达到意义强化或补充的效果，就成为教师在进行听力教学设计时需要思考的问题。

二、各环节中多模态形式的调用规律

根据聆听理解的过程，已有研究均将听力教学划分为听前、听时和听后三个环节，分别承担不同的教学任务。基于此，通过分析外语听力教学不同环节中模态形式调用的规律，我们得到了相关研究的理论认识。在此基础上，我们又对初级汉语听力课教学实录进行考察，探讨模态形式调用在不同环节中的差异及其特点。

（一）外语听力教学中不同模态形式调用规律的理论认识

本研究结合听力教学的特点及研究需要，在视觉、听觉、嗅觉、味觉和触觉这五种常见的模态类型之外，还划分出了言语模态[①]和空间感模态[②]。

---

① 言语模态指以学生口语输出为主的模态。
② 空间感模态指以师生距离为主的模态。

　　从国内外语听力教学文献可知，相关研究中对于模态形式调用的表述较为分散，且尚未形成系统全面的理论认识，我们尝试对其进行归纳与分析。表 2-1 归纳了外语听力教学研究中不同教学环节下模态形式调用的理论认识。

表 2-1　外语听力教学研究中不同环节下模态形式调用的理论认识统计表

模态类型	听前环节	听时环节	听后环节	共有模态类型
视觉模态	文字、图片、视频、电子教鞭、教师手势语	文字、图片、视频、电子教鞭、教师手势语	文字、图片、视频、电子教鞭、教师手势语	
听觉模态	教师话语、听力材料、音乐、诗歌、其他音效	教师话语、听力材料、其他音效	教师话语、其他音效	
嗅觉模态	—①	—	—	
味觉模态	—	—	—	视觉模态 听觉模态 触觉模态 言语模态 空间感模态
触觉模态	教师与学生肢体接触；学生与学生肢体接触；师生与环境接触	教师与学生肢体接触；学生与学生肢体接触；师生与环境接触	教师与学生肢体接触；学生与学生肢体接触；师生与环境接触	
言语模态	自我介绍、课堂报告、讨论、预测	复述、预测	复述、讨论、预测、角色扮演、演讲、总结、辩论、做游戏	
空间感模态	空间距离②	空间距离	空间距离	

　　从表 2-1 可以看出，外语听力教学不同环节中的模态形式存在差异，这或许同听前、听时和听后三个教学环节的目的与任务有关。

　　听前环节以背景知识介绍和预听练习为主。基于"可理解输入"原则，学者们形成的普遍共识是：通过音频、图片或视频等多种符号资源导入所学内容，有助于为听力内容提供铺垫和预设，降低听力训练的难度（谢竞贤、

---

① "—"代表虽有学者提到该模态类型，但未说明具体的模态形式。

② 有学者将课堂教学中的空间距离划分为正式距离、非正式距离和个人距离，分别指教师站在黑板与讲台中间、教师站在讲台与课桌之间，以及教师站在某学生面前。

董剑桥，2010；姚娜娜，2013）。听时环节以课文讲解和听力训练为主。有学者认为，听力材料的难易程度及视听模态的权衡应以学习者的可接受性为前提；同时，教师话语作为重要的听觉传达方式，应给予学生明确的指导和必要的评价反馈（徐艳丽，2013）。听后环节以口语表达练习为主，通过多种形式的输出练习可以提高学生对听力材料的理解和内化程度，如复述、辩论和角色扮演等（龙宇飞、赵璞，2009）。

此外，有关嗅觉模态和味觉模态的研究鲜有涉及，因其受特定条件的限制，在外语听力教学中出现的频率不是很高（徐艳丽，2013）。

（二）汉语听力教学中模态形式调用特点考察

我们以外语听力教学研究中模态形式调用的理论认识为基础，对初级汉语听力课不同环节中实际出现的模态形式进行频次统计，统计结果见表2-2。

表 2-2　初级汉语听力课不同环节下模态形式的考察结果统计表（单位：次）

模态类型	模态形式	听前环节频次	听时环节频次	听后环节频次
听觉模态	教师话语：提问	184	321	1
	教师话语：交互	15	37	6
	教师话语：反馈	88	176	16
	听力材料	3	10	0
视觉模态	文字：主体性文字	87	208	2
	文字：标记性文字	9	29	2
	文字：说明性文字	7	11	0
	图片：教学提示用图片	43	0	0
	图片：标记提示用图片	0	31	2
	图片：版面装饰用图片	0	2	0
	视频	0	1	0
	电子教鞭	15	27	0
	教师手势语：具象性手势	85	53	16
	教师手势语：指示性手势	138	124	11

续表

模态类型	模态形式	听前环节频次	听时环节频次	听后环节频次
视觉模态	教师手势语：意象性手势	48	33	9
	教师手势语：节奏性手势	23	32	11
	教师手势语：情感性手势	8	8	0
言语模态	课堂报告	1	0	0
	复述	0	3	4
	讨论	0	1	3
	预测	1	1	0
	角色扮演	0	0	1
空间感模态	空间距离：正式距离	16	38	6
	空间距离：非正式距离①	默认	默认	默认
	空间距离：个人距离	0	8	6

根据表 2-2，分别从听觉模态、视觉模态和言语模态等角度进行分析，可以发现初级汉语听力课不同环节中模态形式调用的特点和规律。

1. 听觉模态下模态形式调用的考察结果与特点分析

输入是语言学习的前提，对学生来说至关重要。其中，听觉模态必不可少。从表 2-2 可以看出，初级汉语听力课中的听觉模态主要包括教师话语和听力材料这两种形式。根据统计结果可以进一步得到听觉模态下模态形式调用的如下两点结论。

（1）不同功能的教师话语在不同环节中出现的频次并不相同。参照周星、周韵（2002）对教师话语的功能分类②，我们发现，提问在听时环节中的

---

① 课堂教学中，默认师生距离以非正式距离为主，在此基础上对正式距离和个人距离进行标注。

② 周星、周韵（2002）将教师话语从功能角度划分为提问、交互和反馈三种形式。

频次最高（321次），且远高于该环节中的反馈（176次）和交互（37次）。
王小珊（1999）认为，学生在初级阶段需经过听觉上的反复刺激来完成信息
积累，因此大量操练性的听力训练就成为必不可少的手段。而初级阶段的学
生不具备独立完成口语表达练习的能力，这时教师便可通过提问的方式引导
学生完成听力训练。如例1[①]：

> T：老师有一个问题，"半天"是不是12个小时？是？不是？
>
> SS：是6个小时。
>
> T：6个小时，是不是？半天啊，一天24个小时是吧？半天是——
>
> SS：12个小时。
>
> T：12个小时。那在这儿他们写了12个小时？
>
> SS：不是。
>
> T：不是啊，所以"半天"是什么意思？
>
> SS：很长时间。
>
> T：很长时间。很好。

由例1可以看出，教师通过不断的追问来引导学生理解"半天"的意思，在
互动和交流中达到意义协商，帮助学生解决了听力材料中的难点问题。

（2）听力材料在听力教学不同环节的播放频次不同，由多到少依次为：
听时（10次）、听前（3次），而听后环节不再播放。这一结果符合听力教
学不同环节的目的。听前环节主要为听力训练做准备，适当播放与本课主题
相关的材料进行预听；听时环节以完成听力训练为主，听力材料播放次数最
多，且难度与学生水平相适应；听后环节检查学生听的效果，以口语表达为
主，不再播放听力材料。

---

① "T"代表教师话语，"SS"代表全体学生话语，"——"代表语气延长，下同。

2. 视觉模态下模态形式调用的考察结果与特点分析

作为获取信息的基本感官通道之一，视觉模态在交际中也具有重要作用。从表 2-2 可以看出，初级汉语听力课中视觉模态主要包括文字、图片、视频、教鞭和手势语这五种模态形式。根据统计结果可以进一步得到视觉模态下模态形式调用的如下四点结论。

（1）不同类型的文字在不同环节中出现频次的差异比较大。从统计结果可以看出，文字在听时环节出现频次最高，这可能是因为文本的辅助可以弥补语音信息转瞬即逝的不足，将短时记忆转化为长时记忆。其中，按照郑艳群（2009）对课件中文字的分类[①]，主体性文字在听时环节出现了208 次，以绝对优势高于该环节中的标记性文字（29 次）和说明性文字（11 次）。

考察结果显示，主体性文字通常用来展示听力练习的题目和答案，标记性文字主要用于定位教学环节，说明性文字则总是随图片出现并对图中人物及背景信息做补充说明，可见，不同类型的文字在教学中具有不同作用。此外，文字的字体、颜色和布局也可以起到区别不同内容和功能的作用。

（2）不同类型的图片在不同环节中的频次存在差异。按照郑艳群（2009）对课件中图片的分类[②]，教学提示用图片仅在听前环节中出现，且频次最高（43 次）。究其原因，可能是图片作为视觉表象中重要的记忆编码和储存形式，在听前环节使用可以激活学生大脑中已有的背景知识，从而减少认知负荷，为听力训练扫除障碍。

例如在听前环节学习生词时，教师展示了一幅石头的漫画并向学生解释"压力"的含义。通过概念隐喻的方式将"压力"比喻成石头，就使抽象名

[①]　郑艳群（2009）将教学课件中的文字分为主体性文字、标记性文字和说明性文字三种类型。

[②]　郑艳群（2009）将教学课件中的图形分为教学提示用图形、标记提示用图形和版面装饰用图形三种类型。本研究参照此分类，将教学实录中出现的图片划分为教学提示用图片、标记提示用图片和版面装饰用图片三类。

词形象化了，有助于学生加深对该词语的理解与记忆。

（3）电子教鞭在听前环节和听时环节出现的频次比听后环节高。表 2-2 的统计结果显示，电子教鞭在三个环节出现的频次分别为 15 次、27 次和 0 次。这或许是因为听前和听时环节中教师的讲解和说明比较多，而使用教鞭能够帮助学生聚焦教学内容，引起学生注意。

（4）手势语在听前、听时和听后环节中的频次各不相同。按照 McKerrow et al.（1999）和 Norris（2004）对手势语的分类，指示性手势、具象性手势和意象性手势在听前环节使用频次均为最高，三者由高到低排序依次为：138 次、85 次和 48 次。

此外，不同类型的手势语可以向学生传达不同的信息。教师模拟具体事物、动作或声调时使用具象性手势，邀请学生回答问题时使用指示性手势，模拟简单的抽象性词语时使用意象性手势，帮助学生断句时使用节奏性手势，给予学生鼓励时使用情感性手势。

以具象性手势为例，为强调"茶（chá）"字的声调，教师在示范读音的同时，会用右手食指指向右上方比画二声声调。由于学生在初级阶段对汉语语音还未形成固定的感知模式，配合具象性手势来展示声调可帮助学生快速理解。

3. 言语模态下模态形式调用的考察结果与特点分析

在以提高学生听力理解能力为目的的技能课中，言语输出可以促成学生由输入模态向输出模态转化，学生直接参与意义建构，成为认知主体（姚娜娜，2013）。从表 2-2 可以看出，初级汉语听力课中的言语模态主要包括复述、讨论和角色扮演等形式。根据表 2-2 的统计结果，在模态形式调用上，复述在听后环节出现的次数最多。例如，教师将听力文本中的重点信息隐藏后要求学生根据文本内容填空。经分析，处于初级阶段的学生语言知识有限，不具备过多进行自由会话的条件，因此宜在教师指导下完成诸如复述和讨论等简单的口语表达练习。

4. 其他模态下模态形式调用的考察结果与特点分析

课堂教学中，除听觉模态、视觉模态和言语模态外，还可能存在其他模态类型，如嗅觉模态和触觉模态等，这些模态类型通常起辅助作用。我们分别对其他模态下模态形式的频次进行统计，根据统计结果可以得到初级汉语听力课中其他模态调用的如下特点。

（1）嗅觉模态和味觉模态在听前、听时和听后环节均未出现，这可能是受到环境及教学条件的限制。本研究所考察的初级汉语听力课主题为"休闲娱乐活动"和"找工作"，均不涉及嗅觉和味觉模态，可见课堂教学应根据不同的教学目标和条件选择不同的模态形式。

（2）空间感模态方面，师生距离在听前、听时和听后环节均以非正式距离为主，这样的位置拉近了教师与学生的心理距离，有助于消除学生的紧张情绪。此外，表 2-2 的统计结果表明，正式距离和个人距离在听时环节的频次分别为 38 次和 8 次。这可能与听力课听时环节的内容和任务有关，教师讲解课文时较多地调用正式距离，对学生提问时则较多地调用个人距离。

三、各环节中主次模态的协同关系

我们从外语听力教学研究中得到关于主次模态间协同关系的理论认识，下面以此为基础，分析初级汉语听力课不同环节中主次模态间协同关系的特点。

（一）外语听力教学中主次模态协同关系的理论认识

现实中，不论是日常交际还是课堂教学，不同模态的话语实际上都是为了体现讲话者的整体意义。张德禄、王璐（2010）认为，当一种模态不能充分或完全地表达其意义时，就需要借助另一种或几种来补充。

多种模态之间相互协调与配合、相互作用与强化，共同完成交流互动和意义建构，这就是模态协同。张德禄（2009）将模态间的强化关系划分为主次、突出和扩充三种。其中，强化关系指一种模态是主要的交际形式，即主模态；另一种或多种是对它的强化，即次模态。主模态作为前景化模态，应加以突出；相应地，次模态为了突出主模态，或只提供背景信息，或对主模态所表达的意义进行扩充。

外语听力教学研究中关于主次模态间的协同关系形成了基本一致的理论认识。其中，听觉模态是话语意义的主要模态，在教学中占主导地位。但因其转瞬即逝，不能提供长久且形象具体的信息，这时，具有一定直观性、超语言特点和跨文化特点的视觉等其他模态就可以对信息进行强化或扩充，并且作为次模态，在突出听觉模态的同时为意义建构和师生互动提供条件，为内容理解提供线索，并对语言水平和任务难度进行平衡。

（二）汉语听力教学中主次模态协同关系的特点分析

外语听力教学研究中关于模态间协同关系的研究成果提供了比较宏观的理论指导，但主次模态间的协同关系具体是如何实现的，还需要对实际课堂教学进行观察与分析。表2-3列出了初级汉语听力课不同环节中主次模态间的协同关系。

表2-3　汉语听力课不同环节中主次模态间的协同关系统计表

教学环节	主模态			次模态		
	模态形式	模态类型	作用	模态形式	模态类型	作用
听前环节	教师话语	听觉模态	突出	文字	视觉模态	扩充（背景化）
	听力材料	听觉模态	突出	图片	视觉模态	扩充（背景化）
	文字	视觉模态	突出（前景化）	教师手势语	视觉模态	强化；扩充
	图片	视觉模态	突出（前景化）	空间距离	空间感模态	背景化
	课堂报告	言语模态	突出			
	预测	言语模态	突出			
听时环节	教师话语	听觉模态	突出	文字	视觉模态	扩充（背景化）
	听力材料	听觉模态	突出	图片	视觉模态	背景化

续表

教学环节	主模态			次模态		
	模态形式	模态类型	作用	模态形式	模态类型	作用
听时环节	文字	视觉模态	突出（前景化）	电子教鞭	视觉模态	强化
	视频	视觉模态	突出	教师手势语	视觉模态	强化；扩充
	复述	言语模态	突出	空间距离	空间感模态	背景化
	讨论	言语模态	突出			
	预测	言语模态	突出			
听后环节	教师话语	听觉模态	突出	文字	视觉模态	扩充（背景化）
	文字	视觉模态	突出（前景化）	图片	视觉模态	背景化
	图片	视觉模态	突出（前景化）	电子教鞭	视觉模态	强化
	复述	言语模态	突出	教师手势语	视觉模态	强化；扩充
	讨论	言语模态	突出	空间距离	空间感模态	背景化
	角色扮演	言语模态	突出			

　　分析结果显示，初级汉语听力课中主次模态分明，且可相互转换，呈现协同关系。听觉模态作为主模态贯穿整节课；视觉模态和言语模态作为主模态时穿插于听觉模态中，并与听觉模态交替出现；视觉模态作为次模态出现时是对听觉模态的强化和补充。下面分别从听前、听时和听后环节来分析初级汉语听力课中主次模态间协同关系的特点并举例说明。

　　1. 听前环节下主次模态间协同关系的应用实例及特点分析

　　听前环节以背景知识介绍和预听练习为主，教师话语及听力材料（多为本课生词和句子）为主模态，文字、图片和手势语等视觉模态作为背景起扩充作用。学习生词时，教师提请学生注意生词的汉字写法并展示相关图片以解释词义，文字和图片便作为前景化模态被凸显出来。例如，在讲解生词"轻松"时，教学课件中呈现汉字"轻松"和一名女生戴着耳机听音乐的图片。教师通过图片引导学生理解该词含义，并请学生识记生词写法，这时图片和文字成为主模态得以凸显，便于学生直观地将"轻松"的形音义关联起来。

2. 听时环节下主次模态间协同关系的应用实例及特点分析

听时环节以听力训练为主，是听力活动最主要的部分。该环节中，教师话语和听力材料是主模态。当学生做听力练习时，课件中的习题起到提示和引导作用，这时文字是次模态，处于背景地位；当教师展示习题答案时，学生将注意力聚焦于此，文字成为前景化模态得以凸显。例如，教师说明听力要求时，其话语为主模态；做听力练习时，听力材料是主模态；课件中以表格的方式呈现习题内容时，文字是次模态，为听力练习提供支架和引导。此外，该环节中图片和教师手势语等均仅作为次模态提示背景信息，可见该环节不宜出现过多的以视觉模态为主模态的情况，否则会使注意力资源分配失衡，加大认知负荷。

3. 听后环节下主次模态间协同关系的应用实例及特点分析

听后环节以学生口语表达练习为主且多在教师引导下完成，因此主模态在教师话语（听觉模态）和学生话语（言语模态）之间转换，文字或图片则一直作为次模态处于背景地位，起提示作用。如例2[①]：

> T：那我们知道了他的信息，我们可以来介绍一下×××。
> ×××——（课件中呈现习题及答案）
> SS：×××今年28岁，他2002年清华大学计算机专业毕业，工作了6年了。

由例2可以看出，教师以课件中的习题和答案作为关键词，要求学生介绍听力材料中主人公×××的信息。可见，通过作为输入形式的听觉、视觉模态和作为输出形式的言语模态的相互转化，可以强化学习者对所学知识的内

---

① "×××"代表听力材料中人物的名字，"（　）"代表对课件中的内容做补充说明。

化程度，把更多的"输入"（input）变为"吸收"（intake）（龙宇飞、赵璞，2009）。

∷ 参考文献 ∷

陈昌来主编（2005）《对外汉语教学概论》，上海：复旦大学出版社。

崔永华（2007）听力教学经验谈，载中国人民大学对外语言文化学院编《汉语研究与应用》（第五辑），北京：中国社会科学出版社。

高彦德、李国强、郭　旭（1993）《外国人学习与使用汉语情况调查研究报告》，北京：北京语言学院出版社。

胡永近、张德禄（2013）英语专业听力教学中多模态功能的实验研究，《外语界》第 5 期。

李红印（2000）汉语听力教学新论，《南京大学学报（哲学・人文科学・社会科学版）》第 5 期。

刘富华、刘立成、李　曦（2014）《汉语作为第二语言教学研究》，北京：北京语言大学出版社。

刘　珣（2000）《对外汉语教育学引论》，北京：北京语言文化大学出版社。

龙宇飞、赵　璞（2009）大学英语听力教学中元认知策略与多模态交互研究，《外语电化教学》第 4 期。

吕必松（1996）《对外汉语教学概论（讲义）》，教育部汉语作为外语教学能力认定工作委员会办公室（内部资料）。

马黎华（2002）影响第二语言听力理解的因素，《西安外国语学院学报》第 2 期。

石佩雯、李继禹（1977）听力训练在语言教学中的作用，《语言教学与研究》第一集。

田晋华、郑艳群（2021）汉语听力教学结构和过程应用模型研究，载上海

师范大学《对外汉语研究》编委会编《对外汉语研究》（第二十三期），
  北京：商务印书馆。

王小珊（1999）初级阶段听力课教学规范化的一条基本原则——谈操练性
  听力技能训练，载王钟华主编《对外汉语教学初级阶段课程规范》，北
  京：北京语言文化大学出版社。

王钟华主编（1999）《对外汉语教学初级阶段课程规范》，北京：北京语言文
  化大学出版社。

谢竞贤、董剑桥（2010）论多媒体与多模态条件下的大学英语听力教学，
  《外语电化教学》第 6 期。

徐艳丽（2013）多模态视域下大学英语听力教学模式的构建，《黑龙江高教
  研究》第 11 期。

杨惠元（1993）听力课的教学环节设计——关于备课与上课，《语言教学与
  研究》第 2 期。

杨惠元（2000）辨音辨调跟理解词义句义的关系——一次听力理解的实验，
  《世界汉语教学》第 1 期。

杨惠元（2019）《汉语技能教学法》，北京：北京语言大学出版社。

姚娜娜（2013）多模态视角下大学英语听说课的教学设计，载张京鱼主编
  《跨语言文化研究》（第五辑），北京：中国社会科学出版社。

翟　艳、苏英霞（2010）《汉语作为第二语言技能教学》，北京：北京大学出
  版社。

张德禄（2009）多模态话语分析综合理论框架探索，《中国外语》第 1 期。

张德禄、王　璐（2010）多模态话语模态的协同及在外语教学中的体现，
  《外语学刊》第 2 期。

张舍茹、闫　朝（2014）多模态教学与学习内化律相关性实证研究，《中国
  外语》第 2 期。

赵金铭主编（2006）《汉语可以这样教——语言技能篇》，北京：商务印书馆。

郑艳群（2009）《汉语多媒体教学课件设计》，北京：北京语言大学出版社。

郑艳群（2016）汉语教学数据挖掘：意义和方法，《语言文字应用》第 4 期。

郑艳群、田晋华（2020）汉语听力教学结构和过程理论模型研究，载上海
　　师范大学《对外汉语研究》编委会编《对外汉语研究》（第二十二期），
　　北京：商务印书馆。

周小兵主编（2009）《对外汉语教学导论》，北京：商务印书馆。

周小兵、李海鸥主编（2004）《对外汉语教学入门》，广州：中山大学出版社。

周　星、周　韵（2002）大学英语课堂教师话语的调查与分析，《外语教学
　　与研究》第 1 期。

Anderson, J. R. (1995) *Cognitive Psychology and Its Implications* (4th Edition).
　　New York: Freeman.

Chaudron, C. & Richards, J. C. (1986) The effect of discourse markers on the
　　comprehension of lectures. *Applied Linguistics*, 7(2): 113-127.

Kress, G. & Van Leeuwen, T. (2001) *Multimodal Discourse: The Modes and Media
　　of Contemporary Communication*. London: Edward Arnold.

Mayer, R. E. & Moreno, R. (2003) Nine ways to reduce cognitive load in
　　multimedia learning. *Educational Psychologist*, 38(1): 43-52.

McKerrow, R. E., Gronbeck, B. E., Ehninger, D. & Monroe, A. H. (1999) *Principles
　　and Types of Speech Communication* (14th Edition). New York: Taylor &
　　Francis.

Norris, S. (2004) *Analyzing Multimodal Interaction: A Methodological Framework*.
　　New York & London: Routledge.

Sweller, J. (1988) Cognitive load during problem solving: Effects on learning.
　　Cognitive Science, 12(2): 257-285.

第三章　汉语口语教学结构和过程建模研究

汉语口语课是对外汉语课程体系的重要组成部分，它与听力课、阅读课和写作课共同组成了汉语教学的四门基本技能课。单独开设汉语口语课的设想，最早可以追溯到吕必松教授的《对外汉语教学概论》一书。吕教授明确提出了"专项技能课"和"专门目标课"两个不同的课程概念，将以培养口语能力为目标的"口语课"从以训练听说技能为主的"听说课"和"视听说课"中相对独立出来。（转引自王若江，1999）20 世纪 70 年代，学界开始关注教学的实践性原则，受此影响，个别学校开设了少量口语课和听力课，作为主干课程的补充。到了 20 世纪 80 年代，随着改革开放形势的发展，各教学单位全面采用分课型教学的模式，口语教学作为一门独立且重要的课程进入对外汉语课程体系成为明显的趋势。（李晓琪主编，2006）此时，口语课课程具备了一定的规模，课程框架在相当程度上形成定势，课程风格显示出明显的倾向性。（王若江，1999）如今，汉语口语课已经在对外汉语教学中占据了重要位置。对汉语学习者的调查研究显示，在听、说、读、写四门技能课中，口语课被多数人视为最重要的课型（阮黎容，2006）；近七成的学习者认为，口语技能是他们在工作、生活和学习中最为重要且使用率最高的言语技能（高彦德等，1993）。

明确口语课的性质和任务，是使口语课沿着科学、规范、合理的方向发展的保证。

作为一门单项技能课，口语课的目标是培养学生在实际生活中使用汉语进行口语交际的能力，这也是口语课区别于其他课型的本质特点。例如，王钟华主编（1999）明确指出："作为单项技能训练课型的口语课，要想方设法地突出训练学生口语表达能力这一课型特点。"又如，李珠、姜丽萍（2008）指出，口语课的主要任务是通过各种方式的训练培养学生用汉语进行交际的能力。口语课也是一门以学习者为主体、以教师为主导的技能训练课。学习者是口语课技能训练中的主体，他们需要主动参与到教学活动中，使用当课所学的语言项目进行练习；教师需要有目的、有计划、有重点地向学生传授有关口语交际的相关知识，创设交际性情景并组织学生进行会话练习，促使学生在练习中将知识转化为言语交际能力。

口语课的任务有两个：一是培养学生的口头表达能力，二是帮助学生掌握口语（作为口语体的口语）。（申修言，1996）第一个任务是由口语课的性质决定的。作为一门单项技能课，口语课是专门训练"说"的言语技能以及与之相关的言语交际能力的。已有研究认为，口头交际能力是一种听、说紧密联系在一起的综合能力，因此对学生口头交际能力培养的具体任务包括理解能力、捕捉能力、发问能力、对话能力、成段表达能力等多个方面。（王钟华主编，1999）第二个任务与口语课的教学目标有关。口语课的教学目标非常明确，训练的口头表达内容是口头语言的一部分，即作为口语体的口语，其训练体系以口语语法为纲。（申修言，1996）《高等学校外国留学生汉语教学大纲（长期进修）》对初等阶段口语教学的目标给出了具体的要求，包括：学生能比较准确地发出单个字、词的音，句子的语调虽有明显的母语影响但所表达的意思连贯，基本上能让听话人理解；能进行日常生活中诸如见面、介绍、祝贺以及询问、购物等基本口语交际，能用已经掌握的简单词汇表达自己的意图或叙述某一事情的基本内容，句子错误率不超过30%。

虽然口语课已成为汉语教学的主干课程并得到一线教师和专家学者的重视，但目前口语教学中仍存在若干问题亟待解决。已有研究（张春红，2013；邹鹏，2016）指出，口语教学的主要问题包括以下几点：第一，教学过程紊乱，课型特色模糊，主要表现为部分口语教师花费了大量时间来讲解和练习词、句，挤占了课文和会话训练的时间，扰乱了既定教学流程，使口语课不能发挥其课型特点。第二，轻视语言输出，课堂气氛沉闷，主要表现为当前口语教学过于依赖教材和录音文本，教学内容与学生实际交际需要脱节，无法有效刺激学生进行输出；另外，口语课的教学实施主要以"听力测验"加"口头表达"的模式进行，教学模式固化，课堂气氛不够活跃。第三，教学反馈片面，过分关注形式，具体表现为当前口语教学反馈的重点局限在语音、词汇、语法等语言形式方面，对语言功能、语境和社会语言学能力等方面的考量不足。第四，师生话语分配比例失衡，学生表达机会过少，主要表现为师生话语量和话语权分配不合理，学生的开口机会和开口率得不到保证。以上问题使得口语课无法有效培养学习者的口语表达能力，背离了其培养目标。

从吕必松教授首次提出以培养口语能力为目标的"口语课"这一课程概念，到 20 世纪 80 年代口语课成为汉语分课型教学模式的主干课程形式（王若江，1999）、口语教学研究快速发展成为专门的领域（李晓琪主编，2006）、口语课被留学生视为最重要的语言技能课（阮黎容，2006），再到今天口语教学研究进入蓬勃发展的新阶段（翟艳主编，2019），口语课的发展历程反映了专家学者对口语课认识的深化。今天，基于任务型教学法、社会文化理论等理论的相关研究成果不断涌现，给口语课带来了新的思想和活力，未来这一领域的研究将逐步向精细化、纵深化方向发展，从而为口语教学提供更大的助力。

第一节　汉语口语教学理论模型推导 *

目前关于口语教学结构和过程的问题，已经积累了许多研究成果，凝聚了专家学者对相关问题的理论思考和经验总结。口语教学结构和过程以往也被称为"教学行为""教学环节""教学步骤""教学流程"和"教学程序"等，并且大多散见于口语教学模式、方法、语言要素和技能训练等相关研究中。但是，已有研究也存在如下问题，导致无法形成对口语教学结构和过程的明确且完整的认识：（1）并非在同一个系统框架下对口语教学结构和过程进行描写，体现为结果的精细层级不同，或侧重点不同。有时，即使同一学者的同一文献对结构和过程也有不同的阐述。（2）使用的术语相同，但所指不同。

鉴于以上问题，本研究运用内容分析和信息处理的方法，从已有汉语教学认知出发，推导初级汉语口语课结构和过程模型。已有研究中共有 10 份文献涉及口语教学结构和过程问题，分别是：王钟华主编（1999），周小兵、李海鸥主编（2004），赵金铭主编（2006），蔡整莹（2009），杨晓黎主编（2009），周小兵主编（2009），翟艳、苏英霞（2010），王海峰（2011），吴中伟（2014），杨惠元（2019）。

本研究立足于已有文献中的认知，进行理论建模研究。主要研究步骤包括：首先，穷尽式地搜索截至 2019 年底论及初级 ① 口语教学结构和过程的文献，建立"汉语口语教学·文献样本数据库"。其次，在"宏观层—中观

---

* 本节内容曾以《初级汉语口语课教学结构和过程理论模型研究》为题发表于《云南师范大学学报（对外汉语教学与研究版）》2020 年第 5 期，作者为郑艳群、陆凯英。

① 有些学者将口语课按学生水平、教学内容等明确分为不同教学等级，本研究主要关注初级口语课构件、结构和过程的相关论述，对于未明确说明等级的文献，则根据文献中的具体表述、所举练习例子及示例教案等信息进行判断。

层—微观层"的整体架构下，从概念出发，在文献中提取口语教学构件、结构和过程信息[1]，并按类型对概念相同的构件确定统一的名称术语；按构件类型、结构类型和过程类型进行统一赋码和形式化表达[2]，建立"汉语口语教学·文献研究数据库"。再次，确立构件系统，在此基础上完成对汉语口语教学系统理论模型的推导。最后，计算倾向性结果[3]，对模型特征进行分析。本研究的结果可以作为进一步开展汉语口语教学理论研究的基础，还可以作为应用模型研究的参照，同时也可为汉语口语教学慕课或微课教学单元设计提供依据。

一、顶层模型推导及特征分析

专家学者关于汉语口语教学结构和过程的表述不尽相同，我们通过对文献样本的分析发现，汉语口语教学是一个有层次的系统，可以从宏观顶层出发逐层进行描写并推导模型。

（一）顶层模型推导

经过提取和汇总有关口语教学构件的宏观认知，并对术语进行归一化处理[4]，我们从"汉语口语教学·文献研究数据库"中提取出口语课的三个顶层基本环节，分别是："新课前（Ⅰ）""新课教学（Ⅱ）"和"新课后（Ⅲ）"。

---

① 文献中出现了 10 种关于构件和结构的观点以及 13 种关于过程的观点。本研究有关支持率的计算公式为：支持率＝支持观点数 ÷ 观点总数。

② 本研究用罗马字母对顶层基本环节进行赋码；用英文字母对顶层基本环节下中观层的构件进行赋码，构件代码取自相关名称（或术语）英文表达中有区别性特征或能起到区分作用的大写字母；用字母连写表示对应的结构类型（如 OR 结构，表示由 O 和 R 形成的结构）；用方括号、字母及短横线表示对应的过程类型（如 [O-R]，表示由 OR 结构形成的过程，且构件 O 在前，构件 R 在后）。此外，本研究关于过程的表达中，构件代码连写表示对应的构件在过程中是相互交融的，难以分割（如 [LT]，表示讲练语言点和讲练课文融合进行，难以清晰地区分开来；L、T 为必有构件，但顺序不定）。

③ 倾向性结果通过支持率来体现。

④ 专家学者对构件的表述不完全一致，为方便讨论，我们对名称不同而内涵相同的构件进行了归一化处理。

其中，根据各基本环节在教学中的实施及体现出的教学功能，"新课前（Ⅰ）"指新课教学开始前的作业检查和旧知复习，旨在为正式授课做好知识性准备；"新课教学（Ⅱ）"指本课内容的导入，以及生词、语言点和课文等内容的讲练，旨在促进相关知识的吸收和技能的提升；"新课后（Ⅲ）"指新课教学结束后的总结和作业布置，旨在促进本课知识的进一步巩固和提升。基于上述基本环节，通过对基本环节结构和过程概念认知的分析和计算，可以完成口语课教学顶层模型的推导（见图 3-1）。

基本环节	支持率（%）	结构类型	支持率（%）	过程类型	支持率（%）
新课前（Ⅰ）	90	Ⅱ	10	Ⅱ	10
新课教学（Ⅱ）	100	Ⅰ Ⅱ Ⅲ	90	Ⅰ-Ⅱ-Ⅲ	90
新课后（Ⅲ）	90				

图 3-1 "口语课教学顶层结构和过程"理论模型示意图

（二）顶层模型特征分析

由图 3-1 可以得到关于口语课顶层模型的三点认识：（1）基本环节按支持率由高到低排列的结果为："新课教学（Ⅱ）" > "新课前（Ⅰ）" = "新课后（Ⅲ）"。可以看出，"新课教学（Ⅱ）"是专家学者关注的焦点，可视为口语课的核心部分（支持率为 100%）。另外，专家学者对"新课前（Ⅰ）"和"新课后（Ⅲ）"的关注度也很高（支持率均为 90%），体现了已有认知对口语教学准备阶段和巩固阶段的重视。（2）上述基本环节形成了 Ⅱ 和 Ⅰ Ⅱ Ⅲ 共 2 种结构类型，以及 [Ⅱ] 和 [Ⅰ-Ⅱ-Ⅲ] 共 2 种过程类型。（3）Ⅰ Ⅱ Ⅲ 结构和 [Ⅰ-Ⅱ-Ⅲ] 过程的支持率占绝对优势（均为 90%），表明已有认知强调基本环节的系统性运用，即要求教师首先在"新课前（Ⅰ）"环节为新课教学做好必要的准备，然后在"新课教学（Ⅱ）"环节有效传授新知识、训练新技能，最后在"新课后（Ⅲ）"环节进一步巩固和强化当课知识和技能。基于支持率，可以说专家学者在宏观层面已经形成了相对一致的认识。

二、中观层构件系统的确立及特征分析

从概念出发，以顶层模型为基础，根据已有认知中关于"新课前（Ⅰ）""新课教学（Ⅱ）"和"新课后（Ⅲ）"环节之下中观层教学构件的具体表述，通过提取、汇总和对术语的归一化处理，可以推导出中观层构件的理论模型（见图3-2）。由于针对汉语口语教学构件的已有认知未论及微观层，故关于口语教学的理论模型也不涉及微观层。

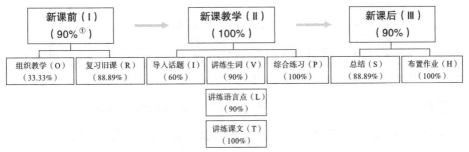

图3-2　"口语课教学顶层和中观层构件系统"理论模型示意图

从图3-2中可以看出，中观层共有9个教学构件，分别是："组织教学（O）""复习旧课（R）""导入话题（Ⅰ）""讲练生词（V）""讲练语言点（L）""讲练课文（T）""综合练习（P）""总结（S）"和"布置作业（H）"。

（一）"新课前（Ⅰ）"环节下的中观层构件及特征

由图3-2可知，"新课前（Ⅰ）"可提取出"组织教学（O）"和"复习旧课（R）"共2个中观层构件。其中，"组织教学（O）"指刚开始上课时，教师借助语言、目光或一些教学活动，通过师生问好等方法，消除学生的紧张心理，并把学生的注意力吸引到课堂上来，为正式的课堂教学打下基础；"复习旧课（R）"指检查学生作业完成情况或已有知识掌握情况，复习与本课内容相关的知识，以检验和巩固此前教与学的效果，并实践以旧带新的理念。

① 图中数字为支持率。

对构件支持率的统计结果显示：（1）"复习旧课（R）"有明显的共识倾向（支持率为88.89%），这或许与R的教学功能有关。R的主要功能是检查学生对旧课的掌握情况并解决学生存在的问题，帮助学生复习已学知识，从而为新课做好准备。（2）"组织教学（O）"能够吸引学生注意力，消除其紧张心理，从而为新课学习打下基础。O在相关研究中早有涉及（如王钟华主编，1999），近年来重新得到专家学者的关注（如蔡整莹，2009），反映出O在口语教学中的价值被重新认可。

（二）"新课教学（Ⅱ）"环节下的中观层构件及特征

由图3-2可知，"新课教学（Ⅱ）"可提取出"导入话题（I）""讲练生词（V）""讲练语言点（L）""讲练课文（T）"和"综合练习（P）"共5个中观层构件。其中，"导入话题（I）"指引出与新课相关的内容，使学生初步感知新课知识，同时帮助学生建立对新课学习结果的预期；"讲练生词（V）"指对本课生词的展示、朗读和拓展等，以促进学生对相关词语知识的理解和加工，训练学生正确选用词语的能力；"讲练语言点（L）"指对本课语言点的展示、讲解和练习等，以促进学生对相关语法知识的理解和加工，训练学生正确使用语言点进行表达的能力；"讲练课文（T）"指对课文内容进行讲解和练习等，让学生在课文语境中进一步理解和吸收本课知识，并为口语交际练习提供范本；"综合练习（P）"指布置与本课话题相关的交际性练习并说明练习内容，要求学生运用本课的词语、语言点和课文语篇结构等进行表达，以训练学生运用本课知识进行口头交际的能力。

对构件支持率的统计结果显示：（1）"讲练课文（T）"和"综合练习（P）"得到了已有认知的完全支持（均为100%），由此可见，对于把T、P确立为"新课教学（Ⅱ）"环节的必有教学事件[①]，学界已达成了一致的认识。

---

① 本研究所说的教学事件是指在教学过程中可切分的有区别性特征的类型化教学活动单位。从形式上看，教学事件既可以由单一构件实现，也可以由融合在一起进行教学的构件的组合实现。

事实上，专家学者对 T 和 P 的重视与它们的作用有关。已有认知认为，课文是口语课的核心，也是学生进行交际练习的范本。P 是学生综合运用当课语言知识来训练口语交际能力的重要途径，能够帮助学生复习、巩固和提高本课功能项目的相关内容。（2）专家学者对"讲练生词（V）"和"讲练语言点（L）"有突出的共识倾向（均为 90%），说明把 V 和 L 确立为"新课教学（Ⅱ）"环节的教学事件已有坚实的理论支持。已有认知在理论上肯定了开展生词、语言点等语言要素教学的必要性，前者旨在帮助学生掌握本课词语的意义和用法，后者的目的是让学生掌握本课重点词语、口语交际固定格式和话语衔接形式等语言点的使用对象、使用场合和使用方法。（3）"导入话题（I）"也得到了已有认知的重视（支持率为 60%）。专家学者指出，I 能够让学生回忆起与本课话题相关的生活经验，并在学习过程中利用这些生活经验来预测课文，从而更好地理解课文。此外，I 还能激活学生对相关知识的回忆，让他们在学习新内容时，更加注意对比已有的知识与课文中所用的词语和句式，从而加深对本课语言知识的印象。

（三）"新课后（Ⅲ）"环节下的中观层构件及特征

由图 3-2 可知，"新课后（Ⅲ）"可提取出"总结（S）"和"布置作业（H）"2 个中观层构件。其中，"总结（S）"指归纳本课的主要教学内容，以突出教学重点并使之系统化，从而加深学生的理解和记忆；"布置作业（H）"指布置课后作业并对作业进行简要说明，以督促学生的课后学习，巩固本课所学内容。

对构件支持率的统计结果显示：（1）"布置作业（H）"为专家学者的共有认知（支持率为 100%），说明 H 的教学作用已得到学界的普遍关注。专家学者认为，作业是课堂的延伸，对学生课下的巩固复习有着重要的促进作用，有助于促使他们把课内知识转化为交际能力。（2）"总结（S）"的支持率也很高（88.89%），可见已有认知高度重视 S 在口语课中的教学作用。专家学者对此已有明确的阐述，教师对当课的重点词语、基本句式、功能项目和文化知识进行总结，明确了教学重点，有助于引起学生对本课内容的关注，从而加深印象。

三、中观层结构和过程模型推导及特征分析

以汉语口语教学中观层构件系统为基础，通过对中观层结构和过程文献认知的分析和计算，不仅可以推导出中观层的结构和过程模型，还可以进一步考察顶层三大环节之间在中观层特有的关联关系。由于针对汉语口语教学结构和过程的已有认知未论及微观层，故关于口语教学的理论模型也不涉及微观层。

（一）顶层三大环节内部中观层理论模型推导

梳理汉语口语教学顶层三大环节内部中观层构件的组合以及由此产生的排列结果，可以推导出三大环节各自内部的中观层结构和过程模型（见图3-3）。而从结构和过程类型的特点、解析过程所得的特点（包括教学事件的取值范围、特定构件出现的位置、构件之间的关联关系等）对各环节内部中观层模型做特征分析，将有助于对口语教学中的规律和制约关系做出更深入细致的模型描写，从而把握教学子系统的运行规律。

1."新课前（I）"环节下的中观层结构和过程

结构和过程类型的相关数据表明：本环节共提取出 O、R 和 OR 等3 种结构类型以及与之对应的 3 种过程类型。R 结构的支持率相对较高（66.67%），该结构代表了"复习旧课（R）"的独立运用。可见，已有认知对构件 R 独自发挥教学作用的情况更为认同，强调在"新课前（I）"环节应做好知识性准备。我们认为这是由构件的功能决定的。

教学事件取值范围的统计结果显示：本环节至少经历 1 个教学事件，即 O 或 R 的独立运用；最多经历 2 个教学事件，即 O 和 R 的联合运用。

构件出现位置的考察结果显示：已有认知对教学过程的态度是一致的。具体表现为：若 O 和 R 同时出现，则 O 必在 R 前，可表示为 O→R。

顶层-基本环节	中观层-构件	中观层-结构		中观层-过程	
		类型	支持率（%）	类型	支持率（%）
新课前（I）	组织教学（O） 复习旧课（R）	O	11.11	O	11.11
		R	66.67	R	66.67
		OR	22.22	O-R	22.22
新课教学（II）	导入话题（I） 讲练生词（V） 讲练语言点（L） 讲练课文（T） 综合练习（P）	IVLTP	60	I-V- L- T- P	30.77
				I-V- LT① - P	23.08
				V-I-L- T- P	7.69
				I-V- T- LP	7.69
		VLTP	20	V- L- T- P	7.69
				V- T- L- P	7.69
		VTP	10	V- T- P	7.69
		LTP	10	L- T- P	7.69
新课后（III）	总结（S） 布置作业（H）	H	11.11	H	11.11
		SH	88.89	S-H	88.89

图3-3 "口语课教学顶层三大环节内部中观层结构和过程"理论模型示意图②

2."新课教学（II）"环节下的中观层结构和过程

结构和过程的相关数据表明：（1）本环节共提取出 IVLTP、VLTP、VTP 和 LTP 等4种结构类型，以及由它们产生的8种过程类型。（2）IVLTP 结构的支持率最高（60%），表明已有认知强调"导入话题（I）""讲练生词（V）""讲练语言点（L）""讲练课文（T）"和"综合练习（P）"的系统性运用。（3）IVLTP 结构之下产生了4种不同的过程类型，说明这一结构在过程的运用上具有灵活性。我们相信其使用是有条件的，有待进一步探讨。统计

---

① 关于本研究对过程类型的表达，两个构件的代码连写用于表示以下两种情形：情形一，表示两个构件之间的先后关系不明显，在教学中常常穿插进行，如"[LT]"，由于口语教学中常常借助课文语境讲练语言点，因此"讲练语言点（L）"和"讲练课文（T）"之间没有绝对的先后关系；情形二，表示两个构件之间虽存在先后关系，但联系紧密，如"[LP]"表示先"讲练语言点（L）"，紧接着进行"综合练习（P）"。

② 构件之间有连线表示有文献支持该路径选择，下同。

结果显示：① [I-V-L-T-P] 过程支持率最高（30.77%），表明专家学者对"导入话题→讲练生词→讲练语言点→讲练课文→综合练习"这一教学路径有一定的共识。这种共识从根本上可以追溯到初级口语学习者的习得规律，即学习者通过模仿、理解和记忆该课功能项目中的词语、语言点和课文，获得语言知识和语用知识；然后在练习中提取和运用所学知识，巩固正确的语言规则和语用规则，发展相关的语言能力和语用能力。（王钟华主编，1999）这一过程体现了从语言知识学习走向语言技能训练的习得顺序。②支持率次之的是 [I-V-LT-P] 过程（23.08%），表明已有认知注意到了"讲练语言点（L）"和"讲练课文（T）"的融合运用，即要求教师在课文中处理语言点，让学生在课文情境中理解重点词语、句型和口语表达结构的意义和功能。（4）在新课教学环节存在两种原型结构及与之一一对应的原型过程，原型结构为 VTP 结构和 LTP 结构，原型过程为 [V-T-P] 过程和 [L-T-P] 过程。就原型过程而言，VTP 结构和 LTP 结构都可衍生出 VLTP 结构和 IVLTP 结构，构成这两种原型结构的构件数量相当，能产性也相当，因而皆被看作原型结构。这两种原型结构相互融合衍生出了其他的结构类型，对原型过程来说亦是如此。

教学事件取值范围的统计结果显示：本环节教学过程至少经历 3 个教学事件，取 [V-T-P] 或 [L-T-P] 过程；最多经历 5 个教学事件，取 [I-V-L-T-P] 或 [V-I-L-T-P] 过程。

构件出现位置的考察结果显示：（1）本环节以"导入话题（I）"为起点的支持率最高（共 61.54%）。分析其原因，以 I 作为"新课教学（Ⅱ）"环节教学过程的起点，能够引出即将学习的语言知识，并引起学生对本课话题的关注和学习兴趣。由于 I 作用大、功能多，因此其使用场合较为广泛。（2）"讲练课文（T）"在"综合练习（P）"前出现是专家学者的共有认知（支持率为 100%）。T 在 P 前出现，表明已有认知强调应在学生理解课文内容、基本掌握课文生词和表达方式的基础之上，再进行综合练习。（3）以"综合练习（P）"为本环节的重点教学事件得到了已有认知的全部认可（支持率为

100%）。P的主要功能是给学生提供即学即用的机会，设置交际情景，让学生自由选用课文提供的篇章结构和词句进行表达和运用，它不仅体现了本课知识、技能的综合运用，更是对此前教学步骤所取得成果的巩固与深化，层层递进，能促进学生口头表达能力的提升。以P作为"新课教学（Ⅱ）"环节的落脚点，表明专家学者对培养口语交际能力这一教学目标的追求，体现了口语教学的实用性。

构件关联关系的考察结果显示：（1）"讲练课文（T）"和"综合练习（P）"均为必有项。另外，它们在口语教学过程中必定同现，且T必定在P前出现；但二者不一定相邻，中间有时可以有插入项"讲练语言点（L）"。（2）"讲练生词（V）"与"讲练课文（T）""综合练习（P）"共现的情况最多（共92.31%）。V与T、P共现时，其出现顺序相对固定，可表示为：V→T→P，表明已有认知主张"先讲练生词，再讲练课文，最后进行综合练习"这一教学路径。（3）"讲练语言点（L）"与"讲练课文（T）""综合练习（P）"共现的情况也非常多（共92.31%）。当L与T、P共现时，它们之间的分立与融合有多种情形，表明在专家学者的认知中，L的使用是灵活的。对L不同运用情况的统计显示：①L与T、P分立的支持率相对来说是最高的（共61.54%），表明已有认知重视语言点意义、结构和语用功能的讲解和操练，并将其作为独立的教学事件看待。根据已有认知，L的独立运用有两种情形。情形一，先疏通语言点，再讲练课文并进行综合练习，可表示为：L→T→P。已有认知认为，这一情形或许与语言点难度有关，其实施能够为课文学习和综合练习扫除障碍。情形二，先讲练课文，再处理语言点，最后进行综合练习，可表示为：T→L→P。这样有助于学生在理解意义的基础上关注并掌握语言形式。②L与T或P的融合使用也得到了专家学者的关注（共30.77%），反映出淡化语法形式讲解、突出语言点练习和运用的教学思路，可以说，它体现了已有认知对口语课课型特点的把握。专家学者认为，L与其他构件的融合使用有两种情形。情形一，先在讲练课文过程中处理语言点，然后进行综合练习，可表示为：LT → P。这种情形更便于学生利用课文语境感知语言点的功能和用法。情形二，完成课文讲练后，再统一进行语言点讲练和综合练习，可表示为：T → LP。这种情形有助于学生在语言点训练中掌握本课交际项目。

3. "新课后（Ⅲ）" 环节下的中观层结构和过程

结构和过程类型的相关数据表明：本环节可提取出 H 和 SH 共 2 种结构类型及相应的 2 种过程类型。根据支持率统计结果，SH 结构的支持率占绝对优势（88.89%），表明在专家学者的认知中，"总结（S）" 和 "布置作业（H）" 的联合运用具有明显的共识倾向。

教学事件取值范围的统计结果显示：本环节至少经历 1 个教学事件，取 [H] 过程；最多经历 2 个教学事件，取 [S-H] 过程。其中，[S-H] 过程支持率更高（88.89%），体现了已有认知对口语课结课程序完整性的重视，即要求口语教师不仅要做好教学内容总结工作，随后还要布置适当的口头或书面作业，以敦促学生及时复习和巩固知识。

构件出现位置的考察结果显示：由 S 担任教学过程起点的支持率占绝对优势（88.89%）；另外，H 若出现，则必在 S 之后。可见，在已有认知中，S 和 H 之间的过程关系是明显的。专家学者强调口语教师在布置作业之前，应先明确本课的主要教学内容。这或许是因为口语教师在总结中的点拨可以成为学生顺利完成作业并进行课后扩展的基础。同时，特定教学事件 H 的应用十分突出，体现在其支持率为 100%，这说明布置作业是口语课结课程序中的必要成分。

（二）顶层三大环节之间中观层关联特征分析

聚焦并梳理汉语口语教学顶层三大环节之间中观层构件的共现关系和发生序列，不仅可以推导出顶层三大环节之间中观层的结构和过程模型（见图 3-4），还可以进一步考察三大环节之间结构和过程类型的映射关系，并从接口位置教学事件的特点出发对模型进行分析，了解其教学作用，透视中观层环节间结构和过程的制约关系。结构或结构的组合在时间轴上的顺序呈现形成过程，从过程类型中可以清楚地看出结构类型，限于篇幅，故不再对结构类型单独论述。

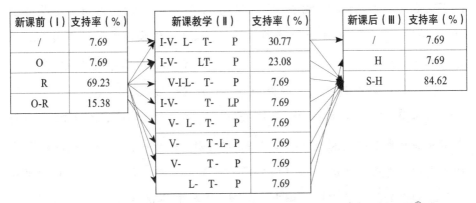

新课前（I）	支持率（%）
/	7.69
O	7.69
R	69.23
O-R	15.38

新课教学（II）	支持率（%）
I-V- L- T- P	30.77
I-V- LT- P	23.08
V-I-L- T- P	7.69
I-V- T- LP	7.69
V- L- T- P	7.69
V- T-L- P	7.69
V- T- P	7.69
L- T- P	7.69

新课后（III）	支持率（%）
/	7.69
H	7.69
S-H	84.62

图 3-4 "口语课教学顶层三大环节之间中观层过程"理论模型示意图 [①]

1. 关联特征分析：从"新课前（I）"到"新课教学（II）"

过程类型的关联数据显示：（1）[R] 作为起点的支持率在所有过程中占绝对优势（69.23%），表明通过"复习旧课（R）"为新课做好知识准备并启动"新课教学（II）"环节，在口语教学的专家认知中具有很高的共识倾向。另外，以 [R] 为开端的教学路径呈现出多样化特点，表明复习后的新课教学可以有多种实施方案：既可导入话题，也可直接讲练生词或语言点。（2）[I-V-L-T-P] 是从"新课前（I）"到"新课教学（II）"支持率最高的终点（30.77%），表明在口语教学的专家认知中，"新课前（I）"环节结束之后，明确本课话题并围绕该话题讲练相关语言材料，继而进行综合练习的倾向性更大。（3）[R]-[I-V-L-T-P] 是从"新课前（I）"到"新课教学（II）"支持率最高的教学路径（23.08%），表明在已有认知中，[R] 与 [I-V-L-T-P] 的共现关系最为突出。

接口位置教学事件的考察结果显示：（1）"复习旧课（R）"以及包含

---

① 构件之间有连线表示有文献支持该路径选择，箭头的方向表示教学进程的发展方向，"/"表示未提及，下同。

它的教学事件作为后端接口事件的支持率占绝对优势（分别为 69.23% 和 15.38%），表明已有认知重视对已有知识的复习和巩固，可以说是"温故知新"这一教学理念的体现。（2）"导入话题（I）"作为前端接口事件的支持率最高（共 61.54%）。可见，"新课前（I）"复习已学知识与"新课教学（II）"讲练新知识之间不是直接关联的，还需要 I 作为引导，以便激发学习者对本课话题的学习动机，同时也可帮助学习者建立对学习结果的预期。

2. 关联特征分析：从"新课教学（II）"到"新课后（III）"

中观层过程类型的关联数据显示：（1）[I-V-L-T-P] 和 [I-V-LT-P] 分别为支持率最高和次高的起点（分别为 30.77% 和 23.08%），说明已有的专家认知重视"新课教学（II）"环节内部所有构件的完整运用。另外，上述两种过程类型作为起点的支持率相当，表明"L 和 T 分立使用"（即"L-T"）与"L 和 T 融合使用"（即"LT"）这两种观点势均力敌。进一步分析可知，专家学者对 L 与 T 的分合存在不同的认识，这与前文"新课教学（II）"环节构件关联关系考察中对 L 使用情形的结论是一致的。（2）[S-H] 是从"新课教学（II）"到"新课后（III）"支持率最高的终点（84.62%），表明在已有认知中，"总结（S）"和"布置作业（H）"经常作为一个整体发挥教学作用，共同巩固和强化新课教学的效果。（3）[I-V-L-T-P] 和 [S-H] 过程，以及 [I-V-LT-P] 和 [S-H] 过程的共现关系较为突出（均为 23.08%），体现出导入话题和讲练新知识以及总结新课和布置作业之间存在一定的关联关系。结合认知心理学来分析，或许可以认为它们反映了学习者在感知的基础上接收与理解、在理解的基础上记忆与运用、在运用之后巩固和保持的认知过程。

接口位置教学事件的考察结果显示：（1）从"新课教学（II）"到"新课后（III）"的教学路径均以"综合练习（P）"为后端接口事件（支持率为 100%），表明在已有认知中，综合练习的实施情况是"新课后（III）"环节进行总结和布置作业的重要铺垫。（2）"总结（S）"作为前端接口事件的支持率具有绝对优势（84.62%），表明在专家学者的认知中，S 是"新课教学

（Ⅱ）"和"新课后（Ⅲ）"之间承上启下的节点。一方面，在进行"新课教学（Ⅱ）"的知识学习与技能训练之后，教师还需进行总结；另一方面，教师在 S 中所给出的提示，可以帮助学生顺利完成课后作业。

第二节 汉语口语教学应用模型构建 *

本研究以"汉语口语教学·实录研究数据库"为基础进行考察并展开研究，通过对汉语口语教学课堂实录[1]的观察与分析，逐层构建口语教学的应用模型，旨在发现隐藏的教学特征和教学规律。具体实施方案如下：首先，选定口语教学规范化教学实录样本，建立"汉语口语教学·实录样本数据库"，并对数据库中的样本进行转写。其次，在"宏观层—中观层—微观层"的整体架构下，从概念出发，在教学实录中辨识口语教学构件、结构和过程信息，对各构件类型依据理论模型中的名称进行命名，若构件为新出现则另外确定统一的名称术语并给出定义；按构件类型、结构类型和过程类型进行统一赋码和形式化表达，建立"汉语口语教学·实录研究数据库"。再次，确立构件系统，在此基础上完成对汉语口语教学系统应用模型的构建。最后，计算倾向性结果[2]，对模型特征进行分析。本研究的结果可以为口语课教学实践提供参考，也可以通过与理论模型的对比促进教学反思，还可以为口语教学慕课或微课教学单元设计提供依据。

---

* 本节内容曾以《初级汉语口语课教学结构和过程应用模型研究》为题发表于《云南师范大学学报（对外汉语教学与研究版）》2021 年第 3 期，作者为陆凯英、郑艳群。

[1] 本研究中的教学实录主要来自北京语言大学出版社出版的《汉语课堂教学示范》（2007年）实录和青年教师教学基本功大赛获奖作品，均为初级阶段独立开设的口语课，共 5 份样本。这类教学实录通常是由一线教师或教师团队精心设计后付诸实施的，且经过了领域内教学专家或教学研究专家的评选、认证，具有可模仿性和可推广性等特点，值得深入学习和研究。

[2] 相关结果通过使用率来体现。本研究有关使用率的计算公式为：使用率 = 实际应用的样本数 ÷ 样本总数。

一、顶层教学环节的建立、结构和过程模型构建及特征分析

通过对教学实录样本的分析可以发现，汉语口语教学是一个有层次的系统，可以从宏观顶层出发逐层进行描写并构建模型，这是一个自上而下的工作过程；而在每个层面内，又可以通过对构件的辨识和计算，自下而上地完成结构和过程模型的构建，从而揭示来自教学实践的汉语口语教学结构和过程的规律。

（一）顶层教学环节的建立及结构和过程模型构建

从概念出发，在"汉语口语教学·实录研究数据库"中经过辨识、归类汇总，以及与理论模型中的名称（术语）一一对应并进行必要的名称（术语）补充，我们共提取出"新课前（Ⅰ）""新课教学（Ⅱ）""新课后（Ⅲ）"三个基本教学环节。在此基础上，进一步根据结构和过程的使用信息，完成了顶层模型的构建（见图3-5）。

基本环节	使用率（%）		结构类型	使用率（%）	过程类型	使用率（%）
新课前（Ⅰ）	40		ⅠⅡ	20	Ⅰ-Ⅱ	20
新课教学（Ⅱ）	100		ⅡⅢ	60	Ⅱ-Ⅲ	60
新课后（Ⅲ）	80		ⅠⅡⅢ	20	Ⅰ-Ⅱ-Ⅲ	20

图3-5 "口语课教学顶层结构和过程"应用模型示意图

（二）顶层模型特征分析

由图3-5可以得到关于口语课顶层应用模型的如下三点认识：

（1）"新课教学（Ⅱ）"是口语课中必不可少的基本教学环节（使用率为100%），这显示出讲练生词、语言点和课文，以及指导学生运用本课语言材料进行交际是培养学生口语能力的必要途径。"新课后（Ⅲ）"也得到了广泛的应用（使用率为80%），显示出教学实践中强调及时巩固当课的知识和技能。此外，"新课前（Ⅰ）"在教学中也得到了一定的应用，但其使用率

（40%）比"新课后（Ⅲ）"低，显示出教学实践中教师对教学巩固阶段的重视程度比准备阶段高。我们认为，这与基本环节的功能有关。"新课前（Ⅰ）"环节在唤醒学生对旧知识的回忆等方面有着重要作用，其使用率不高或许是出于口语教师对新旧知识关联性的考量，即主要复习与当课教学内容相关的知识。整体来看，"新课前（Ⅰ）"环节是口语课的准备阶段，它能使学生尽快进入学习状态并唤醒学生对已有知识的回忆，从而为新课教学打下良好的基础，是本环节的主要教学任务[①]。"新课教学（Ⅱ）"是口语课的主体教学阶段，其主要教学任务是讲授本课新知识并训练学生的口语技能。而"新课后（Ⅲ）"环节则是口语课的巩固阶段，其主要教学任务是深化学生对本课教学要点的认识，并指导其课后的练习和巩固。

（2）不同结构类型是由不同基本环节组合而成的，上述基本环节形成了ⅠⅡ、ⅡⅢ和ⅠⅡⅢ结构共3种结构类型，以及[I-Ⅱ]、[Ⅱ-Ⅲ]和[I-Ⅱ-Ⅲ]过程共3种过程类型。

（3）ⅡⅢ结构及[Ⅱ-Ⅲ]过程的使用率最高（均为60%），表明"新课教学（Ⅱ）"与"新课后（Ⅲ）"在教学实践中的联系非常紧密。究其原因，或许是因为这两个基本环节都是围绕新课内容展开的，都与新知识的讲解和新技能的训练密切关联。前者的功能是传授新知，后者的功能是巩固新知，两者在教学功能上是递进的。

二、中观层构件系统的建立及特征分析

上面完成了顶层应用模型的构建，下一步将构建中观层结构和过程的应用模型，其中的首要任务是建立中观层构件系统。我们从概念出发，对实录研究数据库中顶层三大环节内部的构件进行辨识、名称汇总，并与理论模型

[①] 在开始上课时，口语教师经常通过点名、问候等方法吸引学生注意力，使学生快速进入学习状态。由于上述教学行为在内容上与新课知识不直接关联，因此不在本研究讨论之列。

中的名称（术语）——对应，同时进行必要的名称（术语）补充，最后计算其使用率，完成了中观层构件系统的构建（见图 3-6）。

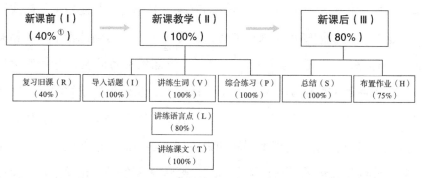

图 3-6 "口语课教学顶层和中观层构件系统"应用模型示意图

（一）"新课前（Ⅰ）"环节下的中观层构件及特征

由图 3-6 可知，从本环节中只辨识出 1 个构件，即"复习旧课（R）"。构件使用率的实证数据显示，在教学实践中，构件 R 在一定范围内得到了应用，但其使用率相对来看还不高（40%）。这可能与学习阶段有关，本研究选取的教学实录样本为初级口语课，而初级阶段的已学知识还比较少，因此部分样本的教学内容并无先前知识作为铺垫。

（二）"新课教学（Ⅱ）"环节下的中观层构件及特征

由图 3-6 可知，从本环节中共辨识出 5 个教学构件，即"导入话题（Ⅰ）""讲练生词（Ⅴ）""讲练语言点（L）""讲练课文（T）"和"综合练习（P）"。构件使用率的实证数据显示：（1）"导入话题（Ⅰ）""讲练生词（Ⅴ）""讲练课文（T）""综合练习（P）"都得到了突出的应用（使用率均为100%），它们都是"新课教学（Ⅱ）"环节不可缺少的组成部分。由此可见，话题的导入、生词和课文的讲练，以及综合练习都是口语课的核心教学事件，其重要性得到了教学事实的证明。（2）"讲练语言点（L）"得到了广泛

---

① 图中数字为使用率。

的应用（使用率为 80%），可见在教学实践中，教师很重视围绕交际话题和交际项目来进行本课重点词语、口语交际固定结构和句式、篇章关联形式的讲解与练习。这与构件 L 的作用有关，它有助于培养学生选词造句的能力及选择恰当表达方式的能力（杨惠元，2019）。

（三）"新课后（Ⅲ）"环节下的中观层构件及特征

"新课后（Ⅲ）"环节是口语课的巩固阶段，其主要教学任务是深化学生对本课教学要点的认识，并指导其课后的练习和巩固。

由图 3-6 可知，从本环节共辨识出 2 个构件，即"总结（S）"和"布置作业（H）"。构件使用率的实证数据显示：（1）"总结（S）"是教学的必要项（使用率为 100%），也是帮助学生构建本课知识体系的主要力量。由此可见，在口语教学实践中，教师非常重视总结本课内容及整合学习要点，从而帮助学生对本课所学知识进行归纳和建网，并深化他们对已学知识的理解。（2）"布置作业（H）"在实际教学中也得到了较为广泛的应用（使用率为 75%），显示出教学实践已认识到作业对学生课后复习巩固的促进作用。

三、中观层结构和过程模型构建及特征分析

对教学实录样本的数据分析显示，口语教学是一个包含顶层、中观层的多层次系统。深入考察中观层的结构和过程类型，可以描写口语课堂中的教学机制。中观层结构和过程应用模型的构建包括以下两个工作步骤：首先，构建顶层三大基本环节内部中观层结构和过程的应用模型；其次，构建顶层三大基本环节之间中观层结构和过程的应用模型。

（一）顶层三大环节内部中观层应用模型构建

以中观层构件系统为基础，通过在实录研究数据库中辨识、汇总和计算汉语口语教学顶层三大环节内部中观层结构和过程的使用信息，可以构建出三大环节各自内部中观层结构和过程的模型。（见图 3-7）据此，可以在系统框架内对"新课前（Ⅰ）""新课教学（Ⅱ）"和"新课后（Ⅲ）"环节内部中

观层结构和过程的应用模进行进一步的观察和解析，揭示教学实践中的应用规律，比如构件集合包含的构件数、同一构件集合可能构造出的不同结构类型，以及特定位置常出现的构件、构件之间的关联关系，等等。

顶层－基本环节	中观层－构件	中观层－结构		中观层－过程	
		类型	使用率（%）	类型	使用率（%）
新课前（Ⅰ）	复习旧课（R）	R	40	R	40
	/	/	60	/	60
新课教学（Ⅱ）	导入话题（I）	IVLTP	80	I-V- L- T-P	20
	讲练生词（V）			I-VL- T-P	20
	讲练语言点（L）			I-V- LT-LT-P	20
	讲练课文（T）			I-V-T-L- LT-P	20
	综合练习（P）	IVTP	20	I-V- T-P	20
新课后（Ⅲ）	总结（S）	S	25	S	25
	布置作业（H）	SH	75	S-H	75

图 3-7　"口语课教学顶层三大环节内部中观层结构和过程"应用模型示意图

根据图 3-7，可以对"新课前（Ⅰ）""新课教学（Ⅱ）"和"新课后（Ⅲ）"环节内部的结构和过程做特征分析，揭示各环节内部中观层结构和过程的应用规律。

1."新课前（Ⅰ）"环节下的中观层结构和过程

结构类型和过程类型的实证数据显示，本环节辨识出的 R 结构及与之对应的 [R] 过程可视为由"复习旧课（R）"这一单构件形成的类型。R 结构与 [R] 过程的使用率均未超过半数（均为 40%），表明复习旧课在口语教学实践中不是必需的，而是有条件的。教师需要根据课堂的实际情况，综合考虑学生、教学内容等方面的因素后安排本环节的教学。

对结构和过程使用条件的考察结果显示，教材编排特点、新旧知识的关联性、先前课程预留作业等都是结构和过程中构件选择及排列时的考虑因素。通过对教学样本的考察发现，若新旧课程的教学内容属于教材上同一课书的不同学时，新旧知识在话题和功能项目上紧密关联，则教师倾向于先复习已有知识再开始新课教学，从而实现新旧知识的连接。科学的汉语口语教材都很重视对已学知识的复现。若新课的课文文本中出现了学过的重点词语、句式和口语表达结构等已有知识，则教师也会安排一定的复习活动，以激活学生对旧知识的记忆。此外，若先前课程预留作业所涉及的知识与本课的教学内容相关，则教师更倾向于先通过复习检查了解学生的作业完成情况，从而为新课教学做铺垫。

2.“新课教学（Ⅱ）”环节下的中观层结构和过程

由图 3-7 可知，“新课教学（Ⅱ）”环节内部不仅教学构件丰富，而且由此形成的结构类型和过程类型也很丰富。

结构类型和过程类型的实证数据显示：（1）“新课教学（Ⅱ）”环节共辨识出 IVLTP、IVTP 等 2 种结构类型，以及 [I-V-L-T-P] 等 5 种过程类型。（2）在上述结构类型和过程类型中，IVLTP 结构可看作是由 IVTP 结构衍生而来的，因此 IVTP 结构可视为“新课教学（Ⅱ）”环节的原型结构，同理，[I-V-T-P] 过程也可视为本环节的原型过程。（3）IVLTP 结构的使用率占绝对优势（80%），且由其形成的过程类型最多，[I-V-L-T-P]、[I-VL-T-P]、[I-V-LT-LT-P] 和 [I-V-T-L-LT-P] 过程等过程类型都由其产生。可见，该结构能产性最高，灵活性最强，表明其在教学实践中适用范围最广。此外，IVTP 结构在一定条件下得到了应用（使用率为 20%）。该结构与 IVLTP 结构相比，最主要的特征是省略了“讲练语言点（L）”，即未把语言点的讲练作为独立构件处理，这反映了口语教学实践淡化语法项目讲解的教学理念。（4）本环节中，各过程类型均出现了应用情形（使用率均为 20%），体现出“新课教学（Ⅱ）”环节的教学实施具有条件性和灵活性。

对结构和过程使用条件的考察结果显示：（1）生词和语言点的关系、语言点的难度及其语境依赖性等均是结构和过程中构件选择及排列时的考虑因素。（2）当语言点与本课生词密切相关，即二者属于同一功能项目，且大部分生词可以在语言点中使用时，教师倾向于将生词与语言点融合讲练，此时应用 [VL] 过程的情形相对突出。（3）当语言点的学习难度较大时，教师倾向于提前疏通语言点，为课文学习扫除障碍，此时 [L-T] 过程得到应用。（4）当语言点在课文部分出现时，若其难度不影响学生理解课文，且对课文情境依赖性较强，教师倾向于使用 [LT] 过程，即利用课文情境讲练语言点。

教学事件取值范围的实证数据显示：（1）本环节至少经历 4 个教学事件，取 [I-V-T-P] 或 [I-VL-T-P] 过程；最多经历 6 个教学事件，取 [I-V-T-L-LT-P] 过程。（2）"讲练语言点（L）"和"讲练课文（T）"在同一教学过程中可以多次出现（使用率为 40%），体现了对课文进行拆解处理以分散教学难点的教学思路。如此处理与学生的汉语水平与认知特点有关，初级学生的汉语水平还不高，若课文篇幅过长，学生不仅难以理解、吸收，而且容易产生畏难情绪。（3）对构件 L 和 T 可以复现这一特征的进一步分析发现，其相互间的连接关系具有多样性和灵活性的特征。例如，[I-V-T-L-LT-P] 过程中，既包含 [T-L] 过程，也包含 [LT] 过程。由此可见，教学实践中教师对课文各部分的处理存在不同操作方式：教师既可以完成课文讲练后再进入语言点的教学，也可以在讲练课文的同时串讲语言点。

构件出现位置的实证数据显示：（1）"导入话题（I）"作为本环节起点的应用情形十分突出（使用率为 100%），体现了教学实践倾向于先激活学习者与话题相关的已有知识，再进行新内容的教学。（2）"讲练生词（V）""讲练课文（T）""综合练习（P）"若同时出现，则构件 V 出现在 T 和 P 之前（使用率为 100%），体现出教学实践将生词的讲练作为进一步学习和表达的基础。（3）样本数据显示，本环节教学的终点必定落到"综合练习（P）"上（使用率为 100%），体现出教学实践中交际性练习是"新课教学（Ⅱ）"环节的落脚点。学习者在综合练习中对所学知识的输出，不仅是习得的外在体现（Ellis，2005），更是进一步习得的源泉。（4）本环节的教学大致遵循以下流程：先交代主要学习内容；然后围绕话题，按词、句子和语篇的顺序进行新知识的学习和新技能的训练；最后在综合练习中运用本课知识进行交际性表达练习。

构件关联关系的实证数据显示：（1）"导入话题（Ⅰ）"和"讲练生词（Ⅴ）"之间的共现关系十分突出（使用率为100%）且前后相连，表明简要介绍本课话题之后学习生词是教学实践中常见的教学操作。（2）"讲练课文（Ｔ）"和"讲练语言点（Ｌ）"之间关系密切，且常常融合使用（使用率为40%），说明教学实践重视利用课文情境讲解语言点，这进一步体现了对语言点功能教学的重视。（3）"讲练课文（Ｔ）"和"综合练习（Ｐ）"密切联系且相互间的前后位置是固定的，体现了口语教学实践将课文视作学生进行"口语交际练习的范本"（王海峰，2011）这一特征。

3. "新课后（Ⅲ）"环节下的中观层结构和过程

结构类型和过程类型的实证数据显示：（1）本环节辨识出 S 和 SH 结构共 2 种结构类型以及 [S] 和 [S-H] 过程共 2 种过程类型。（2）SH 结构和 [S-H] 过程的使用率最高（均为 75%），显示出教学实践既重视在总结中促进学生建立对知识的系统化认识，也强调通过作业使课堂教学得到延伸。

对结构和过程使用条件的考察结果显示：教学时长和课程安排均是结构和过程中构件选择及排列的考虑因素。通过对教学样本的考察发现，当教学时间有限，综合练习由于内容丰富、实施的影响因素复杂而不能全部完成时，教师倾向于采用 SH 结构和 [S-H] 过程，即在简要的总结之后把综合练习未完成部分留作课后作业。另外，教师出于为后续课程做准备的考虑，还会简单介绍后续课程的内容，提示学生做好复习或预习，此时的教学实施也表现为 SH 结构和 [S-H] 过程。

构件关联关系的实证数据显示，"总结（S）"与"布置作业（H）"共现关系突出（使用率为 75%），且相互间的先后顺序是固定的，可见教学实践对于先总结本课要点再布置作业具有较强的倾向性。这与本环节教学构件的作用和特点有关。教师在"总结（S）"中对知识的归纳和建网，能够使学生建立对本课知识的系统化认识，促进学生把新知识整合进已有的中介语系统，这是学生顺利完成课后作业，以及在课外灵活运用本课知识的基础。另外，"布置作业（H）"通常与新课预习相关，这有助于下一单位时间口语教学的顺利开启。因此，把作业作为课堂教学的终点，既符合学生的学习规律，也体现了教师在实践中对课程连续性的考量。

（二）顶层三大环节之间中观层关联特征分析

上面我们构建了顶层三大基本环节内部中观层的结构和过程模型，而进一步分析顶层三大基本环节之间的关联特征，有助于获得关于不同环节之间制约关系和应用规律的认识。通过在实录研究数据库中辨识、汇总和计算顶层三大基本环节之间中观层结构和过程的关联信息，可以构建出顶层三大基本环节之间中观层结构和过程的应用模型（见图 3-8）。结构或结构的组合在时间轴上的顺序呈现形成过程，从过程类型中可以清楚地看出结构类型，限于篇幅，故不再对结构类型单独论述。

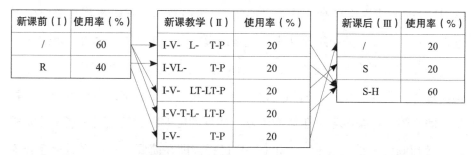

新课前（Ⅰ）	使用率（%）	新课教学（Ⅱ）	使用率（%）	新课后（Ⅲ）	使用率（%）
/	60	I-V- L- T-P	20	/	20
R	40	I-VL- T-P	20	S	20
		I-V- LT-LT-P	20	S-H	60
		I-V-T-L- LT-P	20		
		I-V- T-P	20		

图 3-8 "口语课教学顶层三大环节之间中观层过程"应用模型示意图

根据图 3-8，可以对三大基本环节之间结构和过程类型的关联关系进行透视，并分析接口位置教学事件的特点，揭示中观层跨环节间教学过程的应用规律。

1. 关联特征分析：从"新课前（Ⅰ）"到"新课教学（Ⅱ）"

接口位置教学事件的实证数据显示：（1）"/"与"复习旧课（R）"均

可作为"新课前（I）"环节的接口事件（使用率分别为 60% 和 40%）。可见在口语课的开头有两种实施方式：既可以直接启动新课，也可以先通过作业检查和旧课复习了解学生学习情况，在此基础上再进行新课教学。（2）"导入话题（I）"始终为"新课教学（II）"环节的前端接口事件（使用率为100%）。可见"新课前（I）"复习旧知识与"新课教学（II）"讲练新知识之间不是直接关联的，还需要构件 I 作为引导，以引起学生对本课话题的关注和兴趣，同时也可以使学生建立起对学习结果的预期。

2. 关联特征分析：从"新课教学（II）"到"新课后（III）"

接口位置教学事件的实证数据显示：（1）"综合练习（P）"是"新课教学（II）"环节必然的后端接口事件（使用率为100%），可见学生在综合练习中的口语表现是教师进行"新课后（III）"教学需要考虑的因素，这要求教师在实施综合练习时要注意学生的语言输出，并在"新课后（III）"环节进行有针对性的指导。（2）"总结（S）"以及包含构件 S 的教学事件作为"新课后（III）"环节前端接口事件的使用率相对占优势（分别为 20% 和60%），可见构件 S 是"新课教学（II）"和"新课后（III）"之间承上启下的重要节点。一方面，教师在总结中需要考虑"讲练生词（V）""讲练语言点（L）"和"讲练课文（T）"的教学实施情况，并结合"综合练习（P）"中学生的语言表现，有侧重地对生词、语言点、课文主要内容进行强化；另一方面，教师在总结中归纳的教学要点，常常是"布置作业（H）"的重点练习内容，需要学生在课下继续练习和巩固。

第三节　汉语口语教学模型对比

通过系统梳理汉语教学文献中关于口语教学结构和过程的思辨性和经验性教学认知，可以推导出汉语口语教学的理论模型（Theoretical Model,

以下简称"T模型");通过对汉语口语教学实录样本数据的分析和计算,可以构建出汉语口语教学的应用模型(Empirical Model,以下简称"E模型")。基于以上工作,我们从顶层和中观层对T模型与E模型进行对比分析,这既有助于从共性中思考已有理论认知对教学实践的指导作用,也有助于从差异中思考教学实践对理论认知的反拨作用,进而提出新的理论假设,以补充或修正已有理论认知。

一、顶层教学环节对比分析

以顶层基本环节的建立为基础,分别对结构类型和过程类型的支持率和使用率进行计算,可以得到顶层结构和过程的模型对比示意图(见图3-9)。

基本环节	支持率(%)	使用率(%)
新课前(Ⅰ)	90	40
新课教学(Ⅱ)	100	100
新课后(Ⅲ)	90	80

结构类型	支持率(%)	使用率(%)
Ⅱ	10	0
ⅠⅡ	0	20
ⅡⅢ	0	60
ⅠⅡⅢ	90	20

过程类型	支持率(%)	使用率(%)
Ⅱ	10	0
Ⅰ-Ⅱ	0	20
Ⅱ-Ⅲ	0	60
Ⅰ-Ⅱ-Ⅲ	90	20

图3-9 "口语课教学顶层结构和过程"模型对比示意图

(一)两个模型的共有特征

对T模型和E模型的顶层进行比较,可以发现它们之间存在以下共有特征:(1)"新课前(Ⅰ)""新课教学(Ⅱ)"和"新课后(Ⅲ)"是二者共有的基本教学环节。(2)"新课教学(Ⅱ)"在T模型中必有且在E模型中必定出现(支持率和使用率均为100%),表明口语理论研究与教学实践都牢牢把握住了"新课教学"这个核心,以有效传授新知识和训练新技能为口语教学目标。(3)对"新课前(Ⅰ)"和"新课后(Ⅲ)"的重视在T模型中表现得尤为突出,Ⅰ和Ⅲ均获得了相当数量的文献支持(均为90%)。从中可以看出,在思辨研究中,专家学者从教学组织工作和复习工作,以及对本课要点的及时总结和课后作业布置等方面，积极探索了口语课不同基本教学环节对提高口语教学绩效的价值。（4）由全体基本教学环节所构成的Ⅰ Ⅱ Ⅲ 结构和 [I-II-III] 过程为 T 模型与 E 模型所共有的结构类型和过程类型，它们既有坚实的理论依据，也有有力的实践证据，可视为对口语课完整教学过程的高度概括。

（二）T 模型的特有特征

将 T 模型与 E 模型的顶层进行比较，可以发现 Ⅱ 结构和 [Ⅱ] 过程是 T 模型独有的结构类型和过程类型。由此可以认为，T 模型更重视"新课教学（Ⅱ）"，并在理论上把新知识的教学确立为口语课的核心教学事件，因为导入话题之后进行生词、语言点和课文的讲练，以及指导学生运用本课语言材料进行交际是培养学生口语能力的必要途径。

（三）E 模型的特有特征

将 E 模型与 T 模型的顶层进行比较，可以发现 E 模型的以下两个特征：（1）E 模型中出现了 T 模型中没有的 Ⅱ Ⅲ 结构和 [Ⅱ-Ⅲ] 过程，且它们在实践教学中得到了广泛的应用（使用率均为60%）。可以看出，E 模型更重视当课知识的传授和总结强化，其目的是促进当课教学任务的完成，体现了教学实践的实用性。因此，在保证完成本课教学任务的前提下，如何尽可能多地为学生提供运用旧知识的机会，使知识在重现和使用中成为经验成分储存在学生的大脑记忆中，是口语教学实践需要继续探索的问题。（2）E 模型中还出现了 Ⅰ Ⅱ 结构和 [I-II] 过程，目前它们在一定范围内被实施和应用（使用率均为20%），但在 T 模型中未找到依据。由于它们可能代表了创新性的教学操作或不合理的教学步骤，因此相关的理论研究仍需加强，以完善对口语教学系统的认知。

二、中观层三大环节内部构件、结构类型和过程类型的对比分析

基于顶层教学环节，分别计算 T 模型和 E 模型中观层教学构件的支持

率与使用率，可以得到中观层构件模型对比示意图（见图 3-10）。

顶层 – 基本环节	中观层 – 构件		
	名称及代码	支持率（%）	使用率（%）
新课前（I）	组织教学（O）	33.33	60
	复习旧课（R）	88.89	40
新课教学（Ⅱ）	导入话题（I）	60	100
	讲练生词（V）	90	100
	讲练语言点（L）	90	80
	讲练课文（T）	100	100
	综合练习（P）	100	100
新课后（Ⅲ）	总结（S）	88.89	100
	布置作业（H）	100	50

图 3-10　"口语课教学顶层三大环节内部中观层构件"模型对比示意图

通过 T 模型与 E 模型在基本环节内部中观层结构和过程的对比，可以得到如下结果（见图 3-11）。

（一）"新课前（I）"环节

1. 教学构件对比

在 T 模型和 E 模型中，本环节共包含 2 个中观层构件，即"组织教学（O）"和"复习旧课（R）"，表明口语的理论研究与教学实践在"新课前（I）"环节的构件集合上已达成较高共识。

2. 教学结构类型和过程类型对比

在理论模型中，本环节共包含 OR、O 和 R 结构等 3 种结构类型，以及 [O-R]、[O] 和 [R] 过程等 3 种过程类型。在应用模型中，本环节共发现了 OR 和 O 结构等 2 种结构类型，以及 [O-R] 和 [O] 过程等 2 种过程类型。下面将分析二者的共有特征和特有特征。

顶层－基本环节	中观层－结构			中观层－过程		
	类型	支持率（%）	使用率（%）	类型	支持率（%）	使用率（%）
新课前（Ⅰ）	OR	22.22	40	O-R	22.22	40
	O	11.11	60	O	11.11	60
	R	66.67	0	R	66.67	0
新课教学（Ⅱ）	IVLTP	60	80	I-V- L-T- P	30.77	20
				I-V- LT-P	23.08	0
				V-I-L-T- P	7.69	0
				I-V- T- LP	7.69	0
				I-VL- T- P	0	20
				I-V- LT- LT-P	0	20
				I-V- T-L-LT-P	0	20
	VLTP	20	0	V- L-T- P	7.69	0
				V- T-L- P	7.69	0
	IVTP	0	20	I-V- T- P	0	20
	VTP	10	0	V- T- P	7.69	0
	LTP	10	0	L-T- P	7.69	0
新课后（Ⅲ）	SH	88.89	75	S-H	88.89	75
	S	0	25	S	0	25
	H	11.11	0	H	11.11	0

图 3-11 "口语课教学顶层三大环节内部中观层结构和过程"模型对比示意图

①两个模型的共有特征

将 T 模型与 E 模型"新课前（Ⅰ）"环节的结构类型与过程类型进行对比，可以发现以下两个共有特征：（1）由共有构件"组织教学（O）"和"复习旧课（R）"所构成的 OR 结构和 [O-R] 过程为 T 模型与 E 模型所共有。可以看出，先通过组织教学集中学生注意力，再对上一教学单位所学内容进行复习巩固的教学操作不仅有理论研究作为支撑，也有教学实践的案例作为支持。（2）O 结构和 [O] 过程也是 T 模型与 E 模型共有的结构类型和过程类型。由此可以看出，理论研究与教学实践均重视"组织教学（O）"在口语课的教学价值，强调做好教与学的准备工作，以稳定学生情绪并将其注意力集中到课堂，从而为整个课堂教学定下良好的基调（杨惠元，2019）。

② T 模型的特有特征

将 T 模型与 E 模型"新课前（I）"环节的结构类型与过程类型进行对比，可以发现 T 模型对"复习旧课（R）"的重视程度尤为突出（支持率为66.67%），由此产生的 R 结构和 [R] 过程是 T 模型有但 E 模型中尚未发现的结构和过程类型。可以认为，口语教学的理论研究中更重视复习巩固已有知识和技能，建立新旧知识之间的联系，同时这也是为吸收新知识做必要的铺垫。

③ E 模型的特有特征

应用模型中未出现明显的特有特征。

（二）"新课教学（II）"环节

1. 教学构件对比

在 T 模型和 E 模型中，本环节共包含 5 个中观层构件，即"导入话题（I）""讲练生词（V）""讲练语言点（L）""讲练课文（T）"和"综合练习（P）"。可以看出，口语理论研究与教学实践在本环节构件集合上已经达成了高度共识。其中，对"讲练语言点（L）"的重视在 T 模型中更加突出（支持率共为90%），表明理论研究更重视培养学生选词造句的能力以及选择恰当表达方式的能力。

2. 教学结构类型和过程类型对比

在理论模型中，本环节共包括 IVLTP、VLTP、VTP 和 LTP 结构等 4 种结构类型，以及 [I-V-L-T-P]、[I-V-LT-P]、[V-I-L-T-P]、[I-V-T-LP]、[V-L-T-P]、[V-T-L-P]、[V-T-P] 和 [L-T-P] 过程等 8 种过程类型。在应用模型中，本环节共发现 IVLTP 和 IVTP 结构等 2 种结构类型，以及 [I-V-L-T-P]、[I-VL-T-P]、[I-V-LT-LT-P]、[I-V-T-L-LT-P] 和 [I-V-T-P] 过程等 5 种过程类型。下面将分析二者的共有特征和特有特征。

①两个模型的共有特征

将 T 模型与 E 模型"新课教学（Ⅱ）"环节的结构类型与过程类型进行对比，可以发现：（1）由共有构件构成的 IVLTP 结构和 [I-V-L-T-P] 过程是二者共有的结构类型和过程类型。IVLTP 结构代表"新课教学（Ⅱ）"环节全体构件的系统应用，可视为本环节理论研究与教学实践中相对稳定的教学模式。[I-V-L-T-P] 过程的主要特点是，从记忆、模仿本课语言项目和功能项目走向运用相关知识进行交际表达，这符合学习者从贮存到应用的习得规律（王钟华主编，1999），因此得到了理论研究与教学实践的认可。（2）值得注意的是，T 模型对共有的 IVLTP 结构（支持率为 60%）和 [I-V-L-T-P] 过程（支持率为 30.77%）尤为重视，表明"新课教学（Ⅱ）"环节所有构件的系统应用，以及"导入话题（I）→讲练生词（V）→讲练语言点（L）→讲练课文（T）→综合练习（P）"的教学路径在理论研究中具有较为坚实的认知基础。而 E 模型中各过程类型的使用率相对均衡（均为 20%），这打破了 T 模型对 [I-V-L-T-P] 过程的强调，体现了本环节教学实施的灵活性，进一步来说，体现了教师在新课教学中对"教无定法"这一教学理念的践行。

② T 模型的特有特征

将 T 模型与 E 模型"新课教学（Ⅱ）"环节的结构类型与过程类型进行对比，可以发现 T 模型提出的 VLTP 结构及与之对应的 [V-L-T-P] 和 [V-T-L-P] 过程，以及 VTP 结构和 [V-T-P] 过程，还有 LTP 结构和 [L-T-P] 过程在 E 模型中都没有出现。可见，与 E 模型相比，T 模型中结构和过程的类型更加丰富，反映出专家学者在理论研究中对本环节教学方式的积极探索。其中，LTP 结构和 [L-T-P] 过程要求教师利用句子的语境开展教学，体现了"以功能统语法"（周小兵、李海鸥主编，2004）的教学思考，是传统"句本位"思想下探索学生口头交际能力培养的理论成果；VTP 结构和 [V-T-P] 过程倡导教师强化词组教学以提高学习者的说话能力和口语水平（杨惠元，2007），反映了以词语教学为语言要素教学中心的理论尝试。可以说，从总体上看，T 模型的结构和过程类型更加多样，这为教师根据教学内容、教学对象和教学环境选择适切的教学路径提供了理论指引。

③E 模型的特有特征

将 T 模型与 E 模型"新课教学（Ⅱ）"环节的结构类型与过程类型进行对比，可以发现 E 模型的以下两个特有特征：（1）E 模型中的 IVTP 结构和 [I-V-T-P] 过程在 T 模型中暂未论及。上述结构类型和过程类型未把"讲练语言点（L）"作为独立教学事件处理，反映了口语教学实践淡化语法项目讲解的教学思路，可视为对 T 模型的有益补充。（2）E 模型中还发现了 [I-VL-T-P] 过程，它代表了在情景功能的导向下，融合讲练与交际功能密切相关的生词和语言点的教学实践，这种培养学习者口语交际能力的教学尝试是对 T 模型的丰富。（3）E 模型中 [I-V-LT-LT-P] 和 [I-V-T-L-LT-P] 过程的发现，体现了拆解课文以分散教学难点的教学思路。另外，这两种过程类型中，构件 L、T 复现时，其相互间的连接关系呈现出多样性特征，这为 T 模型中关于语言点讲练与课文讲练关系的认知带来了新的启示。

（三）"新课后（Ⅲ）"环节

1. 教学构件对比

①两个模型的共有特征

在 T 模型和 E 模型中，本环节共包含 2 个中观层构件，即"总结（S）"和"复习旧课（H）"。可以看出，口语理论研究与教学实践在本环节的构件集合上已达成共识。

②T模型的特有特征

T模型中未出现特有的构件。

③E模型的特有特征

E模型中未出现特有的构件。

2. 教学结构类型和过程类型对比

在理论模型中，本环节共包括SH、H结构等2种结构类型，以及与之对应的[S-H]和[H]过程等2种过程类型。在应用模型中，本环节共发现了SH和S结构等2种结构类型，以及[S-H]和[S]过程等2种过程类型。下面将分析二者的共有特征和特有特征。

①两个模型的共有特征

将T模型与E模型"新课后（Ⅲ）"环节的结构类型与过程类型进行对比，可以发现由共有构件S和H所构成的SH结构和[S-H]过程为二者的共有结构类型和过程类型，它们在两个模型中的表现都非常突出（支持率为88.89%，使用率为75%）。可以看出，口语课理论研究与实践教学均认可"先总结教学重点，后布置作业"的教学程序。

②T模型的特有特征

将T模型与E模型"新课后（Ⅲ）"环节的结构类型与过程类型进行对比，可以发现T模型提出的H结构和[H]过程在E模型中未发现实例。可以看出，思辨研究更关注"布置作业（H）"在本环节的独立运用，这反映出专家学者对学生课外学习情况的关注，同时强调通过布置口语实践活动来促进学生口头交际能力的提高。

③E模型的特有特征

将T模型与E模型"新课后（Ⅲ）"环节的结构类型与过程类型进行对比，可以发现E模型中的S结构和[S]过程可视为对T模型的补充和丰富。由于作业的话题与综合练习相同，而且教师需要结合学生在综合练习中的语言表现给出提示，出于教学连续性的考虑，教师偶尔会略去"总结（S）"，直接"布置作业（H）"。可见，在教学应用中进一步观察到的特征为理论思辨补充了更多细节。

三、三大环节的中观层之间构件、结构类型和过程类型的对比分析

（一）两个模型的共有特征

将 E 模型与 T 模型顶层三大基本环节之间中观层的结构和过程进行比较，可以发现它们具有以下特征：（1）从"新课前（Ⅰ）"到"新课教学（Ⅱ）"，"组织教学（O）"和"复习旧课（R）"为 T 模型和 E 模型所共有的后端接口事件，表明组织教学后直接进入新课教学，以及复习旧知识后再进入新课教学这两种教学路径均具有坚实的理论基础，并在教学实践中得到了较为广泛的应用。这两种情形与新旧知识之间的关联性有关，当旧知识的复习与新知识的讲练之间无直接关联时，教师往往会略去复习环节，把宝贵的课堂时间留给新知识的学习与新技能的操练。另外，"导入话题（I）"为 T 模型和 E 模型共有的前端接口事件，表明口语理论研究和教学实践都认识到了 I 的教学价值，其中 E 模型对其重视程度更高（使用率为 100%），表明口语教师在教学实践中会通过导入话题激发学生的积极性并建立学习预期。（2）从"新课教学（Ⅱ）"到"新课后（Ⅲ）"，"综合练习（P）"在 T 模型和 E 模型均为必有的后端接口事件，可见无论是在理论研究还是在教学实践中，均以综合练习为"新课教学（Ⅱ）"的落脚点，用以培养学习者的口语交际能力，同时综合练习的实施情况也是教师在"新课后（Ⅲ）"环节进行总结和布置作业的重要参考和铺垫。另外，"总结（S）"为 T 模型和 E 模型共有的前端教学接口事件，表明总结归纳本课教学要点，为学生课后巩固和进一步学习提供指引是理论研究与教学实践的共识。

（二）T 模型的特有特征

将 T 模型与 E 模型顶层三大基本环节之间中观层的结构和过程进行比

较，可以发现：（1）从"新课前（Ⅰ）"到"新课教学（Ⅱ）"，T模型中提出了以"讲练生词（V）"或"讲练语言点（L）"为前端接口事件的观点，这在实践教学中暂未找到相应的证据。可见，完成"新课前（Ⅰ）"环节的准备工作和复习工作后，理论研究提出了直接开启讲练生词或语言点的新路径，从中可以看出专家学者对新旧知识之间关联性的考虑。（2）从"新课教学（Ⅱ）"到"新课后（Ⅲ）"，"布置作业（H）"为T模型独有的后端接口事件，可见，完成新知识和新技能教学后布置相应课后作业具有一定的理论基础，这或许可为教师在教学实践中实现教学创新提供新思路。

（三）E模型的特有特征

应用模型中未出现明显的特有特征。

本研究对T模型与E模型的对比分析发现：（1）"新课前（Ⅰ）"环节的R结构与[R]过程、"新课教学（Ⅱ）"环节的VLTP、VTP和LTP结构以及由它们产生的过程类型，还有"新课后（Ⅲ）"环节的H结构与[H]过程均未在应用模型中找到证据，因此对于它们的操作性问题还需进一步梳理。（2）"新课教学（Ⅱ）"环节的IVTP结构以及[I-VL-T-P]、[I-V-LT-LT-P]、[I-V-T-L-LT-P]和[I-V-T-P]过程为理论模型补充了更多细节，应从理论上进一步明确它们的使用条件，以丰富已有的教学认知。

第四节　汉语口语教学结构和过程研究史料分析

本研究通过对初级口语课教学结构和过程已有的思辨性和经验性研究文献的梳理，系统描绘了口语教学结构和过程认知的发展历程和分布情况。主要研究角度包括：（1）分别以结构和过程为线索，首先从历时研究的角度看各结构和过程支持率的变化，以探索结构和过程认知的历时发展特点；然后从共时研究的角度看各年份结构和过程支持率的高低，以探索结构和过程认知的共时分布特点；最后聚焦于结构和过程具体特征的变化，探索结构和子结构的析出与重组、过程认知的传承与演变等规律。（2）以研究者为线索，根据各位学者对教学认知的贡献情况，探索结构和过程研究领域的代表性人物。

　　本研究是在汉语口语教学结构和过程理论建模的基础上展开的。具体做法是：（1）穷尽式地搜索截至 2019 年底论及口语教学结构和过程的文献，建立"汉语口语教学·文献样本数据库"。（2）在"宏观层—中观层—微观层"的整体架构下，从概念出发，在文献中提取口语教学构件、结构和过程信息，并按类型对概念相同的构件确定统一的名称术语；按构件类型、结构类型和过程类型进行统一赋码和形式化表达，建立"汉语口语教学·文献研究数据库"。（3）确立构件系统，在此基础上完成对汉语口语教学系统的理论模型推导。该模型首先从顶层开始，把口语教学划分出大的模块，得到"新课前（Ⅰ）""新课教学（Ⅱ）"和"新课后（Ⅲ）"三大基本教学环节；然后自上而下逐步细化，得到基本教学环节之下中观层的教学事件[①]，以及由它们组合而成的教学结构、排列而成的教学过程。与此同时，从时间的角度，通过梳理理论模型中各教学构件、结构和过程的认知信息，分析得出教学认知的历时发展面貌和共时分布规律。

一、教学结构认知图谱及分析

　　我们从时间的角度梳理了初级汉语口语教学各结构认知信息，得到了初级汉语口语教学结构认知时间分布图（见图 3-12）。

---

① 专家学者对教学事件的表述不完全一致，为方便讨论，我们对名称不同而内涵相同的教学事件进行归一化处理，分别是："组织教学（O）""复习旧课（R）""导入话题（I）""讲练生词（V）""讲练语言点（L）""讲练课文（T）""综合练习（P）""总结（S）"和"布置作业（H）"。

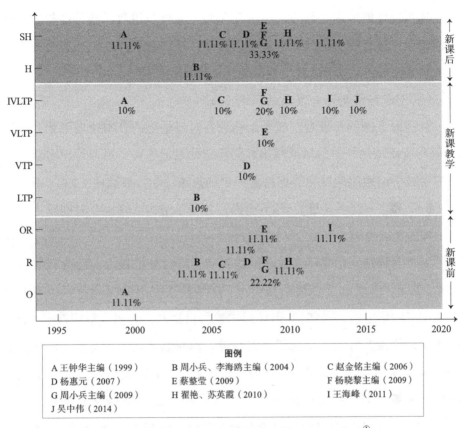

图 3-12　初级汉语口语课教学结构认知时间分布图 [①]

　　由图 3-12 可以看出初级口语教学结构认知发展的以下特点：（1）总体来看，自 1999 年以来，专家学者共提出了 OIVLTPSH 结构等 10 种观点。（2）从支持率看，RIVLTPSH 结构的支持率最高（20%），表明专家学者认为该结构在口语课教学中是相对重要的。（3）从时间看，1999 年是最早关注口语教学结构的年份，该年份中 OLTPSH 结构首次进入口语教学结构研究的视野（王钟华主编，1999），各环节教学结构的提出和结合标志着专家学者首次从口语教学系统的整体审视不同教学事件之间的关系，这是教学认

---

① 图中横坐标表示年份，纵坐标表示不同的结构类型；大写英文字母表示提出该观点的专家学者，百分数表示该结构的支持率。下同。

知发展系统化的体现。另外，2014 年是最近关注口语教学结构的年份，该年份中专家学者提出了 IVLTP 结构，表明"新课教学（Ⅱ）"环节中教学事件的完备性得到了口语课教学结构最新研究成果的支持。

（一）教学结构认知发展的历时分析

从历时发展的角度看，教学结构数在时间轴上的分布比较平均，虽然 2009 年有所增加，但总体呈现出较为稳定的发展态势，可以看出专家学者对口语教学结构的问题始终保持着一定的思考。在"新课前（Ⅰ）""新课教学（Ⅱ）"和"新课后（Ⅲ）"环节内部，各教学结构认知也在时间轴上呈现出不同的发展趋势，下面分别进行分析。

对"新课前（Ⅰ）"环节教学结构认知的历时分析显示，已有认知归纳出 O、R 和 OR 结构共 3 种结构类型。O 结构被提出的时间最早，为上世纪末（王钟华主编，1999），但此后未被再次提及，表明"组织教学（O）"的教学价值虽然得到了早期研究的认可，但对其关注未能持续。R 结构于 2004 年首次被提出（周小兵、李海鸥主编，2004），此后不久进入了较为活跃的发展阶段，2006—2010 年被赵金铭等学者多次提及（如赵金铭主编，2006），其支持率呈现出稳中有升的趋势（11.11%），且在 2009 年达到顶峰（22.22%），表明专家学者对"复习旧课（R）"的独立运用具有较高的共识倾向。OR 结构在 2009 年（蔡整莹，2009）才首次被提出，它起步虽晚，但发展较快，不久之后，王海峰（2011）又再次明确提出，可见强调"组织教学（O）"和"复习旧课（R）"的联合应用是后期研究的主要特征。

对"新课教学（Ⅱ）"环节教学结构认知的历时分析显示，专家学者先后提出了 VTP、LTP、VLTP 和 IVLTP 共 4 种结构类型。IVLTP 结构被认识的时间最早，于 1999 年被提出（王钟华主编，1999），表明"导入新课（Ⅰ）""讲练生词（V）""讲练语言点（L）""讲练课文（T）"和"综合练习（P）"的系统性运用在口语课结构研究初期就已成形。IVLTP 结构首次提出后，于 2006 年又被重新提出（赵金铭主编，2006），并在 2009—2014 年间进入发展的活跃期，得到了多位专家学者的重视（如杨晓黎主编，2009 等）。在支持率方面，该结构 2006 年后的支持率保持着稳定向好的发展态势（10%），且在 2009 年达到最高值（20%）。以上数据表明，已有认知中关于 I、V、L、T 和 P 系统性应用的共识颇高，反映出口语教学研究存在重视结构完备性的倾向。LTP 和 VTP 结构先后于 2004 年（周小兵、李海鸥主编，2004）和 2007 年（杨惠元，2007）首次被提出，但此后均未被再次提起，表明专家学者对"讲练生词（V）"和"讲练语言点（L）"在教学结构中的矛盾性关系缺乏持续关注。VLTP 结构被认识的时间最晚，2009 年才首次被提出（蔡整莹，2009），且此后未被再次提起，表明"导入话题（I）"在口语教学结构中的隐现规律未得到充分研究。

对"新课后（Ⅲ）"环节教学结构认知的历时分析显示，已有研究归纳出 SH 和 H 共 2 种结构类型。SH 结构最早出现在 1999 年（王钟华主编，1999），于 2006 年重新被提出（赵金铭主编，2006），并在 2007—2011 年间快速发展，获得了多位专家学者的持续关注。其间，该结构的支持率发展稳定（11.11%），且在 2009 年达到顶峰（33.33%），表明"总结（S）"和"布置作业（H）"的联合应用在历时思辨研究中具有较高的共识倾向。H 结构提出的时间最晚，首次提出是在 2004 年（周小兵、李海鸥主编，2004），但此后未被再次提及，表明专家学者对"布置作业（H）"在本环节独立运用的关注未能持续。

（二）教学结构认知分布的共时分析

自上世纪末开始探索口语教学结构以来，2009 年关于口语教学结构的讨论最为丰富，一共有 5 种。其中，"新课前（Ⅰ）"环节有 R 和 OR 结构共 2 种结构类型，"新课教学（Ⅱ）"环节有 VLTP 和 IVLTP 结构共 2 种结构类型，"新课后（Ⅲ）"环节有 1 种结构类型，为 SH 结构。上述结构类型在蔡整莹、杨晓黎和周小兵 3 位专家学者的研究中均有相关的教学认知。此外，该年份各类教学结构的总支持率也是历年之最。"新课前（Ⅰ）"和"新课后（Ⅲ）"环节中各教学结构的总支持率均为33.33%，"新课教学"环节则为30%。可以说，2009年是口语教学结构研究最为活跃的年份。

（三）结构与子结构的析出与重组

纵观口语教学结构发展历程可以发现，随着时间的推移，出现了从较大的结构中析出独立子结构，以及由较小的结构充当子结构并组合成更大结构的情况。下面分别进行分析。

1. 子结构的析出

口语课子结构的析出集中在"新课教学（Ⅱ）"环节，具体表现为从IVLTP结构中先后析出了LTP、VTP和VLTP结构。根据"新课教学（Ⅱ）"环节各结构被提出的时间顺序，可以绘制出该环节教学结构析出情况示意图（见图3-13）。

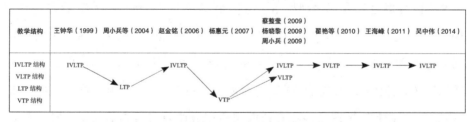

图3-13　汉语口语课教学结构与子结构析出、重组情况示意图——"新课教学（Ⅱ）"环节

由图3-13可知，IVLTP结构最早被提出，后来基于这一传统结构类型，LTP和VTP结构先后于2004年和2007年被析出，VLTP则于2009年被析出。

上述结构的析出反映了专家学者对口语课中汉语本体要素教学的思考。首先，LTP结构的析出反映了以功能项目的相关语言要素为口语教学重点的理论倾向。LTP结构并非倡导回归到"语法为纲"的传统教学模式中，而是强调整句输入，重视与交际功能相关的词语和句子的教学（周小兵、李海鸥主编，2004）。具体来说，即要求教师利用句子的语境开展教学，让学生在语境中理解词语、语言点的意义和用法，体现了"以功能统语法"（周小兵、李海鸥主编，2004）的教学尝试，反映了专家学者在传统"句本位"思想下对培养学生口头交际能力的探索。其次，VTP 结构的析出反映了以词语教学为语言要素教学中心的理论尝试。该结构以词语搭配为中心，要求教师讲清楚词语可以跟哪些词搭配、搭配时应放在什么位置等（杨惠元，2007），这实际上是通过词语搭配的方式让学生掌握词语的用法。杨惠元（2007）指出，强化词组教学有助于提高学习者的说话能力和口语水平，因为口语交际特别是回答问题时，常常只需回答句子的关键部分，而词组教学恰恰减少了学生词语搭配方面的偏误。总的来说，VTP 结构体现了"词本位"的教学思想，体现了对当时重视句法教学、忽视词语教学这一倾向的反拨。最后，VLTP 结构的析出表明，经历了 LTP 和 VTP 的探索后，专家学者从对 L 和 V 矛盾性的认识逐渐发展到对二者共生的认识，即重新将生词、语言点确立为口语课的重要教学内容。在 VLTP 结构中，"讲练生词（V）"和"讲练语言点（L）"是并立的关系（徐子亮，2017）。也就是说，生词和语言点的讲练均为口语课的重要教学事件，而它们的轻重、地位等则被视为教学结构之上的其他维度的问题。

总的来看，从 IVLTP 结构的提出，到 VTP、VTP 和 VLTP 结构的析出，表明了专家学者对汉语本体语言要素在口语教学中地位的认识还存在着很大差异。实际上，这些不同的认识不是相互矛盾的，而是相互补充的，它们对推动口语教学结构认知的发展具有积极的价值。

2. 子结构的重组

口语课教学结构的重组主要发生在"新课前（I）"环节中。已有认知于 1999 年和 2004 年先后提出了 O 结构和 R 结构，此后它们被视为独立的结构类型，分别进入了不同的发展阶段。O 结构进入了发展的沉淀期，而 R 结构则进入了发展的活跃期，逐渐成为相关教学认知的主流。可以看出，在较长一段时间内，"组织教学（O）"和"复习旧课（R）"之间是分离的关系。2009 年，专家学者首次提出 OR 结构，明确了 O 和 R 之间存在着联合运用的关系，此后 OR 结构逐渐得到相关认知的关注，并获得了一定的支持率（11.11%）。

O 结构、R 结构到 OR 结构的演变过程表明，经过深入的理论思辨后，专家学者不仅重视通过 R 来巩固已学知识及建立新旧知识关联，而且更强调复习应在学生做好学习准备和集中注意力的基础上进行，以获取更好的教学效果。

二、教学过程认知图谱及分析

本研究按提出时间的先后顺序，梳理了理论模型中各类教学过程的认知信息，得到了初级汉语口语教学过程认知时间分布图（见图 3-14），据此可以分析教学过程历时发展与共时分布的规律。

由图 3-14 可以看出初级口语教学过程认知发展的以下特点：（1）自上世纪末以来，已有教学认知共归纳了 [O]、[I-V-LT-P]、[S-H] 过程等 13 种过程类型。（2）这 13 种过程在历时研究中均积累了一定的支持率，其中 [R]、[I-V-L-T-P]、[S-H] 过程的支持率最高（共 23.08%），是专家学者最为重视的过程类型。（3）从各过程被提出的先后顺序看，[O]、[I-V-LT-P]、[S-H] 过程最早进入口语课教学过程认知，各环节教学过程的提出表明专家学者开始立足于口语课系统的全局，探究各类教学事件发生和发展的先后顺序。另外，[I-V-L-T-P] 过程还得到了教学过程研究最新成果的支持，体现了专家学者对"导入话题（I）→讲练生词（V）→讲练语言点（L）→讲练课文（T）→综合练习（P）"这一教学路径的认知。

（一）教学过程认知发展的历时分析

自 1999 年以来，专家学者在教学过程方面贡献了较为丰富的认知。总体来看，教学过程数在时间轴上的分布比较平均，2006 年和 2009 年均有所

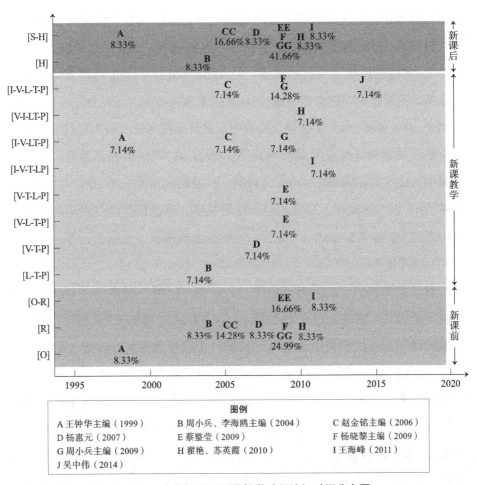

图3-14 初级汉语口语课教学过程认知时间分布图

上升，后续年份则保持着平稳的发展趋势，这表明专家学者对口语过程问题既有持续的关注，也有较为活跃的讨论。在"新课前（Ⅰ）""新课教学（Ⅱ）"和"新课后（Ⅲ）"环节内部，各教学过程认知也在时间轴上呈现出不同的发展趋势，下面分别进行分析。

对"新课前（Ⅰ）"环节教学过程认知的历时分析显示，专家学者归纳出了 [O]、[R] 和 [O-R] 过程共 3 种过程类型。[O] 过程被提出的时间最早，可追溯至上世纪末，表明专家学者最先关注到教与学的准备工作，但该过程此后未被再次提起，表明如何通过"组织教学（O）"为后续教学环节做好准备未得到进一步的关注。[R] 过程于 2004 年被提出（周小兵、李海鸥主编，2004），此后迅速成为关注的焦点，在 2006—2010 年间受到赵金铭等多位专家学者的关注（如赵金铭主编，2006），其支持率呈现波动性上升的趋势，分别于 2006 年和 2009 年达到支持率的次高值和最高值，表明通过"复习旧课（R）"来提高学生在后续教学环节口语表达的准确度和流利度，在已有认知中形成了较多共识。[O-R] 过程被认识的时间最晚，于 2009 年被提出，并在 2011 年（王海峰，2011）再次得到关注。该过程首次被提出时就获得了较高的支持率（16.66%），这在一定程度上体现了"先组织教学，再复习旧课"的理论倾向。

对"新课教学（Ⅱ）"环节教学过程认知的历时分析显示，专家学者共归纳出 [I-V-LT-P] 等 8 种过程类型。[I-V-LT-P] 过程于上世纪末（王钟华主编，1999）首次被提出，本世纪初被赵金铭等学者重新提出（如赵金铭主编，2006）后，它在支持率方面获得了稳定的发展（7.14%），表明"讲练语言点（L）"和"讲练课文（T）"融合运用不仅在早期研究中有一定的共识倾向，而且在历时思辨研究中也得到了延续和发展。[I-V-L-T-P] 过程于 2006 年（赵金铭主编，2006）被提出，在 2009 年进入发展的活跃年，获得了杨晓黎等学者的关注（杨晓黎主编，2009），且达到了支持率的最高值（14.28%）。2009 年后，该过程的发展逐渐回落直至稳定，得到相关研究的持续关注（吴中伟，2014），并保持着支持率的稳定发展（7.14%），表明"导入话题（I）→讲练生词（V）→讲练语言点（L）→讲练课文（T）→综合练习（P）"这一教学路径在历时理论研究中具有较为坚实的认知基础。[L-T-P] 和 [V-T-P] 过程分别于 2004 年（周小兵、李海鸥主编，2004）和 2007 年（杨惠元，2007）被提出，但至今未见相关研究。可以看出，所含教学事件数较少是这两个年份中教学过程最大的共性特征。[V-T-L-P] 和 [V-L-T-P] 过程均在 2009 年（蔡整莹，2009）被提出，且其后均未被再次提及，可以看出对"讲练语言点（L）"和"讲练课文（T）"之间先后顺序的讨论是这个时期的主要特征之一。[V-I-L-T-P] 和 [I-V-T-LP] 过程被提出时间都比较晚，分别于 2010 年（翟艳、苏英霞，2010）和 2011 年（王海峰，2011）被提出，且其后未被再次提及。可以看出，这两个年份中"讲练生词（V）"和"导入话题（I）"先后顺序的变化，以及"讲练语言点（L）"和"综合练习（P）"关联形态的变化成为较大的区别性特征。

对"新课后（Ⅲ）"环节教学过程认知的历时分析显示，专家学者归纳出 [S-H] 和 [H] 共 2 种过程类型。[S-H] 过程在 1999 年（王钟华主编，1999）就被提出了，在 2006 年（赵金铭主编，2006）被重新提出后成为关注的焦点，得到了杨惠元（2007）等多位学者的认可，其支持率也保持着活跃的发展态势，在 2006 年和 2010 年均达到了次高值（16.66%），在 2009 年达到了峰值（41.66%），表明历时理论研究对先"总结（S）"后"布置作业（H）"的教学程序表现出显著的倾向性意见。[H] 过程在 2004 年（周小兵、李海鸥主编，2004）进入本环节的研究视野，但此后未被再次提起，表明专家学者对"总结（S）"在本环节教学过程中能否减省及何时减省的问题关注较晚且未给予充分的重视。

（二）教学过程认知分布的共时分析

纵观口语教学过程认知的发展史，2009 年可以说是过程研究的活跃年。从过程类型来看，2009 年口语教学过程研究的成果最为丰富，共提出了 7 种过程类型，其中"新课前（Ⅰ）"环节有 [O] 和 [O-R] 共 2 种过程类型，"新课教学（Ⅱ）"环节有 [I-V-L-T-P]、[I-V-LT-P]、[V-T-L-P] 和 [V-L-T-P] 共 4 种过程类型，"新课后（Ⅲ）"环节有 [S-H] 过程 1 种过程类型。从支持率来看，2009 年各环节中教学过程的总支持率均达到峰值，其中"新课前（Ⅰ）"和"新课后（Ⅲ）"环节均为 41.66%，"新课教学（Ⅱ）"环节为 38.46%。从研究者人数来看，该年份中蔡整莹、杨晓黎和周小兵共 3 位专家学者都探讨了口语教学过程研究的问题，研究者人数为历年之最。总之，2009 年是目前口语教学过程研究最活跃的年份，这一年里专家学者在过程研究方面做出了大量有益的探索。

另外，2006 年教学过程研究的成果也比较丰富。专家学者在这一年共提出了 4 种不同的过程类型，分别是："新课前（Ⅰ）"环节的 [R] 过程、"新课教学（Ⅱ）"环节的 [I-V-L-T-P] 和 [I-V-LT-P] 过程，以及"新课后（Ⅲ）"环节的 [S-H] 过程。

（三）过程认知中的传承与演变

随着时间的推移，口语教学过程的部分认知得到了继承，同时也有一部分认知吸收了教育学和心理学的研究成果而发生了演变。下面将聚焦于子过程的传承和演变，分析相关教学认知的发展情况。

1. 子过程的传承

对口语教学过程认知的历时分析发现，专家学者对部分子过程间的先后顺序、出现位置等认知是非常稳定的，未随时间推移而改变，体现了对已有教学认知的传承和对教学经验的吸收。下面以"新课教学（Ⅱ）"环节为例进行具体的分析。

在"新课教学（Ⅱ）"环节中，子过程的传承体现在以下几个方面：（1）"讲练生词（V）"需在"讲练课文（T）"前进行的观点在历时研究中具有坚实的共识基础。可以看出，专家学者普遍认可在课文学习前先扫除生词障碍的教学路径，因为掌握本课功能项目所需词语是学生准确理解课文内容的前提，也是他们模仿课文进行会话的基础。（2）专家学者对于"讲练课文（T）"后进行"综合练习（P）"的认知是稳定的。可见，在学生理解课文内容、基本掌握课文生词和表达方式的基础之上再进行综合练习的教学思路得到了较好的传承和推广。分析其原因，一方面是因为课文能够为学生完成综合练习提供学习模仿的范本和依据；另一方面是因为综合练习能够在练习和应用中巩固学生学习课文的效果，深化他们对课文知识的理解。（3）在教学过程认知发展中，以"综合练习（P）"为"新课教学（Ⅱ）"环节的教学终点具有一致的倾向，体现了以 P 为本环节教学落脚点的理论立场。P 的教学目的是为学生提供即学即用的机会，让学生运用新知识组织语言进行表达，以训练其语言运用能力。对 P 作为教学终点的稳定支持，实际上反映了专家学者对培养口语交际能力这一教学目标的追求，体现了口语教学的实用性。（4）关于"导入话题（I）"和"讲练生词（V）"之间的先后顺序，专家学者经历了"先导入话题再讲练生词"和"扫除生词障碍之后导入话题"的争论后，又回到了支持最初的 [I-V] 过程，同时该过程的支持率也逐渐回归至早期的发展水平，呈现出稳定的发展态势（7.14%）。以上数据体现了专家学者对早期观点的传承，即倡导在教授生词等具体内容前通过话题导入使学生初步感知新知识，这样也可以激活学生对已有生活经验和相关知识的回忆，促进认知加工。

2. 子过程的演变

对口语教学过程的历时认知分析发现，子过程的演变主要体现在子过程的变序、分合和扩展这三个方面。

（1）子过程的变序

对口语教学过程纵向发展脉络进行解析，可以发现"导入话题（I）"和"讲练语言点（L）"在过程中的顺序随时间推移发生了若干变化。分别聚焦于 I 和 L 的实施情况，根据各过程类型被提出的先后顺序，可以绘制出 [I] 和 [L] 过程变序情况示意图（见图 3-15 和图 3-16）。

图 3-15　"新课教学（Ⅱ）"环节 [I] 过程变序情况示意图

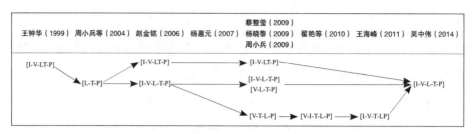

图 3-16　"新课教学（Ⅱ）"环节 [L] 过程变序情况示意图

根据图 3-15，可以得出关于 [I] 过程变序情况的以下几点发现：（1）[I-V] 过程在 1999—2009 年得到了专家学者的持续关注。（2）2010 年，专家学者探索了 [I] 的其他应用情形。例如，翟艳、苏英霞（2010）提出了 [V-I] 过程的新思路，即在话题导入之前处理生词，以便学生在话题导入的过程中更好地理解和使用相关生词，这体现了专家学者对生词难易度与话题导入之间关系的考虑。（3）2010 年后，相关理论研究又回归至关注 [I-V] 过程，可见这一过程仍是理论认知的主流。

根据图 3-16，可以得出关于 [L] 过程变序情况的以下几点发现：（1）最早的理论研究支持 [LT] 过程，即认为"讲练语言点（L）"和"讲练课文（T）"是穿插进行的，无明显的先后关系。具体来说，即利用课文语境讲解语言点，这实际上反映了早期理论研究对课文语境的重视，以及对语言点语境依赖性的考量。（2）2004—2011 年，[LT] 过程得到持续关注，同时理论研究中先后出现了 [L-T]、[T-L] 和 [T-LP] 过程，形成了多种观点争鸣的局面，反映了专家学者对口语课中语言点讲练的多种教学路径的积极探索。其中，[L-T] 过程占主流，它代表先疏通语言点再讲练课文的教学思路，从中可以看出这一时期的理论研究比较关注语言点难度对课文的影响，因此倡导扫除语言障碍，使学生能够更深入地理解课文并模仿课文进行表达。[T-L] 过程也得到了一定的支持，它代表完成课文教学后集中讲练语言点的教学思路，即从课文具体的例句中归纳出语言点的用法，让学习者在理解意义的基础上关注并掌握语言形式，体现了从具体到抽象的认知规律。可以看出，这一时期的理论研究开始考虑学习者认知的相关因素，体现了口语教学过程研究对心理学研究成果的吸收和借鉴。此外，[T-LP] 过程也开始萌芽，它代表讲练完课文后，围绕本课交际项目开展语言点训练和综合练习。（3）2011年以后，专家学者又回归并聚焦于 [L-T] 过程，表明理论研究经历了活跃的发展阶段后，重新审视并重视"先讲练语言点再讲练课文"的教学思路。

（2）子过程的分合

对口语教学过程的解析可以发现，过程分解与合成也随时间推移而发生变化，具体表现为"讲练语言点（L）""讲练课文（T）"和"综合练习（P）"之间分立与融合关系的变化。聚焦于 L、T 和 P 之间的分合，根据各过程类型被提出的先后顺序，可以绘制出 [L] 过程与其他子过程分合情况示意图（见图 3-17）。

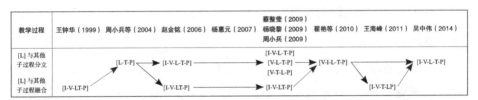

图 3-17　"新课教学（Ⅱ）"环节 [L] 过程与其他子过程分合情况示意图

根据图 3-17，可以得出 [L] 过程与其他子过程分合情况的以下几点发现：（1）1999 年和 2004 年，[L] 与 [T] 过程融合和分立的观点先后被提出，出现了两种不同的理论取向。其中，最早的研究支持 [LT] 过程，认为 L 和 T 之间是不可分割的，即认为讲练语言点应依托课文情境进行，让学生从课文的语言实例中获得关于语言点使用场合和使用对象的更具体的认识；同时在讲练课文过程中应结合本课话题和功能归纳课文中的重点词语、口语交际固定格式和话语关联方式等内容，帮助学生掌握汉语话语结构和会话规则。2004 年，专家学者提出了 [L-T] 过程，把 L 从 T 中独立出来，以突出与交际功能相关词句的教学，并为学生学习课文扫除障碍，体现了理论研究对语言点难度与课文教学之间关系的考虑。（2）2006—2009 年，[L] 与 [T] 过程分立与融合的观点均得到持续关注，形成了两种观点并存的格局。其中，支持 [L] 与 [T] 分立的观点占主流，其支持率在短短三年间经历了大幅攀升，并在 2009 年达到最高值（23.08%），表明历时研究更倾向于把语言点讲练从课文讲练中剥离出来，使学生形成对语言点意义和功能的更明确的认识，以提高学生在后续教学活动中口头表达的准确度和流利度。（3）2010 年以后，[L] 与其他子过程分立和融合的观点交替出现，且出现了 [L] 与 [P] 过程融合使用的新情形。其中，2010 年相关理论研究支持 [L-T] 过程，次年转向关注 [L] 与其他子过程的融合，而 2014 年又重新聚焦到 [L-T] 过程上。教学认知在分立与融合之间的反复，反映了专家学者对口语课上何时及如何实施语言点教学这一问题一直处于活跃的思辨中。值得注意的是，2011 年还提出了 [LP] 过程，即在课文讲练之外，集中进行语言点和功能项目的训练，以实现对课文交际领域的拓展。

（3）子过程的扩展

对口语教学过程的历时认知分析发现，子过程的扩展主要发生在"新课前（Ⅰ）"环节中。根据该环节中各过程类型提出的先后顺序，可以绘制出"新课前（Ⅰ）"环节子过程扩展情况示意图（见图 3-18）。

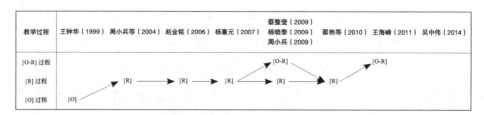

图 3-18 "新课前（Ⅰ）"环节 [O-R] 子过程扩展情况示意图

根据图 3-18，可以看出关于"新课前（Ⅰ）"环节子过程扩展情况的以下几点发现：（1）2004 年专家学者提出了 [R] 过程，此后直至 2009 年，该观点得到持续关注并成为教学认知的主流，表明当时的教学认知重视对已有知识和技能的复习巩固。（2）2009 年，专家学者引入"组织教学（O）"，使原

来的 [R] 过程扩展为 [O-R] 过程，可以看出当时关于"新课前（I）"环节的教学认知吸收了一般性课堂教学过程的研究成果，开始关注组织教学等常规教学管理工作，因为稳定学生情绪、建立良好的课堂秩序是口语课后续教学活动有效开展的前提。

三、教学结构和过程研究代表性人物图谱及分析

自上世纪末以来，专家学者在口语课教学结构和过程研究上做出了不懈的努力，并取得了丰富的成果。以研究者为线索，分析各学者进行结构与过程研究的时间早晚，以及贡献观点数的多少，可以得出口语教学结构和过程研究领域的代表性人物。

（一）教学结构研究的代表性人物

从研究时间的早晚来看，王钟华最早关注口语课教学结构的研究，提出了 O、IVLTP 和 SH 结构的观点（王钟华主编，1999），完成了对初级口语课教学环节的全面概括，是开启口语教学结构研究的代表性人物；吴中伟是最近关注口语教学结构的学者之一，他提出了"新课教学（II）"环节的 IVLTP 结构（吴中伟，2014），在该环节教学结构的完整性方面贡献了重要的教学认知。

从贡献教学认知的多少来看，周小兵提出的结构类型最多，先后提出了两种不同的教学结构。其中，周小兵、李海鸥主编（2004）提出了 R、LTP、H 结构的观点，周小兵主编（2009）提出了 R、IVLTP、SH 结构的观点，其最主要的特征是从侧重"讲练语言点（L）""讲练课文（T）"和"综合练习（P）"联合使用走向倡导全体教学事件的系统性应用。

（二）教学过程研究的代表性人物

从研究时间的早晚来看，王钟华最先研究口语课的教学过程，提出了 [O]-[I-V-LT-P]-[S-H] 过程（王钟华主编，1999），首次勾勒出初级口语课教学过程的整体轮廓。吴中伟是最近几年研究口语教学过程的学者之一，提出

了"新课教学（Ⅱ）"环节的 [I-V-L-T-P] 过程（吴中伟，2014）。

　　从贡献教学认知的多少来看，周小兵提出的过程类型最多，一共有 3 种。其中，周小兵、李海鸥主编（2004）提出了 [R]、[L-T-P]、[H] 过程，后来周小兵主编（2009）进一步提出了 [R]、[I-V-LT-P]、[S-H] 和 [R]、[I-V-L-T-P]、[S-H] 过程，其中最主要的变化体现在"讲练语言点（L）"和"讲练课文（T）"的融合与分立上。此外，赵金铭主编（2006）和蔡整莹（2009）也贡献了较多的教学过程认知，前者提出了 [R]-[I-V-L-T-P]-[S-H] 和 [R]-[I-V-LT-P]-[S-H] 过程共 2 种观点，后者提出了 [O-R]-[V-L-T-P]-[S-H] 和 [O-R]-[V-T-L-P]-[S-H] 过程共 2 种观点。可以看出，即便是在同一时期，同一学者对口语教学过程也存在不同的认识。也就是说，在专家学者的认知中，口语教学过程的实施具有多样性，教师在具体教学中需要根据教学内容、对象、环境等灵活安排教学。

第五节　汉语口语课堂练习类型及分布特征解析 *

　　口语课作为汉语课程体系中的主要课型，在培养学习者交际能力的过程中发挥着重要作用。口语课课堂练习作为口语教学的重要组成部分，最能体现口语课特点，能够为培养学习者运用汉语进行交际的能力服务。研究口语课课堂练习，对提高口语教学质量具有重要意义。

　　已有的关于口语课课堂练习的研究成果主要包括两个方面：一方面是从技能教学的宏观角度出发，系统介绍各种练习类型、方法、技巧和操作步骤（崔永华、杨寄洲主编，1997；蔡整莹，2009；翟艳、苏英霞，2010）；另一方面是具体介绍某一种练习的操作方法（彭青龙，2000；李燕，2011；肖

---

*　本节内容曾以《初中级汉语口语课课堂练习数据解析》为题发表于《语言文字应用》 2016 年第 4 期，作者为周梦圆、陆凯英。

倩，2011）。梳理已有研究可以发现，其总体特点是从"应然"的角度对课堂练习进行设计、介绍，但对练习的类型、练习的分布情况及其实施过程的"实然"研究仍嫌不足。这类研究通常来自教学反思，局限于某个方面或小范围的观察，对复杂关系探究能力有限。

郑艳群（2014）指出，在信息技术条件下，应开展汉语教学软实力的研究。本研究运用数据挖掘技术，通过挖掘优秀初、中级口语课教学实录中的练习相关数据，对口语课课堂练习进行研究。通过数据挖掘得出的结论，对已有文献中关于初、中级口语课教学的练习类型进行验证或提供证据，报告练习的数量分布和类型分布情况、实施过程和实现条件。这类研究的特点是：第一，从"实然"出发，通过多样本、大数据技术实现对问题尽可能客观、理性、全面、完整、具体的描写；第二，研究结论或证实已有的规律，或修正已有的认知，或发现新的规律。

本研究以 6 份优秀初、中级口语课课堂教学实录[①] 中出现的全部练习单位为研究对象，把教学实录中构成一个完整练习过程的教学实录片段作为一个处理单位，构建了"优秀汉语口语课课堂练习数据库"（Database of Exercises in Excellent Spoken Chinese Class，简称 DEESCC），从中提取出本次研究全部教学实录中的所有练习，共 224 个单位。本研究相关属性为口语课课堂教学的环节、练习的类型和练习的过程。

第一，基本信息标注。包括练习单位（编号为 001—224）、练习来源（即练习出自哪份教学实录，教学实录编号为 1—6）、水平等级（初级、中级编号分别为 1、2）。

第二，教学环节标注。参照传统口语课课堂教学模式对教学环节的划

---

① 本研究中的教学实录主要来自北京语言大学出版社出版的《汉语课堂教学示范》（2007年）实录和北京语言大学青年教师教学基本功大赛获奖作品。这类教学实录通常是由一线教师或教师团队精心设计后付诸实施的，且经过了领域内教学专家或教学研究专家的评选、认证，具有可模仿性和可推广性等特点，值得深入学习和研究。

分，本研究将课堂教学分为导入、生词讲练、语言点讲练、课文讲练和巩固拓展等 5 个环节。

第三，练习类型标注。参照以往的研究，将 224 个练习单位进行归类，划分出不同的练习类型，分别是：看图说话、根据实际情况问答、生词问答、语言点问答、情景造句、情景对话、课文复述、课文表演、介绍描述、角色扮演、讨论和利用视频进行练习。

第四，练习过程标注。记录下每个练习的实施步骤，通过归类合并，得出练习实施的一些基本步骤，分别是：设置情景、布置任务、展示词语和语言点、说明意义与功能、展示练习材料、教师引导、学生造句、学生准备、学生表演、内容问答、复述、齐唱、朗读、点评 / 纠错。

一、练习的类型、分布及理论分析

通过考察 DEESCC，可以发现优秀初、中级口语课课堂练习的类型及其在不同教学环节和不同水平等级的分布情况。

（一）练习的类型

DEESCC 练习类型数据显示，在 5 个教学环节中，共使用了 14 种不同类型的练习，分别是：导入环节的看图说话和根据实际情况问答，生词讲练环节的情景造句和生词问答，语言点讲练环节的情景造句、情景对话和语言点问答，课文讲练环节的课文复述和课文表演，巩固拓展环节的根据实际情况问答、介绍描述、角色扮演、讨论和利用视频进行练习。DEESCC 中发现的 14 种练习类型在已有的文献中都已提及，说明已有文献在类型方面的论述是全面的。下面将根据数据分析结果，对各练习类型进行描写。

1.导入环节的练习类型

在导入环节，包括看图说话和根据实际情况问答两类练习。数据显示，看图说话练习中，学生用已学生词、语言点或语段框架描述图片内容，从而顺利过渡到新课学习；根据实际情况问答练习中，教师提出与新课主题相关的问题，学生在回答过程中通过回忆以往经验或已学知识来练习口语技能。

2. 生词讲练环节的练习类型

在生词讲练环节，包括情景造句和生词问答两类练习。数据显示，情景造句练习中，教师通过图片展示或者语言描述的方式设置情景，引导学生用生词说出相应的句子；生词问答练习中，教师直接用生词提问，通过学生的回答判断其是否掌握生词意义与用法。

3. 语言点讲练环节的练习类型

在语言点讲练环节，包括情景造句、情景对话和语言点问答三类练习。数据显示，情景造句练习中，教师设置情景，让学生用所学语言点说出句子；情景对话练习中，教师设置情景，让学生之间用成对的语言点组织对话；语言点问答练习中，教师直接用语言点提问，以检验学生是否掌握相应语言点的意义、功能与用法。

4. 课文讲练环节的练习类型

在课文讲练环节，包括课文复述和课文表演两类练习。数据显示，课文复述练习中，师生借助该课生词、语言点和段落框架，采用对话体或叙述体重述课文，既有按对话体分角色复述，也有按不同人称（第一人称或第三人称）进行转述；课文表演练习中，学生脱离课本及提示词去表演课文对话。

5. 巩固拓展环节的练习类型

在巩固拓展环节，包括根据实际情况问答、介绍描述、角色扮演、讨论和利用视频进行练习等五类交际性练习。根据实际情况问答包括分组问答和多对一问答两类。数据显示，分组问答练习中，学生在组内针对与当前学习内容相关的自身实际情况进行问答；多对一问答练习中，一名学生作为被提问者，其他学生轮流作为提问者向被提问者发问，被提问者根据自己的实际情况进行回答。介绍描述练习中，学生向大家介绍自己生活、学习、工作等各方面的实际情况。角色扮演练习包括自编型角色扮演和改编型角色扮演两类。数据显示，自编型角色扮演练习中，教师设置情景，学生分组选择不同的角色组织对话并在班级内进行表演；改编型角色扮演练习中，教师要求学生根据叙述体课文的情景，扮演文中出现的角色，分小组组织对话，将叙述体课文改编为对话体。讨论练习中，教师组织全班学生就某一话题进行讨论并得出结论。利用视频进行练习包括实时解说和情节描述两类。数据显示，实时解说练习中，教师播放与该课主题内容相关但隐去声音的视频，要求学生对视频内容进行实时解说；情节描述练习中，教师播放与该课主题内容相关的视频，引导学生描述视频情节。

（二）练习在各教学环节中的数量分布和类型分布

已有数据显示，练习在数量分布和类型分布上具有以下特点。

1. 各教学环节中练习的数量分布

第一，各教学环节中练习数量的总体分布。据统计，练习数量在各教学环节所占比重由高到低排列依次是：语言点讲练环节、生词讲练环节、课文讲练环节、巩固拓展环节和导入环节。每个环节的练习数量占练习总数的比重分别是：35.27%、33.48%、15.63%、10.27% 和 5.36%。由此可见，大部分练习集中在语言点讲练、生词讲练和课文讲练环节，教师的意图可能是通过对生词、语言点和课文的反复操练，巩固语言知识，促进知识向技能的转化，为后面的交际练习做铺垫。

在所有教学环节中，巩固拓展环节练习的交际性最为鲜明，虽然这个环节的练习数量只占总数的 10.27%。这是因为该环节中各项练习的规模更大（进程相对更长）、任务更复杂、交际性更强。练习前，教师要设置情景、说明练习要求、分配任务，还要给出关键词、语言点，引导学生进入练习；练习中，教师要给学生足够的时间完成练习并展示练习成果；练习后，教师还需点评和纠错。因此，巩固拓展环节的练习需要花费更多时间。

第二，初、中级各教学环节中练习的数量分布。本研究统计了初、中级口语课课堂教学各教学环节中的练习数量，得出其数量分布图（见图3-19）。研究发现：第一，中级语言点讲练环节的练习数量比初级多。这说明在中级，教师仍重视语言点的练习，通过变换情景等手段反复进行，以便训练学生选用正确句法结构的能力，提高话语的准确度。第二，初级课文讲练环节的练习数量比中级多。这说明在初级，教师重视课文练习，要求学生掌握课文中的重点词语、句型并背诵范句，使学生能将这些范句迁移到课后的交际会话中，提高口语流利度。在中级，课文复述这种形式的应用已减少，教师更注重学生对课文的整体把握，尤其注重训练学生提取课文叙述框架的能力，使其在交际性练习中能更好地生成语段。

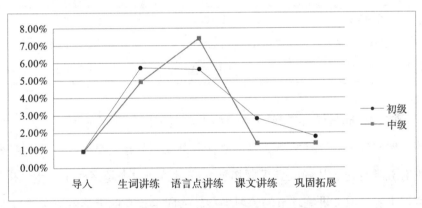

图3-19 初、中级各教学环节中练习的数量分布图

2. 各教学环节中练习的类型分布

第一，不同类型的练习在各教学环节的分布不同。数据显示，除根据实际情况问答和情景造句外，大部分练习只分布在某个特定的教学环节中（见表3-1）。这说明练习类型与教学环节之间有明显的相关性，特定类型的练习用在特定的教学环节才能最大化地发挥作用。数据分析还表明，情景造句的分布范围最广，在生词讲练和语言点讲练环节都会使用，出现频率高达58.92%，远高于其他练习，是最常用的练习类型。

表 3-1 练习类型在各教学环节中的分布表

练习类型	所在教学环节	出现频率（%）
根据实际情况问答	导入、巩固拓展	4.47
看图说话	导入	2.23
生词问答	生词讲练	0.45
情景造句	生词讲练、语言点讲练	58.92
语言点问答	语言点讲练	7.14
情景对话	语言点讲练	2.23
课文复述	课文讲练	9.82
课文表演	课文讲练	5.80
角色扮演	巩固拓展	4.02
介绍描述	巩固拓展	3.57
利用视频进行练习	巩固拓展	0.90
讨论	巩固拓展	0.45

第二，不同教学环节练习类型的丰富度不同。数据显示，导入、生词讲练、课文讲练环节有两类练习，语言点讲练环节有三类练习，巩固拓展环节则有五类练习。从导入到巩固拓展，练习类型越来越多样化。生词讲练、语言点讲练、课文讲练环节的练习类型较为固定，有助于学生把注意力集中到语言知识和技能的学习中，提高语言的准确度、流利度。到了巩固拓展环节，教师利用多种练习形式，呈现多种交际情境和任务，让学生体验不同情境下的语言表达，提高语言的得体性。

本研究统计了初、中级各教学环节的练习类型，发现除情节描述和改编型角色扮演外，其他练习类型在初级都出现了。中级的练习类型更为集中，在导入环节出现了看图说话，在生词讲练和语言点讲练环节出现了情景造句，还有课文复述和利用视频进行练习等，共五种练习类型。

本研究还特别比较了在初、中级都出现的角色扮演和利用视频进行练习这两类交际性较强的练习。结果发现：第一，进行角色扮演时，初级采用的是自编型角色扮演，中级则采用改编型角色扮演。由于改编型角色扮演需要学生在全面理解叙述体课文的基础上进行叙述体与对话体的变换，因此要求更高，任务更难。第二，利用视频进行练习时，初级采用实时解说，中级采用情节描述。由于实时解说中的视频只有画面，没有语言输入，因此重在训练学生的语言输出；而情节描述中的视频不仅有语言输入，而且这些输入具有很强的生活和文化气息，口语方言色彩浓厚，因此对学生的听力提出了挑战。数据分析显示，随着语言水平的提高，练习越来越难，综合性越来越强。

（三）练习类型及其分布情况的理论分析

以培养交际能力为语言教学的基本目的是上世纪 80 年代以来世界语言教学界的共识（于延，1991）。DEESCC 中练习类型及其分布的相关数据显示，优秀的口语课教学都紧紧围绕培养交际能力这一目标，充分体现了交际能力理论的相关原则。

1. 注重从多方面分层次地培养学生的交际能力

Canale 和 Swain 认为，交际能力由语法能力、社会语言能力、语篇能力和策略能力等四个方面的内容组成（转引自孙瑞，2004）。口语课的练习应兼顾以上四个方面，以多样的练习形式提高学生的口语能力，促进其交际能力的整体提升。DEESCC 的数据分析显示，在生词讲练、语言点讲练、课文讲练环节，练习形式较为固定，体现出以训练单项语言要素为主、确保语言形式的准确和培养学生语法能力的目的，因为这是学生获得技能、进行交际的基础。到了巩固拓展环节，出现了需要综合多种要素和技能且交际性更强的练习类型，练习内容不断深化，练习形式更加多样，体现出培养学生社会语言能力、语篇能力和策略能力的目的。

2. 在情景中培养学生的交际能力

交际能力理论认为，交际能力既包括对语言形式的理解和掌握，又包括对在不同交际场合、面对不同交际对象如何使用这些语言形式的理解和掌握。（刘海量、于万锁，1998）因此，学生只有在情景中才能既准确又得体地习得语言。DEESCC 的数据分析显示，课堂中大量使用了情景造句和情景对话这两类练习类型，其出现频率高达 61.15%。数据分析还显示，这些优秀的口语教师积极使用图片或语言设置情景，能够帮助学习者理解词汇和语言点的使用环境及交际对象，提高学生在交际中的会话能力。

3. 在互动中提升学生的交际能力

王建勤主编（2009）指出，互动和意义沟通可以为学生"提供新的注意语言结构的机会，同时为学习者吸纳和内化这些语言结构提供可能"。因此在互动中，学生既可以通过"注意"去调整其语言形式、结构与功能，又可以与交际对象进行意义上的沟通、交流。数据显示，看图说话、导入环节的根据实际情况问答、情景造句、生词问答、语言点问答、课文复述等六类练习是以师生互动为主的练习类型，而情景对话、课文表演、介绍描述、讨论及巩固拓展环节的根据实际情况问答、角色扮演、利用视频进行练习等七类练习则属于以生生互动为主、师生互动为辅的练习类型。通过数据分析，本研究发现了已有的关于口语课课堂练习的文献中没有提及的问题，即以生生互动为主的练习对认知的要求更高，意义协商频率也更高，学生常常需要教师、同伴的帮助，或与同伴合作。总之，学生在各类练习中根据各自的交际角色取向、定位、协商，在互动中提高交际能力。

二、主要练习类型的实施过程及理论分析

由于篇幅所限，本研究将依据各类练习的使用频率及其交际性，选取 4 个主要教学环节（生词讲练、语言点讲练、课文讲练和巩固拓展）中的 8 类共 11 种练习，描述它们的实施过程，并对其进行理论分析。我们又从上述教学环节中选出了每个环节使用频率最高的练习类型，分别是：生词讲练环节的情景造句、语言点讲练环节的情景造句、课文讲练环节的课文复述及

巩固拓展环节的介绍描述，各类练习的使用频率依次为 33.03%、25.89%、9.82% 和 3.57%。此外，因为巩固拓展环节练习的交际性最强，这一环节其他练习类型的实施过程也将一一加以描述。当然，没有描述的类型并非不重要，也可能是别具特色的、有实用价值的、有待推广的练习类型，因为本研究取材于优秀教学实录。

（一）主要练习类型的实施过程

通过观察上述 8 类共 177 个练习单位的实施过程，本研究得到了各类练习中用到的基本步骤，排序、整合后得出了每类练习的实施过程。同时，根据已经获得的数据，归纳出了在一些关键步骤中促成练习有效进行的方法。具体如下：

（1）生词讲练环节情景造句的过程为：展示生词—设置情景—教师引导—学生造句—齐唱句子。数据显示，在学生造句这一环节，若学生说出的句子有严重的知识性错误，这些优秀口语教师通常会给予即时纠错。

（2）语言点讲练环节情景造句的过程为：展示语言点—说明语言点的意义与功能—设置情景—教师引导—学生造句。数据显示，在学生造句时，这些优秀口语教师通常会给予即时纠错。

（3）课文复述的过程为：听课文—简单、概括性内容问答—教师领读，学生跟读—详细内容问答—按提示词齐述课文—学生脱离提示复述—变换语体复述课文。数据显示，学生跟读时，这些优秀口语教师一定会对其语音、语调和语速提出要求，即语音准确，语调和语速尽可能与教师保持一致；变换语体复述课文是指变对话体为叙述体，这些优秀口语教师常常根据教学进度和学生掌握情况选择是否进行本环节。

（4）介绍描述的过程为：布置任务—教师引导—学生准备—学生描述—点评 / 纠错—教师针对学生所描述的内容向全班提问，然后要求学生回答。

（5）根据实际情况问答中分组问答的过程为：设置话题—布置任务—学生分组练习；多对一问答的过程为：设置话题—布置任务—学生准备——

名学生为被问者，其他学生轮流提问—点评 / 纠错—教师针对学生回答的内容再向全班提问，然后要求学生回答。

（6）角色扮演练习中，自编型角色扮演的过程为：设置情景—布置任务—展示关键词汇和语言点—教师引导—学生分组准备—学生表演—点评 / 纠错—教师针对学生表演的内容向全班提问，然后要求学生回答。数据显示，在布置任务时，每组学生的具体任务可能存在差异。改编型角色扮演的过程为：布置任务—展示关键词语和语言点—教师引导—学生准备—学生表演—点评 / 纠错。

（7）讨论的过程为：设置情景—布置任务—展示关键词语和语言点—学生集体讨论—得出讨论结果。数据显示，学生集体讨论时，这些优秀口语教师在讨论的节点（往往是讨论节奏放慢、学生遇到困难之处）会及时引导、参与；在整个讨论过程中，这些优秀口语教师非常善于监控学生发言的情况，适当控制积极学生的开口率，并点名让不积极的学生发言，及时调整学生参与度，实现机会均等。

（8）利用视频进行练习中，实时解说的过程为：布置任务—展示关键词语和语言点—教师引导—播放视频—学生准备—学生表演—点评 / 纠错。数据显示，播放视频时，这些优秀口语教师会在影响练习完成的关键处暂停，以引起学生注意。情节描述的过程为：介绍视频主要内容—观前提问，引起学生思考与注意—播放视频—再次播放—教师带领学生描述情节—展示关键词语和语言点—学生合作描述—教师归纳描述框架—小组代表进行描述—点评 / 纠错—全班齐述。数据显示，播放视频时，这些优秀口语教师会在主要事件处暂停，针对细节提问并引导学生回答；再次播放视频时，会关注学生的反应，难点处逐句听，一步步为学生扫除理解障碍。

（二）练习实施的理论分析

练习的有效实施是在把握汉语教与学的规律的基础上，协调教学中的各种关系并对练习过程进行科学编排的结果。数据分析显示，这些优秀口语教师在练习实施过程中体现出了相关理论原则并表现出群体性的特征。因此，练习实施过程中的这些教学行为也值得参考和借鉴。

1. 练习的实施体现了建构主义教与学的理论

何克抗（1997）认为，建构主义的教学模式应该以学生为中心，利用情境、协作、会话等学习环境要素充分发挥学生的主动性、积极性和首创精神，以实现对所学知识的意义建构。口语课课堂练习的过程数据显示，练习的有效实施体现了建构主义的以下原则：

第一，以学生为中心，以教师为支架。数据显示，在练习过程中，学生不是知识的被动接受者，这些优秀口语教师会通过设置情景、展示、提示、引导、提问等方式为学生提供"脚手架"，让学生在各种情景、练习、活动中主动学习知识、获得意义，进而习得技能。

第二，在情景中掌握语言形式，运用语言功能。数据显示，在练习中，语言形式的学习、巩固和语言功能的运用、习得都是在情景中实现的。这些优秀口语教师会通过设置学生熟悉的情景，快速将其带入语言交际环境；在这种交际环境中，教师展示并说明语言知识，引导学生在情景中运用知识与相关功能项目，训练其口语表达技能和交际能力。

第三，在同伴协作中促进语言习得。建构主义之所以强调同伴协作，是因为"由于经验背景的差异，学习者对问题的理解常常各异，在学习者共同体中便构成了一个宝贵的学习资源"（温彭年、贾国英，2002）。在汉语学习中，学习者的个体差异也是宝贵的学习资源，这些差异体现在经验背景、语言水平、语言学能、学习风格、个性等各个方面。数据显示，这些优秀口语教师常常组织学生进行分组练习，使学生之间强强联手或者以强带弱，保证了练习的顺利进行并取得了预期效果。

第四，遵循学生的认知发展特点，重视知识—技能—交际能力的逐步建构。数据显示，一方面，这些优秀口语教师会通过设置与学生经验相关的情景、展示关键词和语言点、提示、引导和示范、对整个练习进行碎片化处理、要求学生合作等方式来调节练习难度，引导学生由易到难地逐步完成练习；另一方面，通过独唱—齐唱、反复听读、变换形式复述课文、重播视频、学生表达完毕后就其传达的信息再向别的同学提问、在练习最后阶段聚焦语言形式等方式实现练习内容的有效重复，螺旋式地促进学生的口语习得。

2. 练习的实施体现了语言输入—互动理论与语言输出理论的有益结合

互动假说遵循输入—互动—习得的理论模式，输入是字、词、句、篇等语言形式，互动是这些语言形式的交际功能。（赵飞、邹为诚，2009）输出假说认为，语言输入对学习者语言习得的影响是有限的，只有语言产出才能真正促进学习者语言表达能力的发展。（王建勤主编，2009）口语课课堂练习的过程数据显示，输入—互动—输出相结合能促进练习的有效实施。

（1）语言输入与输出相结合，师生互动与生生互动相结合。数据显示，这些优秀口语教师通过设置情景、提问、引导、示范、纠错等方式实现了对学生的语言输入与师生互动；学生通过回答问题、小组合作、表演等形式加强了语言输出，同时也促进了生生之间的语言输入与互动，这些输入又将促进输出。

（2）在互动与输出过程中，这些优秀口语教师会适时地提供纠正性反馈。祖晓梅（2009）指出，课堂教学中不能有错必纠，应该多采用不影响意义传达和交流的纠错策略。数据显示，对于不同的练习类型，这些优秀口语教师提供纠正性反馈的时机也不同。在生词讲练、语言点讲练环节进行情景造句时，没有独立的延时纠错步骤，当学生的表达有严重的知识性错误时，教师会即时纠错，纠错与学生造句这两个步骤融合在一起；在巩固拓展环节的练习中，最后往往存在延时的独立纠错步骤，当学生表达出错时，教师并不打断他们，而是记下学生的主要错误，待表达结束后再引导学生聚焦语言形式。我们可以总结为：在为交际训练进行知识、技能铺垫的练习中，纠正性反馈具有即时性；在综合运用语言进行交际的练习中，纠正性反馈具有延时性。

3. 练习的实施体现了选择性注意理论的相关原则

选择性注意理论认为，外界的信息量很大，而人的注意资源是有限的，无法对所有刺激进行加工，资源的分配随注意空间的不同而发生变化。（季月，2009）数据显示，教师是影响学生课堂注意的重要因素，这些优秀口语教师常常采用提问、重复、展示、变换练习形式、暂停、纠错等方式将学生注意力引向练习中的重点、难点；同时，在学生注意力不集中时，会通过提问不露痕迹地拉回学生的注意力。

:: 参考文献 ::

蔡整莹（2009）《汉语口语课教学法》，北京：北京语言大学出版社。

崔永华、杨寄洲主编（1997）《对外汉语课堂教学技巧》，北京：北京语言文化大学出版社。

高彦德、李国强、郭　旭（1993）《外国人学习与使用汉语情况调查研究报告》，北京：北京语言学院出版社。

国家对外汉语教学领导小组办公室（2002）《高等学校外国留学生汉语教学大纲（长期进修）》，北京：北京语言文化大学出版社。

何克抗（1997）建构主义的教学模式、教学方法与教学设计，《北京师范大学学报（社会科学版）》第 5 期。

季　月（2009）选择性注意理论与多媒体外语课堂中教学信息的呈现，《外语电化教学》第 1 期。

李晓琪主编（2006）《对外汉语口语教学研究》，北京：商务印书馆。

李　燕（2011）初级汉语口语教学中小组活动的设计与操作，载崔希亮主编《对外汉语听说课课堂教学研究》，北京：北京语言大学出版社。

李　珠、姜丽萍（2008）《怎样教外国人汉语》，北京：北京语言大学出版社。

刘海量、于万锁（1998）交际能力与口语教学，《外语与外语教学》第 8 期。

彭青龙（2000）思辨与创新——口语课堂上的演讲、辩论初探，《外语界》第 2 期。

阮黎容（2006）高级口语教材及相关问题的调查研究，北京语言大学学士学位论文。

申修言（1996）应该重视作为口语体的口语教学，《汉语学习》第 3 期。

孙　瑞（2004）交际能力理论与对外汉语口语教学，《伊犁教育学院学报》第 3 期。

王海峰（2011）《国别化：对韩汉语教学法（下）——语言技能教学篇》，北京：北京大学出版社。

王建勤主编（2009）《第二语言习得研究》，北京：商务印书馆。

王若江（1999）对汉语口语课的反思，《汉语学习》第 2 期。

王钟华主编（1999）《对外汉语教学初级阶段课程规范》，北京：北京语言文化大学出版社。

温彭年、贾国英（2002）建构主义理论与教学改革——建构主义学习理论综述，《教育理论与实践》第 5 期。

吴中伟（2014）口语课教学模式分析，载北京语言大学对外汉语研究中心编《汉语应用语言学研究》（第 3 辑），北京：商务印书馆。

肖　倩（2011）角色扮演活动在对外汉语教学中的应用研究，华东师范大学硕士学位论文。

徐子亮（2017）《汉语作为第二语言教学认知心理学》，北京：北京语言大学出版社。

杨惠元（2007）《课堂教学理论与实践》，北京：北京语言大学出版社。

杨惠元（2019）《汉语技能教学法》，北京：北京语言大学出版社。

杨晓黎主编（2009）《对外汉语实习教程》，合肥：安徽大学出版社。

于　延（1991）系统地解决培养语言交际能力问题，《汉语学习》第 4 期。

翟　艳主编（2019）《汉语作为第二语言教学听说技能教学研究》，北京：商务印书馆。

翟　艳、苏英霞（2010）《汉语作为第二语言技能教学》，北京：北京大学出版社。

张春红（2013）针对华裔学生的写说一体化中级汉语口语教学模式，《语言教学与研究》第 6 期。

赵　飞、邹为诚（2009）互动假说的理论建构，《外语教学理论与实践》第 2 期。

赵金铭主编（2006）《汉语可以这样教——语言技能篇》，北京：商务印书馆。

郑艳群（2014）技术意识与对外汉语教学模式创建，《华文教学与研究》第 2 期。

周小兵主编（2009）《对外汉语教学导论》，北京：商务印书馆。

周小兵、李海鸥主编（2004）《对外汉语教学入门》，广州：中山大学出版社。

邹　鹏（2016）基于口语能力测试（OPI）评价体系的汉语口语教学模式探究，《四川师范大学学报（社会科学版）》第 2 期。

祖晓梅（2009）汉语课堂的师生互动模式与第二语言习得，《语言教学与研究》第 1 期。

Ellis, R. (2005) *Instructed Second Language Acquisition: A Literature Review*. Wellington, New Zealand: Research Division, Ministry of Education.

第四章 汉语阅读教学结构和过程建模研究

　　阅读能力是语言能力的重要组成部分，在第二语言教学研究与实践中备受关注。阅读行为能够帮助学生巩固和加深对语言的理解与运用，有助于提高学生的语言综合能力。从阅读中获得的知识和信息不仅能够帮助学生解决学习和工作中遇到的问题，而且能够满足学生了解目的语文化的需求，丰富他们的认识与见解，使他们的语言知识更好地与社会知识相融合（赵金铭主编，2006）。因此，开展阅读教学并对学生进行阅读能力训练具有重要的意义。不仅如此，在国际中文教育视域下，无论是推动中华文化传播，还是增强中华文明影响力和深化文明交流互鉴，培养汉语学习者的阅读能力都具有重要意义。

　　在汉语作为第二语言教学领域，阅读教学的专门课程设立时间并不长，只有短短几十年。与听、说、写等语言技能课程相似，阅读课最初是为配合综合课教学而设立的一门单项语言技能课。然而，随着教学理论和实践的发展，阅读课作为独立的课程类型受到了越来越多的关注和研究，无论是培养目标还是训练方法，阅读课都具有不同于其他课型的鲜明特点。如何在有限的课堂教学时间内通过适当的训练方法和步骤高效地完成教学任务、实现教学目标，是每一位教授阅读课的教师关心的问题。

　　回顾以往的研究可以发现，学术界对阅读教学的研究主要集中于教法研究、教材研究和影响因素研究等方面。与其他课型相比，特别是与综合课或口语课相比，有关阅读课教学的研究成果数量相对较少。其中，专家学者对阅读课的特点、课程规范，以及教学环节和相关的教学方法、阅读理解技巧等方面给予了持续关注，反映出对阅读教学的研究在不断深化。对这些成果做进一步的研究，可以更好地指导阅读课教学实践。

第一节　汉语阅读教学理论模型推导

目前学界对汉语阅读课堂教学的环节、步骤以及初、中、高等不同阶段所宜采用的教学方法等多有研究，对阅读教学的模式也进行了探讨，且研究大多出自领域专家或经验丰富的优秀对外汉语教师之手，体现了学界对阅读教学结构和过程的经验性认知和思考。但是，已有研究并不是在同一系统框架下进行的，因而研究结果的层级或侧重点并不相同，比如不同研究者将阅读教学划分为 3—8 个粗细不同的环节，环节数量呈现出较大的跨度。已有研究对相同性质的概念描写、命名和认识也不尽相同，比如对于课文练习，有的学者用"检查"，有的用"追踪"，有的用"相关实践"，也有学者将之称为"检查练习"。针对这些问题，我们拟立足于已有的专家认知，通过内容分析法对现有与阅读教学结构和过程相关的论述进行全面、系统的考察，对相关概念进行提炼和概括，统一概念的指称和表述，在此基础上推导汉语阅读教学的结构和过程模型，并根据已有认知，在量化分析的基础上明确各类教学结构和过程在系统中的定位，厘清已有教学认知中的共识倾向和差异特征。

我们汇总了截至 2019 年底公开发表的有关汉语阅读课教学结构和过程的相关文献，从文献观点中择取有关阐述作为研究对象。凡是在相关文献中提及"教学环节""教学程序""教学过程""教学步骤"等表述的，均视为研究对象。有的学者将阅读课按学生水平和教学内容分为初、中、高不同教学阶段，本研究主要关注中、高级阅读课的相关论述。对于未明确说明教学阶段的文献，根据文献中的具体表述、举例及示例教案等信息做出判断。由于翻转课堂、任务型教学等某些特殊教学理论框架下的阅读课教学的环节和步骤具有较强的特殊性，本研究未将其作为研究的对象；一些有待实践进一步检验的新的教学构想、教学设计亦排除在本研究的样本文献之外。已有研究中共有 13 份文献论述涉及汉语阅读教学结构和过程问题，分别是：张树昌、杨俊萱（1984），赵贤州、李卫民（1990），吴平（1995），陈田顺主编（1999），崔永华、杨寄洲主编（2002），陈昌来主编（2005），赵金铭主编（2006），周小兵等（2007），吴华（2010），翟艳、苏英霞（2010），吴中伟主编（2014），刘颂浩主编（2016），杨惠元（2019）。

　　一般阅读课都是按教材进行的（崔永华、杨寄洲主编，2002），教学环节受教材的影响较大。阅读教材在编写方式上主要有两类：第一类是技能训练加阅读训练，第二类只有课文阅读训练。（周小兵等，2007）有的阅读教材将阅读材料分为精读、泛读等，有的阅读教材每课由一篇主课文和若干篇或长或短的副课文组成。从具体的课堂教学过程看，不同阅读材料的教学过程不同；从阅读技能的角度来说，查读（也称查阅）、略读、通读、细读等不同方面的技能训练所对应的具体教学过程不尽相同。一般阅读课以精读（细读）课文阅读为主体，辅以补充课文的阅读，补充课文一般通过略读、查读等方式进行阅读技能训练。本研究从所研究文献的相关内容入手，结合阅读课教学实践，研究阅读课教学的结构和过程问题。

　　本研究的主要研究步骤包括：首先，穷尽式地搜索截至 2019 年底论及阅读教学结构和过程的文献，建立"汉语阅读教学·文献样本数据库"。其次，在"宏观层—中观层—微观层"的整体架构下，从概念出发，在文献中提取阅读教学构件、结构和过程信息[①]，并按类型对概念相同的构件确定

---

① 文献中出现了 16 种关于构件、结构和过程的观点，本研究有关支持率的计算公式为：支持率 = 支持观点数 ÷ 观点总数。

统一的名称术语；按构件类型、结构类型和过程类型进行统一赋码和形式化表达①，建立"汉语阅读教学·文献研究数据库"。再次，确立构件系统，在此基础上完成对汉语阅读教学系统理论模型的推导。最后，计算倾向性结果②，对模型特征进行分析。本研究有助于更好地了解和遵循教学规律，选择最优的教学方案，提高教学效率，改进教学效果。本研究相关结论可以为阅读教学设计、教学实施、教学管理、教学测评和教学优化的研究与实践提供参考，也可以为汉语阅读慕课或微课教学单元设计提供依据。

归纳文献中有关结构和过程观点的原则如下：（1）呈现不同学者的相同观点以及同一学者的不同观点；（2）同一学者的相同观点取距今时间最近的文献，如杨惠元（2007）和杨惠元（2019），我们仅取后者。（3）有的学者在同一文献中对结构和过程有不同的阐述，如翟艳、苏英霞（2010），我们视为不同的观点。

一、顶层模型推导及特征分析

专家学者关于汉语阅读教学结构和过程的表述有详有略，通过对文献样本的分析可以发现，汉语阅读教学是一个有层次的系统，可以从宏观顶层出发逐层进行描写并推导模型。

---

① 本研究用罗马字母对顶层基本环节进行赋码；用英文字母对顶层基本环节下中观层的构件进行赋码，构件代码取自相关名称（或术语）英文表达中有区别性特征或能起到区分作用的大写字母；用字母连写表示对应的结构类型（如 VI 结构，表示由 V 和 I 形成的结构）；用方括号、字母及短横线表示对应的过程类型（如 [V-I]，表示由 VI 结构形成的过程，且构件 V 在前，构件 I 在后）。此外，本研究关于过程的表达中，构件代码连写表示对应的构件在过程中是相互交融的，难以分割（如 [PE]，表示课文练习和讲解课文融合进行，难以清晰地区分开来；P、E 为必有构件，但顺序不定）。

② 倾向性结果通过支持率来体现。

（一）顶层模型推导

经过提取、汇总并对术语进行归一化处理[①]，我们提取到的阅读教学顶层基本环节有三个："读前（Ⅰ）""读中（Ⅱ）"和"读后（Ⅲ）"环节。综合已有认知，对这三个基本教学环节的内涵可以表述为："读前（Ⅰ）"指阅读准备环节，其主要目的是从内容、语言、技能、策略等各个方面为阅读实践做好准备。"读中（Ⅱ）"指阅读实施环节，它是阅读教学的核心环节，其主要目的是通过教师指导下的阅读实践提高学生的阅读理解能力。"读后（Ⅲ）"是拓展与总结环节，包括拓展练习、总结、布置作业等，其主要目的是帮助学生拓展知识、强化技能，并在对本次课的学习内容和学习情况进行总结的基础上指导学生进行有效的课外学习，为以后的课做准备。基于上述基本教学环节，通过对阅读教学结构和过程宏观认知的分析和统计，可以推导出阅读教学结构和过程的顶层模型及支持率（见图 4-1）。

基本环节	支持率（%）		结构类型	支持率（%）	过程类型	支持率（%）
读前（Ⅰ）	43.75		Ⅰ Ⅱ Ⅲ	50	Ⅰ-Ⅱ-Ⅲ	50
读中（Ⅱ）	100		Ⅰ Ⅱ	43.75	Ⅰ-Ⅱ	43.75
读后（Ⅲ）	25		Ⅱ	6.25	Ⅱ	6.25

图 4-1 "阅读课教学顶层结构和过程"理论模型示意图

（二）顶层模型特征分析

由图 4-1 可以得到阅读教学顶层模型的如下三点认识：（1）基本环节按照支持率由高到低排列的结果为："读中（Ⅱ）"＞"读前（Ⅰ）"＞"读后（Ⅲ）"。"读中（Ⅱ）"环节是阅读教学中必不可少的核心环节，受到专家学者的一致关注（支持率为 100%）。"读前（Ⅰ）"环节作为阅读教学的起步环节，在已有认知中也具有一定的共识（支持率为 43.75%），这为阅读前进行读

[①] 专家学者对构件的表述不完全一致，为方便讨论，我们对名称不同而内涵相同的构件进行了归一化处理。

前准备和指导提供了理据。"读后（Ⅲ）"环节作为读中教学的延续，也引起了一些专家学者的重视，但在已有认知中还相对较少（支持率为 25%）。（2）上述基本环节形成了 I Ⅱ Ⅲ 结构、I Ⅱ 结构和 Ⅱ 结构共 3 种结构类型，以及 [I-Ⅱ-Ⅲ] 过程、[I-Ⅱ] 过程和 [Ⅱ] 过程共 3 种过程类型。（3）I Ⅱ Ⅲ 结构类型及与之相对应的 [I-Ⅱ-III] 过程类型支持率最高（均为 50%），这表明首先在"读前（I）"环节为阅读实践做好必要的准备，然后在"读中（Ⅱ）"环节展开阅读实践，最后在"读后（Ⅲ）"环节进行拓展和总结，是共识倾向相对较强的教学过程。已有认知比较强调基本环节的系统性运用，重视阅读教学的系统性和完备性。

二、中观层构件系统的确立及特征分析

在顶层模型的基础上，自上而下逐步分析和确定中观层构件系统，将有助于形成对汉语阅读教学系统的结构化认知，推导出完整的教学结构和过程理论模型，进而挖掘出其中的教学规律与原理。构件系统的确立是中观层模型推导的前提和基础。

从概念出发，根据已有研究成果中的具体表述，对顶层"读前（I）""读中（Ⅱ）"和"读后（Ⅲ）"三大环节所包含的中观层教学构件进行分析，通过提取、汇总并对术语进行归一化处理，可以推导出阅读教学中观层构件的理论模型（见图 4-2）。由于针对汉语阅读教学构件的已有认知未论及微观层，故关于阅读教学的理论模型也不涉及微观层。

（一）"读前（I）"环节下的中观层构件及特征

由图 4-2 可知，"读前（I）"可提取出"导入课文（I）""讲练汉字（C）""讲练生词（V）""讲练语法点（G）"和"训练技能（D）"共 5 个中观层构件。综合已有认知，对各构件的具体内涵做出如下表述："导入课文（I）"指对阅读材料的内容、文体、时代背景、文化背景、作者等进行简要的介绍和必要的铺垫，为学生阅读理解提供背景，激发学生的阅读兴趣。

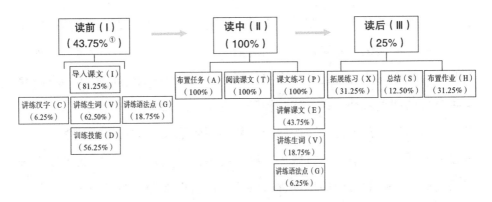

图 4-2 "阅读课教学顶层和中观层构件系统"理论模型示意图

"讲练汉字（C）""讲练生词（V）"和"讲练语法点（G）"都属于学生展开阅读实践前的语言准备过程，其中"讲练汉字（C）"指对汉字进行讲解和练习，这些汉字多是从课文中选出的常用汉字或重点汉字；"讲练生词（V）"是指处理生词表中的生词等词汇教学活动；"讲练语法点（G）"是对重点句式、语法点和语法注释等进行讲解和练习。语言准备的目的是扩大学生的词汇量，帮助学生掌握中文的常用句式和表达，积累语言知识，为阅读实践活动的顺利开展扫除障碍。"训练技能（D）"是指阅读技能讲解和练习，既包括抓标志词、划分意群等专项阅读技巧练习，也包括查读、略读等阅读技能训练，其主要目的是让学生掌握合适的阅读理解方法，养成良好的阅读习惯，同时，作为"读前（I）"环节的一个重要组成部分，它也兼具读前热身的作用。

"读前（I）"环节下中观层构件支持率的统计结果显示：（1）从支持率来看，I 最高（支持率为 81.25%），V 和 D 次之（分别为 62.50% 和 56.25%），G 和 C 排在后两位（分别为 18.75% 和 6.25%）。（2）I 的支持率最高或许是由其作用决定的，通过导入课文可以让学生做好阅读准备，熟悉话题，激发学生的兴趣（赵贤州、李卫民，1990）。（3）V 的支持率比较

---

① 图中数字为支持率。

高，说明专家学者在读前帮助学生扩大词汇量、为顺利阅读扫清障碍方面形成了一定的共识。专家认为，在阅读课上应当注意培养学生自己处理生词和语言难点的能力，比如查字典、词典、语文工具书等的能力，以培养学生良好的阅读习惯（崔永华、杨寄洲主编，2002）。也有专家学者认为，除了可以通过"自下而上"的路径（从字词到课文）进行阅读教学外，还可以采取"自上而下"的方式（从课文到字词）进行教学，认为可以先进行课文阅读，再对其中的生词进行讲练，但这会降低 V 在"读前（I）"环节中的支持率。（4）D 的支持率也相对比较高，在已有认知中，D 最早出现于吴平（1995）的论述："要求学生在阅读之前先快速察看一下文章题目、副标题、文中的小标题以及图画（如果有插图、表格、照片等的话），看看这些是否'透露'出文章的某些要点"；而该构件以"专项阅读技能训练"的形式出现，则是在翟艳、苏英霞（2010）中，这说明对 D 的认知有一个发展的过程，在这个过程中共识倾向是逐渐形成的。（5）G 和 C 支持率明显低于 V，表明专家学者对于在"读前（I）"环节是否需要专门就汉字和语法点进行讲练并未形成共识。由于语法对阅读理解的影响程度低于词汇，所以在阅读课教学中词汇教学的地位更高。正如有的专家所说，语言知识中，以词汇最为重要，词汇训练是阅读教学的核心（刘颂浩主编，2016）。有专家主张在学生阅读课文之后再对生僻的字、词以及容易产生歧义的句子或较难的语法现象进行讲解（陈田顺主编，1999），对汉字则采取随文释义或完成相关练习的方式处理。这些认知也会影响 C、V、G 在"读前（I）"环节中的支持率。

（二）"读中（II）"环节下的中观层构件及特征

由图 4-2 可知，"读中（II）"可提取出"布置任务（A）""阅读课文（T）""课文练习（P）""讲解课文（E）""讲练生词（V）"和"讲练语法点（G）"共 6 个中观层构件。综合已有认知，对各构件做出如下具体表述："布置任务（A）"是根据即将阅读文章的内容向学生提出一些问题，而后提出阅读内容、阅读方法、阅读速度等具体要求，明确阅读目标，其目的在于让作为阅读主体的学习者在明确阅读任务和目标的前提下展开阅读活动。"阅读课文（T）"是指学生实际阅读文本、设法理解阅读材料、捕捉具体信息、完成相关任务、达到理解目标这一过程，它以限时默读为主，有时也会要求学生出声朗读或分组朗读，其主要目的是让学生理解课文内容，训练阅读技能，培养阅读习惯。"课文练习（P）"是指通过问答、选择、判断、填空、读后讨论等多种形式围绕课文展开练习，其目的是检查学生的阅读理解情况，帮助学生加深对课文内容的理解，巩固所学知识和技能，同时帮助教师发现学生的问题和困难，使教学更具针对性。"讲解课文（E）"是指教师讲解课文中的字、词、句、段落、篇章等语言知识，讲解课文内容和课文所蕴含的文化知识，讲解该课文适用的阅读方法和阅读技巧等，也包括对学生提出的问题进行解答，其目的是帮助学生理解阅读材料，积累知识，掌握阅读技巧，提高阅读能力。"讲练生词（V）"和"讲练语法点（G）"同时兼任"读前（Ⅰ）"环节的构件，它们在不同环节中并无本质差别，只是在具体目标和侧重点方面略有不同。例如，"讲练生词（V）"和"讲练语法点（G）"在"读前（Ⅰ）"侧重语言知识的积累，而在"读中（Ⅱ）"除积累语言知识外，还侧重猜测词义、断句等技能训练。因此，在理论认识上，中观层特定构件的运用具有跨环节适用和复现的特征。[①]

　　"读中（Ⅱ）"环节中观层构件支持率的统计结果显示：（1）A、T、P 的支持率最高（均为 100%），E 次之（支持率为 43.75%），V 和 G 排在后两位（分别为 18.75% 和 6.25%）。（2）A、T、P 的支持率均达到 100%，说明教师在学生开始阅读课文前布置阅读任务、学生进行课文阅读、就课文进行练习，都是阅读课教学中必不可少的教学环节，专家学者对此已形成共识。（3）E 的支持率与 P 相比要低得多，这可能与课文的类型和特点有关，也可

---

① 鉴于"讲练生词（V）"和"讲练语法点（G）"这两个构件在不同基本环节中的根本性质一样，故对其表述也一致，此处不再赘述。

能与教师的教学方法和策略有关。如果将课文中所有需要讲解的要点都编制成练习，以完成练习的形式进行处理，或者将生词和语法注释等重要语言知识单独处理，则可能不必对课文全文进行串讲了，也就是说，P 会对 E 产生影响。同样，P 也会对该环节中 V 和 G 的支持率产生影响，如果课文练习涵盖了所有的重要语言点，则无须再对生词和语法点专门进行讲练，这会降低 V 和 G 在该环节中的支持率。另外，V 在"读中（Ⅱ）"中的支持率不高，还可能与专家学者对生词教学的不同处理有关。翟艳、苏英霞（2010）认为："在教学中，生词教学环节可以放在阅读课文前，也可以在读完课文做完阅读理解练习后进行。后者要求学生在阅读之前不看生词，在阅读过程中遇到不懂的词先进行推测，并通过相关练习理解生词意思，最后再学习生词。"可见，专家学者更倾向于在阅读准备阶段处理生词。

（三）"读后（Ⅲ）"环节下的中观层构件及特征

由图 4-2 可知，"读后（Ⅲ）"可提取出"拓展练习（X）""总结（S）"和"布置作业（H）"共 3 个中观层构件。综合已有认知，给出如下具体表述："拓展练习（X）"是指在完成主课文阅读之后，教师指导学生通过阅读副课文或阅读补充材料所进行的查读、略读等拓展阅读训练。拓展阅读的材料在篇幅上有长有短，在内容上可能与主课文有关，也可能与主课文无关，其主要目的是全面培养和提高学生的阅读技能。"总结（S）"是指对本次课的学习内容进行归纳、概括，提示学习重点，并使之系统化，其目的在于帮助学生加深印象，巩固所学。"布置作业（H）"是指根据教学内容布置课后学习任务，并提出明确要求，比如让学生课后复习旧课、预习新课的生词、进行课外阅读等，其目的是指导学生的课外学习，帮助学生巩固所学，扩展新知，并为下次课提前做好准备。除了复习、预习、课外阅读等作业外，也有专家学者认为可以让学生做一些笔头作业，比如写读后感、缩写或略写文章内容、总结段落大意、列出文章的提纲、写出文章情节发展的脉络等，这样能够使课后学习成为课堂教学的有益延伸。

"读后（Ⅲ）"环节中观层构件支持率的统计结果显示：（1）X 和 H 的支持率最高（均为 31.25%），S 的支持率最低（12.50%）。（2）在"读后（Ⅲ）"环节的各教学事件[①]中，X 和 H 的支持率是该环节中相对最高的，这表明已有认知既重视通过拓展练习全面培养学生的阅读技能，也重视通过布置作业引导学生开展课外阅读，进行复习、预习等。（3）具体考察发现，S支持率低的原因，可能与学界对总结的价值和作用形成认知相对较晚有关。在我们研究的文献中，S 直到 2006 年才被称作"整理环节"首次单独提出（赵金铭主编，2006）。总的来说，关于读后教学环节，专家学者的认知差别较大，没有表现出突出的共识倾向。

三、中观层结构和过程模型推导及特征分析

以汉语阅读教学中观层构件系统为基础，通过对中观层结构和过程文献认知的分析和计算，不仅可以推导出中观层的结构和过程模型，还可以进一步考察顶层三大环节之间在中观层特有的关联关系。由于针对汉语阅读教学结构和过程的已有认知未论及微观层，故关于阅读教学的理论模型也不涉及微观层。

（一）顶层三大环节内部中观层理论模型推导

梳理汉语阅读教学顶层三大环节内部中观层构件的组合以及由此产生的排列结果，可以推导出三大环节各自内部的中观层结构和过程模型（见图4-3）。而从结构和过程类型的特点、解析过程所得的特点（包括教学事件的取值范围、特定构件出现的位置、构件之间的关联关系等）对各环节内部中观层模型做特征分析，将有助于对阅读教学中的规律和制约关系做出更深入细致的模型描写，从而把握教学子系统的运行规律。

[①] 本研究所说的教学事件是指在教学过程中可切分的有区别性特征的类型化教学活动单位。从形式上看，教学事件既可以由单一构件实现，也可以由融合在一起进行教学的构件的组合实现。

顶层－基本环节	中观层－构件	中观层－结构		中观层－过程	
		类型	支持率（%）	类型	支持率（%）
读前（Ⅰ）	导入课文（I）	I	25.00	I	25.00
				D-I-V	12.50
	讲练汉字（C）	IVD	25.00	D- V-I	6.25
				I- D- V	6.25
	讲练生词（V）	IVGD	12.50	I- V-G-D	12.50
		IVG	6.25	I- V-G	6.25
		CVD	6.25	C-V- D	6.25
	讲练语法点（G）	VI	6.25	V- I	6.25
		DI	6.25	D-I	6.25
	训练技能（D）	DV	6.25	D- V	6.25
		/	6.25	/	6.25
读中（Ⅱ）	布置任务（A）	ATP	43.75	A-T- P	43.75
	阅读课文（T）			A-T-E-P	25.00
	课文练习（P）	ATPE	37.50	A-T- PE	6.25
	讲解课文（E）			A-T- P-E	6.25
	讲练生词（V）	ATPV	12.50	A-T- P- V-P	12.50
	讲练语法点（G）	ATPEVG	6.25	A-T- P-E-V-G	6.25
读后（Ⅲ）	拓展练习（X）	XH	18.75	X- H	18.75
		X	12.50	X	12.50
	总结（S）	H	6.25	H	6.25
		SH	6.25	S-H	6.25
	布置作业（H）	S	6.25	S	6.25
		/	62.50	/	62.50

图4-3　"阅读课教学顶层三大环节内部中观层结构和过程"理论模型示意图[①]

　　我们在结构和过程系统框架内对模型特征进行了进一步的观察和解析，包括同一构件集合呈现出的不同结构类型、教学事件包含的构件数取值范围、某些特定位置常出现的构件、构件之间的关联关系等。统计结果显示，某些结构或过程类型其实是由某个特定的类型添加构件得到的。我们将能产性强的结构类型或过程类型视作阅读课教学的原型结构或原型过程，而其他结构类型和过程类型则视为原型结构和原型过程的变体。对原型结构和原型过程的确定和考察有助于探索和发现深层次的教学规律。

---

① 构件之间有连线表示有文献支持该路径选择，"/"表示未提及，下同。

对"汉语阅读教学·文献研究数据库"的考察和研究发现：汉语阅读教学结构和过程呈现出 16 种结构类型和 16 种过程类型。这一方面说明阅读教学具有灵活性和多样性的特征，另一方面也反映出阅读教学结构和过程的复杂性，其背后的应用条件有待揭示。

1."读前（Ⅰ）"环节下的中观层结构和过程

结构和过程类型的相关数据表明：（1）"读前（Ⅰ）"环节共提取出 Ⅰ、IVD、IVGD 等 8 种结构类型以及由此产生的 [I]、[D-I-V]、[I-V-G-D] 等 10 种过程类型。（2）从结构类型与过程类型的对应关系上看，一些由多个教学事件组成的结构类型可产生多种过程类型。（3）从支持率上看，在考察统计中没有出现任何一种占绝对优势的结构类型和过程类型，这说明该环节教学具有灵活性强的特点，已有认知呈现出多元性。比如对于导入课文、讲练生词和训练技能的教学顺序，在已有认知中存在多种观点，仅 IVD 结构所形成的教学过程类型就有 3 种。可见，已有认知对"读前（Ⅰ）"环节的教学结构和过程未形成明确的共识倾向。

教学事件取值范围的统计结果显示："读前（Ⅰ）"环节至少经历 1 个教学事件，即 [I] 过程；最多经历 4 个教学事件，即由 I、V、G、D 联合使用形成的 [I-V-G-D] 过程。这反映出"读前（Ⅰ）"环节教学的灵活性，也表明学界对"读前（Ⅰ）"环节结构和过程的认知是存在差异的，也是在不断深化和发展的。

2."读中（Ⅱ）"环节下的中观层结构和过程

结构和过程的相关数据显示：（1）"读中（Ⅱ）"环节共提取出 ATP、ATPE、ATPV 和 ATPEVG 等 4 种结构类型以及由此产生的 [A-T-P]、[A-T-E-P]、[A-T-PE] 等 6 种过程类型。（2）ATP 结构类型及 [A-T-P] 过程类型支持率最高（均为 43.75%），这表明"布置任务→阅读课文→课文练习"这一教学过程最受关注。而"布置任务→阅读课文→课文练习"也作为重要组成部分出现于 [A-T-P-E]、[A-T-P-V-P] 等其他多种过程类型之中，区别仅在于在"读中（Ⅱ）"环节是否对课文进行讲解以及是否对生词和语法点进行讲练，这表明专家学者对这一基本教学过程的认知是一致的。由此可见，"布置任务→阅读课文→课文练习"这一基本教学过程的共识倾向非常明显。

需要注意的是，"读中（Ⅱ）"环节在教学过程中有可能是循环出现的，比如，在阅读"精读"课文时，第一遍略读，掌握文章大意；第二遍通过查读掌握主要细节；第三遍重点阅读，解决难点。（刘颂浩主编，2016）又比如，若一篇文章篇幅较长，在实际教学过程中教师会将文章按照段落分为几个部分，每个部分的教学过程也会呈现出循环性。本研究在推导过程模型时抽离了"阅读遍数"这一参数。若文献中存在每一遍教学过程都有差异的情况，则应选取经历教学事件数量最多的教学过程作为该文献的观点。

教学事件取值范围的统计结果显示：该环节教学过程至少经历 3 个教学事件，即由 A、T、P 形成的 [A-T-P] 过程；最多经历 6 个教学事件，即由 A、T、P、E、V、G 构件全集联合使用形成的 [A-T-P-E-V-G] 过程。构件出现位置的考察结果显示，已有认知对教学过程的态度比较一致，表现在：A 必在 T 之前，P 或 E 必在 T 之后，即"布置任务→阅读课文→课文练习 / 讲解课文"。

鉴于"布置任务（A）""阅读课文（T）""课文练习（P）"构件所发挥的重要教学功能以及对其作用的已有认知，可分别将 ATP 结构和 [A-T-P] 过程作为本环节的原型结构和原型过程。这同时也表明，已有认知非常强调学生的课堂阅读实践。"读中（Ⅱ）"环节的教学事件过程性特征十分明显，教学进程持续的时间也相对较长，这在很大程度上体现了在教学设计过程中围绕教学目标，通过多样的教学活动层层递进地实现教学目标的教学理念。

3. "读后（Ⅲ）"环节下的中观层结构和过程

结构和过程的相关数据显示：（1）从"读后（Ⅲ）"环节共提取出 X、XH、SH、H 和 S 等 5 种教学结构和与之相对应的 [X]、[X-H]、[S-H]、[H] 和 [S] 等 5 种过程类型。（2）根据支持率统计结果，该环节并未出现占绝对优势的结构和过程类型，这表明"读后（Ⅲ）"环节的教学结构和过程类较为型灵活，并不存在唯一定式。（3）相较而言，XH 结构类型及其对应的 [X-H] 过程类型支持率最高（均为 18.75%），X 结构类型及其对应的 [X] 过程类型支持率次之（均为 12.50%）。由此可见，有部分专家学者重视在"读后（Ⅲ）"环节通过拓展练习进行查读、略读等阅读技能训练，也有专家学者重视通过布置作业将阅读教学延伸至课外，但均未形成较高的共识。（4）S、SH 和 H 结构类型及其所对应的 [S]、[S-H] 和 [H] 过程类型的支持率都比较低（均为 6.25%），这表明"总结""布置作业"或在"总结"的基础上"布置作业"都引起了部分专家学者的重视，但由其构成的教学结构类型和过程类型尚未形成共识。

教学事件取值范围的统计结果显示：该环节教学过程至少经历 1 个教学事件，形成 [X] 过程、[S] 过程或 [H] 过程；最多经历 2 个教学事件，形成 [X-H] 过程或 [S-H] 过程。考察发现，H 出现的位置是固定的，凡是提到"布置作业"的专家学者，都将该教学事件作为教学的终点，安排在整个教学过程的最后一环。

（二）顶层三大环节之间中观层关联特征分析

聚焦并梳理汉语阅读教学顶层三大环节之间中观层构件的共现关系和发生序列，不仅可以推导出顶层三大环节之间中观层的结构和过程模型（见图 4-4），还可以进一步考察三大环节之间结构及过程类型的映射关系，并从接口位置教学事件的特点出发对模型进行分析，了解其教学作用，透视中观层环节间结构和过程的制约关系。结构或结构的组合在时间轴上的顺序呈现形成过程，从过程类型中可以清楚地看出结构类型，限于篇幅，故不再对结构类型单独论述。

1. 关联特征分析：从"读前（Ⅰ）"到"读中（Ⅱ）"

过程类型的关联数据表明：（1）从Ⅰ到Ⅱ，起点 [I] 下的路径较多，且支持率最高（25%），表明专家学者更倾向于通过导入课文为阅读课文做好

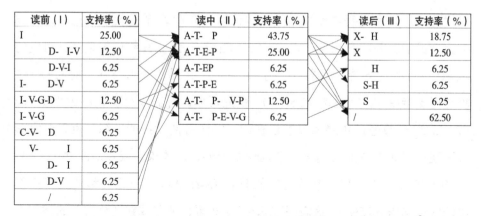

读前（Ⅰ）	支持率（%）
I	25.00
D- I-V	12.50
D-V-I	6.25
I- D-V	6.25
I- V-G-D	12.50
I- V-G	6.25
C-V- D	6.25
V- I	6.25
D- I	6.25
D-V	6.25
/	6.25

读中（Ⅱ）	支持率（%）
A-T- P	43.75
A-T-E-P	25.00
A-T-EP	6.25
A-T-P-E	6.25
A-T- P- V-P	12.50
A-T- P-E-V-G	6.25

读后（Ⅲ）	支持率（%）
X- H	18.75
X	12.50
H	6.25
S-H	6.25
S	6.25
/	62.50

图4-4　"阅读课教学顶层三大环节之间中观层过程"理论模型示意图[①]

铺垫后再布置阅读任务。（2）[A-T-P] 作为教学终点的支持率相对较高
（43.75%）。这表明在读前教学的基础上先布置阅读任务再让学生阅读课文，
然后进行课文练习，已形成一定的共识。（3）[I] 与 [A-T-P] 过程的共现关系
相对较为突出，这表明在进行课文导入后布置阅读任务，提出具体的要求，
然后让学生阅读课文，进而进行课文练习，在已有认知中形成了一定的共识
倾向。

接口位置教学事件的考察结果显示：（1）"导入课文（I）"作为起点的
支持率较高（50%），I 既是"读前（I）"环节的落脚点，同时也是通向"读
中（Ⅱ）"教学的起点。在阅读教学过程中，先进行阅读材料导入，再开始
阅读文章，从认知的角度来看，体现了在激活图式的基础上进行图式重构的
重要性和必要性。（2）包含"布置任务（A）"的教学过程作为终点的支持
率十分突出，从"读前（I）"中的阅读指导到布置具体阅读任务、明确阅读
理解目标，体现了教师在教学过程中的主导作用。（3）"导入课文（I）"与
"布置任务（A）"的共现关系是相对最突出的。恰当的阅读任务目标的设
定是对学生阅读理解活动的一种有益引导，阅读前除了通过文章导入激发

---

① 构件之间有连线表示有文献支持该路径选择，箭头的方向表示教学进程的发展方向，
"/"表示未提及，下同。

学生的兴趣、让学生熟悉话题外，通过布置明确、具体的阅读任务，为接下来的阅读实践做好准备也是十分必要的。"导入课文（Ⅰ）"和"布置任务（A）"作为"读前（Ⅰ）"与"读中（Ⅱ）"接口的起点和终点，具有承上和启下的作用。

2. 关联特征分析：从"读中（Ⅱ）"到"读后（Ⅲ）"

过程类型的关联数据表明：（1）[A-T-P] 过程作为起点的支持率相对来说是最高的（43.75%），其通往"读后（Ⅲ）"环节的教学路径也是最为丰富的。学生根据教师布置的任务完成课文阅读，然后在此基础上对课文进行练习，检查阅读理解情况，并巩固所学知识和技能，就课文进行知识练习和技能训练是"读中（Ⅱ）"教学的落脚点，也是"读后（Ⅲ）"教学的起点。（2）[X-H] 作为教学终点的支持率相对较高（18.75%），可见专家学者相对更倾向于将在完成"读中（Ⅱ）"环节教学活动的基础上先进行拓展练习再布置作业作为阅读教学的终点。（3）从"读中（Ⅱ）"到"读后（Ⅲ）"环节并没有发现共现关系突出的结构类型，支持率相对较高的教学路径是从 [A-T-P] 到 [X]，这表明在已有认知中，对于在课文阅读和讲练结束后进行拓展练习是比较认可的。

接口位置教学事件的考察结果显示：（1）"课文练习（P）"作为起点的支持率最高（75%），专家学者倾向于将 P 作为"读中（Ⅱ）"和"读后（Ⅲ）"之间承上启下的节点，体现了已有教学认知中对课文练习的重视，课文练习对整个阅读教学来说发挥着举足轻重的作用。（2）"拓展练习（X）"作为接口位置教学事件终点的支持率最高（31.25%），可见在"读中（Ⅱ）"教学的基础上进行拓展练习在已有认知中具有一定的典型性和代表性。

对"汉语阅读教学·文献研究数据库"的考察发现，有些专家学者倾向于使用不同的阅读材料训练不同的阅读方法和技能，比如周小兵等（2007）是将通读材料和查读、略读材料区别对待的，他们认为"除了通读材料之外，阅读训练中还有一些查读、略读等练习。这种阅读材料通常要求学生到材料中去找所需信息等，因此，不需要通读全文"。有的专家学者则倾向于就同一篇阅读材料反复阅读，每一遍阅读侧重训练不同的阅读技能，比如杨惠元（2019）曾举例说明如何采用"查阅—略读—通读—细读练习法（自上而下—自下而上）"就某一篇阅读材料进行教学。不同专家学者对查读（查阅）、略读、通读、细读的教学结构和过程的看法也不完全一致。通过考察，我们得出了有关查读的 3 种结构类型（ATP、IATP、ATPE）和 3 种过程类型（[A-T-P]、[I-A-T-P]、[A-T-P-E]）；得出了有关略读的 1 种结构类型（ATP）和 1 种过程类型（[A-T-P]）；得出了有关通读的 3 种结构类型（[IVDATP、ATP、IVATPE）和 3 种过程类型（[I-V-D-A-T-P]、[A-T-P]、[I-V-A-T-P-E]）。与一般的阅读教学结构和过程相比，在所有这些特殊的结构类型和过程类型中，均没有出现新的构件；从"读前（Ⅰ）""读中（Ⅱ）"和"读后（Ⅲ）"各环节内部来看，也没有出现任何新的结构类型和过程类型，因而可将之视为一般阅读教学结构和过程的变体，在一些特定的条件下适用。

第二节　汉语阅读教学应用模型构建

本研究以"汉语阅读教学·实录研究数据库"为基础开展汉语阅读课堂教学的结构和过程研究，通过对汉语阅读教学课堂实录[①]的观察与分析，对阅读教学构件、结构和过程的特征进行表达、提取和计算，构建汉语阅读教学结构和过程的应用模型。具体实施方案如下：首先，选定阅读教学规范化

---

① 本研究中的教学实录主要来自北京语言大学出版社出版的《汉语课堂教学示范》（2007年）实录和青年教师教学基本功大赛获奖作品，均为中、高级阶段独立开设的阅读课，共 6 份样本。这类教学实录通常是由一线教师或教师团队精心设计后付诸实施的，且经过了领域内教学专家或教学研究专家的评选、认证，具有可模仿性和可推广性等特点，值得深入学习和研究。

教学实录样本，建立"汉语阅读教学·实录样本数据库"，并对数据库中的样本进行转写。其次，在"宏观层—中观层—微观层"的整体架构下，从概念出发，在教学实录中辨识阅读教学构件、结构和过程信息，对各构件类型依据理论模型中的名称进行命名，若构件为新出现则另外确定统一的名称术语并给出定义；按构件类型、结构类型和过程类型进行统一赋码和形式化表达，建立"汉语阅读教学·实录研究数据库"。再次，确立构件系统，在此基础上完成对汉语阅读教学系统应用模型的建构。最后，计算倾向性结果[①]，对模型特征进行分析。本研究的结果可以为开展汉语阅读教学实践提供参考，也可通过与理论模型的对比促进教学反思，还可以为汉语阅读教学慕课或微课教学设计提供依据。

一、顶层教学环节的建立、结构和过程模型构建及特征分析

通过对教学实录样本的分析可以发现，汉语阅读教学是一个有层次的系统，可以从宏观顶层出发逐层进行描写并构建模型，这是一个自上向下的工作过程；而在每个层面内，又可以通过对构件的辨识和计算，自下而上地完成结构和过程模型的构建，从而揭示来自教学实践的汉语阅读教学结构和过程的规律。

（一）顶层教学环节的建立及结构和过程模型构建

从概念出发，在"汉语阅读教学·实录研究数据库"中经过辨识、归类汇总，以及与理论模型中的名称（术语）一一对应并进行必要的名称（术语）补充，我们共提取出"读前（Ⅰ）""读中（Ⅱ）"和"读后（Ⅲ）"三个基本教学环节。在此基础上，进一步根据结构和过程的使用信息，完成了顶层模型的构建（见图 4-5）。

---

① 相关结果通过使用率来体现。本研究有关使用率的计算公式为：使用率 = 实际应用的样本数 ÷ 样本总数。

基本环节	使用率（%）		结构类型	使用率（%）	过程类型	使用率（%）
读前（Ⅰ）	100		Ⅰ Ⅱ Ⅲ	100	Ⅰ-Ⅱ-Ⅲ	100
读中（Ⅱ）	100					
读后（Ⅲ）	100					

图 4-5 "阅读课教学顶层结构和过程"应用模型示意图

（二）顶层模型特征分析

由图 4-5 可以得到关于顶层模型的如下两点应用特征：（1）"读前（Ⅰ）""读中（Ⅱ）"和"读后（Ⅲ）"皆为汉语阅读教学系统中不可或缺的基本环节（使用率均为 100%），除"读中（Ⅱ）"是阅读教学的核心外，阅读前的指导和阅读后的教学也都受到了高度重视，在教学实践中发挥着重要功能和作用。（2）教学过程的基本实践方案表现为"读前（Ⅰ）→读中（Ⅱ）→读后（Ⅲ）"的演进序列，各基本环节在教学过程中是先后相继、彼此制约且相互影响和关联的，我们研究的每个教学样本都完整体现了这一基本实践方案。

二、中观层构件系统的建立及特征分析

中观层构件系统的建立是构建其结构和过程模型的前提和基础。从概念出发，对实录研究数据库中顶层三大环节内部的构件进行辨识、名称汇总，并与理论模型中的名称（术语）一一对应或进行必要的名称（术语）补充，计算其使用率，可以完成中观层构件系统的构建（见图 4-6）。

（一）"读前（Ⅰ）"环节下的中观层构件及特征

由图 4-6 可知，从"读前（Ⅰ）"环节共辨识出"导入课文（Ⅰ）""讲练生词（Ⅴ）"和"训练技能（Ｄ）"等 3 个中观层构件[①]。在实录研究数据库

---

① 从"汉语阅读教学·文献研究数据库"中还辨识出了"组织教学""复习旧课""检查作业""导入新课"等出现于新课教学开始之前的一些构件，因本研究主要关注体现阅读教学特点的结构和过程，故未将"组织教学""复习旧课""检查作业""导入新课"等构件纳入应用模型构建。

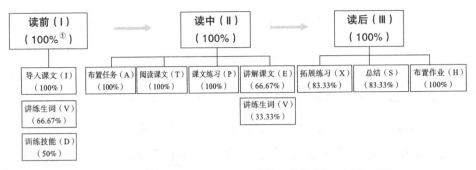

图 4-6 "阅读课教学顶层和中观层构件系统"应用模型示意图

中，"读前（I）"环节构件使用率的实证数据显示：（1）I 的使用频率最高
（100%），说明教师极为重视阅读前从话题和背景知识等方面为课文阅读进
行铺垫。（2）V 在该教学环节中的使用率也相对较高（66.67%），表明教师
重视学生的语言知识积累，特别是词汇的积累，因为扩大词汇量是阅读教学
的重要任务之一。（3）D 使用率也比较高（50%），表明进行断句等专项技
能训练或略读等技能训练在阅读准备阶段也发挥着较大的作用。

（二）"读中（Ⅱ）"环节下的中观层构件及特征

由图 4-6 可知，从"读中（Ⅱ）"环节共辨识出"布置任务（A）""阅
读课文（T）""课文练习（P）""讲解课文（E）"和"讲练生词（V）"等
5 个中观层构件。在实录研究数据库中，"读中（Ⅱ）"环节构件使用率的
实证数据显示：（1）A、T 和 P 的使用率极高（均为 100%），说明布置任
务、阅读课文和课文练习都是阅读教学的必有环节。（2）E 的使用率也较
高（66.67%），表明讲解课文在教学实践中承担着一定的教学功能，发挥着
比较重要的作用。（3）V 的使用率较低（33.33%），结合其在"读前（I）"
环节中的使用率，可知在教学实践中，在阅读准备阶段处理生词比在阅读
实践过程中处理生词更为常见。考察发现，A 是阅读课教学过程中不可或
缺的教学事件，教师注重在阅读前让学生明确阅读要求、明确需要完成的

---

① 图中数字为使用率。

任务，这是教师对学生阅读策略的一种引导。T 是该环节的核心要素之一，是阅读教学中必不可少的一环，具体形式除默读外，也包括集体齐读、个别学生朗读、小组讨论式阅读等。P 承担着重要的教学功能，也是阅读教学中普遍存在的教学事件，为语言教师所高度重视。另外，在考察教学实录数据的过程中发现，教师在布置阅读任务时多会就课文内容提出一些问题或让学生先读练习中的题目再读课文，这种带着问题阅读的方式有助于增强学生阅读的动机和兴趣，也有助于学生理解课文，因而在阅读教学实践中较为普遍。考察还发现，E 构件是否出现除与课文难度相关外，也与课文练习的具体内容存在相关性，若通过处理课文练习能够帮助学生全面地理解课文并训练阅读技巧，讲解课文则不再是必有的教学事件。

（三）"读后（Ⅲ）"环节下的中观层构件及特征

由图 4-6 可知，从"读后（Ⅲ）"环节共辨识出"拓展练习（X）""总结（S）"和"布置作业（H）"等 3 个中观层构件。在实录研究数据库中，"读后（Ⅲ）"环节构件使用率的实证数据显示：（1）H 的使用率极高（100%），考察发现，教师倾向于将布置作业作为课堂教学结束的标志。利用布置作业提醒学生巩固本课所学内容并为下次课做好准备，是教学延续性的体现。（2）X 和 S 的使用率也都较高（均为 83.33%），表明对所学新知进行总结在实际教学过程中应用较为普遍，在主课文阅读完成后继续进行略读、查读等技能训练的做法也较为普遍。拓展练习和总结在"读后（Ⅲ）"环节中都发挥着重要作用。考察还发现，"读后（Ⅲ）"环节中 X 的使用率在一定程度上会受到"读前（Ⅰ）"环节中 D 的使用率的影响。阅读课中的快读、略读等技能训练存在以下三种情况：①只存在于读后，以 X 的形成出现；②既存在于读前，也存在于读后，分别以 D 和 X 的形式出现；③只存在于读前而不存在于读后，以 D 的形式出现。其中第一种情况最为普遍，而第三种情况会使"读后（Ⅲ）"环节中 X 的使用率降低。

三、中观层结构和过程模型构建及特征分析

汉语阅读教学系统的顶层架构决定了中观层模型的构建将由两方面的工作构成：首先，构建顶层三大环节内部中观层结构和过程的应用模型；其次，构建顶层三大环节之间中观层结构和过程的应用模型。

（一）顶层三大环节内部中观层应用模型构建

以中观层构件系统为基础，通过在实录研究数据库中辨识、汇总和计算汉语阅读教学顶层三大环节内部中观层结构和过程的使用信息，可以构建出三大环节各自内部中观层结构和过程的模型（见图 4-7）。

顶层－ 基本环节	中观层－构件	中观层－结构		中观层－过程	
		类型	使用率（％）	类型	使用率（％）
读前（I）	导入课文（I） 讲练生词（V） 训练技能（D）	IV	33.33	I-V	33.33
		IDV	33.33	V-D-I	16.67
				D-I-V	16.67
		ID	16.67	D-I	16.67
		I	16.67	I	16.67
读中（II）	布置任务（A） 阅读课文（T） 课文练习（P） 讲解课文（E） 讲练生词（V）	ATP	33.33	A-T-P	33.33
		ATPE	33.33	A-T-P-E	16.67
				A-T-PE-P	16.67
		ATPEV	33.33	A-T-PE- V	16.67
				A-T-PEV	16.67
读后（III）	拓展练习（X） 总结（S） 布置作业（H）	XSH	83.33	X-S-H	83.33
		H	16.67	H	16.67

图 4-7　"阅读课教学顶层三大环节内部中观层结构和过程"应用模型示意图

每次阅读课可能会处理若干篇不同类型的课文，有的是精读课文，需要反复阅读，除了快速浏览外，还需要通读和细读；有的是泛读课文，仅需略读或查读。[①] 每篇课文的篇幅长短也不同，在进行细读训练时，教师一

---

① 在本研究中，我们根据教学时长、课文内容和教学方法等因素判断哪篇课文是本课的主课文，然后将主课文的教学结构和过程作为研究对象，将主课文之前的若干篇课文归入读前的阅读技能训练，将主课文之后的若干篇课文（副课文或补充材料）归入读后的拓展练习。

般会将篇幅较长的课文按照段落分成若干部分让学生分段阅读，因此"读中（Ⅱ）"环节的中观层构件在阅读课教学实践中会多次出现，形成 A、T、P（或 A、T、P、E）交替进行、循环往复的教学过程①，而"读前（Ⅰ）"和"读后（Ⅲ）"环节的中观层构件则未发现循环、反复的现象。

下面将对顶层三大环节内部中观层结构和过程模型的特征进行分析，以便更深入细致地描写各环节内部中观层结构和过程的应用机制，揭示教学子系统的运行规律。其中，过程解析所得到的特征还将从教学事件的取值范围、特定构件出现的位置、构件之间的关联关系等方面做更具体的分析。

1."读前（Ⅰ）"环节下的中观层结构和过程

结构类型和过程类型的实证数据显示：（1）本环节共出现了 IV、IDV、ID 和 I 等 4 种结构类型，以及 [I-V]、[V-D-I]、[D-I-V]、[D-I] 和 [I] 等 5 种过程类型。（2）各结构类型和过程类型中，IV、IDV 这两种结构类型和 [I-V] 这种过程类型使用率是相对最高的（均为 33.33%），其他结构类型和过程类型的使用率都不高，这表明"读前（Ⅰ）"环节中结构和过程的教学目前并不存在某种固定模式，教学实践展现出复杂性和较强的灵活性。

教学事件取值范围的实证数据显示：本环节至少使用 1 个教学事件，取 [I] 过程；最多经历 3 个教学事件，取 [V-D-I] 过程或 [D-I-V] 过程。[I] 过程突出了导入课文在读前准备阶段的重要作用，也说明在"读前（Ⅰ）"环节中导入课文是必不可少的教学事件。[V-D-I] 和 [D-I-V] 这两种过程类型的存在表明，在"读前（Ⅰ）"环节中，教师除了重视课文导入，也重视分别从语言知识和阅读技能两个方面为学生展开阅读实践做准备。

构件出现位置的实证数据显示：I 作为起点的使用率相对较高（50%），表明在读前准备阶段先让学生熟悉话题、激发学生的兴趣是非常重要的。教

---

① 若每一遍阅读或每个部分阅读时展现出不同的教学过程，我们就选取包含教学构件最多的结构类型和经历教学事件最多的过程类型作为该样本的典型性、代表性实例。使用率的计算以每个样本的代表性实例为基础。

师先导入话题或对课文的背景知识进行介绍，然后再从语言知识和阅读技能方面进行读前准备或进入课文阅读，在教学实践中比较常见。

构件关联关系的实证数据显示："读前（Ⅰ）"环节中的构件没有显著的关联关系，当"读前（Ⅰ）"环节中的 3 个构件组合使用时，构件顺序不固定，如"导入课文（Ⅰ）""讲练生词（V）"和"训练技能（D）"既可以形成 [V-D-I] 过程，也可以形成 [D-I-V] 过程，这是教学灵活性的体现。

2."读中（Ⅱ）"环节下的中观层结构和过程

结构类型和过程类型的实证数据显示：（1）本环节共出现了 ATP、ATPE 和 ATPEV 等 3 种结构类型，以及 [A-T-P]、[A-T-P-E]、[A-T-PE-P]、[A-T-PE-V] 和 [A-T-PEV] 等 5 种过程类型。（2）在 [A-T-PE-P]、[A-T-PE-V] 和 [A-T-PEV] 这 3 种过程类型中都存在"讲练一体"的情况，即在处理课文练习的同时对课文中的知识要点和技能训练要点进行讲解，其中 [A-T-PEV] 这种过程类型中还存在将课文中的生词融合在课文练习与课文讲解中进行处理的情况，该教学过程有助于引导学生借助上下文等信息进行词义猜测。（3）在 5 种过程类型中，[A-T-P] 这一过程类型略占优势（使用率为 33.33%），其他 4 种过程类型的使用率都比较低（均为 16.67%），这表明课文讲解和生词讲练在"读中（Ⅱ）"环节中并非必不可少，相较而言，教师更倾向于采用"以练代讲"或"讲练一体"的教学方式来培养和提高学生的阅读能力，像 [A-T-P-E] 这样先通过课文练习检查阅读理解的效果，再对课文进行讲解的教学过程，在教学实践中并不常见。

教学事件取值范围的实证数据显示：本环节至少使用 3 个教学事件，取 [A-T-P] 过程或 [A-T-PEV] 过程；最多经历 4 个教学事件，取 [A-T-P-E] 过程、[A-T-PE-P] 过程或 [A-T-PE-V] 过程。"布置任务（A）""阅读课文（T）""课文练习（P）"和"讲解课文（E）"的配合使用是阅读教学系统性的一种体现。

构件出现位置的实证数据显示：该环节大致遵循 A→T→P 或 A→T→

P→E 的过程路径，即通过布置阅读任务给予阅读指导来推进学生的阅读实践，通过完成指定练习来引导学生运用合适的阅读策略深入理解阅读材料内容，通过练习和讲解帮助学生提高阅读技能。"布置任务→阅读课文→课文练习"共同构成阅读教学的核心，这种过程路径有利于提高教学效率，保证教学效果。

构件关联关系的实证数据显示：（1）A、T 和 P 的共现关系极为突出（使用率均为 100%），表明一方面要在课文阅读开始前进行阅读指导，另一方面要在课文阅读过程中和结束后通过课文练习提高学生的阅读技能，二者相辅相成，缺一不可。此外，让学生带着问题阅读及边读课文边完成相关练习是较为普遍的做法，体现了教学的实践性原则，同时也可看作是"做中学"教学理念在阅读课堂教学中的体现。（2）P 和 E 更倾向于以同步融合式出现，说明在练习的过程中进行讲解、在讲解的同时通过练习来检查学生的阅读理解情况，是较普遍的教学过程。教师在教学过程中会带着学生完成练习，在这个过程中，一边对学生的理解情况进行检查，一边进行有针对性的讲解。P 和 E 共现也说明，练习离不开讲解，教师在练习过程中适时地对重点和难点加以点拨，有助于提高练习的效率和效果。（3）在 [A-T-PEV] 过程类型中，生词讲练是融合在课文练习和讲解中进行的，这表明在阅读课上，讲练生词不一定作为一个教学事件独立存在，对于课文中的生词不一定像综合课等其他课型那样集中处理，教师可以采取"随文释词"的方式进行教学，这样做有助于培养学生借助上下文猜测词义的阅读技能。

3. "读后（Ⅲ）"环节下的中观层结构和过程

结构类型和过程类型的实证数据显示：（1）本环节共出现了 XSH 和 H 两种结构类型，以及与之相对应的 [X-S-H] 和 [H] 两种过程类型。（2）XSH 结构类型及其对应的 [X-S-H] 过程类型使用率较高（均为 83.33%），在学生阅读完主课文之后先进行扩展练习，然后再总结、布置作业，这是多数语言教师的选择，体现出教学实践对学生学习过程完整性的重视。（3）H

结构及其所对应的过程类型使用率较低（均为 16.67%），可见教师极少跳过总结直接布置作业。在实录研究数据库中仅发现一例这样的情况：主课文阅读和练习完成后已经到了下课时间，受课长时限的影响，教师没有做总结，而是直接布置作业，然后宣布下课。由此我们可以做出在教学实践中 H 的地位和价值高于 S 的推断。这也表明，教学时长是影响构件选择的因素之一。

教学事件取值范围的实证数据显示：本环节至少使用 1 个教学事件，取 [H] 过程；最多经历 3 个教学事件，取由"读后（Ⅲ）"环节构件集合的全集形成的 [X-S-H] 过程。可见，"布置作业（H）"是"读后（Ⅲ）"环节的必有教学事件。

构件出现位置的实证数据显示：（1）当 X、S 和 H 同时存在时，X 总是在 S 之前出现，而 H 总是紧随 S 之后出现。（2）H 总是作为整个教学过程的最后一环，这是由教学事件的性质和作用决定的。这表明将布置作业作为"读后（Ⅲ）"环节的最后一环已成为惯例，而在布置作业前先对本次课所学内容进行总结和提示，在教学实例中也极为常见。

构件关联关系的实证数据显示：X、S 和 H 三者呈现出较强的共现倾向（使用率为 83.33%），但"布置作业（H）"独立的功能和作用表明，这种共现不具有强制性。

（二）顶层三大环节之间中观层关联特征分析

聚焦并梳理汉语阅读教学顶层三大环节之间中观层构件的共现关系和发生序列，不仅可以推导出顶层三大环节之间中观层结构和过程的应用模型（见图 4-8），还可以进一步考察三大环节之间结构及过程类型的映射关系，并从接口位置教学事件的特点出发对模型进行分析，了解其教学作用，透视中观层环节间结构和过程的制约关系。结构或结构的组合在时间轴上的顺序呈现形成过程，从过程类型中可以清楚地看出结构类型，限于篇幅，故不再对结构类型单独论述。

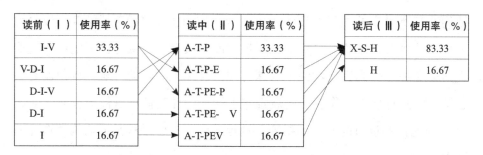

图 4-8　"阅读课教学顶层三大环节之间中观层过程"应用模型示意图

　　从"读前（Ⅰ）"环节到"读中（Ⅱ）"环节，再从"读中（Ⅱ）"环节到"读后（Ⅲ）"环节依次对汉语阅读教学进程中各个环节之间接口位置教学事件的关联特征进行分析，可以透视中观层跨环节间教学过程的应用规律。

　　1. 关联特征分析：从"读前（Ⅰ）"到"读中（Ⅱ）"

　　接口位置教学事件的实证数据显示：（1）Ⅰ和Ⅴ多作为"读前（Ⅰ）"环节的后端接口事件（使用率均为50%），表明导入课文和讲练生词都与"读中（Ⅱ）"环节关系密切。Ⅰ作为接口事件突出体现了内容图式激活对图式构建和重塑的铺垫作用，而Ⅴ作为接口事件则突出体现了语言图式激活对图式构建和重塑的铺垫作用。（2）A是"读中（Ⅱ）"环节唯一的前端接口事件（使用率为100%），表明在"读前（Ⅰ）"环节做好各种读前准备之后，首先要让学生明确阅读任务和目标，然后再让学生开始阅读课文，这有助于增强教学的针对性和有效性，提高教学效率。（3）以 [Ⅰ-Ⅴ] 为起点的路径相对来说较多，使用率也相对较高（33.33%），这表明在教学实践中多以生词讲练作为阅读准备阶段的落脚点和课文阅读活动的起点。

　　2. 关联特征分析：从"读中（Ⅱ）"到"读后（Ⅲ）"

　　接口位置教学事件的实证数据显示：（1）P作为"读中（Ⅱ）"环节后端接口事件的使用率最高（50%），表明通过课文练习帮助学生深入理解阅读材料、掌握知识和技能是进行"读后（Ⅲ）"教学的前提条件，在进入"读后（Ⅲ）"环节前，教师应确保学生对课文有较为充分的理解和较好的掌握。
（2）X 和 H 可作为"读后（Ⅲ）"环节的前端接口事件，其使用率差别较大
（分别为 83.33% 和 16.67%），X 作为"读后（Ⅲ）"环节的前端接口事件占
绝对优势，这表明在阅读主课文的基础上，进一步拓展阅读内容和阅读技能
既具必要性，又有可行性。

第三节　汉语阅读教学模型对比

通过系统梳理汉语教学文献中关于阅读教学结构和过程的思辨性和经
验性教学认知，可以推导出汉语阅读教学的理论模型（Theoretical Model，
以下简称"T 模型"）；通过对汉语阅读教学实录样本数据的分析和计算，
可以构建出汉语阅读教学的应用模型（Empirical Model，以下简称"E 模
型"）。我们将 T 模型与 E 模型进行对比，从顶层和中观层构件形成的构件
系统开始，自上而下完成顶层三大环节之下以及顶层三大环节之间中观层
结构和过程的模型对比；以 E 模型和 T 模型共有特征、T 模型特有特征、E
模型特有特征为线索，探索汉语阅读课教学结构和过程理论与实践的共性
和差异性。这有助于从共性中思考已有理论认知对汉语阅读教学实践的指
导作用，也有助于从差异中揭示来自教学实践的新现象、新规律，对现有
理论认知加以补充或修正，为进一步开展汉语阅读教学的理论创新和实践
反思提供参考。

一、顶层教学环节对比分析

以顶层基本环节的建立为基础，分别对结构类型和过程类型的支持
率和使用率进行计算，可以得到顶层结构和过程的模型对比示意图（见图
4-9）。

基本环节	支持率（%）	使用率（%）		结构类型	支持率（%）	使用率（%）	过程类型	支持率（%）	使用率（%）
读前（Ⅰ）	43.75	100		ⅠⅡⅢ	50	100	Ⅰ-Ⅱ-Ⅲ	50	100
读中（Ⅱ）	100	100		ⅠⅡ	43.75	0	Ⅰ-Ⅱ	43.75	0
读后（Ⅲ）	25	100		Ⅱ	6.25	0	Ⅱ	6.25	0

图 4-9 "阅读课教学顶层结构和过程"模型对比示意图

（一）两个模型的共有特征

对 T 模型和 E 模型的顶层进行比较，可以发现它们之间存在如下共有特征：（1）"读前（Ⅰ）""读中（Ⅱ）"和"读后（Ⅲ）"是 T 模型与 E 模型共有的基本教学环节。（2）"读中（Ⅱ）"环节在 T 模型和 E 模型中均为必有项（支持率和使用率均为 100%）。（3）由基本教学环节所构成的 ⅠⅡⅢ 结构及其所对应的 [Ⅰ-Ⅱ-Ⅲ] 过程为 T 模型与 E 模型共有的结构类型和过程类型。对比文献中基本环节的相关表述和实录中基本环节的教学表现后发现，对"读前（Ⅰ）""读中（Ⅱ）"和"读后（Ⅲ）"各环节的思辨性认识或经验总结与其在实际教学中的教学表现呈现出高度的一致性。

（二）T 模型的特有特征

T 模型的顶层具有以下特有特征：ⅠⅡ 结构和 Ⅱ 结构及其所对应的过程类型使用率均为 0，它们是 T 模型独有的结构和过程类型，这表明该结构和过程类型仅在理论上存在，教师在实际教学实践中并未采用，可见，相较于理论认知，教学实践更加凸显顶层教学环节的完整性。

（三）E 模型的特有特征

E 模型顶层仅出现一种结构类型和一种过程类型，与 T 模型对比，没有发现独有的结构和过程类型，不具备特有特征。这表明在教学实践中已经形成了教学结构和过程的最佳选择，一些在理论上探讨过的结构和过程类型在教学实践中并不适用。

二、中观层三大环节内部构件、结构类型和过程类型的对比分析

基于顶层教学环节，分别计算 T 模型和 E 模型中观层教学构件的支持率和使用率，可以得到如下结果（见图 4-10）。

顶层－基本环节	中观层－构件		
	名称及代码	支持率（%）	使用率（%）
读前（Ⅰ）	导入课文（I）	81.25	100
	讲练汉字（C）	6.25	0
	讲练生词（V）	62.50	66.67
	讲练语法点（G）	18.75	0
	训练技能（D）	56.25	50
读中（Ⅱ）	布置任务（A）	100	100
	阅读课文（T）	100	100
	课文练习（P）	100	100
	讲解课文（E）	43.75	66.67
	讲练生词（V）	18.75	33.33
	讲练语法点（G）	6.25	0
读后（Ⅲ）	拓展练习（X）	31.25	83.33
	总结（S）	12.50	83.33
	作业布置（H）	31.25	100

图 4-10　"阅读课教学顶层三大环节内部中观层构件"模型对比示意图

将阅读教学三大环节内部 E 模型与 T 模型中观层结构和过程进行对比，可以得到如下结果（见图 4-11）。

下面将分别考察理论模型和应用模型的中观层在"读前（Ⅰ）""读中（Ⅱ）"和"读后（Ⅲ）"三大环节内部教学构件、教学结构和教学过程的异同。

顶层-基本环节	中观层-结构			中观层-过程		
	类型	支持率(%)	使用率(%)	类型	支持率(%)	使用率(%)
读前（I）	I	25.00	16.67	I	26.67	16.67
	IVD	25.00	33.33	D-I-V	13.33	16.67
				I- D-V	6.67	0
				D-V-I	6.67	0
				V- D-I	0	16.67
	IVGD	12.50	0	I- V-G-D	13.33	0
	IVG	6.25	0	I- V-G	6.67	0
	CVD	6.25	0	C- V- D	6.67	0
	VI	6.25	33.33	V- I	6.67	0
				I-V	0	33.33
	DI	6.25	16.67	D-I	6.67	16.67
	DV	6.25	0	D- V	6.67	0
	/	6.25	0	/	6.25	0
读中（II）	ATP	43.75	33.33	A-T -P	43.75	33.33
	ATPE	37.50	33.33	A-T-E-P	25.00	0
				A-T- P-E	6.25	16.67
				A-T- PE	6.25	0
				A-T- P-E- P	0	16.67
	ATPV	12.50	0	A-T- P- V- P	12.50	0
	ATPEV	0	33.33	A-T- PE- V	0	16.67
				A-T- PEV	0	16.67
	ATPEVG	6.25	0	A-T- P-E-V-G	6.25	0
读后（III）	XH	37.50	0	X- H	37.50	0
	X	25.00	0	X	25.00	0
	SH	12.50	0	S- H	12.50	0
	H	12.50	16.67	H	12.50	16.67
	S	12.50	0	S	12.50	0
	XSH	0	83.33	X- S- H	0	83.33
	/	62.50	0	/	62.50	0

图4-11 "阅读课教学顶层三大环节内部中观层结构和过程"模型对比示意图[①]

---

① 图中"/"表示在相应模型中无此结构或过程，下同。

（一）"读前（Ⅰ）"环节

1. 教学构件对比

①两个模型的共有特征

在 T 模型和 E 模型中，共有教学构件有"导入课文（Ⅰ）""讲练生词（Ⅴ）"和"训练技能（Ⅾ）"。对比数据显示：（1）Ⅰ在 T 模型中的支持率及在 E 模型中的使用率均是最高的（支持率为 81.25%，使用率为 100%），这表明不但理论认知对导入课文的作用给予了较高程度的关注，而且其在教学实践中也得到了全面的践行。（2）与其他构件相比，Ⅴ在 T 模型和 E 模型中的支持率和使用率也比较高（支持率为 62.50%，使用率为 66.67%），这表明讲练生词在理论认知方面得到了较多的关注，在教学实践中也有较多的应用实例。（3）Ⅾ在 T 模型和 E 模型中的支持率和使用率也相对较高（支持率为 56.25%，使用率为 50%）。从理论认知和教学实践上看，技能训练一方面可能融入了"读中（Ⅱ）"环节的课文阅读和讲练过程当中，另一方面也可能安排在了"读后（Ⅲ）"环节的拓展练习中，其处理具有一定的灵活性。

②T 模型的特有特征

对 T 模型和 E 模型的中观层教学构件进行比较，可以发现理论模型的特有特征：（1）Ｃ和Ｇ是 T 模型中的特有构件。考察其原因，我们发现从教学实践来看，有的教师将汉字识记与生词教学联系起来，将之融入讲练生词的过程；也有教师将有关汉字的讲解与练习融入课文讲解和课文练习当中。在有语境背景的情况下，根据上下文对某些重点字、难字进行讲练是汉语阅读课教学实践中较为常见的做法。Ｇ在 E 模型中没有出现，这可能与教学对象的汉语水平有关，语法教学在初级阶段的地位和作用更为凸显，而 E 模型的有关样本是中高级阶段的汉语阅读课。（2）从读前语言知识准备的角度看，T 模型中有Ｃ、Ｖ和Ｇ三个与语言知识准备相关的构件，而 E 模型中仅出现了Ｖ一个。可见，T 模型提到了更丰富的教学构件，且较之 E 模型更注重模型的系统性和教学结构、教学过程的完备性。

③E 模型的特有特征

E 模型中未出现特有的构件。

2. 教学结构类型和过程类型对比

在理论模型中，本环节共提及 I、IVD、IVGD 等 8 种结构类型，以及 [I]、[D-I-V]、[I-D-V] 等 10 种过程类型。在应用模型中，该环节出现了 I、IVD、VI 和 DI 共 4 种结构类型，以及 [I]、[D-I-V]、[V-D-I]、[I-V] 和 [D-I] 共 5 种过程类型。将 T 模型与 E 模型进行对比可以发现，T 模型中的结构类型和过程类型有的能够在 E 模型中找到实例，有的则在 E 模型中没有出现；同时，E 模型中还出现了 T 模型中没有出现过的两种过程类型。下面将分析 T 模型和 E 模型的共有特征以及两者的特有特征。

①两个模型的共有特征

对 T 模型和 E 模型的中观层教学结构与过程类型进行比较，可以发现它们之间存在如下共有特征：I、IVD、VI 和 DI 是 T 模型和 E 模型共有的结构类型，[I]、[D-I-V] 和 [D-I] 是 T 模型和 E 模型共有的过程类型。它们在 T 模型和 E 模型中的支持率和使用率都不高（均未超过 50%），在理论和实践方面表现出了一定的一致性倾向。

②T 模型的特有特征

对 T 模型和 E 模型的中观层教学结构与过程类型进行比较，可以发现 T 模型存在以下特有特征：T 模型中出现的中观层教学结构与过程类型从数量和构成上看，比 E 模型中的更为丰富。T 模型中的 IVGD、IVG、CVD 和 DV 等 结 构 类 型 及 [I-D-V]、[D-V-I]、[I-V-G-D]、[I-V-G]、[C-V-D]、[V-I] 和 [D-V] 等过程类型在 E 模型中并未出现。除了 T 模型中所有包含 C 和 G 构件的结构和过程在 E 模型中均完全没有出现以外，T 模型中由 I、V、D 构成的结构和过程类型也多于 E 模型。这表明专家学者提出的一些结构类型和过程类型在教学实践中并未得到应用，其原因有待进一步探讨。

③E模型的特有特征

对T模型和E模型的中观层教学结构与过程类型进行比较，可以发现应用模型的特有特征：E模型中出现的 [V-D-I] 和 [I-V] 这两种过程类型在T模型中未被提及。从 [V-D-I] 这一过程类型可知，从语言知识（主要是生词）和技能方面为阅读实践做好准备后，导入课文使学生熟悉课文的内容和背景知识，这样的教学过程使得教学环节环环相扣、层层递进，有利于教学进程的推进。从 [I-V] 这一过程类型来看，先导入课文再对生词进行处理这种教学过程在实践中真实存在，而在理论认知方面并未提及。

（二）"读中（Ⅱ）"环节

1. 教学构件对比

①两个模型的共有特征

在T模型和E模型中，共有教学构件有"布置任务（A）""阅读课文（T）""课文练习（P）""讲解课文（E）"和"讲练生词（V）"。对T模型和E模型的中观层教学构件进行比较，可以发现它们之间存在如下共有特征："布置任务（A）""阅读课文（T）"和"课文练习（P）"在T模型和E模型中的支持率和使用率均为最高（100%），可见无论是在理论认知上还是在教学实践中，其重要性都得到了重视和发挥。

②T模型的特有特征

对T模型和E模型的中观层教学构件进行比较，可以发现理论模型的特有特征："讲练语法点（G）"是T模型中的特有构件。考察其原因发现，在教学实践中，教师倾向于将阅读材料中的一些重要结构、表达方式等融入课文练习中进行处理，或者在串讲课文时处理，讲练语法点在教学实录中没有作为独立教学事件出现的用例。

③E模型的特有特征

E模型中未出现特有的构件。

2. 教学结构类型和过程类型对比

在 T 模型中，本环节共提及 ATP、ATPE、ATPV 和 ATPEVG 等 4 种结构类型，以及 [A-T-P]、[A-T-E-P]、[A-T-P-E]、[A-T-PE]、[A-T-P-V-P] 和 [A-T-P-E-V-G] 等 6 种过程类型。在 E 模型中，本环节共发现 ATP、ATPE 和 ATPEV 等 3 种结构类型，以及 [A-T-P]、[A-T-P-E]、[A-T-P-E-P]、[A-T-PE-V] 和 [A-T-PEV] 等 5 种过程类型。将 T 模型与 E 模型进行对比可以发现，T 模型中的结构类型和过程类型有的能够在 E 模型中找到实例，有的则在 E 模型中没有出现；E 模型中的结构类型和过程类型有的能够在 T 模型中找到理论支持，有的则在 T 模型中未出现，有可能是教学实践中的创新与发展。

①两个模型的共有特征

对 T 模型和 E 模型的中观层教学结构与过程类型进行比较，可以发现它们之间存在如下共有特征：ATP 结构和 ATPE 结构是 T 模型和 E 模型共有的两种结构类型，[A-T-P] 过程和 [A-T-P-E] 过程是 T 模型和 E 模型共有的两种过程类型。教师在布置阅读任务后，让学生目标明确地阅读课文，进而就课文进行练习，或练习后再讲解，这样的做法既有理论认知方面的支持，又在教学实践中得到了证实。

②T 模型的特有特征

对 T 模型和 E 模型该教学环节的中观层教学结构与过程类型进行对比，可以发现理论模型的特有特征，具体包括：（1）T 模型中出现的中观层教学结构与过程类型数量略多于 E 模型。（2）T 模型中的 ATPV 和 ATPEVG 结构类型及其所对应的 [A-T-P-V-P] 和 [A-T-P-E-V-G] 过程类型在 E 模型中均未出现。这表明有关"读中（Ⅱ）"环节的教学结构和过程，在理论认知和教学实践方面存在着偏差。在 T 模型中，讲练生词和讲练语法点都作为独立的教学事件出现；而在 E 模型中，则多与课文练习和讲解融合出现。T 模型对"读中（Ⅱ）"教学环节的理论探讨和理论认知虽较为丰富，但在教学实践中却并非全部适用。

③ E 模型的特有特征

对 T 模型和 E 模型该环节教学结构类型和过程类型进行对比，可以发现应用模型的特有特征：ATPEV 这种结构类型及其所对应的 [A-T-PE-V] 和 [A-T-PEV] 这两种过程类型在 T 模型中都没有被提及，这是 E 模型中独有的教学结构和过程。这表明在教学实践中出现了过去未形成理论认知的新的教学过程，特别是将课文练习和讲解融合在一起进行的"以练代讲""以练促讲"式的教学过程在理论方面关注较少。

（三）"读后（Ⅲ）"环节

1. 教学构件对比

①两个模型的共有特征

对 T 模型和 E 模型的中观层教学构件进行比较，可以发现它们之间存在如下共有特征：（1）"拓展练习（X）""总结（S）"和"布置作业（H）"是 T 模型和 E 模型的共有构件。（2）X 在 T 模型和 E 模型中的支持率和使用率都是本环节中最高的（支持率为 62.50%，使用率为 83.33%），这说明不但有关该构件的理论探讨较多，而且该教学构件在实践中的应用也非常广泛。作为一门语言技能训练课，汉语阅读课强调阅读技能的培养，不但要培养学生通读、细读的技能，而且也要培训学生快读、略读的技能。不过，快读、略读等技能训练并不总是以拓展练习的形式出现在"读后（Ⅲ）"环节，它也有可能以训练技能的形式出现在"读前（Ⅰ）"环节，在"读前（Ⅰ）"环节中出现时，它兼有学习主课文前的热身作用。（3）H 在 E 模型中的使用率极高（100%），远高于其在 T 模型中的支持率（62.50%）。可见，通过布置作业指导学生更好地进行课外学习，通过复习、预习、完成课文练习为后面的学习做好准备，在教学实践中得到了普遍的应用，但在理论认知方面对其重视程度还不够。（4）"总结（S）"在 E 模型中的使用率也较高，且远高于其在 T 模型中的支持率（使用率为 83.33%，支持率为 25.00%）。可见在教学实践中，教师重视对所学内容的总结，而在理论认知方面对其关注较少且开始关注的时间相对较晚。（5）E 模型中每个教学构件的使用率都高于其在 T 模型中的支持率，这表明在教学实践中，对"读后（Ⅲ）"环节的重视程度高于专家学者的理论认知。

②T 模型的特有特征

T 模型中未出现特有的构件。

③E 模型的特有特征

E 模型中未出现特有的构件。

2. 教学结构类型和过程类型对比

①两个模型的共有特征

对"读后（Ⅲ）"环节 T 模型和 E 模型的中观层教学结构与过程类型进行比较，可以发现它们之间的共有特征：（1）H 结构及其所对应的 [H] 过程是 T 模型和 E 模型共有的结构类型和过程类型。（2）H 位于"读后（Ⅲ）"环节教学过程的终点。可见在阅读教学过程中，已有理论认知倾向于在处理完课文后，通过教师布置作业帮助学生对本课所学知识与技能进行巩固和拓展，这在 E 模型中也有所体现。

②T 模型的特有特征

对 T 模型和 E 模型的中观层教学结构与过程类型进行比较，可以发现理论模型的特有特征，具体包括：（1）T 模型中出现的中观层教学结构与过程类型数量大于 E 模型中出现的数量，E 模型中出现的所有结构类型和过程类型在 T 模型中都得到了理论支持。（2）T 模型中出现的 XH、X、SH 和 S 结构，以及由其所形成的各种过程类型都是 T 模型所独有的，在 E 模型中并没有出现。这表明在理论认知上，有专家学者将拓展练习或总结作为教学的终点，但在教学实践中这种情况并未得到证实。

③E 模型的特有特征

对 T 模型和 E 模型该教学环节的中观层教学结构与过程类型进行比较，

可以发现应用模型的特有特征：XSH 结构类型和 [X-S-H] 过程类型在 T 模型中没有提及，是 E 模型所独有的。这表明在教学实践中，已经有教师注重 X、S、H 构件的系统应用，相较于过去的理论认知，这是在教学实践中形成的新的教学过程类型。

三、三大环节的中观层之间构件、结构类型和过程类型的对比分析

（一）两个模型的共有特征

将阅读教学 E 模型与 T 模型顶层三大环节之间中观层的结构和过程进行比较，可以发现它们之间呈现出以下特征：（1）从"读前（I）"到"读中（Ⅱ）"，I 和 V 这两个教学事件在 T 模型和 E 模型中均可作为后端接口事件，这表明在进行课文导入或扫除生词障碍后进入"读中（Ⅱ）"环节这两种教学路径既有理论基础，又有实践支持。（2）A 是 T 模型和 E 模型共有的前端接口事件，其位于"读中（Ⅱ）"环节起点的支持率和使用率极高（均为100%），即专家学者和语言教师一致认可在阅读训练开始前先通过布置阅读任务使学生明确阅读理解的目标和重点，在建立学习预期的同时，激发学生的学习积极性。（3）从"读中（Ⅱ）"到"读后（Ⅲ）"，P 和 E 是 T 模型和 E 模型共有的前端接口事件，这表明可以将课文练习或讲解课文作为读后教学的基础，这在理论认知上得到了支持，也在教学实践中存在着实例。（4）从"读中（Ⅱ）"到"读后（Ⅲ）"，X 和 H 是 T 模型和 E 模型共有的后端接口事件，且无论是从 T 模型中的支持率来看，还是从 E 模型中的使用率来看，都是 X 高于 H，这表明无论是在理论上还是在实践中，更倾向于将拓展练习作为从"读中（Ⅱ）"到"读后（Ⅲ）"的后端接口事件。

（二）T 模型的特有特征

将 T 模型与 E 模型顶层三大环节之间中观层的结构和过程进行比较，可以发现：（1）从"读前（I）"到"读中（Ⅱ）"，在理论认知方面存在以

"讲练语言点（G）"为前端接口事件的观点，这在教学实践中并未找到相应的证据，甚至在 E 模型中没有出现任何包含"讲练语言点（G）"的结构和过程。（2）在 T 模型中，"训练技能（D）"能够作为连接"读前（Ⅰ）"和"读中（Ⅱ）"的前端接口事件，这在 E 模型中也没有找到实例。（3）从"读中（Ⅱ）"到"读后（Ⅲ）"，T 模型中提出可将 S 作为后端接口事件，这在 E 模型中也没有出现。总的来说，T 模型呈现的教学路径比 E 模型更为丰富，然而丰富的理论认知在教学实践中未必都能够得到证实，原因可能在于教师在教学实践中更倾向于选择最佳教学路径，而 T 模型中的一些教学路径在教学实践中并不适用。

（三）E 模型的特有特征

将 T 模型与 E 模型顶层三大环节之间中观层的结构和过程进行比较，可以发现：从"读中（Ⅱ）"到"读后（Ⅲ）"，由 P、E、V 融合而成的教学事件 PEV 是 E 模型所独有的前端接口事件。这表明教师在选择教学路径时，除了参考之前的理论认知，还应该并且可以进行一定的创新，在教学实践中探索新的教学过程及更加实用、高效的教学路径。

第四节　汉语阅读教学结构和过程研究史料分析

本研究通过对汉语阅读教学结构和过程已有的思辨性和经验性研究文献的梳理，系统描绘了阅读教学结构和过程认知的发展历程和分布情况。主要研究角度包括：（1）分别以结构和过程为线索，首先从历时研究的角度看各结构和过程支持率的变化，以探索结构和过程认知的历时发展特点；然后从共时研究的角度看各年份结构和过程支持率的高低，以探索结构和过程认知的共时分布特点；最后聚焦于结构和过程具体特征的变化，探索结构和子结构的析出与重组、过程认知的传承与演变等规律。（2）以研究者为线索，根据各位学者对教学认知的贡献情况，探索结构和过程研究领域的代表性人物。

　　本研究是在汉语阅读教学结构和过程理论建模的基础上展开的。具体做法是：（1）穷尽式地搜索截至 2019 年底论及阅读教学结构和过程的文献，建立"汉语阅读教学·文献样本数据库"。（2）在"宏观层—中观层—微观层"的整体架构下，从概念出发，在文献中提取阅读教学构件、结构和过程信息，并按类型对概念相同的构件确定统一的名称术语；按构件类型、结构类型和过程类型进行统一赋码和形式化表达，建立"汉语阅读教学·文献研究数据库"。（3）确立构件系统，在此基础上完成对汉语阅读教学系统的理论模型推导。该模型首先从顶层开始，把阅读教学划分出大的模块，得到"读前（Ⅰ）""读中（Ⅱ）"和"读后（Ⅲ）"三大基本教学环节；然后自上而下逐步细化，得到基本教学环节之下的中观层教学事件[①]，以及由它们组合而成的教学结构、排列而成的教学过程。与此同时，从时间的角度，通过梳理理论模型中各教学构件、结构和过程的认知信息，分析得出教学认知的历时发展面貌和共时分布规律。

一、教学结构认知图谱及分析

　　根据文献的时间先后顺序，对汉语阅读教学结构认知信息进行梳理，可以得到汉语阅读教学中观层结构认知时间分布图（见图 4-12）。

　　由图 4-12 可以看出，关于汉语阅读教学的"读前（Ⅰ）"环节，自 1984 年以来，专家学者先后提出了 Ⅰ、IVD、IVGD 等 8 种结构类型，共 15 种观点。出现最早和最晚的结构分别是 Ⅰ 结构（张树昌、杨俊萱，1984）和 IVGD

[①] 专家学者对教学事件的表述不完全一致，为方便讨论，我们对名称不同而内涵相同的教学事件进行归一化处理，分别是："导入课文（I）""讲练汉字（C）""讲练生词（V）""讲练语法点（G）""训练技能（D）""布置任务（A）""阅读课文（T）""讲解课文（E）""课文练习（P）""拓展练习（X）""总结（S）"和"布置作业（H）"。

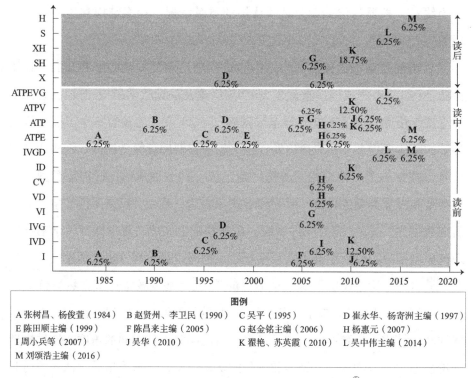

图4-12　汉语阅读课教学结构认知时间分布图[①]

结构（吴中伟主编，2014），提出次数最多的结构是 I 结构，观点最为集中的年份是 2007 年和 2010 年。

关于汉语阅读教学的"读中（Ⅱ）"环节，自 1984 年以来，专家学者先后提出了 ATPE、ATP、ATPV 和 ATPEVG 等 4 种结构类型，共 16 种观点。出现最早的结构是 ATPE 结构（张树昌、杨俊萱，1984），出现最晚的结构是 ATPEVG 结构（吴中伟主编，2014），提出次数最多的结构是 ATPE 结构，观点最为集中的年份是 2010 年。

关于汉语阅读教学的"读后（Ⅲ）"环节，专家学者自 1997 年以来先后提出了 X、SH、XH、S 和 H 等 5 种结构类型，共 8 种观点。出现最早的结

---

① 图中横坐标表示年份，纵坐标表示不同的结构类型；大写英文字母表示提出该观点的专家学者，百分数表示该结构的支持率。下同。

构是 X 结构（崔永华、杨寄洲主编，1997），出现最晚的结构是 H 结构（刘颂浩主编，2016），提出次数最多的结构是 X 结构，没有出现观点最为集中的年份。

（一）教学结构认知发展的历时分析

从历时发展的角度看，教学结构数在时间轴上的分布比较平均，总体呈现出较为稳定的发展态势，可以看出专家学者对阅读教学结构的问题始终保持着关注。在"读前（Ⅰ）""读中（Ⅱ）"和"读后（Ⅲ）"环节内部，各教学结构认知也在时间轴上呈现出不同的发展趋势，下面分别进行分析。

在"读前（Ⅰ）"环节中，Ⅰ结构被提出的时间最早，该结构于上世纪 80 年代中期被提出（张树昌、杨俊萱，1984），后来又被多次提及（赵贤州、李卫民，1990；陈昌来主编，2005；吴华，2010）。这表明"导入课文（Ⅰ）"的教学价值不但获得了早期研究的认可，而且对其关注一直在持续。IVD 结构于 1995 年首次被提出（吴平，1995），此后也有学者多次提及（周小兵等，2007；翟艳、苏英霞，2010），这表明专家学者对这一结构的运用形成了一定的共识倾向。IVGD 结构 2014 年首次被提及（吴中伟主编，2014），2016 年再次被提及（刘颂浩主编，2016）。IVGD 结构强调在读前阶段将"讲练生词（Ｖ）""讲练语法点（Ｇ）""训练技能（Ｄ）"和"导入课文（Ⅰ）"联合起来应用，以做好阅读准备，这种教学模式受到关注较晚，此前出现的 IVG 结构（崔永华、杨寄洲主编，1997）与 IVGD 结构颇为相似，这说明 IVGD 结构受到关注较晚的原因主要是对将"训练技能（Ｄ）"与"讲练生词（Ｖ）""讲练语法点（Ｇ）"和"导入课文（Ⅰ）"联合起来应用的认知形成较晚。VI 结构是 2006 年提出的（赵金铭主编，2006），它与 CV 结构（杨惠元，2007）和 VD 结构（杨惠元，2007）一样，都仅出现一次，这些结构都突出了读前处理生词、为阅读课文扫清障碍的重要性。ID 结构出现相对较晚，也仅出现一次（翟艳、苏英霞，2010），该结构凸显了在读前进行阅读技能训练的重要性。

在"读中（Ⅱ）"环节中，ATPE 结构被认识的时间最早，于 1984 年首次被提出（张树昌、杨俊萱，1984），表明"布置任务（A）""阅读课文（T）""课文练习（P）"和"讲解课文（E）"的系统性运用在汉语阅读教学结构研究初期就已成形，此后该结构又曾多次被重新提出（吴平，1995；陈田顺主编，1999；杨惠元，2007；周小兵等，2007；刘颂浩主编，2016），得到多位专家学者的重视。在支持率方面，ATPE 结构和 ATP 结构支持率最高（分别为 37.50% 和 43.75%），后来又先后在 ATP 结构的基础上发展出了 ATPV 结构（翟艳、苏英霞，2010），在 ATPE 结构的基础上发展出了 ATPEVG 结构（吴中伟主编，2014）。可见，A、T、P、E、V、G 等构件在教学中系统性应用的共识不断增强，反映出已有理论认知存在重视结构完备性的倾向。

在"读后（Ⅲ）"环节中，X 结构是出现最早且出现次数最多的结构，于 1997 年首次被提出（崔永华、杨寄洲主编，1997），之后在 2007 年又被再次提出（周小兵等，2007），这表明以略读、查读训练等为主要内容的拓展练习在汉语阅读教学中的作用得到了多位专家学者的关注。SH 结构仅于 2006 年出现一次（赵金铭主编，2006），此后于 2014 年出现了 S 结构（吴中伟主编，2014），这表明"总结（S）"相对较晚进入专家学者的研究视野，其作用和价值虽受到一定的关注，但关注度还不高。XH 结构出现相对较晚，于 2010 年被提出，虽然 XH 结构曾在三种结构类型观点中出现，但考察发现，这三种观点均源于同一份样本文献（翟艳、苏英霞，2010）。H 结构仅出现一次，时间是 2016 年（刘颂浩主编，2016）。由此可见，无论是将布置作业与拓展练习综合应用于汉语阅读课教学，还是独立发挥布置作业的作用和价值，其认知形成都相对较晚。可见，是否将布置作业、指导学生课外学习作为课堂教学的一个重要组成部分，已有研究存在不同的认知。

（二）教学结构认知分布的共时分析

自上世纪 80 年代中期开始探索阅读教学结构以来，关于汉语阅读教学

结构的讨论最为丰富的年份是 2010 年。在这一年，"读前（Ⅰ）"环节出现了
Ⅰ、IVD 和 ID 共 3 种结构类型，"读中（Ⅱ）"环节出现了 ATP 和 ATPV 结构
共 2 种结构类型，"读后（Ⅲ）"环节出现了 XH 这种之前没出现过的结构类
型。2010 年各类教学结构的总支持率也是历年中最高的，因而可以将 2010
年视为阅读教学结构研究最为活跃的年份。

（三）结构与子结构的析出与重组

纵观汉语阅读教学结构发展历程可以发现，随着时间的推移，较大的结
构在一定的情况下会析出独立子结构，反之，较小的结构也能够充当子结构
并组合成更大的结构，具体变化趋势见图 4-13。

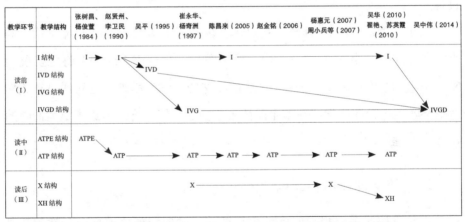

图 4-13　汉语阅读课教学结构与子结构析出、重组情况示意图

1. 子结构的析出

阅读教学子结构的析出集中体现在"读中（Ⅱ）"环节。张树昌、杨
俊萱（1984）最早提出了 ATPE 结构，几年后，在该结构的基础上，析
出了 ATP 结构并沿用多年（赵贤州、李卫民，1990；崔永华、杨寄洲主
编，1997；陈昌来主编，2005；赵金铭主编，2006；杨惠元，2007；吴华，
2010；翟艳、苏英霞，2010）。在析出的结构中，E 构件的教学功能融入了
P 构件，即将课文讲解融入到了处理课文练习的过程中，对于在练习的基础

上进行有针对性的讲解逐渐形成了共识。

2.子结构的重组

汉语阅读教学结构的重组在"读前（I）"环节和"读后（Ⅲ）"环节中最为突出。

张树昌、杨俊萱（1984）最早提出的"读前（I）"环节的教学结构是I，在赵贤州、李卫民（1990）延续了这种结构后，先是由吴平（1995）将该结构发展为IVD结构，崔永华、杨寄洲主编（1997）将IVD结构重组为IVG结构，后来吴中伟主编（2014）进一步将之重组为IVGD结构。这表明专家学者对读前准备环节的内容和结构的认知经历了逐步深入和细化的过程。

关于"读后（Ⅲ）"环节，崔永华、杨寄洲（1997）提出了X结构，周小兵等（2007）沿用了这一结构，后来翟艳、苏英霞（2010）将之扩展为XH结构。这表明专家学者除了关注阅读课的课堂教学外，也对通过布置作业指导学生进行课后学习在整个阅读教学中的作用和价值形成了更为清晰的认知。

二、教学过程认知图谱及分析

本研究按照观点提出时间的先后顺序，梳理了理论模型中各类教学过程的认知信息，得到了汉语阅读教学过程认知时间分布图（见图4-14）。据此，可以分析教学过程的历时发展与共时分布规律。

由图4-14可以看出，关于汉语阅读教学的"读前（I）"环节，自1984年以来，专家学者提出了[I]、[I-D-V]、[I-V-G]等10种过程类型，共15种观点。出现最早和最晚的过程类型分别是[I]过程（张树昌、杨俊萱，1984）和[I-V-G-D]过程（吴中伟主编，2014），提出次数最多的过程类型是[I]过程，观点最为集中的年份是2007年和2010年。

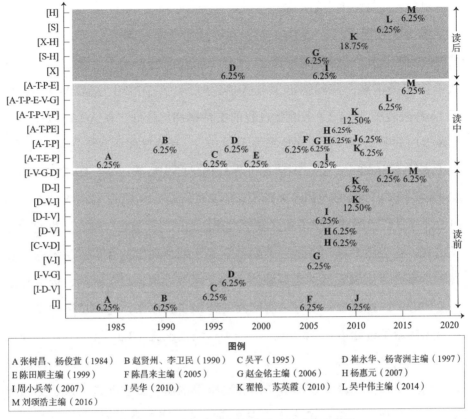

图4-14 汉语阅读课教学过程认知时间分布图

关于汉语阅读教学的"读中（Ⅱ）"环节，自1984年以来，专家学者提出了 [A-T-E-P]、[A-T-P]、[A-T-PE]、[A-T-P-V-P]、[A-T-P-E-V-G] 和 [A-T-P-E] 等6种过程类型，共16种观点。出现最早和最晚的过程类型分别是 [A-T-E-P] 过程（张树昌、杨俊萱，1984）和 [A-T-P-E] 过程（刘颂浩主编，2016），提出次数最多的是 [A-T-P] 过程，观点最为集中的年份也是2007年和2010年。

关于汉语阅读教学的"读后（Ⅲ）"环节，专家学者自1997年以来提出了 [X]、[S-H]、[X-H]、[S] 和 [H] 等5种过程类型，共8种观点。出现最早的过程类型是 [X] 过程（崔永华、杨寄洲主编，1997），出现最晚的过程类型是 [H] 过程（刘颂浩主编，2016），提出次数最多的过程是 [X] 过程，没有出现观点最为集中的年份。

统观"读前（Ⅰ）""读中（Ⅱ）"和"读后（Ⅲ）"环节，可以发现阅读教学过程的认知发展具有以下特点：（1）自 20 世纪 80 年代中期以来，已有教学认知很丰富，共归纳出了 [I-A-T-E-P]、[I-A-T-P-X]、[I-D-V-A-T-E-P] 等 16 种过程类型。（2）各教学过程的支持率都比较低。在这 16 种过程中，[I-A-T-P] 过程出现 3 次（支持率为 18.75%），其他过程类型都分别只出现 1 次（支持率为 6.25%）。（3）从各过程被提出的先后顺序看，[I]-[A-T-E-P]、[I]-[A-T-P]-[X]、[I-D-V]-[A-T-E-P]、[I-V-G]-[A-T-P]-[X]、[D-I-V]-[A-T-E-P]-[X] 等过程类型进入汉语阅读教学过程认知的时间较早，均在上世纪就已经出现。这表明专家学者从一开始就立足于阅读教学的全局，系统探究各类教学事件发生和发展的先后顺序。（4）考察发现，自崔永华、杨寄洲主编（1997）详述课文阅读每一遍阅读的详细步骤以来，越来越多的专家学者提出的教学过程中，"布置任务（A）""阅读课文（T）""课文练习（P）"等构件反复多次出现，专家学者不但认为对某一阅读材料需要反复多遍阅读，而且对每遍阅读的目标、作用和要求等的研究日益深入，认识更加清晰，逐渐形成了"第一遍略读掌握文章大意、第二遍查读把握文章细节、第三遍重点阅读解决难点"的完整认知（吴中伟主编，2014）。

（一）教学过程认知发展的历时分析

自 1984 年以来，专家学者在教学过程方面贡献了较为丰富的认知。总体来看，教学过程数在时间轴上的分布比较平均，2007 年和 2010 年均有所上升，但后续年份保持了平稳的发展趋势，表明专家学者对阅读过程结构问题既有持续的关注，也有较为活跃的讨论。在"读前（Ⅰ）""读中（Ⅱ）"和"读后（Ⅲ）"环节内部，各教学过程认知也在时间轴上呈现出不同的发展趋势，下面进行具体分析。

对"读前（Ⅰ）"环节教学过程认知的历时分析显示，专家学者共归纳出 [I]、[I-D-V]、[I-V-G] 等 10 种过程类型。[I] 过程是最早被提出的，可回溯至上世纪 80 年代中期（张树昌、杨俊萱，1984），它一度成为专家学者关注的焦点，之后又被多位专家学者提及（赵贤州、李卫民，1990；陈昌来主编，2005；吴华，2010）。这表明专家学者很早就关注阅读前的教学指导过程，几十年来，不同专家学者从"导入课文（I）"的目标、内容、方式和原则等各个维度对 [I] 过程不断进行探索和研究。1995 年出现了 [I-D-V] 过程（吴平，1995），1997 年出现了 [I-V-G] 过程（崔永华、杨寄洲主编，1997），但是这两种过程类型仅出现一次，后来未被再次提及。[I-V-G] 过程类型突出了词汇、语法积累在阅读准备过程中的重要性。[V-I] 过程和 [D-V-I] 过程分别于 2006 年和 2010 年首次被提出（赵金铭主编，2006；翟艳、苏英霞，2010），这两种过程将"导入课文（I）"与"读中（Ⅱ）"环节衔接得更加紧密，从课文处理上看，这一过程显得更为流畅。[D-I-V] 过程出现于 2007 年（周小兵等，2007），该过程体现了"先通过读前阅读技能训练进行热身再导入课文"或"先热身再进行字词讲练"的倾向，可见，具有热身功能的技能训练引起了研究者的重视。[C-V-D] 过程和 [D-V] 过程都是 2007 年提出的（杨惠元，2007），这两种过程类型既体现了对语言知识准备的重视，也反映出对训练技能的关注。[D-I] 过程 2010 年首次被提出（翟艳、苏英霞，2010），该过程强调在专项阅读技巧训练和课文导入的基础上进行课文阅读。[I-V-G-D] 过程出现较晚，直到 2014 年才首次被提出（吴中伟主编，2014），而后在 2016 年又被提及（刘颂浩主编，2016）。可以看到，"读前（I）"环节教学的内容更加全面了，在阅读准备阶段从知识、技能、策略等各个方面帮助学生进行阅读准备近年来备受重视。

对"读中（Ⅱ）"环节教学过程认知的历时分析显示，专家学者共归纳出 [A-T-E-P]、[A-T-P]、[A-T-PE]、[A-T-P-V-P]、[A-T-P-E-V-G] 和 [A-T-P-E] 等 6 种过程类型。其中 [A-T-P] 过程形成的共识最多（7 次），[A-T-E-P] 过程（4 次）和 [A-T-P-V-P] 过程（2 次）次之，其他过程类型都只出现过一次。

[A-T-E-P] 过程于上世纪 80 年代中期（张树昌、杨俊萱，1984）首次被提出，是出现最早的过程，这表明"先布置任务，再阅读课文，然后讲解课文，最后通过课文练习对阅读情况进行检查"是专家学者对汉语阅读教学"读中（Ⅱ）"环节教学过程的最初认知。[A-T-E-P] 这一过程此后曾多次被提及（吴平，1995；陈田顺主编，1999；周小兵等，2007）。[A-T-P]过程最早是由赵贤州、李卫民（1990）提出的，后来也多次被提及（崔永华、杨寄洲主编，1997；陈昌来主编，2005；赵金铭主编，2006；杨惠元，2007；吴华，2010；翟艳、苏英霞，2010），这表明越来越多的专家倾向于"以练代讲"。以练代讲并不是一味地只让学生练习而教师完全不讲解，它是将对课文要点的讲解融入到课文练习当中，在完成练习的过程中训练学生的阅读理解能力，通过对练习的讲解和答疑帮助学生有针对性地提高阅读水平。不是所有的课文都需要专门讲解或串讲，相较于"讲"，学生阅读技能的提高更离不开"练"，学生需要通过"练"在实践中掌握技能，"练"的过程极为关键。

对"读后（Ⅲ）"环节教学过程认知的历时分析显示，专家学者共归纳出 [X]、[S-H]、[X-H]、[S] 和 [H] 等 5 种过程类型。最早出现的是 [X] 过程，于上世纪 90 年代被提出（崔永华、杨寄洲主编，1997），后来这一过程又被提及（周小兵等，2007）。这表明在"读后（Ⅲ）"环节，"拓展练习（X）"的作用很早就成为了关注的焦点。[S-H] 过程只被提及一次（赵金铭主编，2006），后来 [S] 过程和 [H] 过程也于 2014 年和 2016 年分别被提出，但都只出现了一次（吴中伟主编，2014；刘颂浩主编，2016）。这表明对"读后（Ⅲ）"环节教学过程的认知经历了不断发展的过程，但形成的共识相对还较少。

（二）教学过程认知分布的共时分析

纵观汉语阅读教学过程认知的发展历程，可以看到有关汉语阅读课教学过程的文献分布较为均衡。相较而言，21 世纪第一个 10 年是研究比较活跃的时期，其中 2007 年和 2010 年是过程研究的活跃年。2007 年提出的"读前（Ⅰ）"环节的过程类型有 [C-V-D]、[D-V] 和 [D-I-V] 等 3 种，"读中（Ⅱ）"环节的过程类型有 [A-T-P]、[A-T-E-P] 和 [A-T-PE] 等 3 种，"读后（Ⅲ）"环节的过程类型有 [X] 这 1 种；2010 年提出的"读前（Ⅰ）"环节的过程类型有 [I]、[D-V-I] 和 [D-I] 等 3 种，"读中（Ⅱ）"环节的过程类型有 [A-T-P] 和 [A-T-P-V-P] 等 2 种，"读后（Ⅲ）"环节的过程类型有 [X-H] 这 1 种。从支持率来看，2010 年各环节中教学过程的总支持率达到峰值，"读前（Ⅰ）"环节总支持率是 25%，"读中（Ⅱ）"环节是 25%，"读后（Ⅲ）"环节是 18.75%。从文献数量来看，2007 年有 2 篇文献探讨汉语阅读教学过程的问题（杨惠元，2007；周小兵等，2007），2010 年也有 2 篇文献探讨该问题（吴华，2010；翟艳、苏英霞，2010）。

（三）过程认知的传承与演变

纵观汉语阅读教学过程研究，我们发现部分认知得到了继承，同时也有一部分认知发生了演变。下面将聚焦于子过程的传承和演变，分析相关教学认知的发展情况。

1. 子过程的传承

对阅读教学过程认知的历时分析发现，专家学者对部分子过程间的先后顺序、出现位置等认知是非常稳定的，未随时间推移而改变，体现了对已有教学认知的传承和对教学经验的吸收。下面以"读中（Ⅱ）"环节为例进行具体的分析。

在"读中（Ⅱ）"环节中，教学过程的传承主要体现在以下几个方面：（1）从历时研究可以清晰地看到，"布置任务（A）"在"阅读课文（T）"之前进行的观点形成了高度共识。专家学者认可在进行材料阅读前先明确阅读目标的教学路径，因为布置阅读任务的过程也是阅读指导的过程，承担着重要的教学功能，能够帮助阅读者更好地理解阅读材料，培养良好的阅读习惯，有利于教学效果的提升。（2）专家学者对于"阅读课文（T）"后进行"课文练习（P）"的认知也具有一定的共识倾向。教师会指导学生在课文阅读的基础上围绕课文通过多种形式进行练习，从而帮助学生更好地理解阅读内容，掌握重要的语言知识，同时检查学生的阅读情况和学习效果。（3）专家学者对以"布置作业（H）"作为阅读教学的终点形成了一定的共识（赵金铭主编，2006；翟艳、苏英霞，2010；刘颂浩主编，2016），这表明专家学者开始关注教师对学生课后学习的指导。但也要看到，相当数量的专家学者并没有将布置作业作为阅读教学过程的一个组成部分，阅读课是否应该布置作业，或者说是否一定要布置作业，对于这个问题，在体现观点传承的同时，也还存在着明显的差异。

在"读前（I）"环节中，[I] 过程可追溯至上世纪 80 年代，该观点 1984 年提出后，一度成为专家学者关注的焦点。这表明专家学者很早就开始关注阅读前的教学指导。几十年来，不同专家学者从"导入课文（I）"的目标、内容、方式和原则等各个维度对 [I] 过程不断进行探索和研究，先后衍化出 [I-D-V] 过程（吴平，1995）、[I-V-G] 过程（崔永华、杨寄洲主编，1997）、[V-I] 过程（赵金铭主编，2006）、[D-I-V] 过程（周小兵等，2007）、[D-V-I] 过程（翟艳、苏英霞，2010）、[D-I] 过程（翟艳、苏英霞，2010）和 [I-V-G-D] 过程（吴中伟主编，2014），其中 [I-V-G-D] 过程后来又受到关注被再次提及（刘颂浩主编，2016）。（见图 4-15）

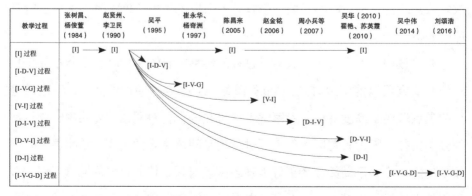

图 4-15 汉语阅读课教学过程传承情况示意图——"读前（I）"环节

2.子过程的演变

通过对汉语阅读课教学过程历时认知的分析发现，子过程的演变主要体现在子过程的变序和扩展这两个方面。

（1）子过程的变序

对阅读教学过程纵向发展脉络进行解析，可以发现教学过程存在变序现象。这种现象在"读前（Ⅰ）"环节集中体现在"导入课文（Ⅰ）""讲练生词（Ⅴ）"和"训练技能（Ｄ）"的先后顺序上。（见图 4-16）

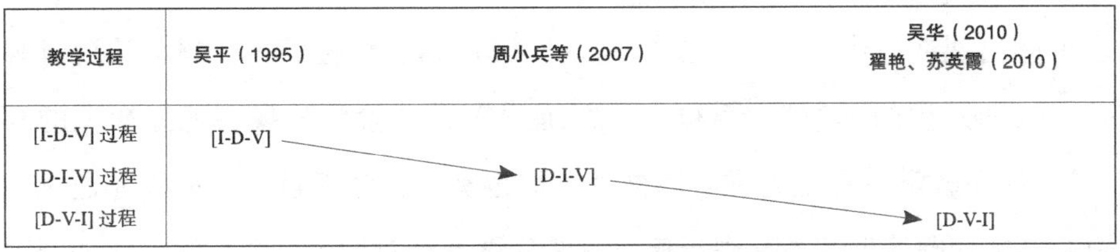

教学过程	吴平（1995）	周小兵等（2007）	吴华（2010） 翟艳、苏英霞（2010）
[I-D-V] 过程 [D-I-V] 过程 [D-V-I] 过程	[I-D-V]	[D-I-V]	[D-V-I]

图 4-16 [I-D-V] 过程变序情况示意图

由图 4-16 可知，"导入课文（Ⅰ）""讲练生词（Ⅴ）"和"训练技能（Ｄ）"的教学顺序有多种：新课开始时，可以先导入再进行字词讲练和技能训练；也可以在字词讲练、技能训练完成后，在即将开始阅读课文时再进行导入。

子过程的变序现象也突出地体现在"讲练生词（Ⅴ）"这一教学事件在"读前（Ⅰ）"环节和"读中（Ⅱ）"环节教学过程的位置上。"讲练生词（Ⅴ）"既可能出现在"读前（Ⅰ）"环节（生词教学在阅读课文前进行），也可能出现在"读中（Ⅱ）"环节（生词教学在读完课文或做完阅读理解练习后进行），还可能在"读前（Ⅰ）"环节和"读中（Ⅱ）"环节中都出现（在阅读前处理对理解文意不起关键作用而词义又较难推测的生词，其他生词在读后学习）（翟艳、苏英霞，2010），这体现了不同的阅读教学思路，也表明对阅读教学过程的研究较之过去已更加深入，形成的认知也更加清晰、具体。

子过程的变序现象还体现在"读中（Ⅱ）"环节内部"讲解课文（Ｅ）"

和"课文练习（P）"这两个教学事件的变序上。（见图 4-17）

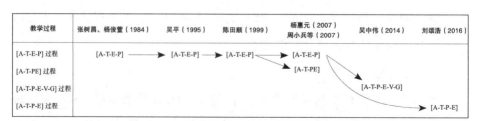

教学过程	张树昌、杨俊萱（1984）	吴平（1995）	陈田顺（1999）	杨惠元（2007） 周小兵等（2007）	吴中伟（2014）	刘颂浩（2016）
[A-T-E-P] 过程	[A-T-E-P]	[A-T-E-P]	[A-T-E-P]	[A-T-E-P]		
[A-T-PE] 过程				[A-T-PE]		
[A-T-P-E-V-G] 过程					[A-T-P-E-V-G]	
[A-T-P-E] 过程						[A-T-P-E]

图 4-17　[E-P] 子过程变序情况示意图

由图 4-17 可知，"课文练习（P）"可能出现在"讲解课文（E）"之后，也可能出现在"讲解课文（E）"之前。张树昌、杨俊萱（1984）认为讲解是"扩展知识的环节"，而检查（即练习）是"检验效果、巩固知识的环节"，因而教学过程是先讲解后检查。但也有专家学者认为，应该先通过练习对学生的阅读理解情况进行检查，然后再有针对性地进行讲解，比如刘颂浩主编（2016）所述阅读教学模式就是"理解检查"在前，"讲解"在后。还有专家学者认为，应该在对课文进行"通读"训练时先进行课文练习，后进行讲解；接下来进行"细读"时，学生"不懂的可以问老师，老师给予讲解"，此后再让学生做练习。（杨惠元，2007）由此可见，"讲解课文（E）"和"课文练习（P）"的教学顺序是专家学者关注的焦点问题之一。

（2）子过程的扩展

教学过程的扩展在"读前（Ⅰ）""读中（Ⅱ）"和"读后（Ⅲ）"三大基本环节中都有体现。

1984 年，专家学者提出了 [I] 过程（张树昌、杨俊萱，1984），此后先后拓展出 [I-D-V] 过程（吴平，1995）、[I-V-G] 过程（崔永华、杨寄洲主编，1997）和 [I-V-G-D] 过程（吴中伟主编，2014）。（见图 4-18）其中 [I] 过程一度是教学认知的主流，表明当时的教学认知对阅读材料导入过程的重视，而 [I-D-V] 过程、[V-I] 过程和 [I-V-G] 过程的出现表明专家学者对于读前阶段学习语言知识以及为阅读扫清障碍方面的认知是在不断发展的。

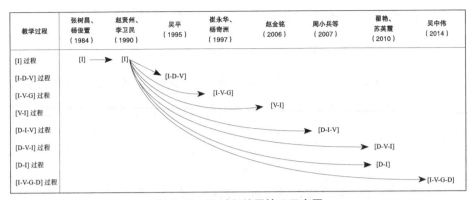

图4-18 [I]过程扩展情况示意图

1990年，专家学者提出了[A-T-P]过程（赵贤州、李卫民，1990），此后拓展出了[A-T-P-V-P]过程（翟艳、苏英霞，2010）和[A-T-P-E-V-G]过程（吴中伟主编，2014）。（见图4-19）这表明，一方面，有专家学者认识到了将可以借助上下文猜测出词义的生词安排在"读中（Ⅱ）"环节处理的优势与价值；另一方面，也有专家学者认识到了在学生完成课文练习后进行有针对性的讲解的必要性，主张"把语言知识教学和技能策略培养融合在一起，对学生进行有针对性的指导"（吴中伟主编，2014）。

教学过程	赵贤州、李卫民（1990）	翟艳、苏英霞（2010）	吴中伟（2014）
[A-T-P]过程	[A-T-P]		
[A-T-P-V-P]过程		[A-T-P-V-P]	
[A-T-P-E-V-G]过程			[A-T-P-E-V-G]

图4-19 [A-T-P]子过程扩展情况示意图

1997年，专家学者提出了[X]过程（崔永华、杨寄洲，1997），这一过程后来再次出现（周小兵等，2007），之后又在该过程基础上扩展出了[X-H]过程（翟艳、苏英霞，2010）。这表明布置作业在汉语阅读教学中的作用和价值开始受到关注，课后学习和课外阅读作为课堂学习的延伸也开始引起专家学者的注意。

三、教学结构和过程研究代表性人物图谱及分析

自上世纪 80 年代中期开始，专家学者在汉语阅读教学结构和过程研究方面进行了很多研究，并取得了丰富的成果。以研究者为线索，分析各学者进行结构与过程研究的时间早晚，以及贡献观点数的多少，可以得出阅读教学结构和过程研究领域的代表性人物。

（一）教学结构研究的代表性人物

从研究时间的早晚看，张树昌、杨俊萱最早（1984 年）关注汉语阅读教学结构的研究，提出了 IATPE 结构，是开启阅读教学结构研究的代表性人物；杨惠元是最近关注阅读教学结构研究的学者之一，2019 年，他重述了自己 2007 年提出的 CVDATP 和 DVATPE 两种教学结构。最近提出新的结构类型的是刘颂浩，他 2016 年提出的 IVGDATPEH 结构一方面注重阅读前准备，强调从内容、语言、技能等多个方面为阅读课文做好铺垫，另一方面突出了布置作业的作用和意义，注重教师对学生课后学习的指导。

从贡献教学认知的多少来看，翟艳、苏英霞提出的结构类型最多。除了 DVIATPH、DIATPVH 和 DVIATPVH 这三种适用于细读的基本结构类型外，同时还提出了适用于不同类型阅读训练的若干结构变体，具体包括：适用于查读的 IATP 和 ATPE 结构、适用于通读的 ATPV 结构、适用于略读的 ATP 结构。（翟艳、苏英霞，2010）三种适用于细读的基本结构类型分别体现了在读课文前讲练生词、在读课文后讲练生词，以及根据生词特点部分安排在读课文前讲练、部分安排在读课文后讲练的教学安排。其突出贡献还在于强调了"训练技能（D）"的重要性，强调在阅读教学过程中，要在开展阅读实践前通过专项阅读技能训练培养阅读技能。

赵金铭也贡献了一种适用于精读和略读的基本结构类型（即 VIATPSH）和两种适用于查读的结构变体（即 IATP 和 ATPE）（赵金铭主编，2006）。

其突出贡献是强调了读后的整理环节，"在完成基本的阅读任务后，老师可以给学生适当的时间让学生整理一下学习的内容。主要针对需要精读的文章来进行这样的工作"。整理的过程实质上是学生在老师的引导下进行总结的过程，这有助于提升学生的学习效果和学习能力。

从贡献教学认知的类型来看，杨惠元（2007、2019）首次详细解析了"自下而上—自上而下"和"自上而下—自下而上"两种阅读教学思路的教学结构，并且不再只是笼统地介绍阅读教学的结构，而是对查阅、略读、通读、细读的教学分别进行了详细阐述。

（二）教学过程研究的代表性人物

从研究时间的早晚来看，最先研究阅读教学过程的也是张树昌、杨俊萱，他们 1984 年提出了 [I-A-T-E-P] 过程，并突出强调了材料阅读、讲解和检查过程的实施方法和原则。杨惠元作为近年关注阅读教学过程的学者之一，于 2019 年重述了他 2007 年的有关认知，提出了 [C-V-D-A-T-P] 和 [D-V-A-T-PE] 两种教学过程，彰显了不同教学思路对教学过程的影响，并且细化了查阅、略读、通读、细读等具体阅读方式的阅读教学过程，提出了若干教学过程变体。

从贡献教学认知的多少来看，翟艳、苏英霞贡献的过程类型最多，包括 [D-V-I-A-T-P-X-H]、[D-I-A-T-P-V-P-X-H] 和 [D-V-I-A-T-P-V-P-X-H] 三种。值得注意的是，翟艳、苏英霞（2010）对"读中（Ⅱ）"环节里每一遍阅读的目的加以明确，提出了"阅读理解采用的是由大到小的练习步骤，即先理解课文大意，然后理解长句和难句，最后进行词语理解练习"的观点，并对细读、通读、略读、查读等不同阅读方式的教学过程进行了梳理。

第五节 汉语阅读教学中图式理论应用形式
考察与分析 *

"图式"最初是德国哲学家康德于 1781 年提出的一个哲学概念，之后，图式成为皮亚杰（Piaget）儿童认知发展理论中的重要概念。围绕认知结构问题，心理学家探究了图式的分类，如菲尔莫尔（Fillmore）、卡雷尔（Carrell）、库克（Cook）等先后提出了语篇图式（text schemata）、内容图式（content schemata）、语言图式（language schemata）等。图式理论也被用于研究阅读理解的心理过程，认为阅读理解的过程是图式具体实现的过程，语言图式、内容图式和结构图式是影响阅读能力的三种图式。

其中，语言图式是指读者对阅读材料中语言知识的掌握程度，内容图式是指读者对文章主题及背景知识的掌握程度，结构图式是指读者对文章体裁特点、逻辑结构等的掌握程度。（李景艳、卢世伟，2001；王辉，2004；李晓琪主编，2006；王尧美、张学广，2009；陈则航，2016）

在阅读教学中，教师应用图式理论指导学生从语言图式、内容图式和结构图式出发，通过激活、建构和巩固等方式训练学生的阅读技能。在实际的教学中发现，图式的应用是通过具体的应用形式实现的；从文献来看，有关图式理论应用的举例也都是通过具体的应用形式来描述的。因此，有必要对图式的应用形式进行研究。本研究将通过对"汉语阅读教学·实录研究数据

---

* 本节内容曾以《汉语阅读教学中图式理论应用形式考察与分析》为题发表于《海外华文教育》2020 年第 1 期，作者为张蕊、郑艳群。

库"①的考察,归纳和分析图式理论在汉语阅读教学中的具体应用形式,探讨其在"读前""读中""读后"这三个阅读教学进程中的分布规律。

一、语言图式应用形式解析

对读者而言,语言知识是阅读的第一道关卡。如果对语言知识的掌握有限,将在很大程度上影响对语言材料的理解。为此,阅读教学中,教师常采取相应的图式应用形式来帮助学生扫除语言障碍。本研究考察后共发现了以下语言图式的 4 大类共 7 小类具体应用形式。

(一)学习段落或篇章中的词语

1. 学习课文中的单个词语

依次疏通课文中的单个词语,解决可能的难点,这是阅读教学中的常规操作。本研究考察发现,教师有时在"读前"环节带领学生学习课文中的新词语;有时在"读中"环节针对课文中出现的可能影响学生阅读理解的词语进行讲解,讲解的内容包括词语的意义和用法,其原理是通过匹配贴近学生生活的语境,展示与学生知识背景相通的情景化场景。这正是语言图式的应用形式。例(1):教师在课文《网虫状态》的教学中,为实现学生对"截然不同"的理解,先给出"姐妹俩的性格截然不同,一个内向,一个外向"的例句这一学生易懂的内容。例(2):教师在课文《中华饮食·饺子》的教学中,在讲解"吃了饺子,人们就能挣更多的钱,过上更好的日子"后,又引导学生说出"今天是我们和老师一起上课的日子",从而将"日子"的意思从"生活"扩展到"时间",这与崔永华、杨寄洲主编(2002)倡导的"除了把课文中该词的义项和用法讲清楚外,还可以适当地讲一下其他常用

---

① 本研究中的教学实录主要来自北京语言大学出版社出版的《汉语课堂教学示范》(2007年)实录和青年教师教学基本功大赛获奖作品,均为中、高级阶段独立开设的阅读课。每篇课文的教学实录为一个样本,共 28 份样本。这类教学实录通常是由一线教师或教师团队精心设计后付诸实施的,且经过了领域内教学专家或教学研究专家的评选、认证,具有可模仿性和可推广性等特点,值得深入学习和研究。

的义项和用法"一致。

2. 学习课文中的同语义类词语

由于课文的内容通常是围绕一个或有限的多个主题展开的，因此其中的词语是有语义关联的。本研究考察发现，教师常把词汇按语义类别集中起来开展教学。例（3）：在课文《闲话中国茶》中讲"茶"时，教师以"茶"为中心词，首先将茶具、茶的品种、茶的种植等不同语义类的词语介绍给学生，然后将其下的词语"茶壶、茶杯""花茶、红茶、乌龙茶""茶园、茶树、茶农"又分别汇集在一起按上述语义类别开展教学。这实际上是借助已知词语"茶"，利用语义场图式的方式进行相关词汇教学。其原理是利用图式的推论作用激活学习者已有的语义场图式，使得原本零散的词语以系统化知识的形式为学生所掌握。

3. 学习课文中的重要语素及相关词语

汉语中，语素相同的词语有时互为近义词，对留学生来说易混淆，应该在教学中加强辨析引导，同时也帮助学生体会汉语构词规律。本研究考察发现，教师在"读中"环节有时通过启发、归纳已学过的同素词等形式开展词义教学。例（4）：在课文《闲话中国茶》的教学中，教师首先问学生"名茶"的意思，然后用PPT分组呈现带有"名"这一语素的各组词，如"名人、名医、名师""名烟、名酒、名菜""名车、名品、名表""名城、名山、名校""名著、名言"等；教学过程中也常伴随图片情境，以便于学生理解、类推和掌握相关的词语。其原理是按语素归纳已经学过和即将学习的词语，通过已有知识建立起新的语言图式，扩展式学习新知。

4. 学习段落中的标志词或对应词

在阅读教学中，课文篇章里常出现一些复杂的句式，理解这些复杂句式的意思是理解文章内容的关键。本研究考察发现，教师有时通过提炼出段落中的标志词并画线指示的方式引导学生理解复杂句式。例（5）：教师在课文《经济全球化·丰田"召回门"事件》的教学中，对如下内容进行提问：

"作者认为哪个最严重?""这个问题一般人知道吗?""什么人知道?"

> 最让总裁丰田章男担心的不一定是（A）已经造成的18亿美金损失，甚至不是（B）丰田质量神话的破灭。了解的同行知道，倒下的不是（Ba）丰田产品，而是（Bb）全球化商业模式。这（C）才应该是这位总裁忧心的策略问题。

添加下画线实际上是对段落中的标志词进行提炼。其原理是按照标志词的提示，化繁为简，降低复杂性，便于学生由初级层次开始匹配头脑中已有的语言认知，从而理解包含多层语义的复杂句式。"标志词"可能是连词、代词、副词等。

（二）分析课文题目

作为外语教学的阅读材料，课文题目中常常蕴含着教学的重点内容，既可能涉及语言的形式方面，也可能涉及语言的意义方面。教师可以通过分析题目中的关键字或词，帮助学生了解整个题目的意思。本研究考察发现，教师有时在"读前"环节对题目中的关键字、词进行分析。例（6）：教师在课文《中华饮食》的教学中，为了讲解"饮"和"食"的意义，先通过"食堂、食品、食物"等，引导学生回忆"食"的意思，再通过"饮料、饮品"等，引导学生明白"饮"的意思。其原理是通过分解词语语素来猜测整词可能的意思，这是运用已有语言图式建立新的语言图式的过程，最终可达到使学生理解"中华饮食"是指"中国人吃的、喝的（的习惯）"这一教学目标。

（三）复习与本课内容相关的词语

复习不仅可以巩固知识，还可以增强记忆。本研究考察发现，教师在"读后"阶段，有时在布置作业时让学生复习本课所学生词。例（7）：教师在课文《经济全球化》的教学中，课堂上帮助和引导学生在头脑中形成与经济全球化相关的语言图式，课后让学生复习本课所学生词。其原理是使学生新习得的知识在头脑中得以巩固，从而更好地发挥图式在阅读中的作用。

（四）用课文中的词语练习写作

写作不仅可以检验阅读的效果，还可以巩固阅读教学的成果。本研究考察发现，教师在"读后"环节有时会布置写作练习。例（8）：教师在完成课文《中华饮食·饺子》的教学后，让学生写出中国人特别喜欢吃饺子的原因。其原理是让学生在这节课后将学到的与饺子有关的词、句及时地加以应用，通过写作过程中的识记词汇、加工句子结构来巩固相关的语言图式。

二、内容图式应用形式解析

裴光刚（2002）指出，内容图式是决定阅读理解的核心和关键，可以通过预测、选择信息、消除歧义等手段在一定程度上弥补语言图式的不足。人们相信，通过语言图式与内容图式的联动，可以提高对文章的理解程度，加快阅读速度。因此，在阅读教学中，教师应该设法帮助学习者激活、建构或巩固其内容图式。本研究考察后共发现了以下 6 种内容图式的具体应用形式。

（一）引入篇章背景知识

理解阅读内容常常需要一定的背景知识。它不仅有利于理解，还可以激发学生阅读的积极性和主动性。本研究考察发现，有些教师常在"读前"环节提供并介绍与阅读内容相关的社会、人文、历史等方面的背景知识，特别是与学生母语环境有差异的风俗习惯等背景信息，还有些教师会在"读前"环节围绕课文主题设计一系列相关问题，引发学生思考，然后在思考后给出答案。在进行这样的热身之后，再正式进入课文的学习。例（9）：教师在课文《北京的四合院》的教学中，在"读前"环节设计了一系列问题对学生进行提问。比如："你去过北京的四合院吗？""北京的四合院是什么样的建筑？"可以看出，这些问题既是有关联的，也是理解课文的基础。在师生问答的过程中，教师引入相关内容，吸引学生的注意力，使学生积极主动地思考并了解到本课内容与四合院相关。其原理是学生根据自己已激活的内容图式进行预测，进而在阅读过程中更好地理解文章内容。

（二）分析课文细节内容

阅读理解的过程是意义建构的过程。在此过程中，除了要了解文章的主要内容，通常还需要把握相关细节，其目的是全面准确地了解文章的内容。本研究在考察中发现了教师引导学生分析课文细节内容的实例。例（10）：在课文《中华饮食·饺子》的教学中，教师让学生阅读材料后做判断对错的练习。比如："饺子不但好吃，而且是一种吉祥的食品。""因为以前有钱人才吃到饺子，所以人们过年时一定要吃饺子。"学生回答之后，教师让学生找出课文中相关的句子并说明为什么"对"或者"错"。其原理是使学生头脑中已有的相关的内容图式在补充、修改后建立新的内容图式，或使原有的内容图式得以巩固。学生也正是通过对阅读材料整体和主要细节的把握构建起相关的内容图式的。正如陈则航（2016）所说，学生"不断地把文章中的内容和自己已有的知识建立联系"。

（三）概括段落主要内容

按段落概括其主要内容是分模块检验阅读理解效果的一种手段。本研究考察发现，教师在带领学生读完段落后，常要求学生用一个词、词组或简短的句子来概括段落的主要内容，以此检查学生对段落主题的把握情况。例（11）：教师在课文《网虫状态·青少年网络成瘾问题》的教学中，对其中某个段落进行分析，引导学生逐步概括出该段落的主要内容，如"致使青少年上网成瘾的原因"。其原理是通过总结和引导，帮助学生将相应的内容按图式方式层次分明地组织起来并补充到头脑中，在减轻记忆负担的同时也加深了对重点内容的记忆。

（四）概括篇章主要内容

与概括段落主要内容类似，也可以通过勾画代表文章情节或发展脉络的词、词组或简短的句子来概括篇章的主要内容，从而检查学生对整个篇章主题的把握情况。这是阅读教学中经常使用的检验阅读理解效果的方法。本研究考察发现，教师常在提出问题后让学生思考或讨论，然后引导学生逐步归纳并概括出文章的主要内容。例（12）：教师在课文《中国饮食·饺子》的教学中，先让学生概括文章主要写了哪两件事，然后逐步凝练课文内容。学生对课文主要内容进行概括的过程正是不断地对篇章内容图式进行建构和修正的过程。

（五）查阅课文主题相关信息

在"读后"阶段让学生针对相关信息查阅资料，可以帮助学生整合或巩固新建立的内容图式。本研究在考察中发现，在"读后"环节，有时教师会让学生针对篇章进一步查阅相关资料。例（13）：教师在完成课文《会展经济·第113届春季广交会》的教学后，让学生上网查询广交会的相关信息。其原理是使学生对与广交会相关的内容图式加以巩固，或建立、补充新的内容图式，或对已有内容图式进行整合。

（六）布置课后仿写练习

阅读能力的提高是促进写作能力提升的有效途径，而阅读之后的仿写训练则可以进一步巩固阅读教学的成果。本研究在考察中发现了此类阅读教学的用例，如在"读后"环节，教师让学生写出"中国人特别喜欢吃饺子的原因"。实际上，学生在写作过程中会努力调动头脑中与已学内容相关的各种信息。特别是在仿写中，可以回忆并利用已建立的与所阅读文章有关的、经过加工和组织的内容知识，并对其进行应用。随着相关内容的输出，学生头脑中已学过的内容图式得到了巩固或优化。

三、结构图式应用形式解析

结构图式通常涉及读者对文章体裁特点、逻辑结构、修辞手段等知识的结构化认识。不同体裁以及不同年代或作者的文章，其篇章的宏观整体结构和微观细节表达在结构方面都可能有各自的特点。在阅读教学中，帮助学生把握其中的特点和规律是非常必要的教学策略。王尧美、张学广（2009）建议，教师在阅读教学中应该对学生增加有关篇章结构分析和文本结构概括之类的训练，并向学生介绍不同的结构框架，以此来训练学生理解阅读材料各部分之间篇章关系的能力。陈昌来主编（2005）指出，要有针对性地训练学生找出主题句、抓主要观点的能力，目的是提高阅读速度。本研究考察后共发现了以下 6 种结构图式的具体应用形式。

（一）勾画段落中心句

段落中通常有中心句，它或概括本段的主要内容，或提示本段的中心思想。教师常见的教学行为是告知学生一些快速定位的技巧，如段落中心句在段落的开头或结尾，特殊情况下在中间，而其余的句子主要是用来说明主题内容或提供例证的。本研究在考察中发现了"读中"环节的此类用例。例（14）：教师在课文《请不要为丰田悲戚》的教学中，让学生在阅读的同时找出段落的中心句，并通过问答的方式给予学生适当的提示。随着段落的依次展开，学生勾画出了每个段落的中心句，而整篇文章的组织框架便在学生头脑中呈现出来，形成了一个关于文章组织的结构图式。

（二）分析篇章的文体特点

文体不同，文章的形式特点便会有所差异。教师在"读中"环节引导学生注意文体特点，有利于学生根据文体特点分析文章结构。除了常见的文体特点外，本研究在考察中还发现了如下的用例。例（15）：教师在课文《会展经济·第 113 届春季广交会》的教学中，首先引导学生注意文章一个特别明显的特点，那就是数字特别多，然后对学生进行提问："这些数字是用来说明什么的？"学生在教师的引导下，以数字为线索可以很容易地发现第 113 届广交会的新变化。在这里，学生在一系列的提问引导之下可以注意到文体中数字的特点并在头脑中构建起相应的结构图式，而教师需要引导学生发现"数字多"的特点并利用这一特点去建构此类说明文的结构图式。

（三）拟定文章题目

与勾画段落中心句类似，拟定文章题目的目的是帮助学习者从整体上把握篇章。有些阅读材料并没有给出题目，教师可通过拟定题目的练习来检测学生对文章结构的把握情况。例（16）：教师在课文《会展经济》的教学中，让学生拟定文章题目并说明依据。学生给出了两种答案，分别是依据第一段和最后一段拟出的题目。教师在肯定两种答案的同时，顺势引导学生思考为什么两种答案都是合理的，让学生注意到这篇课文是"总—分—总"结构，第一段和最后一段都是"总"的概括性段落，都表达了篇章的主题。而在拟定出合适的题目之前，学生需要明白整个篇章内部的逻辑关系和结构层次，明白何为统领全文的关键所在，并将其作为文章的题目。在此，学生拟定文章题目的过程实际上是对整个篇章内部结构进行认识和梳理的过程，通过这种方式，学生在头脑中建立起了相应的结构图式。

（四）分析篇章结构

分析和概括文章的组织结构有利于学生理解不同体裁文章内部各部分之间、段落层次之间的关系。从篇章的结构层次和整体布局来看，处于文首、文末或段首、段末的句子通常用来概括文章涉及的几个方面，而这些不同方面可能在文章中分别加以阐述。如果把这样的句子看作是核心句，那么对篇章结构的认识就转化为对核心句的分析。例（17）：教师在课文《会展经济·广交会的作用》的教学中，首先让学生找出文章的核心句并对核心句进行分层分析，最后分析整篇文章的结构，帮助学生了解该文的基本结构框架为"总—分—总"。这一过程正是图式的应用形式，可帮助学生在头脑中建立起相应的结构图式。

（五）列出课文结构提纲

分析文章的结构是阅读教学的重要内容之一。本研究考察发现，有时教师会在"读中"环节对篇章的组织进行总结，以帮助学生在头脑中形成相关的结构图式；有时教师会在"读后"环节让学生列出篇章的组织结构或文章的提纲，以进一步巩固对相应结构图式的认识。例（18）：在学完"会展经济"这一主题的课文之后，教师让学生列出"广交会的作用"的提纲。在这一过程中，学生用相关的结构图式完成练习，实际上是对头脑中已有的结构图式的巩固。

（六）按课文结构练习写作

任何篇章都有自己的篇章组织形式。写作练习对于巩固已从阅读中习得的结构图式至关重要。这里所说的篇章结构，强调的是篇章大结构中的局部模块，即"总—分—总"中"分"写时的特点。例（19）：在课文《闲话中国茶》的教学中，教师要求学生介绍一座名山，具体要求包括："这座山在哪儿？它有多高？它有什么特点？它是风景特别美，还是有很多名胜古迹？"可以想见，学生会从地理位置、高度、特点等方面来介绍"这座山"，实际上，这是在应用已学过的结构图式来完成这项练习。随着写作的完成，结构图式得以巩固。

四、图式类型下应用形式的分布规律

运用数据挖掘和分析的方法可以在语言教学情境中发现并厘清学习活动存在的诸多问题和具体的相关因素，全面认识并发现汉语教学规律。（郑艳群，2016）图式理论在汉语阅读教学中的应用研究，可以帮助我们认识到语言图式、内容图式和结构图式在实际的阅读教学过程中各类具体的应用形式及应用规律（如表 4-1 所示），从中可以看到三类图式下的不同应用形式类别在"读前""读中""读后"不同环节中具体运用的分布规律。

根据表 4-1，还可以得出关于图式应用的两方面的规律：（1）从不同图式类别的应用来看，语言图式在"读前""读中"和"读后"各环节均有应用，其中在"读前"环节应用最多；内容图式在"读前""读中"和"读后"各环节均有应用，其中在"读中"环节应用最多；结构图式在"读中"和"读后"环节有应用，在"读前"环节没有应用，其中在"读后"环节应用最

表 4-1　图式应用形式在阅读教学不同环节中的分布情况统计表

图式类型	图式的应用形式	读前 用例数	读前 用例占比(%)	读前 用例合计	读前 用例合计占比(%)	读中 用例数	读中 用例占比(%)	读中 用例合计	读中 用例合计占比(%)	读后 用例数	读后 用例占比(%)	读后 用例合计	读后 用例合计占比(%)
语言图式	学习段落或篇章中的词语：学习课文中的单个词语	6	28.57	15	71.43	16	7.77	29	14.08			4	28.57
	学习课文中的同语义类词语	4	19.05			4	1.94						
	学习课文中的重要语素及相关词语					7	3.40						
	学习段落中的标志词或对应词	5	23.81			2	0.97						
	分析课文题目												
	复习与本课内容相关的词语									1	7.14		
	用课文中的词语练习写作									3	21.43		
内容图式	引入篇章背景知识			0	0	123	59.71	158	76.70			6	42.86
	分析课文细节内容					20	9.71						
	概括段落主要内容					15	7.28						
	概括篇章主要内容									3	21.43		
	查阅课文主题相关信息									3	21.43		
	布置课后仿写练习												
结构图式	勾画段落中心句	6	28.57	6	28.57	11	5.34	19	9.22			4	28.57
	分析篇章的文体特点					1	0.49						
	拟定文章题目					1	0.49						
	分析篇章结构					6	2.91						
	列出课文结构提纲									1	7.14		
	按课文结构练习写作									3	21.43		
总计		21	100	21	100	206	100	206	100	14	100	14	100

多。这表明：对语言知识和阅读内容的教学贯穿阅读教学始终，而篇章结构知识的构建是随着学习者对阅读材料熟悉程度的增加及对阅读内容理解程度的加深而逐渐开展的。（2）从阅读教学的不同环节来看，"读前"环节侧重语言图式的应用，内容图式次之；"读中"环节侧重内容图式的应用，语言图式次之，结构图式的应用最少；在"读后"环节，三种图式的应用比例差别不大，内容图式应用最多。这表明：教师可以在阅读教学的不同阶段，侧重使用三种图式类型的不同应用形式，以培养学生的阅读技能。

需要说明的是，本研究所讨论的图式应用形式是从性质和作用方面来说的，而具体的图式形式或表达可能在设计手段或方式上有所不同。它可能与设计者对教学目标的理解以及自身的认知习惯有关，也可能与具体的篇章体裁、学生水平等因素有关，其效果将影响到学习者对阅读材料的理解程度以及阅读技能的训练成果。善用图式理论及其应用形式和规律，可以更好地为外语阅读教学服务。

∷ 参考文献 ∷

陈昌来主编（2005）《对外汉语教学概论》，上海：复旦大学出版社。

陈田顺主编（1999）《对外汉语教学中高级阶段课程规范》，北京：北京语言文化大学出版社。

陈则航（2016）《英语阅读教学与研究》，北京：外语教学与研究出版社。

崔永华（1992）基础汉语阶段精读课课堂教学结构分析，《世界汉语教学》第3期。

崔永华、杨寄洲主编（1997）《对外汉语课堂教学技巧》，北京：北京语言文化大学出版社。

崔永华、杨寄洲主编（2002）《对外汉语课堂教学技巧》，北京：北京语言文化大学出版社。

李景艳、卢世伟（2001）图示理论与英语阅读教学，《长春工程学院学报（社会科学版）》第 3 期。

李晓琪主编（2006）《对外汉语阅读与写作教学研究》，北京：商务印书馆。

刘颂浩主编（2016）《汉语阅读教学研究》，北京：北京语言大学出版社。

裴光刚（2002）图式理论与阅读理解，《山东师大外国语学院学报》第 4 期。

彭志平（2007）《汉语阅读课教学法》，北京：北京语言大学出版社。

王　辉（2004）图式理论启发下的对外汉语阅读教学策略，《汉语学习》第 2 期。

王尧美、张学广（2009）图式理论与对外汉语阅读教学，《语言教学与研究》第 6 期。

吴　华（2010）《对外汉语阅读教学研究》，北京：中央民族大学出版社。

吴　平（1995）浅谈对外汉语阅读课教学，《北京第二外国语学院学报》第 3 期。

吴中伟主编（2014）《汉语作为第二语言教学——汉语技能教学》，北京：外语教学与研究出版社。

杨惠元（2007）《课堂教学理论与实践》，北京：北京语言大学出版社。

杨惠元（2019）《汉语技能教学法》，北京：北京语言大学出版社。

翟　艳、苏英霞（2010）《汉语作为第二语言技能教学》，北京：北京大学出版社。

张树昌、杨俊萱（1984）阅读教学浅谈，《语言教学与研究》第 4 期。

赵金铭主编（2006）《汉语可以这样教——语言技能篇》，北京：商务印书馆。

赵贤州、李卫民（1990）《对外汉语教材教法论》，上海：上海外语教育出版社。

郑艳群（2016）汉语教学数据挖掘：意义和方法，《语言文字应用》第 4 期。

周小兵、吴门吉、王　璐（2007）《怎样教阅读——阅读教学理论与实践》，上海：华东师范大学出版社。

第五章　汉语写作教学结构和过程建模研究

　　写作能力是语言能力的重要组成部分。近年来，随着语言学理论和语言教学与学习实践的发展，写作能力培养和技能训练越来越受到重视。汉语写作课作为专项技能课，其基本性质是指导学生综合运用已学过的汉字、词汇、语法、书写格式、标点符号等进行书面表达的语言实践课，因而写作教学的基本任务在于提高学生书面表达的能力、全面提高学生的语言水平、训练学生运用汉语进行思维。（杨惠元，2019）从国际中文教育的视野来看，应该充分认识到，在全球化的新形势和新进程中，汉语国际传播已然成为提升和彰显中国软实力的重要途径，但汉语国际传播不应局限于传播范围之广，而应通过培养精通汉语和中华文化的高级人才来促进汉语国际传播向深度化和高端化发展。柯彼德教授指出："学习汉语的西方人，尤其是在中国留过学的人，可能汉语口语已经很流利，但是他们很多人是'文盲'，不会看书看报，写作能力更是与口语能力有很大的差距。如何解决这一问题是值得中国对外汉语教学界认真考虑的。"[①] 其论述实际上就揭示了汉语教学中听说能力培养与读写能力培养脱节的现象，也指出了汉语国际传播深度化和高端化发展的瓶颈所在。

[①] 《德语区汉语教学协会主席、世界汉语教学学会副会长柯彼德教授访问北外》，载《国际汉语教学动态》2003 年第 2 期。

汉语作为第二语言的写作活动包含了设计、构思、转译、重读、修改和编辑等一系列过程及子过程，涉及更广泛、更高层次的认知思维活动，汉语写作能力的培养是听说读写四项语言技能中最难的一项（赵金铭主编，2004），也是汉语国际传播深度化和高端化发展的重要研究取向，尤其需要专门的训练。而多年以来，写作课不仅在整个对外汉语教学课程体系中处于较边缘的地位，而且从教师对写作课型教学功能的认知来看，写作教学还容易被视为一种促进口语技能或阅读技能发展的辅助手段，未从课型的层面给予足够的重视。因此，无论是从促学的角度还是从促教的角度来说，研究写作、研究写作课的结构和过程都是非常重要的。

从已有研究文献来看，学界在汉语作为第二语言的写作教学研究中积累了大量的研究成果，但主要体现为对教材编写和写作教学方法的研究，对写作课堂教学的研究较少。而且其中关于汉语写作课堂教学结构和过程的研究，多以经验性和思辨性研究为主，未能对关于结构和过程的已有理论认知做系统梳理；相关实证性研究也非常少，且所使用的问卷调查方法对研究复杂动态的课堂教学之驾驭能力有限，不能实现对结构和过程实际应用面貌的研究和描写。写作课堂教学效率和效果如何提高及提高多少，亟须来自写作教学基础研究的支持。

第一节　汉语写作教学理论模型推导 *

在培养写作能力的过程中，写作教学，尤其是课堂写作教学，是进行系统写作训练的主要阵地，也是促进学习者写作能力发展的重要途径。在汉语教学研究中，关于写作教学结构和过程的已有论述主要集中在对教学环

---

* 本节内容曾以《汉语写作教学结构和过程理论模型研究》为题发表于《华文教学与研究》2020 年第 3 期，作者为郑艳群、周梦圆。

节、步骤和方法等的讨论中，且多出自本领域专家或权威学者，体现了学界对这一问题的思辨或经验性认识及相关理论思考，具有一定的高度和水平。通过文献检索和分析发现，已有研究中共有 14 份文献论述中涉及写作教学结构和过程问题，分别是：祝秉耀（1984），祝秉耀、傅亿芳（1996），陈田顺主编（1999），何立荣（1999），崔永华、杨寄洲主编（2002），罗青松（2002），王凤兰（2004），赵金铭主编（2006），杨惠元（2007）[①]，张宝林（2009），周小兵主编（2009），邹昭华（2009），翟艳、苏英霞（2010），徐子亮、吴仁甫（2013）。

但是，已有写作教学结构和过程研究的系统性和精细度仍存在不足，主要表现在以下方面：（1）有的研究对结构和过程的阐述非常具体，但对基本构件的提炼和表述不足。（2）并非是在同一个系统框架下对写作教学结构和过程进行描写，体现为研究结果的精细层级不同，或侧重点不同，如已有研究将写作教学划分为 3—9 个粗细不同的环节，从环节数量来看，呈现出较大的跨度。（3）构件的指称不统一。比如，使用的术语相同，但所指不同，如"导入"既被用来指称通过范文教学引导写作，又被用来指称引入新的学习内容；使用的术语不同，但所指相同，如与范文教学相关的表述有"学习范文""范文处理""范文分析""范文导读"等。

针对上述问题，本研究对写作教学结构和过程问题进行了特征表达、提取和计算。具体实施方案如下：首先，穷尽式地搜索截至 2019 年底论及写作教学结构和过程的文献，建立"汉语写作教学·文献样本数据库"。其次，在"宏观层—中观层—微观层"的整体架构下，从概念出发，在文献中提取

---

① 杨惠元先生论及写作教学结构和过程的文献有两篇，分别是：杨惠元（2007）《课堂教学理论与实践》，北京：北京语言大学出版社；杨惠元（2019）《汉语技能教学法》，北京：北京语言大学出版社。文献分析结果表明，杨惠元（2007、2019）中关于写作教学结构和过程的观点基本一致，鉴于对统计效度和史料分析准确性的考量，本研究将早期文献杨惠元（2007）作为分析对象。

写作教学构件、结构和过程信息[①]，并按类型对概念相同的构件确定统一的名称术语；按构件类型、结构类型和过程类型进行统一赋码和形式化表达[②]，建立"汉语写作教学·文献研究数据库"。再次，确立构件系统，在此基础上完成对汉语写作教学系统理论模型的推导。最后，计算倾向性结果[③]，对模型特征进行分析。本研究相关结论可以为写作教学设计、教学应用、教学管理、教学测评和教学优化的研究与实践提供参考，也可以为汉语写作慕课或微课教学单元设计提供依据。

一、顶层模型推导及特征分析

专家学者关于汉语写作教学结构和过程的表述或粗或细，通过对文献样本的分析可以发现，汉语写作教学是一个有层次的系统，可以从宏观顶层出发，逐层进行描写并推导模型。

（一）顶层模型推导

经过提取、汇总和对术语进行归一化处理[④]，我们从"汉语写作教学·文献研究数据库"中提取出"写作前（Ⅰ）""写作中（Ⅱ）"和"写作后（Ⅲ）"共三个顶层基本环节。综合已有认知，我们给出基本环节的具体表述："写作前（Ⅰ）"指在布置具体写作任务之前实施的预备性的、与写作相

---

① 文献中出现了21种关于构件和结构的观点、27种关于过程的观点。本研究有关支持率的计算公式为：支持率＝支持观点数÷观点总数。

② 本研究用罗马字母对顶层基本环节进行赋码；用英文字母对顶层基本环节下中观层的构件进行赋码，构件代码取自相关名称（或术语）英文表达中有区别性特征或能起到区分作用的大写字母；用字母连写表示对应的结构类型（如KM结构，表示由K和M形成的结构）；用方括号、字母及短横线表示对应的过程类型（如[K-M]，表示由KM结构形成的过程，且构件K在前，构件M在后）。此外，本研究关于过程的表达中，构件代码连写表示对应的构件在过程中是相互交融的，难以分割（如[KM]，表示知识讲解和范文分析融合进行，难以清晰地区分开来；K、M为必有构件，但顺序不定）。

③ 倾向性结果通过支持率来体现。

④ 专家学者对构件的表述不完全一致，为方便讨论，我们对名称不同而内涵相同的构件进行了归一化处理。

关的写作指导；"写作中（Ⅱ）"指针对具体写作任务的写作准备，以及为完成写作任务而正式开始实施相关行为并形成文本作品的写作实践；"写作后（Ⅲ）"指形成文本作品后实施的评价反馈和总结释疑，以及进一步的巩固提升和作品分享等。基于上述基本环节，通过对基本环节结构和过程概念认知的分析和计算，可以完成写作课顶层模型的推导（见图5-1）。

基本环节	支持率（%）		结构类型	支持率（%）	过程类型	支持率（%）
写作前（Ⅰ）	95.24		Ⅰ Ⅱ Ⅲ	95.24	Ⅰ-Ⅱ-Ⅲ	96.30
写作中（Ⅱ）	100		Ⅱ Ⅲ Ⅱ	4.76	Ⅱ-Ⅲ-Ⅱ	3.70
写作后（Ⅲ）	100					

图5-1　"写作课教学顶层结构和过程"理论模型示意图

（二）顶层模型特征分析

由图5-1可以得到关于顶层模型的如下三点认识：

第一，"写作中（Ⅱ）"和"写作后（Ⅲ）"环节为写作教学的必有项（支持率均为100%），体现了理论研究中对写作训练和写后讲评必要性的强调；已有认知中关于"写作前（Ⅰ）"环节的共识倾向颇高（支持率为95.24%），为实施写前指导提供了强有力的理据。

第二，不同结构类型和过程类型是由基本环节的不同组合及其排列形成的，共有Ⅰ Ⅱ Ⅲ和Ⅱ Ⅲ Ⅱ共2种结构类型，以及 [Ⅰ-Ⅱ-Ⅲ] 和 [Ⅱ-Ⅲ-Ⅱ] 共2种过程类型。

第三，对Ⅰ Ⅱ Ⅲ结构和 [Ⅰ-Ⅱ-Ⅲ] 过程的突出认识（支持率分别为95.24%和96.30%）可视为已有写作教学理论研究成果的基本特征，体现出专家学者对写作教学系统性和完备性的重视，也表明学界已经在宏观层面形成了对基于结构和过程之教学模式的稳定认识。

二、中观层和微观层构件系统的确立及特征分析

以顶层模型为基础，自上而下地逐步细化推导出中观层和微观层模型并

对其进行特征分析，有助于形成对写作教学系统的结构化认识，并在结构化的框架内挖掘其中的教学规律和原理。构件系统的确立是中观层和微观层模型推导的前提和基础。

根据已有认知中关于顶层三大环节下中观层教学构件的具体表述，通过提取、汇总和对术语的归一化处理，可以推导出写作教学中观层和微观层构件的理论模型（见图5-2）。从中可以看出，"写作前（I）"和"写作中（II）"在中观层已形成较稳定的构件体系；而"写作后（III）"中观层特定构件下更具体的实施方式也已纳入写作教学结构和过程理论研究的视野，从而衍生出微观层构件。

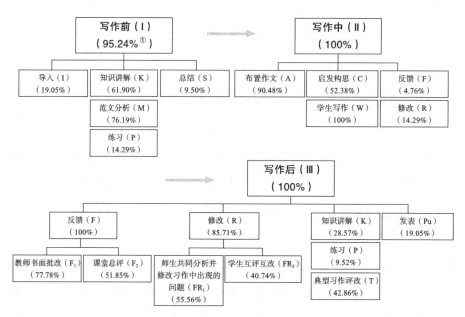

图 5-2 "写作课教学顶层、中观层和微观层构件系统"理论模型示意图

（一）"写作前（I）"环节下的中观层构件及特征

由图5-2可知，"写作前（I）"可提取出"导入（I）""知识讲解（K）""范文分析（M）""练习（P）"和"总结（S）"共5个中观层构件。综

---

① 图中数字为支持率。

合已有认知，我们给出相关构件的具体表述："导入（I）"指通过合适的方式或手段引入新的训练内容，以建立新旧知识间的联系，引起学生注意并激发学习兴趣。"知识讲解（K）"指对相关的语言知识和写作知识进行解释说明，以吸引学生对相关知识的注意，促进知识理解和加工。"范文分析（M）"指阅读和品评标准范例，以帮助学生理解、印证和巩固相关知识并为写作提供可资借鉴的样本。"练习（P）"指对教学重难点进行训练，以巩固知识并提升写作技能。"总结（S）"指对相关知识、规则或规律等进行归纳总结，以加深印象。

另外，"写作前（I）"中观层构件支持率的统计结果显示：（1）已有教学认知中关于确立"范文分析（M）"有明显的共识倾向（支持率为76.19%），反映出写前指导以范文教学为重心、以输入范文促进写作输出的理论认识。（2）"知识讲解（K）"也得到了较多的讨论（支持率为61.90%），体现了对知识学习的重视。

（二）"写作中（Ⅱ）"环节下的中观层构件及特征

由图5-2可知，"写作中（Ⅱ）"可提取出"布置作文（A）""启发构思（C）""学生写作（W）""反馈（F）"和"修改（R）"共5个中观层构件。综合已有认知，我们给出相关构件的具体表述："布置作文（A）"指布置写作任务并对任务进行详细说明，以给出写作内容范围或命题，通常会在文体、语言、字数、时间等方面提出具体要求，并给予一定的写作任务提示。"启发构思（C）"指对正式写作任务进行讨论、分析和引导，以在内容、语言、语篇结构、素材等方面为正式写作做准备。"学生写作（W）"指学生个体将关于特定写作任务的认知思维成果用汉语表达出来，以形成文本作品。"反馈（F）"指读者向作者给出关于作品的评价、意见和建议，以评估写作质量并加强"读者—作品—作者"三者间的互动。"修改（R）"指对作品及相关内容进行修正或改动，以提升作品品质并借此创造更多训练机会。

另外，"写作中（Ⅱ）"中观层构件支持率的统计结果显示：（1）"学生写作（W）"是本环节乃至整个写作教学的核心部分（支持率为100%），体现了已有认知对写作教学题中之义和写作技能训练根本途径的认识。（2）关于将"布置作文（A）"确立为一个显性的占据学生注意资源的教学要素，现有认识有较高的共识倾向（支持率为90.48%）。值得一提的是，"布置作文（A）"不是简单地给出题目，而是一个体现了教学目标和教学设计、占据了一定时间并含有一系列教学事件①的显性教学步骤。（3）有较多观点认为，在正式写作前应通过"启发构思（C）"对"写什么"和"怎么写"进行具体指导（支持率为52.38%），从而激活学生思维并便于他们将由"启发构思（C）"所得的相关成果直接用于正式写作。

（三）"写作后（Ⅲ）"环节下的中观层和微观层构件及特征

1."写作后（Ⅲ）"环节下的中观层构件及特征

由图 5-2 可知，"写作后（Ⅲ）"可提取出"反馈（F）""知识讲解（K）""练习（P）""典型习作评改（T）""修改（R）"和"发表（Pu）"共 6 个中观层构件。

根据中观层构件的文献数据，本环节的"知识讲解（K）"和"练习（P）"同时可兼任"写作前（Ⅰ）"环节的构件，"反馈（F）"和"修改（R）"同时可兼任"写作中（Ⅱ）"环节的构件。上述构件在不同环节并无本质差别，只是在实施时间、具体目标和针对性等方面的侧重有所不同。例如，"反馈（F）"和"修改（R）"在"写作中（Ⅱ）"侧重于对写作过程的控制，而在"写作后（Ⅲ）"则侧重于对写作结果的处理。因此，在理论认识上，中观层特定构件的运用具有跨环节适用和复现的特征。②"典型习作评改（T）"和"发表（Pu）"为本环节的特有构件，综合已有认知，可将其具体表述为："典型习作评改（T）"指集体品评典型的学生习作，通过学习同伴

---

① 本研究所说的教学事件是指在教学过程中可切分的有区别性特征的类型化教学活动单位。从形式上看，教学事件既可以由单一构件实现，也可以由融合在一起进行教学的构件的组合实现。

② 鉴于"知识讲解（K）""练习（P）""反馈（F）"和"修改（R）"等 4 个构件在不同环节的根本性质一样，故对其表述也一致，此处不再赘述。

习作中的优点来分析和发现存在的问题，并提出解决方案。"发表（Pu）"指对写作成品进行展示，以促进经验分享并提升学生的成就感。

另外，"写作后（Ⅲ）"中观层构件支持率的统计结果显示：（1）通过实施"反馈（F）"进行评估、交流和互动是教学必有项（支持率为100%），说明在理论研究中，反馈起到调节学生写作认知和促进教学效果的重要作用。（2）"修改（R）"是纠正语言偏误和提升作品的重要手段（支持率为85.71%），体现出培养学习者自我监控和重铸能力的教学理念。

2. "写作后（Ⅲ）"环节下的微观层构件及特征

与"写作前（Ⅰ）""写作中（Ⅱ）"构件系统不同的是，本研究还确立了"写作后（Ⅲ）"的微观构件。通过文献分析可以进一步发现，构件 F 与 R 的融合形式 FR 已被纳入写作教学结构和过程认知的视野，并得到了较广泛的讨论。因此，从系统的角度分析，有必要将其提炼为微观层的构件。由图5-2可知，基于"反馈（F）"和"修改（R）"这两个中观层构件可进一步提取出"教师书面批改（F_1）""课堂总评（F_2）"及"师生共同分析并修改习作中出现的问题（FR_1）""学生互评互改（FR_2）"等4个微观层构件。

"写作后（Ⅲ）"微观层构件支持率的统计结果显示：（1）"教师书面批改（F_1）"是最具优势的反馈方式（支持率为77.78%），突显了教师对学生个体实施的个性化书面反馈的重要性。（2）"师生共同分析并修改习作中出现的问题（FR_1）"融反馈与修改为一体，有较坚实的理论基础（支持率为55.56%），体现了重视语言知识学习和师生集体参与纠错的教学理念。（3）"课堂总评（F_2）"也是较突出的反馈方式（支持率为51.85%），表明教师对学生集体实施的口头总括性反馈也得到了较多关注，体现了课堂点评的特点，从中可以看出教师反馈的多模态特点。

三、中观层和微观层结构和过程模型推导及特征分析

以汉语写作教学中观层和微观层构件系统为基础，通过对中观层和微观

层结构和过程文献认知的分析和计算，不仅可以推导出中观层和微观层的结构和过程模型，还可以进一步考察顶层三大环节之间在中观层和微观层特有的关联关系。

（一）顶层三大环节内部中观层理论模型推导

顶层三大环节各有其教学目标和任务，因此各环节内部均呈现出各自的结构和过程形态，不同环节可分别视为写作教学的不同子系统。通过梳理汉语写作教学顶层三大环节内部中观层构件的组合以及由此产生的排列结果，可以推导出三大环节各自内部中观层结构和过程模型（见图 5-3）。而从结构和过程类型的特点、解析过程所得的特点（包括教学事件的取值范围、特定构件出现的位置、构件之间的关联关系等）对各环节内部中观层模型做特征分析，将有助于对写作教学中的规律和制约关系做出更细致深入的模型描写，从而把握教学子系统的运行规律。

1. "写作前（I）"环节下的中观层结构和过程

结构和过程类型的相关数据表明：（1）本环节共提取出 KM 等 7 种结构类型和 [KM] 等 11 种过程类型。根据支持率统计结果，未出现占绝对优势的结构和过程类型，表明已有认知对结构和过程类型的倾向性是相对制衡的，即认为结构和过程类型不存在唯一定式，是灵活可变的，这或许反映出平等的多元教学理念。（2）KM、KMP、IKMS 等 3 种结构类型下还可以分化出不同的过程类型，这表明在已有认知中，上述结构的过程类型是可变的，因此从过程类型的角度探索特定教学结构的不同实现方式，或许是教学技巧的一种体现。（3）KM 结构（支持率为 33.33%）及其下的 [KM] 和 [K-M] 过程（支持率均为 14.81%）相对突出，表明已有认知从理论上相对强调"知识讲解（K）"和"范文分析（M）"的融合或联合运用。

教学事件取值范围的统计结果显示：本环节教学过程至少采用 1 个教学事件，可取 [M]、[K] 或 [KM] 过程；最多经历 4 个教学事件，取 [I-K-M-S] 过程。由此可知，无论"写作前（I）"的教学如何"简明"，都必须在"知识

顶层–基本环节	中观层–构件	中观层–结构 类型	支持率（%）	中观层–过程 类型	支持率（%）
写作前（I）	导入（I）	KM	33.33	KM	14.81
				K- M	14.81
	知识讲解（K）	M	14.29	M	11.11
		K	9.50	K	7.41
	范文分析（M）	KMP	9.50	M-KP-P	7.41
				KP-M	3.70
	练习（P）	IKMS	9.50	I-KS-M	7.41
				I- M-KS	7.41
				I-K- M- S	7.41
	总结（S）	IM	4.76	I- M	3.70
		IMP	4.76	I- M- P	3.70
写作中（II）	布置作文（A）	AW	38.10	A- W	48.15
	启发构思（C）	ACW	38.10	A-C- W	29.63
	学生写作（W）	W	9.52	W	11.11
	反馈（F）	ACWR	9.52	A-C- W-R	7.41
	修改（R）	ACWFR	4.76	A-C- W-FR-W	3.70
写作后（III）	反馈（F）	FTR	23.81	F-F- T-FR-FR-R	7.41
				F- T-FR	3.70
				F-F- T-FR	3.70
				F-<UNS>	3.70
	知识讲解（K）	FR	19.05	F- R	11.11
				FR	3.70
				FR-R	3.70
	练习（P）	FKPR	9.52	F-F-K- FR-FR-P	11.11
				F-F- FR-K- P	3.70
				F-FK- FR-K- P	3.70
	典型习作评改（T）	FKTR	9.52	F-F-K- FR-T- R-F-FR	3.70
		F	4.76	F	3.70
	修改（R）	FKR	4.76	F-F-K- FR-FR	11.11
		FRPu	4.76	F-F- FR-<UNS>	3.70
		FTPu	4.76	F-F-T- Pu	3.70
	发表（Pu）	FKRPu	4.76	F-FK- FR-<UNS>	3.70
		FTRPu	4.76	FR- F-T- Pu	3.70

图5-3 "写作课教学顶层三大环节内部中观层结构和过程"理论模型示意图[①]

---

① 构件之间有连线表示有文献支持该路径选择，"<UNS>"表示提及但没有具体信息，"/"表示未提及，下同。图中支持率按由高到低的顺序排列。

讲解（K）"和"范文分析（M）"中采用其中的一项或将两者融合运用，这种共识从根本上可以追溯至对写作课性质的认识。

构件出现位置的考察结果显示：（1）若"导入（I）"出现，则一定出现在起点，这是由该构件的性质和功能决定的。（2）与"知识讲解（K）"相关的教学事件（包括K、KP和KS）出现在"范文分析（M）"之前和之后的支持率分别为33.33%和14.82%，可见知识性教学先于范文教学的主张较为明显，即由讲解抽象知识到感知具体范例的演绎式教学路径相对更受重视。

构件关联关系的考察结果显示：（1）当K、M共现时，其融合与分立的支持率分别为14.82%和48.15%，表明K和M各自独立运用的情况更受重视。（2）当K、P共现时，二者一体化实施的倾向较为明显，表明既有讲又有练时，强调边讲边练。（3）当K、S共现时，其融合与分立的支持率分别为14.82%和7.41%，表明"知识讲解（K）"与"总结（S）"的无缝衔接相对更具理性认识的倾向性。这些构件在教学过程中的分合差异，体现了已有认知对构件地位、功能及使用条件的不同认识。

2."写作中（Ⅱ）"环节下的中观层结构和过程

结构和过程类型的相关数据表明：（1）本环节共提取出W、AW、ACW、ACWR和ACWFR等5种结构类型，以及[W]、[A-W]、[A-C-W]、[A-C-W-R]和[A-C-W-FR-W]等5种过程类型。（2）特定结构类型下的过程类型是固定的，表明在已有认知中，相关构件的运用存在先后制约的关系。（3）根据支持率统计结果，AW结构及与之对应的[A-W]过程相对突出（支持率分别为38.10%和48.15%），表明从结构和过程类型来看，对于布置作文之后的教学事件，支持率较高的观点是让学生直接自行写作，而A、W两项中间添加"启发构思（C）"的支持率次之（29.63%）。

教学事件取值范围的统计结果显示：（1）本环节教学过程至少采用1个教学事件，取[W]过程；最多经历5个教学事件，取[A-C-W-FR-W]过程，其中"学生写作（W）"可重复出现。（2）教学过程中教学事件的增加，表明对学生写作过程的控制和干预愈加突显，具体体现在通过正式写作前的布置作文和启发构思等活动，对学生审题、立意及构思过程等提供支持，通过要求学生在完成初稿之后进行自查和自改提高其自我监控和决策能力，通过在学生个体写作过程中穿插使用讲评和修改实现对写作过程适时进行诊断、预测和干预的目的。

构件出现位置的考察结果显示：（1）本环节以"布置作文（A）"为起点的支持率最高（88.89%），反映出理论研究中认为应首先明确任务目标的教学逻辑。（2）若"启发构思（C）"出现，则一定出现在"布置作文（A）"之后，即围绕具体写作任务进行有针对性的构思指导。（3）本环节的终点常落实到"学生写作（W）"（支持率为92.59%），这从教学过程的角度进一步印证了对学生写作实践的重视。

构件关联关系的考察结果显示：（1）关于"布置作文（A）"之后是否进一步通过"启发构思（C）"进行更具体的可直接迁移至正式写作的指导和准备，存在两种不相上下的相对认识（支持率均为50%左右），表明"启发构思（C）"是否出现仍需要进一步思考或实践检验，相关的教学认知也有待进一步完善或修正。（2）以由"学生写作（W）"所开启的正式写作为界，在正式写作的过程中，W独立性强（支持率为96.30%），即W较少与过程干预性构件F和R共现，表明已有认知非常强调学生个体在不受干预的状态下自行写作，体现了保护学生写作思路流畅性和重视写作结果的教学理念。（3）若"反馈（F）"出现，则"修改（R）"也随之出现；反之则不然，即"修改（R）"可以独立出现。由此可见，"修改（R）"可在不同的条件下出现，它可能是由"反馈（F）"引发的，也可能是学生自主产生的。前者突出了交互对书面语言产出的影响，后者突出了自我监控对书面语言产出的影响。（4）当F和R共现时，反馈和修改的主体将共同实施即时或共时的反馈和修改，即修改可能紧接着反馈即时实现，也可能二者融合在一起实现，这体现了课堂教学的高互动特征。此外，通过对文献内容的分析可以发现，反馈和修改可以在学生之间进行，也可以在师生之间进行，其主体是多元的，比如师生集体交流讨论并修改。

3."写作后（Ⅲ）"环节下的中观层结构和过程

结构和过程类型的相关数据表明：（1）本环节共提取出 FTR、FR 等 10 种结构类型和 [F-F-T-FR-FR-R]、[F-T-FR] 等 17 种过程类型；根据支持率统计结果，未出现占绝对优势的结构和过程类型，表明本环节的结构和过程类型不存在唯一定式，可以是多变的。（2）FTR、FR 和 FKPR 等 3 种结构类型下可分化出不同的过程类型，表明上述结构在过程中的运用是可变的、有条件的，由相同构件集合可形成多样化的结构，且由此形成的过程类型也是多样的。（3）FTR 和 FR 结构的支持率相对略高（分别为 23.81% 和 19.05%），表明"反馈（F）"和"修改（R）"及其与"典型习作评改（T）"的联合运用相对更受偏爱。

教学事件取值范围的统计结果显示：（1）本环节教学过程至少采用 1 个教学事件，取 [F] 或 [FR] 过程；最多经历 8 个教学事件，取 [F-F-K-FR-T-R-F-FR] 过程；且从目前的认识上来看，本环节大多数过程类型所经历的教学事件都较多，这与专家学者对此的重视程度或认识深度有关；过程性特征明显且教学进程持续时间相对较长，体现了对教学目标进行分解并通过多样的教学活动层层递进式实现阶段性目标的教学理念。（2）通过对教学进程中教学事件的考察可以发现，特定教学事件 F 和 FR 的应用较为突出，既体现在其支持率高（分别为 100% 和 66.63%），又体现在其通常于教学过程中重复出现，是推动教学进程的重要成分。

构件出现位置的考察结果显示：由"反馈（F）"这一单一构件构成的教学起点具有绝对优势（支持率为 77.74%），反映了以反馈为基础进行写作诊断并由此启动写后反思性实践的教学思路。

构件关联关系的考察结果显示：（1）若教学过程中出现"练习（P）"，则其前必定会出现"知识讲解（K）"，但二者不一定相邻，表明已有认知强调在本环节开展练习时必须以知识讲解为前提。（2）"知识讲解（K）"出现时，其后却不一定再出现"练习（P）"，可见相对于"练"来说，本环节更强调"讲"。这一认识在学者们对练习的相关表述中有直接体现，如祝秉耀（1984）称"辅助性练习"、赵金铭主编（2006）称"补充练习"。由此可见，在汉语教学界，人们所公认的"精讲多练"是有条件的。

（二）顶层三大环节之间中观层关联特征分析

聚焦并梳理汉语写作教学顶层三大环节之间中观层构件的共现关系和发生序列，不仅可以推导出顶层三大环节之间中观层的结构和过程模型（见图 5-4 和图 5-5），还可以进一步考察三大环节之间结构及过程类型的映射关系，并从接口位置教学事件的特点出发对模型进行分析，了解其教学作用，透视中观层环节间结构和过程的制约关系。

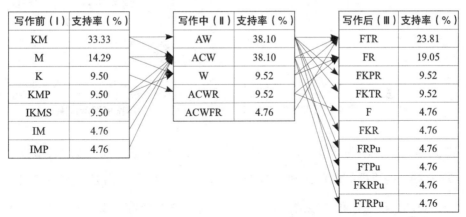

图 5-4　"写作课教学顶层三大环节之间中观层结构"理论模型示意图[①]

1. 关联特征分析：从"写作前（Ⅰ）"到"写作中（Ⅱ）"

结构和过程类型的关联数据表明：（1）KM 结构及与之对应的过程作为教学起点的支持率较高（33.33%）。（2）AW 和 ACW 结构作为教学终点的支持率较高，且 AW 和 ACW 结构从终点支持率来看是相等的（均为 38.10%），

———————————

① 构件之间有连线表示有文献支持该路径选择，箭头的方向表示教学进程的发展方向，下同。

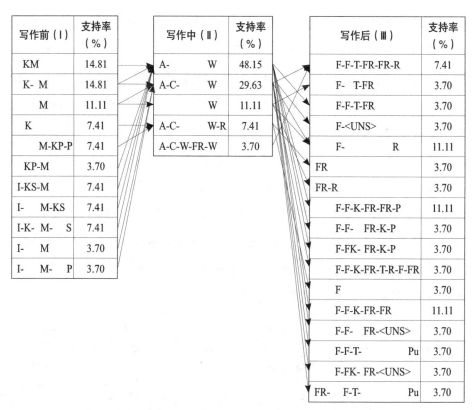

写作前（Ⅰ）	支持率（%）
KM	14.81
K- M	14.81
M	11.11
K	7.41
M-KP-P	7.41
KP-M	3.70
I-KS-M	7.41
I- M-KS	7.41
I-K- M- S	7.41
I- M	3.70
I- M- P	3.70

写作中（Ⅱ）		支持率（%）
A-	W	48.15
A-C-	W	29.63
	W	11.11
A-C-	W-R	7.41
A-C-W-FR-W		3.70

写作后（Ⅲ）	支持率（%）
F-F-T-FR-FR-R	7.41
F- T-FR	3.70
F-F-T-FR	3.70
F-<UNS>	3.70
F- R	11.11
FR	3.70
FR-R	3.70
F-F-K-FR-FR-P	11.11
F-F- FR-K-P	3.70
F-FK- FR-K-P	3.70
F-F-K-FR-T-R-F-FR	3.70
F	3.70
F-F-K-FR-FR	11.11
F-F- FR-<UNS>	3.70
F-F-T- Pu	3.70
F-FK- FR-<UNS>	3.70
FR- F-T- Pu	3.70

图5-5 "写作课教学顶层三大环节之间中观层过程"理论模型示意图

但[A-W]过程作为终点的支持率高于[A-C-W]过程（分别为48.15%和29.63%），表明已有教学认知中对于"布置作文（A）"之后是否实施"启发构思（C）"存在比较明显的分歧。（3）KM与AW结构、[KM]与[A-W]过程的共现关系较突出（支持率分别为23.81%和14.81%）。

接口位置教学事件的考察结果显示：（1）"范文分析（M）"多用作"写作前（Ⅰ）"环节的后端接口事件（支持率为55.56%），表明已有认知重视范文教学对"写作中（Ⅱ）"环节的触发效应，也体现了读写结合、以读促写的教学理念。（2）"布置作文（A）"多用作"写作中（Ⅱ）"环节的前端接口事件（支持率为88.89%），即通过提出具体写作任务使教学从"写作前（Ⅰ）"环节的写作指导过渡到切实的写作实践，体现了在写作训练中对"以写促学"这一教学本质的认识。（3）"范文分析（M）"与"布置作文（A）"共现关系突出（支持率为51.85%），体现了写作教学理论对读写关系的重视，可以通过有效的范文分析深化对写作主题的理解，为写作中的语言运用和布局谋篇提供参考。如何将范文教学与写作实践紧密结合，促进读与写的深度融合是值得关注的重要问题。

2. 关联特征分析：从"写作中（Ⅱ）"到"写作后（Ⅲ）"

结构和过程类型的关联数据表明：（1）AW和ACW结构作为教学起点的支持率较高且相等（均为38.10%），但[A-W]过程作为起点的支持率高于[A-C-W]过程（分别为48.15%和29.63%），与此前所述关于是否实施"启发构思（C）"存在分歧性认识相呼应。（2）FTR结构作为教学终点出现的支持率略高（23.81%），未出现较突出的终点过程类型。（3）未发现共现关系突出的结构和过程类型。

接口位置教学事件的考察结果显示：（1）"学生写作（W）"用作"写作中（Ⅱ）"环节的后端接口事件占绝对优势（支持率为92.59%），体现了已有教学认知中以学生写作实践作为"写作后（Ⅲ）"教学根本参照的认识，突显了全面了解学生写作表现的重要性。（2）"反馈（F）"用作"写作后（Ⅲ）"环节的前端接口事件占绝对优势（支持率为88.84%），表明在已有教学认知中，"写作中（Ⅱ）"的教学效果需要通过反馈进行检验，并由反馈引发关于教与学的反思，为下一步教学做准备。（3）W与F共现关系突出（支持率为81.48%），表明在已有教学认知中，学生个体自行写作与反馈具有密切的双向互动关系，学生个体写作需要通过反馈得以提升，而反馈则需要全面深入地了解每个个体的写作表现，在此基础上把握班级整体写作表现，进一步明确每个个体在整体中的位置，最终形成合适的教学方案，这对班级写作教学来说实属不易。

（三）顶层三大环节微观层理论模型推导及关联特征分析

如前所述，随着人们认识的深化，"写作后（Ⅲ）"环节中的"反馈

（F）"及其与"修改（R）"的融合形式 FR 已经从具体实施方式的维度逐步走入结构和过程研究的视野，正固化为"写作后（Ⅲ）"环节中的构件。因此，"写作后（Ⅲ）"环节的结构和过程模型已从中观层细化并深入延展到了微观层（见图 5-6）。但因"写作前（Ⅰ）"和"写作中（Ⅱ）"环节的中观层构件以及"写作后（Ⅲ）"环节中观层的其他构件尚未衍化成型，因此基于目前认识，在推导和考察微观层结构和过程模型时，存在跨层表达的情形。结构或结构的组合在时间轴上的顺序呈现形成过程，从过程类型中可以清楚地看出结构类型，限于篇幅，故不再对结构类型单独论述。

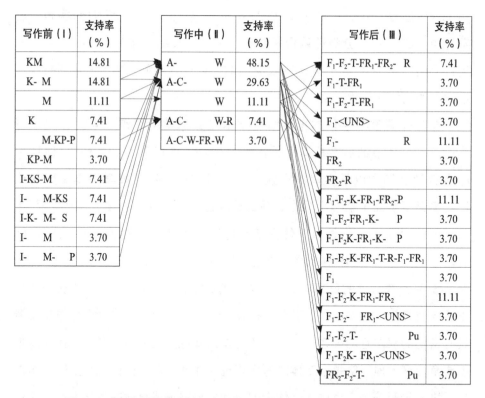

写作前（Ⅰ）	支持率（%）
KM	14.81
K- M	14.81
M	11.11
K	7.41
M-KP-P	7.41
KP-M	3.70
I-KS-M	7.41
I- M-KS	7.41
I-K- M- S	7.41
I- M	3.70
I- M- P	3.70

写作中（Ⅱ）	支持率（%）
A- W	48.15
A-C- W	29.63
W	11.11
A-C- W-R	7.41
A-C-W-FR-W	3.70

写作后（Ⅲ）	支持率（%）
F_1-F_2-T-FR_1-FR_2- R	7.41
F_1-T-FR_1	3.70
F_1-F_2-T-FR_1	3.70
F_1-<UNS>	3.70
F_1- R	11.11
FR_2	3.70
FR_2-R	3.70
F_1-F_2-K-FR_1-FR_2-P	11.11
F_1-F_2-FR_1-K- P	3.70
F_1-F_2K-FR_1-K- P	3.70
F_1-F_2-K-FR_1-T-R-F_1-FR_1	3.70
F_1	3.70
F_1-F_2-K-FR_1-FR_2	11.11
F_1-F_2- FR_1-<UNS>	3.70
F_1-F_2-T- Pu	3.70
F_1-F_2K- FR_1-<UNS>	3.70
FR_2-F_2-T- Pu	3.70

图 5-6 "写作课教学顶层三大环节之间微观层过程"理论模型示意图

根据图 5-6，通过分析"写作后（Ⅲ）"环节内部微观层的过程特征，可以得出如下两点突出的结论：（1）由教师批改实现的教学事件 F_1 出现在起点的支持率高达 77.74%，且可在后续教学进程中重复出现，表明教师对学生个体实施的个性化书面反馈是最受重视的反馈形式，且本环节的教学过程常常是由此启动的。（2）由师生共同分析并修改习作中出现的问题而实现的教学事件 FR_1，以及由教师课堂总评实现的教学事件 F_2 是使教学进程向前发展的重要节点。

通过分析从"写作中（Ⅱ）"到"写作后（Ⅲ）"环节过程的关联特征，可以得出如下两点突出结论：（1）"教师书面批改（F_1）"用作"写作后（Ⅲ）"环节前端接口事件的支持率占优势（77.78%），体现了已有教学认知中关于教师书面批改对整个"写作中（Ⅱ）"环节教学检验与反拨作用的认识。（2）"学生写作（W）"与 F_1 共现关系突出（支持率为 74.07%），反映了理论研究中通过师生一对一的书面反馈来促进个体写作发展的教学主张，即教师应在深入了解个体写作表现的基础上，努力对学生个体作品提出个性化的、有利于反复查看和思考的书面意见和建议，这也体现了对学生个体差异的尊重。

第二节　汉语写作教学应用模型构建 *

本研究以"汉语写作教学·实录研究数据库"为基础开展汉语写作课堂教学的结构和过程研究，通过对汉语写作教学课堂实录[①]的观察与分析，对写作教学构件、结构和过程的特征进行表达、提取和计算，构建汉语写作教学结构和过程的应用模型。具体实施方案如下：首先，选定写作教学规范化

---

* 本节内容曾以《汉语写作教学结构和过程应用模型研究》为题发表于《汉语教学学刊》2022 年增刊，作者为周梦圆、郑艳群。

① 本研究中的教学实录主要来自青年教师教学基本功大赛获奖作品，均为中、高级阶段独立开设的写作课，共 9 份样本。这类教学实录通常是由一线教师或教师团队精心设计后付诸实施的，且经过了领域内教学专家或教学研究专家的评选、认证，具有可模仿性和可推广性等特点，值得深入学习和研究。

教学实录样本，建立"汉语写作教学·实录样本数据库"，并对数据库中的样本进行转写。其次，在"宏观层—中观层—微观层"的整体架构下，从概念出发，在教学实录中辨识写作教学构件、结构和过程信息，对各构件类型依据理论模型中的名称进行命名，若构件为新出现则另外确定统一的名称术语并给出定义；按构件类型、结构类型和过程类型进行统一赋码和形式化表达，建立"汉语写作教学·实录研究数据库"。再次，确立构件系统，在此基础上完成对汉语写作教学系统应用模型的建构。最后，计算倾向性结果[①]，对模型特征进行分析。本研究对写作教学结构和过程的实践特征进行系统而客观的描写和分析，并可视化地呈现研究结果，将有助于为基于结构和过程的写作教学设计、教学实施、教学测评、教学优化和创新、教学资源建设及教师教育等提供依据。

一、顶层教学环节的建立、结构和过程模型构建及特征分析

通过对教学实录样本的分析可以发现，汉语写作教学是一个有层次的系统，可以从宏观顶层出发逐层进行描写并构建模型，这是一个自上而下的工作过程；而在每个层面内，又可以通过对构件的辨识和计算，自下而上地完成结构和过程模型的构建，从而揭示来自教学实践的汉语写作教学结构和过程的规律。

（一）顶层教学环节的建立及结构和过程模型构建

从概念出发，在"汉语写作教学·实录研究数据库"中经过辨识、归类汇总，以及与理论模型中的名称（术语）一一对应并进行必要的名称（术语）补充，我们共提取出"写作前（I）""写作中（II）"和"写作后（III）"三个基本教学环节。在此基础上，进一步根据结构和过程的使用信息，完成了顶层模型的构建（见图5-7）。

---

① 相关结果通过使用率来体现。本研究有关使用率的计算公式为：使用率＝实际应用的样本数÷样本总数。

基本环节	使用率（%）		结构类型	使用率（%）	过程类型	使用率（%）
写作前（Ⅰ）	75		Ⅰ Ⅱ	50	Ⅰ-Ⅱ	50
写作中（Ⅱ）	100		Ⅱ Ⅲ	25	Ⅱ-Ⅲ	25
写作后（Ⅲ）	50		Ⅰ Ⅱ Ⅲ	25	Ⅰ-Ⅱ-Ⅲ	25

图 5-7　"写作课教学顶层结构和过程"应用模型示意图

（二）顶层模型特征分析

由图 5-7 可以得到关于顶层模型的如下三点应用特征：（1）"写作中（Ⅱ）"是写作教学系统中核心的、不可或缺的基本环节（使用率为 100%）；"写作前（Ⅰ）"和"写作后（Ⅲ）"的使用率超过或达到半数（分别为 75% 和 50%），表明写作前的预设性指导和写作后的反拨性教学均得到了重视；而"写作前（Ⅰ）"的使用率高于"写作后（Ⅲ）"，可以推知写前指导的实施相对更受重视。（2）在单位教学时长内，随着结构类型中基本环节数量的增加，基本结构类型的使用率呈递减趋势，表明围绕特定写作任务的系统性教学通常需要分课次实现。（3）教学过程的实践方案基本体现为"写作前（Ⅰ）"→"写作中（Ⅱ）"→"写作后（Ⅲ）"的演进序列，表明各基本环节在教学过程中是先后相继、彼此制约和影响的关联因素，且教师对顶层过程的实现也有较为清晰而统一的认识。

二、中观层和微观层构件系统的建立及特征分析

中观层和微观层构件系统的建立是构建其结构和过程模型的前提和基础。从概念出发，对实录研究数据库中顶层三大环节内部的构件进行辨识、名称汇总，并与理论模型中的名称（术语）一一对应或进行必要的名称（术语）补充，计算其使用率，可以完成中观层和微观层构件系统的构建（见图 5-8）。

（一）"写作前（Ⅰ）"环节下的中观层构件及特征

由图 5-8 可知，从"写作前（Ⅰ）"环节共提取出"检查复习（G）""知识讲解（K）""范文分析（M）""练习（P）"等 4 个中观层构件。根据其在

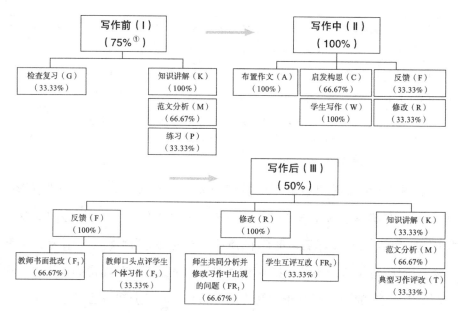

图 5-8 "写作课教学顶层、中观层和微观层构件系统"应用模型示意图 [①]

教学中的实施及体现出的教学功能，上述构件可界定为："检查复习（G）"指检查学生作业完成情况或知识掌握情况，复习与本次课有关的旧知识，以检验此前教与学的效果，督促学习并实现以旧带新的目标。"知识讲解（K）"指对相关的语言知识和写作知识进行解释说明，以引起学生对相关知识的注意，促进知识理解和加工。"范文分析（M）"指阅读和品评标准范例，以帮助学生理解、印证和巩固相关知识，并为写作提供可资借鉴的样本。"练习（P）"指对教学重难点进行训练，以巩固知识，提升写作技能。

根据上述构件的使用率可以得出如下结论：（1）"知识讲解（K）"是教学必有项（使用率为100%），表明实践中特别重视相关知识对技能习得的指引作用，且突显了教师讲解对知识学习的必要性。（2）"范文分析（M）"的高频应用（使用率为66.67%）体现了读写结合、以读促写及以写促读的教学理念。

---

① 图中数字为使用率。

（二）"写作中（Ⅱ）"环节下的中观层构件及特征

由图 5-8 可知，从"写作中（Ⅱ）"环节共提取出"布置作文（A）""启发构思（C）""学生写作（W）""反馈（F）""修改（R）"等 5 个中观层构件。

根据上述构件的使用率可以得出如下结论：（1）"学生写作（W）"是写作训练的基本要求和必然途径（使用率为 100%），表明教学实践中践行了以写促写、以写促学的教学理念。（2）"布置作文（A）"也是不可跨越的教学程序（使用率为 100%），这虽是写作教学常规认知的体现，但是如何有效地布置作文，使其成为一个蕴含了经过精心教学设计的、能对学生写作产生积极影响的教学步骤，仍需在进一步的实证中寻找参考方案。（3）"启发构思（C）"也得到了较为突出的应用（使用率为 66.67%），表明教师希望通过积极的教学干预，通过在"写什么"和"怎么写"方面进行引导，来驱动和支持学生写作认知思维的发展。

（三）"写作后（Ⅲ）"环节下的中观层和微观层构件及特征

1．"写作后（Ⅲ）"环节的中观层构件及特征

由图 5-8 可知，从"写作后（Ⅲ）"环节共提取出"反馈（F）""修改（R）""知识讲解（K）""范文分析（M）""典型习作评改（T）"等 5 个中观层构件。根据中观层构件的教学数据，本环节的"知识讲解（K）"和"范文分析（M）"同时可兼任"写作前（Ⅰ）"环节的构件，而"反馈（F）"和"修改（R）"同时可兼任"写作中（Ⅱ）"环节的构件，可见中观层特定构件的运用具有跨环节适用和复现的特征。"典型习作评改（T）"为本环节的特有构件。

根据上述构件的使用率可以得出如下结论：（1）"反馈（F）"和"修改（R）"是在学生完成习作后促进其知识和技能发展的根本力量（使用率均为 100%）。（2）"范文分析（M）"的应用较为突出（使用率为 66.67%），由于范文具有语言表达规范且准确的特点，因此可以看出在"写作后（Ⅲ）"的教学实践中，与利用典型学生习作进行示范相比，教师更倾向于使用教材中的标准范文强化输入，以便更好地指导和调节学生的写作认知及行为，为进

一步修改提供支持。

2."写作后（Ⅲ）"环节下的微观层构件及特征

由图 5-8 可知，"写作后（Ⅲ）"环节在中观层构件"反馈（F）"和"修改（R）"之下共提取出"教师书面批改（F_1）""教师口头点评学生个体习作（$F_3^{①}$）""师生共同分析并修改习作中出现的问题（FR_1）""学生互评互改（FR_2）"等 4 个微观层构件。

根据上述微观层构件的使用率可以得出如下结论：（1）"教师书面批改（F_1）"的应用相对突出（使用率为 66.67%），体现了写作反馈中对教师资源的积极利用，而从反馈的模态来看，教师对学生个体的书面视觉反馈被视为主要模态之一，显示出其重要效用。（2）"师生共同分析并修改习作中出现的问题（FR_1）"是反馈和修改二者融合运用所形成的重要事件（使用率为 66.67%），其交互范围不限于师生之间，也包括教师引导下的生生互动和合作，这有利于提高学生的参与度和认知活跃度。F_1 和 FR_1 的突出应用，均体现了教学实践中对语言准确性的追求，以及对教师在书面语培养中的主导地位的共识；同时，也使得对学生个体的个性化反馈和集体合作式反馈得到了兼顾。

三、中观层和微观层结构和过程模型构建及特征分析

写作教学系统的顶层架构决定了中观层和微观层模型的构建将由两方面的工作构成：首先，构建顶层各大环节内部中观层和微观层的结构和过程模型；其次，构建顶层各大环节之间中观层和微观层的结构和过程模型。

（一）顶层三大环节内部中观层应用模型构建

以中观层构件系统为基础，通过在实录研究数据库中辨识、汇总和计算汉语写作教学顶层三大环节内部中观层结构和过程的使用信息，可以构建出三大环节各自内部中观层结构和过程的模型（见图 5-9）。

---

① 为了与本章第一节写作教学理论模型中的"课堂总评（F_2）"相区别，应用模型中将"教师口头点评学生个体习作"记作 F_3。

顶层 – 基本环节	中观层 – 构件	中观层 – 结构		中观层 – 过程	
		类型	使用率（%）	类型	使用率（%）
写作前（Ⅰ）	检查复习（G）	K	33.33	K	33.33
	知识讲解（K）	KM	33.33	K- M	33.33
	范文分析（M）	GKMP	33.33	G-K-KP-KMP	33.33
	练习（P）				
写作中（Ⅱ）	布置作文（A）	AW	33.33	A- W	33.33
	启发构思（C）	ACW	33.33	A-C-A-C-A-W	33.33
	学生写作（W）	ACWFR	33.33	A-C-A- WFR	33.33
	反馈（F）				
	修改（R）				
写作后（Ⅲ）	反馈（F）	FMR	33.33	FR- M	33.33
	知识讲解（K）	FTR	33.33	T-FR-F- R	33.33
	范文分析（M）	FKMR	33.33	F-FR-F-K-M	33.33
	典型习作评改（T）				
	修改（R）				

图 5–9 "写作课教学顶层三大环节内部中观层结构和过程"应用模型示意图

下面，我们将从结构类型和过程类型的特点、过程解析所得到的特点两个方面对顶层三大环节内部中观层的结构和过程模型做特征分析，以便更细致深入地描写各环节内部中观层结构和过程的应用机制，揭示教学子系统的运行规律。其中，过程解析所得到的特点还将从教学事件的取值范围、特定构件出现的位置、构件之间的关联关系等做更具体的分析。

1. "写作前（Ⅰ）"环节下的中观层结构和过程

结构类型和过程类型的实证数据显示：（1）本环节共出现 K、KM 和 GKMP 等 3 种结构类型，以及 [K]、[K-M] 和 [G-K-KP-KMP] 等 3 种过程类型。（2）各结构类型和过程类型的使用率相当（均为 33.33%），表明结构和过程的应用是随着教学情境和教学条件的变化而变化的，不存在固定模式。

教学事件取值范围的实证数据显示：本环节至少使用 1 个教学事件，取 [K] 过程；最多经历 4 个教学事件，取 [G-K-KP-KMP] 过程。其中，"知识讲解（K）"和"练习（P）"均可重复出现，表明实践中会通过多次使用构件 K 和 P 来强化知识的学习和练习，从而促进知识向技能的转化。

构件出现位置的实证数据显示：（1）独立的"知识讲解（K）"作为起点的使用率较高（66.67%），表明教学实践将知识学习视为首要任务。（2）若"检查复习（G）"出现，则其出现在起点位置，该构件在起点处的应用体现了温故知新的教学思想。

构件关联关系的实证数据显示：（1）"知识讲解（K）"和"范文分析（M）"的共现率最高（66.67%）；且若 M 出现，则 K 及包含 K 的教学事件必定在 M 之前已经出现，即先进行知识性的教学，再进行范文教学。（2）"练习（P）"通常不会作为一个独立的教学事件出现，而是与 K 或 KM 融合出现，这表明练习中仍离不开知识讲解。教师在练习中适时融入对重难点知识的点拨，不仅对知识学习和内化具有画龙点睛的作用，而且也有助于提高练习的效率和效果。同时，知识的讲练还可以与范文分析融合实施，即在范文分析中适时穿插知识讲练。

2."写作中（Ⅱ）"环节下的中观层结构和过程

结构类型和过程类型的实证数据显示：（1）本环节共出现 AW、ACW 和 ACWFR 等 3 种结构类型，以及 [A-W]、[A-C-A-C-A-W] 和 [A-C-A-WFR] 等 3 种过程类型。（2）各结构类型和过程类型的使用相对均衡（均为 33.33%），不存在唯一定势。

教学事件取值范围的实证数据显示：（1）本环节至少使用 2 个教学事件，取 [A-W] 过程；最多经历 6 个教学事件，取 [A-C-A-C-A-W] 过程。其中，"布置作文（A）"和"启发构思（C）"可多次使用，体现了分解教学任务、循序渐进的教学思想。（2）对构件 A 和 C 可以复现这一特征的进一步分析表明，可以从布置主题范围、布置写作要求、给予一定的写作提示等方面对"布置作文（A）"实施分解式教学；还可以通过组织师生集体讨论、同伴或小组讨论、学生个体展示等序列化的教学活动对"启发构思（C）"

实施分解式教学。上述分解式教学操作不仅有利于吸引学生对当前教学内容的选择性注意，而且为教师观察学生反应并及时根据学生反应做出教学调整预留了缓冲空间。

构件出现位置的实证数据显示：本环节大致遵循 A → C → W/WFR 的过程路径，即通过布置作文和启发构思推进学生的写作实践。值得一提的是，教学分析发现，学生写作包括 W 和 WFR 两种方式。其中，W 方式多由学生个体在课下自行实现且其使用率较为突出（66.67%），表明不受过程干预和控制的学生个体写作实践仍是最常用的写作训练方式，从中可以看出对学生独立写作空间的保护。而 WFR 方式多通过小组合作在课堂中实现（使用率为 33.33%），不仅体现了在写作过程中通过组织反馈和修改来提升写作绩效的教学策略，还体现了通过人际互动搭建"脚手架"和创建学习社区，促进写作能力和口语能力、合作学习能力等协同发展的教学思想的运用，但 WFR 方式也存在时间成本高、个体在合作中的分工及其对小组写作产出的贡献率不明等问题，还需要进一步探索和完善。

构件关联关系的实证数据显示：（1）"布置作文（A）"和"启发构思（C）"共现关系突出，且二者前后相连（使用率为 66.67%），表明教学实践对于既呈现写作任务，又给予构思指导具有较强的倾向性。（2）"反馈（F）"和"修改（R）"是共现的，且若其出现，则必定在写作过程中以 FR 形式融合共现，体现了对让同伴和教师参与并调控写作过程这一策略的运用。

3. "写作后（Ⅲ）"环节下的中观层结构和过程

结构类型和过程类型的实证数据显示：（1）本环节共出现 FMR、FTR 和 FKMR 等 3 种结构类型，以及 [FR-M]、[T-FR-F-R] 和 [F-FR-F-K-M] 等 3 种过程类型。（2）各结构类型和过程类型均有其适用情形（使用率均为 33.33%），体现了教学应用中的条件性和灵活性。

教学事件取值范围的实证数据显示：本环节至少使用 2 个教学事件，取 [FR-M] 过程；最多经历 5 个教学事件，取 [F-FR-F-K-M] 过程。其中，"反馈（F）"可以多次出现；进一步分析发现，书面反馈和口头反馈均得到了应用，体现了反馈手段的多模态特征，其目的是在不同的教学进程和情境中选择不同模态的反馈方式。

构件出现位置的实证数据显示：（1）在 FR 之后紧跟 F 的使用率较高（66.67%），其具体方法是先进行交互性强的融合式反馈和修改，如师生集体讨论式反馈和修改、生生交互式反馈和修改，然后再进行总结性的评价式反馈，如教师对学生个体习作进行总的或全面的评改。由 FR 到 F，体现了归纳式、体验式评改路径的运用。（2）"范文分析（M）"出现的位置相对靠后，表明实践中倾向于在引导学生辨别、分析和修改习作中出现问题的基础上，再给出正面且完整的语篇示范，这实际上也是归纳式、体验式写作教学风格的一种体现。

构件关联关系的实证数据显示：（1）"反馈（F）"和"修改（R）"的共现关系十分突出，且二者在教学过程中既可以同步融合式共现（使用率为100%），又可以异步分立式共现（使用率为33.33%），显然，同步融合式共现的情形更占优势，表明教学实践更加重视反馈性交互的时效。实际上，对融合式 FR 教学数据的微观分析还可以发现，融合式 FR 可进一步细分出两种形态，其一是"F-R"微循环形态，即先给予反馈再讨论修改，二者之间不断地依序循环；其二是"F/R"合一形态，即通过直接提出修改方案进行纠正性反馈，反馈亦是修改，修改亦是反馈，二者合一。（2）FR 和 M 有较强的共现关系（使用率为66.67%），且 M 出现在 FR 之后（但不一定相邻）。二者关联形态的特点是：由对学生写作中典型问题的反馈和修改，到让学生感知和加工完整的示范性语篇，在比照和反思中实现当下教学单元内写作技能的整体提升，体现了点面结合、由点到面的教学思想在"写作后（Ⅲ）"实践中的应用。

（二）顶层三大环节之间中观层关联特征分析

写作教学系统的有效运转，不仅有赖于各子系统内部的有序运作，还取决于各子系统之间关联机制的构建。通过在实录研究数据库中鉴别和计算顶层各大环节之间中观层结构和过程的关联信息，可构建出顶层各大环节之间中观层的结构和过程模型（见图 5-10）。

写作前（Ⅰ）	使用率（%）
K	33.33
K-　　　M	33.33
G-K-KP-KMP	33.33

写作中（Ⅱ）	使用率（%）
A-　　　W	33.33
A-C-A-C-A-W	33.33
A-C-A-　WFR	33.33

写作后（Ⅲ）	使用率（%）
FR-　　M	33.33
T-FR-F-　　R	33.33
F-　FR-F-K-M	33.33

图 5-10　"写作课教学顶层三大环节之间中观层过程"应用模型示意图

从"写作前（Ⅰ）"到"写作中（Ⅱ）"，再从"写作中（Ⅱ）"到"写作后（Ⅲ）"依次对教学进程中各环节之间接口位置教学事件的关联特征进行分析，可以透视中观层跨环节间教学过程的应用规律。

1. 关联特征分析：从"写作前（Ⅰ）"到"写作中（Ⅱ）"

接口位置教学事件的实证数据显示：（1）"范文分析（M）"及以之为重心的教学事件多用作"写作前（Ⅰ）"环节的后端接口事件（使用率为 66.67%），表明范文教学对启动"写作中（Ⅱ）"环节具有较强的影响力，这体现了对读写关系的重视和对"以读促写"教学理念的积极实践。（2）"布置作文（A）"始终为"写作中（Ⅱ）"环节的前端接口事件（使用率为 100%），表明"写作前（Ⅰ）"环节预设性的写作指导最终将聚焦至具体而明确的写作任务，这是写作训练的根本路径。（3）"范文分析（M）"及以之为重心的教学事件与"布置作文（A）"的共现关系较为突出（使用率为 66.67%），表明范文教学和布置作文具有较强的双向互动关系，其所带来的启示在于：范文的选择和分析应以促进写作为目标，而布置作文也应充分利用范文的示范和引导作用，在命题、语言运用和布局谋篇等各方面充分发挥范文教学的"促写"功能。

2. 关联特征分析：从"写作中（Ⅱ）"到"写作后（Ⅲ）"

接口位置教学事件的实证数据显示：（1）"学生写作（W）"及以之为重

心的教学事件必为"写作中（Ⅱ）"环节的后端接口事件（使用率为100%），表明学生的写作实践、写作面貌及其在写作中的心理体验等均应作为进行"写作后（Ⅲ）"教学的基准，即进入"写作后（Ⅲ）"环节的前提是教师对学生写作情况全面深入的了解。（2）包含"反馈（F）"的教学事件多用作"写作后（Ⅲ）"环节的前端接口事件（使用率为66.67%），体现出通过及时的反馈对"写作中（Ⅱ）"环节之教学绩效进行检验、评估和报告的教学实践特征，这实际上也为后续的绩效提升打下了基础。（3）"学生写作（W）"及以之为重心的教学事件，与包含"反馈（F）"的教学事件之间的共现关系较为突出（使用率为66.67%），表明写作与反馈具有密切的双向互动关系，表现为写作为反馈的实施树立了靶心，反馈为写作的提升提供了动力。因此，教师既应全面深入地了解学生的写作情况，又应给予或组织有效的写作反馈。

（三）顶层三大环节微观层应用模型构建及关联特征分析

教学数据显示（结合图5-10），随着"写作后（Ⅲ）"环节教学实践的深入，"反馈（F）"及其与"修改（R）"之融合形式FR的具体实施方式已经或正在从"写作后（Ⅲ）"环节中观层构件的维度参数固化为中观层之下微观层的构件。因此，"写作后（Ⅲ）"环节的结构和过程模型已从中观层细化并深入延展到了微观层（见图5-11）。但因"写作前（Ⅰ）"和"写作中（Ⅱ）"环节的中观层构件，以及"写作后（Ⅲ）"环节中观层的其他构件尚未衍化成型，因此基于目前的样本，在构建和分析微观层结构和过程模型时，存在跨层关联的情形。

写作前（Ⅰ）	使用率（%）	写作中（Ⅱ）	使用率（%）	写作后（Ⅲ）	使用率（%）
K	33.33	A- W	33.33	FR_1- M	33.33
K- M	33.33	A-C-A-C-A-W	33.33	T-FR_1-F_1- R	33.33
G-K-KP-KMP	33.33	A-C-A- WFR	33.33	F_1- FR_2-F_3-K-M	33.33

图 5–11   "写作课教学顶层三大环节之间微观层过程"应用模型示意图

结合图 5-11 可以得出从"写作中（Ⅱ）"到"写作后（Ⅲ）"环节教学过程的如下关联特征：（1）"师生共同分析并修改习作中出现的问题（FR_1）""典型习作评改（T）""教师书面批改（F_1）"均可作为"写作后（Ⅲ）"环节的前端接口事件，与"写作中（Ⅱ）"环节形成对接，这表明实践中注重通过不同的反馈和修改方式来检验和提升学生习作以及学生对写作所需知识和技能的掌握情况。（2）对样本数据的进一步挖掘表明，不同的写作方式与不同的反馈和修改方式之间存在一定的选择和制约关系，表现为 W 与 T 或 F_1 存在对接可能、WFR 与 FR_1 存在对接可能，其背后的理据还有待进一步研究，且写作方式与反馈和修改方式之间的对应关系也值得进一步研究。

第三节　汉语写作教学模型对比

基于教学计算和分析的研究思想，我们对写作教学结构和过程的理论认知与实践特征开展了系统研究。通过系统梳理汉语教学文献中关于写作教学结构和过程的思辨性和经验性教学认知，可以推导出汉语写作教学的理论模型（Theoretical Model，以下简称"T 模型"）；通过对汉语写作教学实录样本数据的分析和计算，可以构建出汉语写作教学的应用模型（Empirical Model，以下简称"E 模型"）。本研究将从顶层、中观层、微观层自上而下地对 T 模型与 E 模型进行对比分析，从中挖掘写作教学理论与实践的共性特征、写作教学研究中形成的独有认知、写作教学实践中进行的独特探索，进而对写作教学相关理论与实践问题做更深入的探讨。

一、顶层教学环节对比分析

通过 T 模型与 E 模型在基本环节上的对比，可以得到如下结果（见图 5-12）。

基本环节	支持率（%）	使用率（%）	结构类型	支持率（%）	使用率（%）	过程类型	支持率（%）	使用率（%）
写作前（Ⅰ）	95.24	75	Ⅰ Ⅱ	0	50	Ⅰ-Ⅱ	0	50
写作中（Ⅱ）	100	100	Ⅱ Ⅲ	0	25	Ⅱ-Ⅲ	0	25
写作后（Ⅲ）	100	50	Ⅰ Ⅱ Ⅲ	95.24	25	Ⅰ-Ⅱ-Ⅲ	96.30	25
			Ⅱ Ⅲ Ⅱ	4.76	0	Ⅱ-Ⅲ-Ⅱ	3.70	0

图 5-12　"写作课教学顶层结构和过程"模型对比示意图

（一）两个模型的共有特征

从基本环节来看，无论是在已有的理论认知中，还是在实际的教学操作中，写作教学基本环节的系统构成均包含"写作前（Ⅰ）""写作中（Ⅱ）"和"写作后（Ⅲ）"三大环节。而对比文献中基本环节的相关表述和教学实录中基本环节的教学表现可进一步发现，对各环节的思辨性认识或经验总结与其在实际教学中的教学表现是高度一致的。具体来说，T 模型和 E 模型的共性集中体现在：（1）"写作中（Ⅱ）"环节为教学必有项（支持率和使用率均为 100%），这表明写作教学必然落实到"写作中（Ⅱ）"这一核心上来。（2）"写作前（Ⅰ）"和"写作后（Ⅲ）"受到重视（支持率和使用率达到或超过50%），这从理论与实践两方面印证了将写前预设性教学和写后反拨性教学视为"基本"环节的合理性。值得关注的是，T 模型中，"写作后（Ⅲ）"的支持率略高于"写作前（Ⅰ）"（分别为 100% 和 95.24%），且"写作后（Ⅲ）"为必有项，这在一定程度上体现出相对重视写后教学的倾向。在 E 模型中，"写作前（Ⅰ）"的使用率高于"写作后（Ⅲ）"（分别为 75% 和 50%），体现出相对重视写前指导的倾向。因此，不同基本教学环节对教学绩效的贡献率及其如何促进教学绩效的提高有待进一步研究。

从结构类型来看，Ⅰ Ⅱ Ⅲ 结构为 T 模型和 E 模型共有的基本结构，表明理论思辨和实践应用中均关注到宏观教学结构的系统性和完备性。而对规范化教学样本的分析发现，虽然其观察视域受到限制，但根据教学情境所提供的线索，可以推知教学应用中出现的 I II 结构和 II III 结构实际上是特定教学时长范围内完整教学结构的局部表现，可视为完整的 I II III 结构的子结构。从这一点来看，实际教学中尚未发现新的基本结构类型，这说明在写作教学的宏观层面，教学实践的基本架构仍是在已有理论认知的指导下进行的。此外，I II 结构和 II III 结构的应用，表明写作教学确实具有跨课时的特征，这印证了理论研究中关于分课时教学的探讨。而对基本结构的教学应用进行微分析可以发现，从教学实录的示范性来看，在有限的教学时间内所展示的部分基本结构能在一定程度上反映出专家型教师或教师团队在进行教学设计时对基本结构实施的侧重。因此，I II 结构（使用率为 50%）在使用中的优势反映出教师在课时有限的条件下，具有精心设计并选择性地展示"写作前（I）"和"写作中（II）"联合结构的意向，而 T 模型中高频的 I II III 结构相对未呈现出明显的结构重心或偏向，这是基本教学结构在 T 模型和 E 模型中的细微差异所在。

从过程类型来看，[I-II-III] 过程为 T 模型和 E 模型中共有的基本过程，且 E 模型中的 [I-II] 过程和 [II-III] 过程均为教学时长限制下 [I-II-III] 过程的变体，即从完整的教学进程来看，[I-II] 过程可继续发展为 [I-II-III] 过程，[II-III] 过程可追溯为 [I-II-III] 过程，可见教学中过程的实施未超出现有理论认知的范围，是在已有研究所提出的过程框架下进行的。因此，现有写作教学模式的基本操作程序可归纳为先教、后写、再评。E 模型中 [I-II] 这一变体过程类型的出现，表明教学实践中根据实际情况对教学过程进行了切分，这一切分方式与赵金铭主编（2006）提出的方案是一致的，即将启发导入等安排在第一次课进行，将分析讲评等安排在第二次课进行。

从过程解析特征的对比结果可以发现：（1）T 模型和 E 模型中，教学过程均需经历三个基本环节，表明思辨性认知和实践性智慧对一个训练单元所需教学环节数量的知觉是有广泛共性的。但是，实践中在完整教学过程的框架下更关注限定时长内局部教学过程所包含的基本环节的数量，通常在一次课安排两个基本环节，表明实践中更细致地考虑了一次课中基本过程的操作问题，这为理论研究补充了更多细节性的教学知识。（2）基本环节出现位置的共性集中表现在"写作前（Ⅰ）"→"写作中（Ⅱ）"→"写作后（Ⅲ）"这一过程序列占绝对优势，体现了各基本环节之间在教学信息传递中的制约关系；同时，"写作中（Ⅱ）"环节均可以在起点处出现，且"写作中（Ⅱ）"位置的变化会引起"写作后（Ⅲ）"位置的变化，从而引起整个教学过程模式的改变，可见，"写作中（Ⅱ）"环节何时实施或许是推动过程创新的重要参数。（3）通过对基本环节间关联关系的解析发现，T模型和E模型在细节上存在一些差异，这些差异首先体现在已有认知倾向于从整体上对过程进行描述，重视整体的关联，而实践中则倾向于将教学过程化整为零，重视局部的关联，这一差异实际上取决于"想"（自上而下）和"做"（自下而上）的本质区别。其次，在T模型中，"写作中（Ⅱ）"和"写作后（Ⅲ）"的共现最为突出；而在E模型中，"写作前（Ⅰ）"和"写作中（Ⅱ）"的共现最为突出，即更强调写前教学输入对学生写作输出的促进作用，体现出对写前指导和写后反馈这两个环节之"促写"功效的不同认识。

（二）T模型的特有特征

理论研究中所提出的ⅡⅢⅡ结构和[Ⅱ-Ⅲ-Ⅱ]过程在应用中尚未找到证据，因此对"写—评—写"模式（张宝林，2009）需要做进一步的反思，既要对该模式的有效性进行实证，审视其是否真正有利于写作教学和学习，在哪些方面及何种程度上有利于教学和学习，又要在实证的基础上厘清具体的操作性问题，使有效的教学模式能得到应用和推广。

（三）E模型的特有特征

从过程类型来看，E模型中[Ⅱ-Ⅲ]这一变体过程类型的出现，表明实际教学中出现了从"写作中（Ⅱ）"环节之前切分教学过程的实践，即将"写作前（Ⅰ）"环节分离出来，但这种切分方式在理论研究中尚未论及。分析其使用情境可知，当次写作任务涉及的知识和技能已在前次课中进行了铺垫，可见这一切分方式更多地考虑了跨课时教学环节之间的承前衔接。

二、中观层和微观层三大环节内部构件、结构类型和过程类型的对比分析

通过 T 模型与 E 模型在中观层和微观层构件系统的对比，可以得到如下结果。（见图 5-13）

顶层 – 写作前（Ⅰ）			顶层 – 写作中（Ⅱ）			顶层 – 写作后（Ⅲ）					
中观层	支持率（%）	使用率（%）	中观层	支持率（%）	使用率（%）	中观层	支持率（%）	使用率（%）	微观层	支持率（%）	使用率（%）
检查复习（G）	0	33.33	布置作文（A）	90.48	100	反馈（F）	100	100	教师书面批改（F_1）	77.78	66.67
									课堂总评（F_2）	51.86	0
									教师口头点评学生个体习作（F_3）	0	33.33
导入（I）	19.05	0	启发构思（C）	52.38	66.67	修改（R）	85.71	100	师生共同分析并修改习作中出现的问题（FR_1）	55.56	66.67
									学生互评互改（FR_2）	40.74	33.33
知识讲解（K）	61.90	100	学生写作（W）	100	100	知识讲解（K）	28.57	33.33			
范文分析（M）	76.19	66.67	反馈（F）	4.76	33.33	范文分析（M）	0	66.67			
练习（P）	14.29	33.33	修改（R）	14.29	33.33	练习（P）	9.52	0			
总结（S）	9.50	0				典型习作评改（T）	42.86	33.33			
						发表（Pu）	19.05	0			

图 5-13　"写作课教学顶层三大环节内部中观层和微观层构件"模型对比示意图

通过 T 模型与 E 模型在基本环节内部中观层、微观层结构和过程的对比，可以得到如下结果。（见图 5-14 和图 5-15）

顶层－基本环节	中观层－结构			中观层－过程		
	类型	支持率（%）	使用率（%）	类型	支持率（%）	使用率（%）
写作前（I）	KM	33.33	33.33	KM	14.81	0
				K-M	14.81	33.33
	M	14.29	0	M	11.11	0
	K	9.50	33.33	K	7.41	33.33
	KMP	9.50	0	M-KP-P	7.41	0
				KP-M	3.70	0
	IKMS	9.50	0	I- KS- M	7.41	0
				I- M-KS	7.41	0
				I- K- M- S	7.41	0
	IM	4.76	0	I- M	3.70	0
	IMP	4.76	0	I- M- P	3.70	0
	GKMP	0	33.33	G-K- KP-KMP	0	33.33
写作中（II）	AW	38.10	33.33	A- W	48.15	33.33
	ACW	38.10	33.33	A-C- W	29.63	0
				A-C-A-C-A-W	0	33.33
	W	9.52	0	W	11.11	0
	ACWR	9.52	0	A-C- W-R	7.41	0
	ACWFR	4.76	33.33	A-C- W-FR -W	3.70	0
				A-C-A- WFR	0	33.33

图 5–14 "写作课教学顶层三大环节内部中观层结构和过程"
模型对比示意图——"写作前（I）"和"写作中（II）"环节

顶层－基本环节	中观层－结构			中观层－过程			微观层－过程		
	类型	支持率(%)	使用率(%)	类型	支持率(%)	使用率(%)	类型	支持率(%)	使用率(%)
写作后（Ⅲ）	FMR	/	33.33	FR- M R	/	33.33	FR_1-M	/	33.33
	FTR	23.81	33.33	T-FR-FR- R	7.41	/	F_1-F_2- T-FR_1-FR_2-R	7.41	/
				F- T-FR	3.70	/	F_1- T-FR_1	3.70	/
				F-F- T-FR	3.70	/	F_1-F_2- T-FR_1	3.70	/
				F-<UNS>	3.70	/	F_1-<UNS>	3.70	/
	FR	19.05	/	T-FR- F- R	0	33.33	T-FR_1 -F_1-R	/	33.33
				F- R	11.11	/	F_1- R	11.11	/
				FR	3.70	/	FR_2	3.70	/
				FR-R	3.70	/	FR_2-R	3.70	/
	FKMR	/	33.33	F- FR-F-K-M	0	33.33	F_1-FR_2-F_3- K-M	11.11	33.33
	FKPR	9.52	/	F-F-K- FR-FR- P	11.11	/	F_1-F_2K- FR_1-FR_2-P	11.11	/
				F-F- FR-K- P	3.70	/	F_1-F_2- FR_1-K- P	3.70	/
				F-FK- FR-K- P	3.70	/	F_1-F_2K- FR_1-K- P	3.70	/
	FKTR	9.52	/	F-F-K- FR-T- R-F-FR	3.70	/	F_1-F_2K- FR_1-T-R-F_1-FR_1	3.70	/
	F	4.76	/	F	3.70	/	F_1	3.70	/
	FKR	4.76	/	F-F-K- FR-FR	11.11	/	F_1-F_2K-FR_1-FR_2	11.11	/
	FRPu	4.76	/	F-F- FR-<UNS>	3.70	/	F_1-F_2-FR_1-<UNS>	3.70	/
	FTPu	4.76	/	F-F- T- Pu	3.70	/	F_1-F_2-T- Pu	3.70	/
	FKRPu	4.76	/	F-FK- FR-<UNS>	3.70	/	F_1-F_2K-FR_1-<UNS>	3.70	/
	FTRPu	4.76	/	FR-F- T- Pu	3.70	/	FR_2- F_2- T- Pu	3.70	/

5-15　"写作课教学顶层三大环节内部中观层和微观层结构和过程"模型对比示意图——"写作后（Ⅲ）"环节

（一）"写作前（I）"环节

1. 教学构件对比

① 两个模型的共有特征

从构件构成来看，"知识讲解（K）""范文分析（M）"和"练习（P）"为 T 模型和 E 模型的共有构件，表明已有认知和教学实践对在写前指导中进行知识讲练和范文教学是有共识的。从构件的运用规律来看，"知识讲解（K）"和"范文分析（M）"在理论认知和教学实践中均受到重视，可视为写前指导中的标志性构件，突出体现了写前指导以知识为基础、以范文为载体的特征。但是，从对 K、M 的重视程度来看，T 模型与 E 模型仍存在差别。在 T 模型中，"范文分析（M）"更受推崇（支持率为 76.14%），相关认知更主张通过范文的展示使抽象的理性知识及相关的训练要点变得生动可感，为学生写作提供范本。而在 E 模型中，不仅更强调"知识讲解（K）"，而且认为它是写前指导中不可缺少的构件（使用率为 100%），高度突显了通过教师讲授促进学生对目标知识进行理性加工并建立起理性认识的必要性。

② T 模型的特有特征

"导入（I）"和"总结（S）"为 T 模型中独有的构件，表明教学研究中已关注到了导入在引起学生注意、激发写作兴趣、明确学习目标和建立新旧知识间联系等方面的作用，以此建立写前指导的良好开始；也关注到了教学总结在帮助学生构建知识结构和完善认知结构等方面的作用，以此巩固写前指导的教学成果。

③ E 模型的特有特征

"检查复习（G）"为 E 模型中独有的构件，表明实践中不仅会通过检查作业来监控和诊断学生对已学知识的掌握情况，以此督促学习，促进良好学习习惯的建立，而且还会通过复习已学知识对未掌握或掌握得不扎实的知识点进行及时的教学指导，其最终目标在于以旧带新，促进新知识的教学效率。

2. 教学结构类型对比

① 两个模型的共有特征

K 结构和 KM 结构为两个模型共有结构类型，表明在写前指导中仅做知识讲解，以及既做知识讲解又做范文教学这两种结构模式在理论思辨和教学实践中均是存在的。但这两种结构在 T 模型和 E 模型中均不占绝对优势，体现了结构运用的灵活性和条件性。

② T 模型的特有特征

M、IM、IMP、KMP、IKMS 等 5 种结构是 T 模型中独有的结构类型，这一方面表明已有认知对于写前指导的教学结构提出了更多思辨性或经验性假设，另一方面也表明上述结构类型在教学实践中还未找到证据，其可行性和有效性等仍有待进一步实证。

③ E 模型的特有特征

GKMP 结构是 E 模型中独有的结构类型，表明以"知识讲解（K）"和"范文分析（M）"为主体，同时还以"检查复习（G）"和"练习（P）"为重要促进手段的结构在实践中得到了应用，体现出在特定教学条件下对辅助构件的选择策略，但这有待于进一步上升为理论认识。

3. 教学过程类型对比

① 两个模型的共有特征

从过程类型来看，[K] 过程和 [K-M] 过程为两个模型共有过程类型，表明在写前指导中仅做知识讲解，以及先做知识讲解后做范文教学这两种过程模式的运用既有理论依据，又有实践证据。此外，无论在 T 模型还是 E 模型中，均未出现占明显优势的过程类型，表明教学理论和实践对本环节过程运用的灵活性具有共识。

从过程解析特征的对比结果可以发现：（1）T 模型和 E 模型中教学事件的取值范围均为 [1，4]，即最少经历 1 个教学事件，最多经历 4 个教学事件，这在一定程度上体现出理论和实践对于写前指导教学节奏的共识。而二者在教学事件数量安排上的差异则体现在，教学实践将知识学习视为写作训练的必要前提，而且在增加构件类型的基础上，还注重特定构件的重复利用和深度开发，以及相关构件融合形态的多样化使用，以此来丰富教学过程。（2）T 模型和 E 模型中均存在位置绝对固定的构件，分别为"导入（I）"和"检查复习（G）"；且若固定构件出现，则必出现于本环节的起点。这表明理论和实践中均会根据相关构件在过程中的功能特性确定其实施顺序。此外，无论在 T 模型还是 E 模型中，对"知识讲解（K）"相关事件先于"范文分析（M）"出现均有较明显的倾向，表明理论和实践均更为重视知识的铺垫，因此对由抽象到具体的演绎式写前指导路径具有较多共识。（3）在 T 模型和 E 模型中，"知识讲解（K）"和"范文分析（M）"的共现率均较突出（分别为62.96% 和 66.67%），且共现时 K 和 M 分立出现比融合出现更受重视。（4）在 T 模型和 E 模型中，当"知识讲解（K）"和"练习（P）"共现时，均倾向于将二者融合起来进行教学，体现了讲练一体化的教学策略。但在 T 模型同一过程类型中，K 和 P 的融合与分立可以相伴存在，如 [M-KP-P] 过程在知识讲练的基础上还设计了独立的、综合性更强的练习，P 和 K 先合后分，体现了由在知识讲解中进行小范围即时训练，再到组织独立的整体练习的递进式训练思想；而 E 模型中 P 均须与 K 或 KM 融合实施，不会独立出现，表明实践中更侧重练习与其他构件的交互作用。另外，教学实证分析发现，当实施KP、KMP 等融合式教学事件时，P 为 KP 事件的重心，M 为 KMP 事件的重心；而 T 模型相关构件在过程中融合运用时，并未指明教学重心。理论与实践的这一差异启发我们应进一步研究写前指导过程中教学重心的问题。

②T 模型的特有特征

[M]、[I-M]、[KM]、[KP-M]、[M-KP-P]、[I-M-P]、[I-KS-M]、[I-M-KS]、[I-K-M-S] 等 9 种过程均是 T 模型中独有的过程类型，表明理论思辨对于写前指导的实施过程提出了丰富的假设，这些假设从教学过程中新构件的运用、构件相对位置的变换、构件的融合与分立、构件的复现等方面体现出

对过程加以灵活运用的思考，但也有待进一步实证。

③ E 模型的特有特征

[G-K-KP-KMP] 过程是 E 模型中独有的过程类型，表明在实践中通过"检查复习（G）"温故知新，通过"知识讲解（K）"的独立出现及其与其他构件的融合复现层进式展开知识教学，通过"练习（P）"与其他构件的融合复现适时提高练习频率等教学策略的运用，这一教学过程或有待于进一步上升为理论认识。但从整体来看，E 模型中独有的过程类型数量不多，表明写前指导的实践智慧已较多地被理论研究所认识到。

（二）"写作中（Ⅱ）"环节

1. 教学构件对比

① 两个模型的共有特征

从构件构成来看，"写作中（Ⅱ）"环节的理论构件和应用构件均为"布置作文（A）""启发构思（C）""学生写作（W）""反馈（F）""修改（R）"，共 5 个，理论构件与应用构件构成的一致性体现了已有认知和教学实践关于"写作中（Ⅱ）"环节构成要素的高度共识。

从构件的运用规律来看，可以得出如下结论：（1）"学生写作（W）"在理论和实践中均被确立为教学必有项（支持率和使用率均为100%），体现出理论和实践关于"写作中（Ⅱ）"环节的根本共识。这是遵循写作技能训练之实践本质的必然结果。（2）"布置作文（A）"也是具有突出共识基础的构件，且理论和实践均对如何布置作文进行了细化，从中可以看出对常规构件精益求精的探索。但从"布置作文（A）"受重视的程度来看，理论和实践之间仍存在一定差异，表现为其在 T 模型中并非必有构件，而在 E 模型中却是必不可少的构件（支持率为90.48%，使用率为100%）。（3）"启发构思（C）"在 T 模型和 E 模型中的使用率均超过半数，即理论和实践均支持对学生写作认知加工活动进行指导。（4）"反馈（F）"和"修改（R）"无论在 T 模型还是 E 模型中均是相对低频的构件，体现出对过程教学法的初步思考和实践，且相关认知和实践仍处于审慎的反思和发展之中。相较而言，F 和 R 在 E 模型中的使用率更高，表明实践中对写作过程的干预呈现出更积极的发展态势。

② T 模型的特有特征

T 模型中未出现独有的构件。

③ E 模型的特有特征

E 模型中未出现独有的构件。

2. 教学结构类型对比

① 两个模型的共有特征

AW 结构、ACW 结构、ACWFR 结构为两个模型共有的结构类型，且共有结构类型在 T 模型和 E 模型中均不占绝对优势，体现了结构运用的灵活性和条件性。但 ACWFR 结构在 T 模型中处于弱势地位，而在 E 模型中则与其他结构类型持平，且使用率和支持率的差值较大（使用率为 33.33%，支持率为 4.76%），表明 ACWFR 结构在实践中受重视的程度高于其在已有认知中受重视的程度，且其在实践中具有更广泛的适用范围，从中可以进一步看出过程写作理论和过程教学法对写作教学的实践带来了更直接且深远的影响，使教学实践在干预和支持学生写作过程方面对过程法进行了更积极的思考和借鉴。

② T 模型的特有特征

W 结构和 ACWR 结构是 T 模型中独有的结构类型，其中 W 结构的提出表明相关理论认知支持在"写作中（Ⅱ）"环节仅组织"学生写作（W）"，体现出关于最简结构的认识；而 ACWR 结构的提出则反映了对自我监控式"修改（R）"运用于"写作中（Ⅱ）"环节的特有思辨，从中可以看出相关理论认知对训练学生独立发现问题并解决问题这一能力的重视，体现出对学生个体写作能动性的尊重和激励。但 W 结构和 ACWR 结构尚未在实践中找到证据，还有待于在教学实践中进一步检验或深化应用。

③ E 模型的特有特征

E 模型中未出现独有的结构类型，即未于教学实践中发现除共有结构类型之外的新结构类型，表明目前"写作中（Ⅱ）"环节的教学均在已有理论认知的框架内进行，或者说，现有"写作中（Ⅱ）"环节教学结构的实践运用均已纳入已有理论认知的视野。

3. 教学过程类型对比

① 两个模型的共有特征

从过程类型来看，[A-W] 过程为共有过程类型。从过程解析特征的对比结果可以发现：（1）T 模型中教学事件的取值范围为 [1，5]，而 E 模型中教学事件的取值范围为 [2，6]，可见理论和实践在教学事件数的极值上均存在差异，体现了二者对本环节教学进程发展节奏的不同认识。（2）特定构件在过程中出现的位置呈现出较强的共性，表现为本环节的起点基本固定为"布置作文（A）"；若"启发构思（C）"出现，则必然出现在"布置作文（A）"之后；本环节的终点基本固定为以"学生写作（W）"为重心的教学事件。（3）无论在 T 模型还是 E 模型中，"学生写作（W）"与写作过程干预性构件"反馈（F）"和"修改（R）"的共现均处于较低水平（支持率为 3.70%，使用率为 33.33%），表明不受过程干预和控制的学生个体写作在理论和实践中均被视为主要的写作方式。而当"学生写作（W）"与过程干预性构件共现时，理论与实践体现出不同的倾向，互为补充，具体表现为：第一，理论中关注到了"修改（R）"独立于"反馈（F）"出现在"学生写作（W）"之后的情形，表明学生在自我监控下独立进行修改也是有价值的，可在实践中加以运用。第二，理论中提出在"学生写作（W）"之中适时穿插 FR，即在学生个体写作过程之中寻找时机暂停写作，对已完成部分进行评改后再继续启动写作进程，这既关注到了写作过程中的人际交互，同时也为学生个体的认知加工和内化提供了静默空间；而实践中则促成了 W、F、R 的高度融合，通过组织小组合作式写作使学生在交互之中"写—

评—改"，同时也在"写—评—改"中增强交互，为促进合作学习提供了更多可能。理论和实践在这方面的互补带来的启发是：既应重视对独立写作空间的保护，又应重视以适度的干预和交互促进写作，应在自由与限制之间寻找平衡，从而形成良好的写作生态。

② T 模型的特有特征

[W]、[A-C-W]、[A-C-W-R]、[A-C-W-FR-W] 等 4 种过程类型均是 T 模型中独有的过程类型。

③ E 模型的特有特征

[A-C-A-C-A-W] 过程和 [A-C-A-WFR] 过程是 E 模型中独有的过程类型，但二者均是 T 模型和 E 模型所共有的 ACW 结构和 ACWFR 结构在 E 模型中特有的过程实现。

（三）"写作后（Ⅲ）"环节

1. 教学构件对比

① 两个模型的共有特征

a. 中观层

从构件构成来看，"反馈（F）""知识讲解（K）""典型习作评改（T）""修改（R）"等 4 个构件为 T 模型和 E 模型共有构件，表明理论和实践关于"写作后（Ⅲ）"环节构件的构成存在较广泛的共识。从构件的运用规律来看：（1）"反馈（F）"在理论和实践中均被确立为教学必有项（支持率和使用率均为 100%），体现出理论和实践关于"写作后（Ⅲ）"环节根本任务的共识。（2）"修改（R）"是具有突出共识基础的构件（支持率为85.71%，使用率为 100%），表明理论和实践均非常重视写作主体对习作中存在的问题进行深入反思和更正，体现出"以改促写"的重要立场。但"修改（R）"在 T 模型中并非必有构件，而在 E 模型中却是必不可少的构件。

b. 微观层

从构件的构成来看，"教师书面批改（F_1）""师生共同分析并修改习作中出现的问题（FR_1）""学生互评互改（FR_2）"为共有构件。从构件的运用规律来看：（1）"教师书面批改（F_1）"在理论和实践中均为突出的单向反馈事件（支持率为77.78%，使用率为66.67%），体现出对于通过教师一对一书面反馈使每个学生均收到个性化的、可供反复查看和思考的权威性反馈信息之重要性的共识。（2）"师生共同分析并修改习作中出现的问题（FR_1）"在理论和实践中均为突出的双向反馈事件（支持率为55.56%，使用率为66.67%），体现出对于在教师引导下集体进行纠错性反馈并即时进行修改之重要性的共识。（3）"学生互评互改（FR_2）"的支持率和使用率均未超过半数，且从数值对比来看，其支持率和使用率也相当，表明理论和实践均相对谨慎地看待该构件的运用，而这种审慎态度源于对实施该构件之挑战及相关不利因素的思考。

②T模型的特有特征

a. 中观层

"练习（P）"和"发表（Pu）"是T模型中独有的构件，体现出教学研究中关于"写作后（Ⅲ）"环节还应聚焦语言形式进行适当的强化性练习的思考，以及通过习作发表来共享写作经验和提升写作成就感、搭建写作社交平台的新主张。

b. 微观层

"课堂总评（F_2）"为T模型中独有的微观层构件，且其支持率超过了50%，体现出应基于对全班学生写作面貌的综合分析来报告总体写作情况并提出总的意见或建议的理论主张。

③E模型的特有特征

a. 中观层

"范文分析（M）"是E模型中独有的构件，且使用率较高（66.67%），表明在学生完成写作任务之后回归标准范文并借此进行学习引导和问题校正是本环节教学实践策略的突出特点，从中可以看出规范化教学在深化读写关系方面所做的努力。值得注意的是，T 模型仅在"写作前（Ⅰ）"环节提出"范文分析（M）"，而 E 模型在"写作前（Ⅰ）"和"写作后（Ⅲ）"环节均发现了"范文分析（M）"的实施，因此 E 模型中关于"范文分析（M）"跨环节适用和复现特征的新发现突破了有关范文教学仅在"写作前（Ⅰ）"环节实施的理论认知，拓宽了范文教学的作用范围。

b. 微观层

"教师口头点评学生个体习作（F_3）"为 E 模型中独有的微观层构件，体现出教学实践中运用听觉模态及除文字之外的其他视觉模态进行单向的教师一对一反馈的新探索。

2. 教学结构类型对比

① 两个模型的共有特征

FTR 结构为两个模型共有结构类型，表明在中观层面，理论与实践关于"反馈（F）""修改（R）"和"典型习作评改（T）"的联用是具有共识的。但是，理论与实践关于 FTR 结构之下微观层的结构类型却未达成共识，由此可见，理论和实践关于"写作后（Ⅲ）"环节教学结构的共识基础非常薄弱，二者之间的差异远大于共性，其背后的原因有待进一步探究，这为"写作后（Ⅲ）"环节教学研究的开展提供了很大空间。

② T 模型的特有特征

F、FR、FKR、FRPu、FTPu、FKPR、FKRPu、FKTR 和 FTRPu 等 9 种中观层结构类型，以及 F_1、FR_2、F_1R、FR_2R、F_1FR_1T、$F_1F_2FR_1T$、F_1F_2TPu、F_2FR_2TPu、$F_1F_2FR_1FR_2K$、$F_1F_2FR_1KP$、$F_1F_2FR_1RPu$、$F_1F_2FR_1FR_2KP$、$F_1F_2FR_1FR_2TR$、$F_1F_2FR_1KRPu$ 和 $F_1F_2FR_1KTR$ 等 15 种微观层结构类型均为 T 模型中独有的结构类型，表明已有理论认知结合一般经验或学理对"写作后（Ⅲ）"环节结构类型的可能性进行了独立而丰富的思考。

③ E 模型的特有特征

FMR 和 FKMR 等 2 种中观层结构类型，以及 FR_1M、F_1FR_1TR 和

$F_1F_3FR_2KM$ 等 3 种微观层结构类型为 E 模型中独有的结构类型。这一方面表明教学实践通过引入"范文分析（M）"对结构的运用进行了创新性尝试，在"写作后（Ⅲ）"环节对照范文进行写作反馈、修改及知识讲解体现了以读促改、以读促写及以写促读的教学理念，可视为读写结合原则在写后评讲环节的深化应用；另一方面表明教学实践在 FTR 结构之下从微观层方面也进行了不同于理论思辨的尝试。

3. 教学过程类型对比

① 两个模型的共有特征

从过程类型来看，T 模型与 E 模型不存在交集，表明理论和实践关于"写作后（Ⅲ）"环节的教学过程尚未形成共识。一方面，教学研究中所提出的过程尚未在实践中加以运用和验证；另一方面，实践中所用到的过程亦未上升到理论研究层面加以探讨。由此可见，关于"写作后（Ⅲ）"教学的理论研究成果和实践经验之间需要进一步加强互动和交流；更进一步说，本环节教学过程理论与实践之间的关系问题非常值得深入探究。过程类型的对比数据从总体上揭示了理论研究关于本环节过程之思辨的多样性特征以及教学实践关于本环节过程之具体实施的相对稳定性特征。

根据过程解析特征的对比结果，我们可以发现如下过程特征。

第一，无论是在中观层还是在微观层，T 模型中教学事件的取值范围为 [1，8]，而 E 模型中教学事件的取值范围为 [2，5]，可见 T 模型中教学事件的极值之差大于 E 模型中教学事件的极值之差，这表明教学研究中提出的不同过程之间在节奏上具有更强的跨度和跳跃性，而实践中不同过程之间的节奏则相对更为稳定。此外，教学研究中认为"写作后（Ⅲ）"环节的教学进程相对更长，而实践中的进程则相对更短；或者说，教学研究中认为相同时长内需要完成更多的教学事件，教学节奏更紧凑，而实践中节奏相对舒缓，对每一类教学事件而言，都有更充分的时间将其拓展开来。

第二，特定构件在过程中出现的位置呈现出较大的差异，在中观层具体体现在：（1）T 模型中，过程起点处的构件多为"反馈（F）"（支持率为 77.74%）；E 模型中，FR、F、T 均可在起点处出现。（2）T 模型中，当"知识讲解（K）"出现时，其位置相对靠前，具体来说，通常出现在 FR 之前并与 F 构成"F-K-FR"的过程序列；E 模型中，当"知识讲解（K）"出现时，其位置则相对靠后。（3）E 模型中，在 FR 之后紧随 F 的使用率较高（66.67%），而这一特征在 T 模型中的支持率仅为 3.70%，表明教学实践重视"FR-F"这一从互动性反馈和修改到教师权威性单向反馈的体验式、归纳式评改路径的运用，且这一实践特征有待于进一步提出相关理论假设或上升为理论认识。（4）T 模型中，若"练习（P）"或"发表（Pu）"出现，则必固定地出现在过程终点；E 模型中，若"范文分析（M）"或"修改（R）"出现，则必固定地出现在过程终点，体现出理论和实践对特定构件在"写作后（Ⅲ）"环节特有教学功能的界定。在微观层则具体体现在：（1）T 模型中，过程起点处的构件多为"教师书面批改（F_1）"（支持率为 77.74%）；E 模型中，"师生共同分析并修改习作中出现的问题（FR_1）""教师书面批改（F_1）""典型习作评改（T）"均可平等地作为过程起点出现。（2）T 模型中，若"学生互评互改（FR_2）"在除起点位置之外的其他位置出现，则一定出现于"师生共同分析并修改习作中出现的问题（FR_1）"之后，形成"FR_1-FR_2"的序列，体现了认为学生互评互改需以师生共同纠错为引导和铺垫的理论认知；但 E 模型中 FR_1 和 FR_2 只择其一使用，理论和实践的对比表明，教学活动横向多样化发展和纵向深入化发展的平衡关系值得思考。（3）T 模型中，中观层"FR-F"的序列进一步在微观层体现为"FR_2- F_2"；而 E 模型中，中观层"FR-F"的序列进一步在微观层体现为"FR_1-F_1"和"FR_2-F_3"两种形态。从中可以看出，虽然同为体验式、归纳式评改路径，但理论和实践体现出不同的倾向，理论研究中在学生互评互改之后关注的是对集体的总评，而教学实践中无论是在师生共同纠错还是学生互评互改之后，关心的均是对个体的个性化反馈，且个性化反馈具有多模态的特点。

第三，从构件的共现关系来看，无论在 T 模型还是 E 模型中，"反馈（F）"和"修改（R）"的共现关系均比较突出（支持率为 77.74%，使用率为 100%），表明理论和实践关于"写作后（Ⅲ）"环节根本性事件的共现具有共识。除了对"反馈（F）"和"修改（R）"关联关系的重视，T 模型还较为重视过程中的讲练关系，认为有练必先有讲，而有讲未必进一步实施练习，可见从总体上说，认为"写作后（Ⅲ）"环节讲重于练，体现出对"精讲多练"原则在"写作后（Ⅲ）"环节的反思和变通。而在 E 模型中，FR 和"范文分析（M）"的关联关系受到重视，且体现为先 FR 后 M 的教学顺序（但不一定相邻），这实际上反映了对读写关系的深入思考和应用。进一步深入到微观层可以发现，在 T 模型中，"教师书面批改（F_1）"与"课堂总评（F_2）"共现关系突出（支持率为 55.53%），二者接连出现构成"F_1-F_2"的固定序列，且"F_1-F_2"与"师生共同分析并修改习作中出现的问题（FR_1）"进一步共现形成的"F_1-F_2-FR_1"序列也较为常见（支持率为 51.83%）；而 E 模型中并未出现纽带性事件"课堂总评（F_2）"，而是由"学生互评互改（FR_2）"进一步触发"教师口头点评学生个体习作（F_3）"，形成了"F_1-FR_2-F_3"的序列，体现了利用课堂交互式环境给予个性化口头反馈以突显人文关怀和学生主体性的教学尝试。

②T 模型的特有特征

从过程类型来看，T 模型中共提出了 [F]、[FR]、[F-R]、[FR-R]、[F-T-FR]、[F-F-T-FR]、[F-F-T-Pu]、[FR-F-T-Pu]、[F-F-FR-K-P]、[F-F-K-FR-FR]、[F-FK-FR-K-P]、[F-F-K-FR-FR-P]、[F-F-T-FR-FR-R]、[F-F-K-FR-T-R-F-FR]、[F-<UNS>]、[F-F-FR-<UNS>] 和 [F-FK-FR-<UNS>] 等 17 种中观层过程类型，以及 [F_1]、[FR_2]、[F_1-R]、[FR_2-R]、[F_1-T-FR_1]、[F_1-F_2-T-FR_1]、[F_1-F_2-T-Pu]、[FR_2-F_2-T-Pu]、[F_1-F_2-FR_1-K-P]、[F_1-F_2-K-FR_1-FR_2]、[F_1-F_2K-FR_1-K-P]、[F_1-F_2-K-FR_1-FR_2-P]、[F_1-F_2-T-FR_1-FR_2-R]、[F_1-F_2-K-FR_1-T-R-F_1-FR_1]、[F_1-<UNS>]、[F_1-F_2-FR_1-<UNS>] 和 [F_1-F_2K-FR_1-<UNS>] 等 17 种微观层过程类型，且这些过程类型均为 T 模型所特有。

③ E 模型的特有特征

E 模型中共出现了 [FR-M]、[T-FR-F-R] 和 [F-FR-F-K-M] 等 3 种中观层过程类型，以及 [FR$_1$-M]、[T-FR$_1$-F$_1$-R] 和 [F$_1$-FR$_2$-F$_3$-K-M] 等 3 种微观层过程类型，且这些过程类型均为 E 模型所特有。

三、三大环节中观层和微观层之间构件、结构类型和过程类型的对比分析

（一）两个模型的共有特征

从"写作前（Ⅰ）"环节到"写作中（Ⅱ）"环节，接口位置教学事件的考察结果显示：（1）"范文分析（M）"及以之为重心的教学事件多用作"写作前（Ⅰ）"环节的后端接口事件（支持率为 55.56%，使用率为 66.67%），表明写作教学研究和实践中均非常重视范文教学对"写作中（Ⅱ）"环节的触发效应，体现出对"读写结合、以读促写"教学理念的积极探索和运用。（2）"布置作文（A）"多用作"写作中（Ⅱ）"环节的前端接口事件（支持率为 88.89%，使用率为 100%），即通过提出具体写作任务使教学从"写作前（Ⅰ）"环节的写作指导过渡到切实的写作实践，体现了理论和实践关于在写作训练中"以写促学"这一教学本质的一致性认识。（3）"范文分析（M）"及以之为重心的教学事件与"布置作文（A）"的共现关系较为突出（支持率为 51.85%，使用率为 66.67%），体现了写作教学理论和实践对读写关系的重视，其目的在于通过有效的范文分析深化对写作主题的理解，为写作中的语言运用和布局谋篇提供参考，这同时也揭示了范文教学和布置作文具有较强的双向互动关系。如何将范文教学与写作实践紧密结合，促进读与写的深度融合是值得关注的重要问题。

从"写作中（Ⅱ）"环节到"写作后（Ⅲ）"环节，中观层接口位置教学事件的考察结果显示：（1）"学生写作（W）"及以之为重心的教学事件用作"写作中（Ⅱ）"环节的后端接口事件占绝对优势（支持率为 92.59%，使用率

为 100%），表明理论与实践高度认同应将学生写作实践作为"写作后（Ⅲ）"教学的根本参照，突显了全面了解学生写作情况、写作心理和写作表现的重要性。（2）"反馈（F）"及包含"反馈（F）"的教学事件用作"写作后（Ⅲ）"环节的前端接口事件占有优势（支持率为 88.89%，使用率为 66.67%），说明"写作中（Ⅱ）"的教学效果需要通过反馈进行检验，并由反馈引发关于教与学的反思，以利于进一步提升教学效能。（3）"学生写作（W）"及以之为重心的教学事件，与包含了"反馈（F）"的教学事件之间的共现关系较为突出（支持率为 81.48%，使用率为 66.67%），表明写作与反馈具有密切的双向互动关系，学生个体写作需要通过反馈加以提升，而反馈也需要全面深入地了解每个个体的写作表现，在此基础上把握班级整体的写作表现，进一步明确每个个体在整体中的位置，最终形成合适的教学方案。因此，教师既应全面深入地了解学生的写作情况，又应给予或组织有效的写作反馈。

从"写作中（Ⅱ）"环节到"写作后（Ⅲ）"环节，微观层接口位置教学事件的考察结果显示：（1）T 模型中，"教师书面批改（F_1）"用作"写作后（Ⅲ）"环节前端接口事件的支持率占优势（77.78%），体现了已有教学认知中关于教师书面批改对整个"写作中（Ⅱ）"环节教学检验与反拨作用的认识。在 E 模型中，"师生共同分析并修改习作中出现的问题（FR_1）""典型习作评改（T）""教师书面批改（F_1）"均可作为"写作后（Ⅲ）"环节的前端接口事件，可与"写作中（Ⅱ）"环节形成对接，表明实践中注重通过不同的反馈和修改方式来检验和提升学生习作水平，同时由此了解学生对写作所需知识和技能的掌握情况。（2）T 模型中，"学生写作（W）"与 F_1 的共现关系较为突出（支持率为 74.07%），反映了理论研究中通过师生一对一的书面反馈来促进个体写作发展的教学主张，即教师应在深入了解个体写作表现的基础上，尽量对学生个体作品给予个性化的、有利于反复查看和思考的书面意见和建议，这也体现了对学生个体差异的尊重。E 模型中，不同的写作方式与不同的反馈和修改方式之间存在一定的选择和制约关系，表现为 W

与 T 或 F_1 存在对接可能、WFR 与 FR_1 存在对接可能。因此，写作方式与反馈和修改方式之间的对应关系也值得进一步研究。

（二）T 模型的特有特征

T 模型中未出现明显的特有特征。

（三）E 模型的特有特征

E 模型中未出现明显的特有特征。

第四节　汉语写作教学结构和过程研究史料分析

本研究通过对汉语写作教学结构和过程已有的思辨性和经验性研究文献的梳理，系统描绘了写作教学结构和过程认知的发展历程和分布情况。主要研究角度包括：（1）分别以结构和过程为线索，首先从历时研究的角度看各结构和过程支持率的变化，以探索结构和过程认知的历时发展特点；然后从共时研究的角度看各年份结构和过程支持率的高低，以探索结构和过程认知的共时分布特点；最后聚焦于结构和过程具体特征的变化，探索结构和子结构的析出与重组、过程认知的传承与演变等规律。（2）以研究者为线索，根据各位学者对教学认知的贡献情况，探索结构和过程研究领域的代表性人物。

本研究是在汉语写作教学结构和过程理论建模的基础上展开的。具体做法是：（1）穷尽式地搜索截至 2019 年底论及写作教学结构和过程的文献，建立"汉语写作教学·文献样本数据库"。（2）在"宏观层—中观层—微观层"的整体架构下，从概念出发，在文献中按名称提取写作教学构件、结构和过程信息，并按类型对概念相同的构件确定统一的名称术语；按构件类型、结构类型和过程类型进行统一赋码和形式化表达，建立"汉语写作教学·文献研究数据库"。（3）确立构件系统，在此基础上完成对汉语写作教学系统的理论模型推导。该模型首先从顶层开始，把写作教学划分出大的模块，得到"写作前（Ⅰ）""写作中（Ⅱ）"和"写作后（Ⅲ）"三大基本教学环节；然后自上而下逐步细化，得到基本教学环节之下的中观层教学事件[①]，以及由它们组合而成的教学结构、排列而成的教学过程。与此同时，从时间的角度，通过梳理理论模型中各教学构件、结构和过程的认知信息，分析得出教学认知的历时发展面貌和共时分布规律。

一、教学结构认知图谱及分析

我们从时间的角度梳理汉语写作教学各结构认知信息，得到了汉语写作教学结构认知时间分布图（见图 5-16）。

（一）教学结构认知发展的历时分析

关于"写作前（Ⅰ）"环节，2000 年以前，该环节的结构类型比较少，且已有认知中对 KM 结构的支持占主流，表明在汉语写作课堂教学研究初期，对于联合运用"知识讲解（K）"和"范文分析（M）"形成了较多共识，该结构被视为写前指导的经典模式，体现出以知识为纲、以范文为主要输入资源的传统写前指导观。2000—2013 年，已有认知呈现出较活跃的发展态势，表现为提出了多种不同的结构类型。其中，2002 年和 2009 年为较突出的时间节点。2002 年提出了 IM、IMP 和 KMP 等 3 种结构类型，可以看出"导入（I）"和"练习（P）"这两个构件的引入使相关认知获得了新发展；2009 年提出了 KM 和 KMP 等 2 种结构类型，体现了已有认知对"写作前（Ⅰ）"教学环节中"知识讲解（K）""范文分析（M）"和"练习（P）"等关键构件教学价值的不同认识。

---

① 专家学者对中观层教学事件的表述不完全一致，为方便讨论，我们对名称不同而内涵相同的教学事件进行归一化处理，分别是："导入（I）""知识讲解（K）""范文分析（M）""练习（P）""总结（S）""布置作文（A）""启发构思（C）""学生写作（W）""反馈（F）""修改（R）""典型习作评改（T）"和"发表（Pu）"。

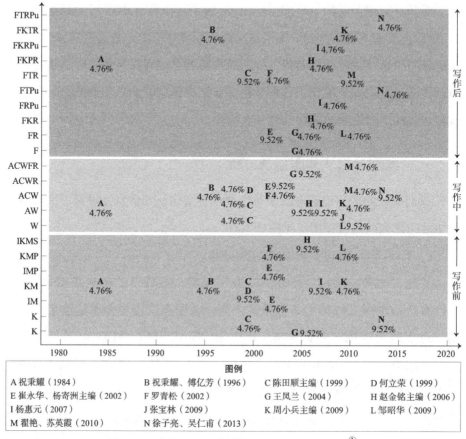

图 5-16　汉语写作课教学结构认知时间分布图 [①]

　　关于"写作中（Ⅱ）"环节，在写作教学研究早期（1984 年），仅提出了
AW 结构这一种结构类型；1996—2013 年，结构认知的发展非常活跃，表
现为提出了多种不同的结构类型，有的年份甚至还出现了多种结构观点争
鸣的局面。而对各结构类型随时间推移的纵向数据进行分析，可以进一步
得出相关理论认知发展变化的如下特点：（1）W 结构的提出散见于 1999 年
和 2009 年，体现出对"写作中（Ⅱ）"环节最简结构的认识。与其他结构类
型相比，W 结构是唯一不包含构件"布置作文（A）"的结构类型；而结合

---

① 　图中横坐标表示年份，纵坐标表示不同的结构类型；大写英文字母表示提出该观点的
　　专家学者，百分数表示该结构的支持率。下同。

常规教学认知可知，W 结构的运用并非真的排斥"布置作文（A）"，而是将"布置作文（A）"视为无须特别说明的常态。但 W 结构的提出确实体现出通过简化、弱化甚至是忽视布置作文来突显学生个体写作实践之重要性的认识倾向。（2）AW 结构和 ACW 结构的交替出现代表了"写作中（Ⅱ）"环节结构认知变化发展的主线。AW 结构和 ACW 结构的隐现随时间的推移呈互补趋势，表现为当 AW 结构得到支持时，ACW 结构就得到抑制；反之，当 ACW 结构得到支持时，AW 结构就得到抑制，相关理论认知的主要分歧在于是否将"启发构思（C）"纳入教学结构。其中，ACW 结构在 20 世纪末和 21 世纪初的几年间被多次提出，且在 21 世纪第一个 10 年之初又被重新提出，实际上反映出汉语写作教学研究对写作认知过程的关注，并希望通过在 AW 结构的基础上引入构件"启发构思（C）"来为学生的写作认知过程提供教学支持。而 AW 结构则主张由学生个体自行发挥其认知能动性，在不做构思指导的情形下由学生独立承担构思任务。（3）以 ACW 结构为基础，已有认知于 2004 年和 2010 年分别提出了 ACWR 结构和 ACWFR 结构，可以看出在过程教学理论的影响下，"写作中（Ⅱ）"环节里"反馈（F）"和"修改（R）"这两个构件的引入使相关结构认知获得了新发展。文献分析进一步发现，ACWR 结构的提出体现了通过学生自我修改来监控、反思、调节及巩固 ACW 之教学成果的主张；ACWFR 结构的提出则体现了通过人际互动中"反馈（F）"和"修改（R）"的联合运用来检验并提升 ACW 之教学成果的主张；而已有认知从 ACWR 结构到 ACWFR 结构的发展历程，体现了教学研究者写作过程意识的提升，以及对过程调节方式之认知的深化。

　　关于"写作后（Ⅲ）"环节，教学结构认知的发展可大致划分为三个阶段：第一阶段为 1984—1999 年，第二阶段为 2000—2006 年，第三阶段为 2007—2015 年。在第一阶段，先后提出了 FKPR、FKTR、FTR 等 3 种结构类型，相关认知以 FR 为基础，分别开始关注知识讲练的联合（KP）、知识讲解和典型习作评改的联合（KT）、典型习作评改（T）与 FR 的关联作用。

其中，关于通过增加"知识讲解（K）"或"典型习作评改（T）"来促进和完善教学结构的理论思辨较为活跃，表明该阶段结构认知的突出特点在于以FR 为基础，主张通过引进构件 K 或 T 来扩充和丰富"写作后（Ⅲ）"环节的结构，即主张以教师为主导，进一步提炼和聚焦重难点知识，巩固和发展学生对写作相关知识的理性认识，或者组织对典型学生习作进行集体鉴赏、评改甚至再创作。在第二阶段，先后提出了 FTR、FR、F、FKR、FKPR 等5 种结构类型，其中 FR 结构在不同年份得到了支持，同时还出现了仅由"反馈（F）"构成的结构类型。因此从整体上来看，该阶段的结构认知呈现出重视基础构件并慎用和压缩其他构件以确保写作反馈和修改得到落实和深化的特征。而在结构的扩充方面，2006 年所提出的 FKR 和 FKPR 结构主要是在 FR 的基础上分别增加知识讲解、知识讲练的联合，体现出相关认知对知识巩固的重视，同时也与第一阶段通过提炼和聚焦重难点知识来完善"写作后（Ⅲ）"教学结构的认知形成了呼应。在第三阶段，先后提出了 FRPu、FKRPu、FR、FKTR、FTR、FTPu 和 FTRPu 等 7 种结构类型，从中可以看出在 FR 的基础上，已有结构认知在发展中最突出的特点在于试图通过引进构件"发表（Pu）"或"典型习作评改（T）"来充实教学结构，体现了该阶段关于作品和写作经验共享、写作共同体构建及写作自信心和成就感提升的新主张。此外，从整个时间发展线索来看，FR、FTR、FKPR 结构均在不同年份多次得到关注和讨论，体现出已有认知对于由基础构件形成的 FR 结构，以及在FR 之外还进行典型习作评改或知识讲练等结构的反复的、不稳定的探讨。

（二）教学结构认知分布的共时分析

自 20 世纪 80 年代开始探索写作教学结构以来，1999 年、2002 年、2009 年为研究成果最丰富的时间节点。1999 年，在"写作前（Ⅰ）"环节，提出了 M 和 KM 共 2 种结构类型；在"写作中（Ⅱ）"环节，提出了 W、AW和 ACW 共 3 种结构类型；在"写作后（Ⅲ）"环节，提出了 FTR 共 1 种结构类型。2002 年，在"写作前（Ⅰ）"环节，提出了 IM、IMP 和 KMP 共 3

种结构类型；在"写作中（Ⅱ）"环节，提出了 ACW 共 1 种结构类型；在"写作后（Ⅲ）"环节，提出了 FR 和 FTR 共 2 种结构类型。2009 年，在"写作前（Ⅰ）"环节，提出了 KM 和 KMP 共 2 种结构类型；在"写作中（Ⅱ）"环节，提出了 W 和 AW 共 2 种结构类型；在"写作后（Ⅲ）"环节，提出了 FR 和 FKTR 共 2 种结构类型。

（三）结构与子结构的析出与重组

纵观写作教学结构发展历程，随着时间的推移，出现了从较大的结构中析出独立子结构的情况，也出现了由较小的结构充当子结构并组合成更大结构的情况，具体变化趋势见图 5-17。

（1）子结构的析出

由图 5-17 可知，在"写作前（Ⅰ）"环节，最早提出的是 KM 结构，随后从该结构分别析出了 M 结构和 K 结构，体现了专家学者从最初对知识讲解与范文教学联用的认识，逐步发展到仅关注其中的一个要素，M 结构体现了对范例输入的重视，而 K 结构则体现了对知识学习传统的重视。在"写作中（Ⅱ）"环节，从 AW 结构出发，析出了 W 结构，这一路径突出了对学生作为写作主体性的强调。在"写作后（Ⅲ）"环节，最早提出的是 FKPR 结构，后析出演变为 FKR 结构。此外，基于祝秉耀、傅亿芳（1996）提出的 FKTR 结构，逐渐析出了 FTR 结构、FR 结构、F 结构，体现出从重视反馈、知识讲解、范文教学、修改的联用，到逐层脱落，最终简化为仅进行反馈的教学认知路径。在这一路径的演变过程中，徐子亮、吴仁甫（2013）又在提出 FTRPu 结构的基础上，析出了 FTPu 结构。

（2）子结构的重组

由图 5-17 可知，在"写作前（Ⅰ）"环节，以 KM 结构为基础，拓展形成了 KMP 结构和 IKMS 结构；以 M 结构为基础，拓展形成了 IM 结构和 IMP 结构。在"写作中（Ⅱ）"环节，以 AW 结构为基础，拓展形成了 ACW 结构、ACWR 结构和 ACWFR 结构，这一路径体现出在已有教学认知中，

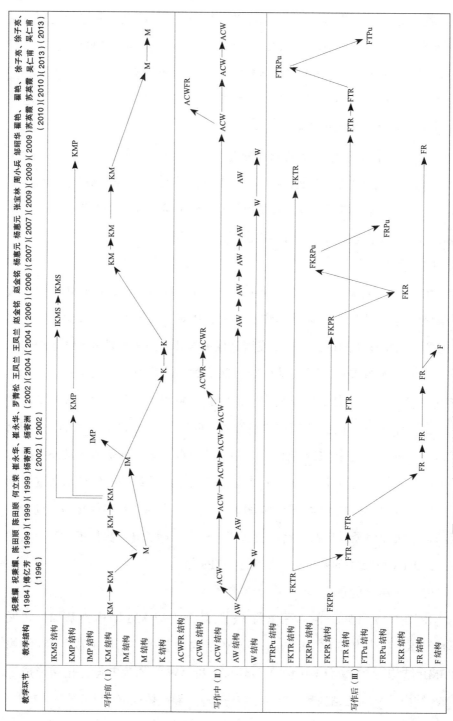

图 5-17 汉语写作课教学结构与子结构的析出、重组情况示意图

关于启发构思及强化写作过程性指导、监督和反馈的相关认识得到了进一步发展。在"写作后（Ⅲ）"环节，以赵金铭主编（2006）提出的 FKR 结构为基础，杨惠元（2007）拓展提出了 FKRPu 结构；以陈田顺主编（1999）等提出的 FTR 结构为基础，徐子亮、吴仁甫（2013）拓展提出了 FTRPu 结构。

二、教学过程认知图谱及分析

本研究按提出时间的先后顺序，梳理了理论模型中各类教学过程的认知信息，得到了汉语写作教学过程认知时间分布图（见图 5-18）。据此，可以分析教学过程的历时发展与共时分布规律。

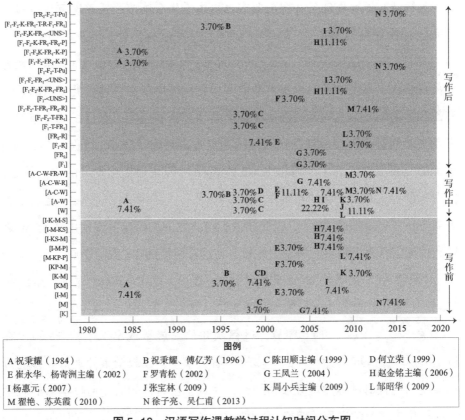

图 5-18　汉语写作课教学过程认知时间分布图

（一）教学过程认知发展的历时分析

关于"写作前（Ⅰ）"环节，2000 年以前，先后提出了 [KM]、[K-M]、[M] 等 3 种过程类型，对过程的认知专注于对"知识讲解（K）"和"范文分析（M）"这两类重要教学事件的安排。2000—2013 年，先后新提出了 [I-M]、[I-M-P]、[KP-M]、[K]、[I-KS-M]、[I-M-KS]、[I-K-M-S]、[M-KP-P] 等 8 种过程类型，过程认知日趋多元，不仅体现在新结构类型观点下对新构件的运用，还体现在对构件相对位置的安排，以及对特定构件是否复现的新思考上。

关于"写作中（Ⅱ）"环节，在以 1984 年为标志的写作教学研究早期，仅提出了 [A-W] 这一种过程类型，对过程的认知相对简明地表现为主张先由教师作为权威布置写作任务并提出要求，再由学生个体按照任务规定自行写作并完成写作任务。1996—2013 年，除了 [A-W] 过程之外，还先后新提出了 [A-C-W]、[W]、[A-C-W-R]、[A-C-W-FR-W] 等 4 种过程类型，过程认知较为丰富且活跃，不仅体现为过程类型的多样化，还体现在各过程类型内部教学事件和活动的安排也随时间推移显现出愈加充裕的趋势，而且在某些年份还出现了不同过程类型观点并存和争鸣的局面。其间，[A-W] 过程和 [A-C-W] 过程的交替出现代表了"写作中（Ⅱ）"环节过程认知变化发展的重要线索，体现了已有认知关于在"布置作文（A）"之后、"学生写作（W）"之前是否需要进行"启发构思（C）"，以此拉近教与学之间的距离并促使由 A 到 W 之顺利过渡的反复思辨甚至争论。此外，在这一阶段的中后期（2004 年和 2010 年），随着 ACWR 结构和 ACWFR 结构的提出，[A-C-W-R] 过程和 [A-C-W-FR-W] 过程也相继提出，反映出相关理论认知对于写作过程调控的新思考。

关于"写作后（Ⅲ）"环节，过程认知的发展呈现出以下特征：（1）在以 1984 年和 1996 年为代表的写作教学研究早期，以教学事件数量较多的过程类型为主且对过程的切分较为细致，体现了已有认知对于通过丰富的教学活动层层推进教学进程的期待。1999—2004 年，以教学事件数量较少的过程类型为主，已有认知关于过程的主张更加简明，这在一定程度上体现出通过缩减教学事件使相关事件得到更充分实施的理论思考，其目标是突出本环节的重要事件。从 2006 年开始，过程类型中所包含的教学事件数随着时间的推移呈现出丰富性和紧缩性交替变化的特征，体现了已有认知对于如何使教学事件的丰富性和各教学事件实施的充分性之间保持平衡的反复思辨。而其中教学事件数大于 4 的过程类型相对略多于教学事件数少于 4 的过程类型，稍稍体现出重视教学事件丰富性的理论倾向。（2）关于过程起点从教师单向反馈开始的支持性认知呈稳定发展趋势，而且在关于起点的认知中占主流地位，表明由教师的权威性评价出发开启写后指导的主张未随时间推移而产生明显变化，是写后反馈传统的体现。而其中分别于 2004 年、2009 年、2013 年出现的以 FR 为起点的观点，体现了对于由融反馈和修改为一体的互动性事件开启写后指导的新思考，其特征在于突出了学生在写作实践之后立即参与反馈并于反馈中不断发现、分析和解决问题的重要性。（3）关于过程终点的认知是多样且富于变化的。1984 年以"练习（P）"为终点，体现了通过重点知识和技能强化训练巩固教学成果的主张；1996 年和 1999 年提出以 FR 为终点的观点，体现了通过互动将反馈和修改引向深入的教学主张；2002 年初次将学生独立实施的"修改（R）"作为终点，并分别于 2009 年和 2010 年重申这一认识，体现了认为应进一步将教学过程落脚到要求学生独立思考和修改的理论立场，其目的是使学生切实认识到并改正其存在的问题，从而巩固已有教学成果；而到了 2006 年，又重新提出以"练习（P）"或 FR 为终点的主张，反映出对写作教学研究早期相关教学思想的传承；2013 年提出以"发表（Pu）"为终点的主张，体现了新时期通过习作发表来进一步延伸写后反思、扩大写作经验共享范围、提升写作成就感及培养写作交际意识的新思考。（4）关于教师单向反馈复现的支持性认知是比较稳定的，且教师单向反馈通常接续着复现，体现了对教师权威性和通过反复的教师单向反馈强化反馈信息，使学生把握写作训练情况的历时共识。其中，2002 年、2004

年、2009 年和 2013 年分别出现了部分未论及教师单向反馈复现的观点，这一方面体现了相关认知简化"写作后（Ⅲ）"环节教学过程的主张，另一方面也体现了让学生参与反馈甚至是由学生主导反馈的新立场。（5）关于融合式反馈和修改复现的支持性认知虽然在历时发展中缺乏共识基础，但反映出特定时间点对写后反馈和修改这两个重要构件之教学思辨的新尝试。已有认知于 1996 年、2006 年和 2010 年提出了 FR 的复现，且其中 2006 年和 2010 年 FR 均是接续复现的，体现了通过让学生在互动环境下反复参与或主导着进行反馈和同步修改来突出学生在写作反思中主体性和能动性的新动向，同时也体现了借此丰富"写作后（Ⅲ）"环节教学活动及充实教学过程的新思路。（6）教学过程中相关事件的共现特征也是已有认知关注的重要问题，主要包括"反馈（F）"和"修改（R）"是否共现、"知识讲解（K）"和"练习（P）"是否共现两方面。对于 F 和 R 在教学过程中共现的支持性认知一直处于稳定状态，在各年份均提出了 F 和 R 共现的主张，表明既给予反馈又落实修改在历时思辨中具有坚实的共识基础。讲和练在"写作后（Ⅲ）"环节的共现最早于 1984 年得到关注，且认为知识讲解应先于练习出现，体现了对相关重难点项目既讲又练、以讲导练并以练促讲的教学思想。讲练共现的观点于 2006 年再次被提出，结合 2006 年相关认知对写作教学研究早期将"练习（P）"或 FR 作为过程终点之教学思想的传承可以发现，在关于"写作后（Ⅲ）"环节过程的研究中，2006 年是一个对传统教学主张进行传承并进一步发展的重要时间节点。

（二）教学过程认知分布的共时分析

纵观写作教学过程认知的发展史，1999 年、2002 年、2006 年是研究成果最为丰富活跃的年份。1999 年，在"写作前（Ⅰ）"环节，提出了 [M] 和 [K-M] 共 2 种过程类型；在"写作中（Ⅱ）"环节，提出了 [W]、[A-W] 和 [A-C-W] 共 3 种过程类型；在"写作后（Ⅲ）"环节，提出了 $[F_1\text{-}T\text{-}FR_1]$ 和 $[F_1\text{-}F_2\text{-}T\text{-}FR_1]$ 共 2 种过程类型。2002 年，在"写作前（Ⅰ）"环节，提出了

[I-M]、[KP-M] 和 [I-M-P] 共 3 种过程类型；在"写作中（Ⅱ）"环节，提出了 [A-C-W] 共 1 种过程类型；在"写作后（Ⅲ）"环节，提出了 [F$_1$-R] 和 [F$_1$-F$_2$-T-FR$_1$-FR$_2$-R] 共 2 种过程类型。2006 年，在"写作前（Ⅰ）"环节，提出了 [I-M-KS]、[I-KS-M] 和 [I-K-M-S] 共 3 种过程类型；在"写作中（Ⅱ）"环节，提出了 [A-W] 共 1 种过程类型；在"写作后（Ⅲ）"环节，提出了 [F$_1$-F$_2$-K-FR$_1$-FR$_2$] 和 [F$_1$-F$_2$-K-FR$_1$-FR$_2$-P] 共 2 种过程类型。

（三）过程认知中的传承与演变

随着时间的推移，写作教学过程的部分认知得到了继承，同时也有一部分认知吸收了教育学和心理学的研究成果而发生了演变。下面将聚焦于子过程的传承和演变，分析相关教学认知的发展情况。

1. 子过程的传承

通过分析可以发现，已有认知对相关子过程的传承主要体现在"写作中（Ⅱ）"环节的 [A-C] 子过程和"写作后（Ⅲ）"环节的 [F$_1$-F$_2$] 子过程，其基本面貌分别如图 5-19 和图 5-20 所示。其中，[A-C] 子过程的传承体现了对"写作中（Ⅱ）"环节先布置作文再启发构思的稳定性认识；[F$_1$-F$_2$] 子过程的传承体现了对"写作后（Ⅲ）"环节先由教师书面批改作文再在课堂上进行总评的稳定性认识。

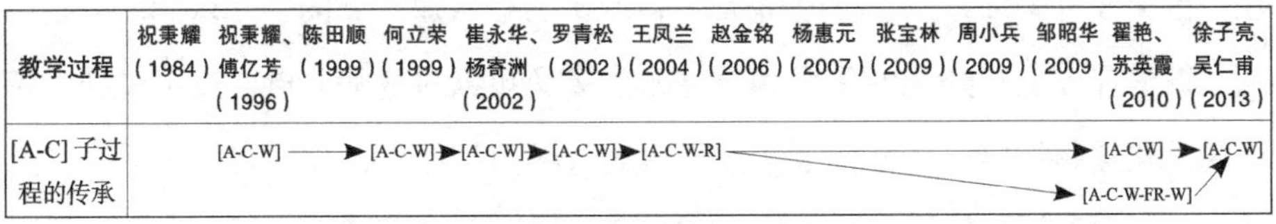

图 5-19 汉语写作课教学过程传承情况示意图——"写作中（Ⅱ）"环节

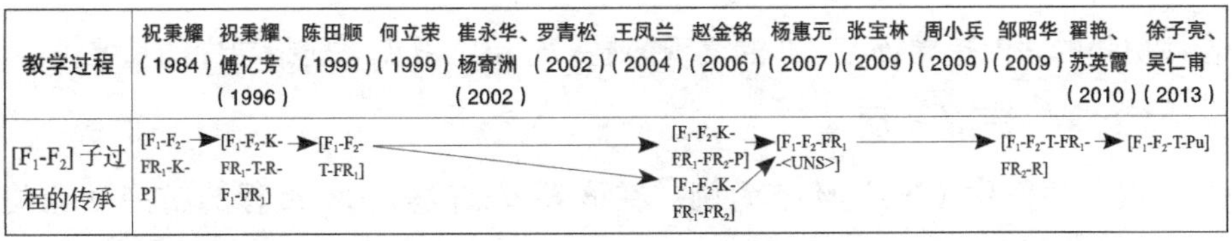

图 5-20 汉语写作课教学过程传承情况示意图——"写作后（Ⅲ）"环节

2. 子过程的演变

（1）子过程的分合及变序

以"写作前（I）"环节为例，在该环节，[KM] 子过程的分与合受到关注，具体情况如图 5-21 所示。

由图 5-21 可知，关于"知识讲解（K）"和"范文分析（M）"在教学过程中是融合还是分立，已有认知最早（1984 年）是持融合的观点，认为讲解知识的过程中要结合范文使知识具体化，且在范文分析的过程中要结合知识讲解使对范文的理解及对知识的感性认识上升到更理性的层面。1996—2002 年，已有认知均持分立的观点，认为应将知识教学与范文教学相对剥离开，使其各自具有较独立的价值，借此使知识教学的线索更加明朗并将知识的显性教学与隐性学习结合起来，同时也使范文教学在关注知识之外拥有更大的发挥空间。2007 年，二者融合进行的观点又被重新提出，但 2009 年的教学认知中又出现了二者分立的主张。

在 [KM] 子过程分合的过程中，"练习（P）"的出现位置和复现特征也得到了关注。2002 年"写作前（I）"环节的教学结构和过程引入了构件"练习（P）"，反映出对练习在写前指导中教学作用的新思考。从 P 出现的位置看，存在与"知识讲解（K）"融合后出现在"范文分析（M）"之前，以及独立出现在"范文分析（M）"之后两种情形，体现出已有认知对 P 的多元认识。一是在范文教学前先进行知识的巩固和迁移，在接受知识的基础上再通过范文教学拓展和深化迁移情境；一是在范文教学后进行巩固和迁移，在发现知识的基础上通过练习促进知识的运用和内化。2009 年，"练习（P）"的复现特征得到关注，在相关认知中，不仅应在讲解知识的过程中穿插进行练习，而且应有独立且综合性更强的写前指导练习，P 的复现突显了分层练习在写前指导中的重要性。

（2）子过程的扩展

以"写作中（Ⅱ）"环节为例，在该环节，[A-W] 子过程的扩展受到关注，具体情况如图 5-22 所示。

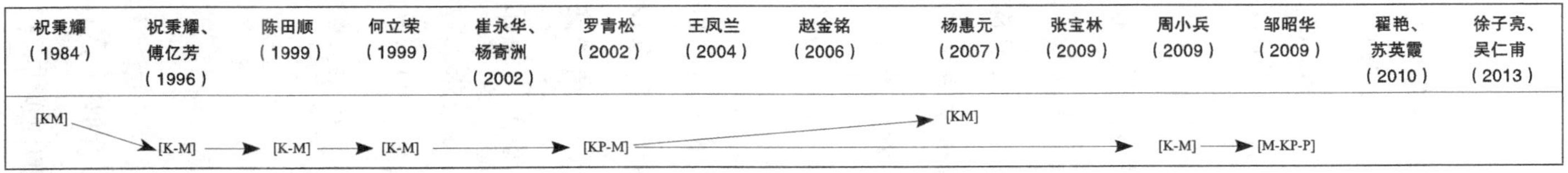

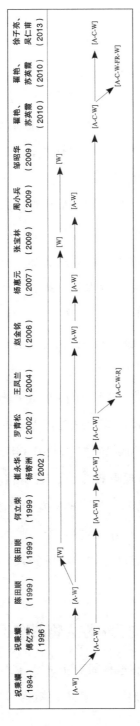

图 5-21 "写作前（Ⅰ）"环节 [KM] 子过程分合情况示意图

图 5-22 "写作中（Ⅱ）"环节 [A-W] 子过程扩展情况示意图

由图 5-22 可知，[A-W] 过程自 1984 年提出后，通过不同路径发生了变化：路径一是在 1999 年紧缩为 [W] 过程，路径二是在 1996 年扩展为 [A-C-W] 过程，且该过程在 2004 年进一步扩展为 [A-C-W-R] 过程，在 2010 年扩展为 [A-C-W-FR-W] 过程。从 [A-W] 子过程的扩展可以看出，"启发构思（C）"的隐现一直是相关过程思辨的症结所在。1996—2004 年，认为在"布置作文（A）"之后、"学生写作（W）"之前应进行"启发构思（C）"的观点呈现出较强的发展态势，且这一立场于 2010 年和 2013 年又得到重视。"启发构思（C）"的"现"体现了对其促思和促写功能的积极态度，而其"隐"则体现了对课堂教学时间的紧缩安排及对其束缚个性化写作创意这一潜在影响的审慎考虑。理论认知中关于是否进行"启发构思（C）"的分歧意见使对该构件在过程中出现之必要性、条件性及有效性的实证研究显得尤为重要。此外，"反馈（F）"和"修改（R）"在"写作中（II）"环节的教学过程中是否出现及如何出现是过程创新的重要体现。2004年，"修改（R）"过程首次被提上议程，但它不是与"反馈（F）"共现的，这表明相关认知所提倡的"修改（R）"是由学生个体自发实施的，由此可进一步看出，早期关于写作过程调控的思想首先考虑的是写作主体的自我监控在调节写作过程中的示范和引导作用。2010 年，"反馈（F）"和"修改（R）"在教学过程中共现的观点被提出，表明相关理论认知关注到在"写作中（II）"环节亦可由"反馈（F）"来引发"修改（R）"，且主张二者融为一体实施，体现了关于教师和同伴参与个体写作过程之监控和调节的新思考，从中也可以看出通过对过程教学法更深入的借鉴来创新写作教学过程类型的积极努力。

三、教学结构和过程研究代表性人物图谱及分析

专家学者在写作教学结构和过程研究上做出了不懈的努力，取得了丰富的成果。以研究者为线索，分析各学者进行结构与过程研究的时间早晚，

以及贡献观点数的多少，可以得出写作教学结构和过程研究领域的代表性人物。

（一）教学结构研究的代表性人物

从研究时间的早晚来看，祝秉耀（1984）最早关注写作教学结构的研究，提出了 KM、AW 和 FKPR 结构等观点，是开启写作教学结构研究的代表性人物，可以看出，写作教学研究在早期更重视"写作后（Ⅲ）"环节的研究；徐子亮、吴仁甫（2013）是新近关注写作教学结构的学者，提出了 M、ACW、FTRPu/FTPu 结构等观点，从中可以看出近期的写作教学研究对早期研究的传承与革新。

从贡献教学认知的多少来看，陈田顺、崔永华和杨寄洲、王凤兰、翟艳和苏英霞、徐子亮和吴仁甫、杨惠元均提出了两种不同的结构类型，对推动结构认知的发展起到了重要作用。

（二）教学过程研究的代表性人物

从研究时间的早晚来看，祝秉耀（1984）最先研究写作教学的过程，提出了 $[KM]-[A-W]-[F_1-F_2-FR_1-K-P]/[F_1-F_2K-FR_1-K-P]$ 两种过程类型，首次勾勒出了写作教学过程的整体轮廓。徐子亮、吴仁甫（2013）是新近研究写作教学过程的学者，提出了 $[M]-[A-C-W]-[F_1-F_2-T-Pu]/[FR_2-F_2-T-Pu]$ 两种过程类型，从中既可以看出对早期过程研究成果的传承，也可以看出对不同环节教学过程多样性的探索。

从贡献教学认知的多少来看，赵金铭主编（2006）的过程研究最为丰富，一共提出了 6 种过程类型，分别是：$[I-K-M-S]-[A-W]-[F_1-F_2-K-FR_1-FR_2-P]/[F_1-F_2-K-FR_1-FR_2]$、$[I-M-KS]-[A-W]-[F_1-F_2-K-FR_1-FR_2-P]/[F_1-F_2-K-FR_1-FR_2]$、$[I-KS-M]-[A-W]-[F_1-F_2-K-FR_1-FR_2-P]/[F_1-F_2-K-FR_1-FR_2]$。从中可以看出，即便是在同一时期，同一学者对写作教学过程也存在不同的认识，这从根本上体现了对过程运用条件性的认识。

第五节　汉语写作教学中的范文教学建模 *

范文教学是写作教学系统的重要组成部分，在中西方写作理论与实践中，素有重视对典范作品进行模仿的传统。已有的理论研究和实证研究从输入—输出、读—写关系的视角出发，论述并验证了范文教学的有效性（如 Watson，1982；Kucer，1987；陈立平，2000；徐浩、高彩凤，2007；Jackson，2009；等等）。因此，对范文教学的具体实施做进一步研究是必要且重要的。

对外汉语写作教学研究中已经积累了一些范文教学研究成果，既包括写作教学概述中论及的关于范文教学的一般性认识（如祝秉耀、傅亿芳，1996；罗青松，2002），又包括针对范文教学的专题研究（如陈钰，2012；陈静，2014；陆莲莲，2018）。相关研究问题涉及范文的选取及编排，范文的使用及教学效果，师生对范文教学的态度、需求及看法等。通过分析可以发现，从研究内容来看，已有研究大多是对教材范文做静态的特征分析，缺乏对教学过程的动态分析；而少数关于范文教学过程的讨论也只对教学程序做简要说明，未在系统框架下深入范文教学内部对其要素进行剥离和系统建构，因此难以全面且深刻地发现其中的规律。从研究方法来看，虽然对范文教学的研究正从思辨走向实证，但已有的实证研究倾向于通过调查问卷收集相关数据，且通过简单的频率计算对数据进行统计分析和对比分析，这一方面难以突破研究者对研究问题事先的预设而发现新知，另一方面也忽视了对范文教学要素之间相关关系的挖掘。

当下的教学研究应在一个体系下，使用信息处理和教学计算的方法，系

---

* 本节内容曾以《基于理论与实证系统集成的范文教学建模》为题发表于《云南师范大学学报（对外汉语教学与研究版）》2020 年第 4 期，作者为周梦圆。

统地对多层次、多维度的汉语课堂教学进行精细化研究和描写，并构建"理论建模—实证建模—对比分析"的研究范式。据此，本研究基于汉语写作课范文教学过程，通过教学计算与分析对范文教学进行系统建模。具体思路是：首先，基于"汉语写作教学·文献研究数据库"对范文教学过程的理论认知进行系统计算，建立理论模型；其次，基于"汉语写作教学·实录研究数据库"对范文教学过程的实践特征进行系统计算，建立实证模型；最后，通过理论模型与实证模型的综合分析探讨调优的相关参数，建立范文教学系统集成模型并提出相关教学建议。

一、理论建模：对范文教学过程理论认知的系统计算

本研究穷尽式地搜集了公开发表的论及写作课范文教学过程相关文献，在转录文本数据并标注文献外部信息[①]的基础上初步建立了关于范文教学的"汉语写作教学·文献样本数据库"。以此为基础，通过细致的文献内容分析，从概念出发，剥离出范文教学的理论构件，进而确定范文教学构件的理论框架，建立关于范文教学的"汉语写作教学·文献研究数据库"；回归至文献内容分析，基于构件的理论框架逐一对教学过程的观点进行标注，并对教学过程数据进行统计分析和关联关系分析，从而建立起范文教学过程的理论模型。

（一）确定范文教学构件的理论框架

基于文献研究数据库，我们从已有理论认知中提取出"范文阅读（R）""范文分析（A）""知识讲解（K）""总结（S）""范文模仿（C）"共5个构件；结合文献相关论述，从教学行为、教学目标两方面对构件进行界定和解释，并对已有认知系统中构件的支持率进行计算（支持率＝支持观点数÷观点总数），从而形成范文教学构件的理论框架（见表5-1）。

---

① 主要指作者、年份、出处等信息。

表 5-1　范文教学构件理论框架表

构件		教学行为	教学目标	支持率（%）
类型	代码[①]			
范文阅读	R	朗读或默读范文	疏通文意； 形成或加深对范文的感知； 培养语感	90
范文分析	A	详细分析范文文意、语言形式、篇章结构及写作技巧	深入理解范文； 在语篇语境中学习语言和写作知识	100
知识讲解	K	讲解重点和难点知识	吸引对知识的有意注意； 促进知识内化	10
总　　结	S	总结知识和规则	突出重点； 加深印象	30
范文模仿	C	模仿范文进行口头或书面表达	巩固知识； 训练成段表达	10

（二）建立范文教学过程的理论模型

基于文献研究数据库，我们从已有理论认知中提取出 [A]、[RA][②]、[R-A]、[RA-A]、[R-A-S]、[R-A-R-A-S]、[RA-K-S] 和 [<UNS>-C][③] 共 8 种过程类型。[④] 过程支持率的统计结果表明，关于范文教学过程的认识比较多样，呈离散性分布，其中 [RA] 过程和 [R-A] 过程相对突出（分别占 27.28% 和

---

① 为表述方便，我们对构件进行了赋码；代码取对应英文表达首字母的大写，如范文阅读取 "reading" 之 "R"。

② 字母连写表示相应构件的过程特征不明显，是交融在一起进行教学的，难以明确区分。

③ [<UNS>-C] 过程中，"<UNS>" 表示文献中讨论了相关构件，但未明确构件的顺序。

④ [A] 过程的出处为祝秉耀、傅亿芳（1996）；[RA] 过程的出处为何立荣（1999），周小兵主编（2009），徐子亮、吴仁甫（2013）[1]；[R-A] 过程的出处为崔永华、杨寄洲（2002），翟艳、苏英霞（2010）[1]；[RA-A] 过程的出处为翟艳、苏英霞（2010）[2]；[R-A-S] 过程的出处为徐子亮、吴仁甫（2013）[2]；[R-A-R-A-S] 过程的出处为陈田顺主编（1999）；[RA-K-S] 过程的出处为赵金铭主编（2006）；[<UNS>-C] 过程的出处为罗青松（2002）。出处后的下标用以区分同一文献中提出的不同过程观点。

18.19%），其他过程类型平分秋色（均占 9.09%）。为了在系统框架下更清楚、更深入地认识理论思辨所提出的教学过程的规律，本研究基于相关过程中教学表现及教学目标的阶段性特征，通过对理论构件的聚类分析及对聚类结果背后理据的分析，将范文教学的全过程分解提炼为感知理解、知识聚焦和控制表达三个阶段，由此阶段划分结果可进一步构建出范文教学过程的理论模型（见图 5-23）。

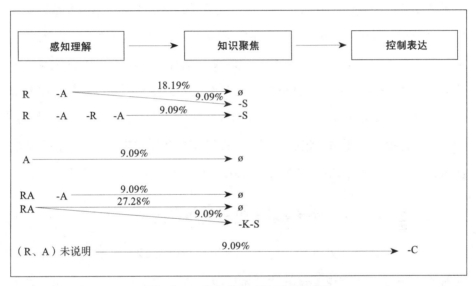

图 5-23 范文教学过程理论模型图

根据图 5-23 所示的理论模型，已有认知关于范文教学过程的宏观思辨是从对范文的感知理解出发，经由范文内的知识聚焦，最终走向以范文为参照的控制表达。具体来说，在感知理解阶段，通过"范文阅读（R）"和"范文分析（A）"的实施形成并发展对语篇意义和相关语言表达形式、篇章结构及写作技巧的感觉和知觉；在此基础上，在语篇语境中更深入地对范文意义和形式进行综合加工，实现深层理解，其最终目标是在主题内容、语言形式、谋篇布局等方面为正式写作提供参考。在知识聚焦阶段，通过显性的"知识讲解（K）"和"总结（S）"聚焦感知理解阶段体验到的重点和难点知识，其目标是突显和强化对陈述性知识的认知加工，促进相关元认知的发展。在控制表达阶段，以范文主题、语言表达和结构框架为参照，通过"范文模仿（C）"进行控制性表达训练，其目标是巩固感知理解阶段和知识聚焦阶段的教学成果，促进陈述性知识向程序性知识转化，为正式写作中的自由表达热身。

图 5-23 所示的支持率数据表明，在已有教学认知中，感知理解阶段是不可或缺的必经阶段（占 100%），这体现了对范文教学基本内涵和基本功能的理论定位。在感知理解阶段，对过程实施的认识也最为丰富，根据对"范文阅读（R）"和"范文分析（A）"关联关系的计算，当 R 与 A 共现时，过程起点处 R 与 A 的分合（分离率∶融合率 =36.37%∶45.46%）及其在教学过程中是否复现是过程实施的重要区别性特征，这也对进一步研究不同过程的使用条件提出了要求。相比之下，对知识聚焦和控制表达阶段过程实施的探讨还有待发展（分别占 27.28% 和 9.09%）。

二、实证建模：对范文教学过程实践特征的系统计算

本研究以高校网站上发布的写作教学示范课或教学大赛获奖作品为研究对象，通过对此类规范化教学实录中范文教学的细致转写，建立了关于范文教学的"汉语写作教学·实录样本数据库"。通过对转写文本的分析，从概念出发，剥离出范文教学的实践构件，进而确定范文教学构件的实践框架，建立关于范文教学的"汉语写作教学·实录研究数据库"；回归至转写文本分析，基于构件的实践框架逐一对范文教学实录的过程进行标注，并对教学过程数据进行统计分析和关联关系分析，从而建立起范文教学过程的实证模型。

（一）确定范文教学构件的实践框架

基于实录研究数据库，我们从教学实践中提取出了"导入（I）""范文阅读（R）""范文分析（A）""知识讲解（K）""练习（P）"共 5 个构件；

从实际教学行为、教学目标两方面出发，参考已有文献中的相关表述，对上述实践构件进行界定和解释，并对实际教学中构件的使用率进行计算，从而形成范文教学构件的实践框架（见表 5-2）。

表 5-2 范文教学构件实践框架表

构件		教学行为	教学目标	使用率（%）
类型	代码			
导　入	I	引入范文主题并讨论同题作文写什么和怎么写	激活已有经验和相关图式；激发学习和写作兴趣	14.29
范文阅读	R	朗读或默读范文	疏通文意；形成或加深对范文的感知；培养语感	100
范文分析	A	详细分析范文文意、语言形式、篇章结构及写作技巧	深入理解范文；在语篇语境中学习语言和写作知识	100
知识讲解	K	讲解重点和难点知识	吸引对知识的有意注意；促进知识内化	42.86
练　习	P	训练重点和难点知识	巩固知识；促进知识向技能的转化	42.86

（二）建立范文教学过程的实证模型

基于实录研究数据库，我们从教学实践中提取出 [RA]、[R-A]、[R-A-P]、[R-A-R-K]、[RA-K-P] 和 [I-RA-P-K-P] 共 6 种过程类型。过程使用率的统计结果表明，范文教学过程的实际实施灵活多变，其中 [R-A] 过程相对突出（占 28.57%），但与其他过程类型（均占 14.29%）相比，不存在明显优势，可见不同过程类型的分布较为均匀。基于实际教学过程中的教学表现及教学目标的阶段性特征，通过对实践构件的聚类分析及对聚类结果背后理据的分析可以发现，实际教学中范文教学的全过程可分解提炼为主题刺激、感知理解和知识聚焦三个阶段，由此阶段划分结果可进一步构建出范文教学过程的实证模型（见图 5-24）。

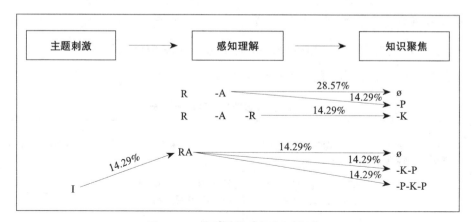

图 5-24　范文教学过程实证模型图

根据图 5-24 所示的实证模型，教学实践关于范文教学过程的实际操作是从关于范文的主题刺激出发，经由对范文的感知理解，最终落脚到范文内的知识聚焦。具体来说，在主题刺激阶段，通过"导入（I）"的实施刺激学生对主题内容的联想和想象，引出可能的素材，引导学生对篇章内容和结构层次的安排做初步设想，其主要目标是激活已有经验和写作相关图式，同时也唤起学生的作者意识及表达欲望。在感知理解阶段，通过"范文阅读（R）"和"范文分析（A）"的实施形成并发展对语篇意义和相关语言表达形式、篇章结构及写作技巧的感觉和知觉；在此基础上，在语篇语境中更深入地对范文意义和形式进行综合加工，实现深层理解，其最终目标是在主题内容、语言形式、谋篇布局等方面为正式写作提供参考。在知识聚焦阶段，通过"知识讲解（K）"和"练习（P）"聚焦感知理解阶段所体验到的重点和难点知识，其目标是显化和巩固陈述性知识的学习，促进陈述性知识向程序性知识及相关技能的转化。

图 5-24 所示的使用率数据表明，感知理解阶段是范文教学实践的根本属性（占 100%）。在感知理解阶段，"范文阅读（R）"和"范文分析（A）"缺一不可；但是，R 与 A 的联合使用存在不同形态，根据 R 与 A 关联关系的计算结果，R 与 A 的分合（分离率∶融合率 =57.14%∶42.86%）是定义不

同过程类型的重要特征，其中 R 与 A 的分离使用相对占优势；此外，反复阅读（即 R 的复现）这一策略也得到了一定的应用（占 14.29%）。范文教学实践还重视知识聚焦阶段的教学（占 57.14%），且讲练关系的处理是这一阶段教学实践的突出特征，包括讲与练是否共现、讲与练共现时二者的先后顺序、练习是否需要复现等属性。相比之下，主题刺激阶段的教学实践还处于发展之中（占 14.29%）。

三、模型优化：基于理论与实证综合分析的系统集成

基于文献研究数据库和实录研究数据库，通过把自上而下的演绎与自下而上的归纳相结合，我们已经分别得出了范文教学的理论模型和实证模型。在更大的框架下对理论模型和实证模型进行综合分析，可以发现二者的共性与差异，实现理论与实践的良性互动，进而在系统集成的视角下探讨范文教学可能的优化参数和优化路径，为教学提供参考建议。

（一）理论模型与实证模型的综合分析

通过对理论模型的集合与实证模型的集合做并集运算[①]，可以得出教学阶段过程序列及各教学阶段中教学过程的综合分析结果（见图 5-25）。根据综合分析结果，可以清楚地看出被理论与实践相互印证的特征、教学实践中浮现出的新发现和教学理论的独立思辨，以及它们在系统中的位置和地位。

根据图 5-25，从教学阶段来看，感知理解和知识聚焦阶段的实施既有理论的支持，又有实践的验证，且感知理解作为范文教学的根本属性（占 100%）获得了理论与实践的双重证明。值得一提的是，对知识聚焦阶段的理论探讨略低于其在教学中的实际应用，可见实践中对知识学习的重视更突出，这进一步体现了教学实践中通过教师对知识的显性解释和点拨，以及教

---

① 特定过程在并集系统中的占比=（关于该过程的观点数+使用样本数）÷理论模型和实证模型中的过程类型总数。

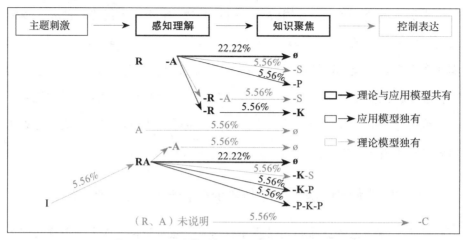

图 5-25　理论模型与实证模型综合分析结果图

师指导下的练习促进知识学习和内化，进而提高写作教学和学习效果的教学策略，体现了对课堂教学环境中教师因素的充分利用。综合分析结果还表明，教学实践在感知理解和知识聚焦之前还发现了主题刺激阶段的应用。在主题刺激阶段，通过范文主题进行意义导入并激活学生认知网络，体现了对人类普遍认知加工规律的运用，即人们对意义更加熟悉，对意义的认知加工更趋于自动化；而教学理论在感知理解和知识聚焦的基础上，还对控制表达阶段的运用进行了理论思考，认为这是从写前指导过渡到正式的自由写作的可行环节，体现了对范文支架作用的深入探索。由此可见，在理论与实践的互动中，对主题刺激阶段的新发现和对控制表达阶段的新思考激发了新的教学智慧，促进了系统模型的优化和升级。

　　从各阶段范文教学过程的特征来看，主题刺激阶段由"导入（I）"实现，从意义出发引起学生对主题及相关素材乃至谋篇布局的思考和讨论。感知理解阶段由"范文阅读（R）"和"范文分析（A）"实现，存在 [A]、[R-A]、[R-A-R]、[R-A-R-A]、[RA] 和 [RA-A] 共 6 种过程类型，读析联合是该阶段最突出的教学特征。就该阶段的过程类型而言，[R-A] 过程和 [RA] 过程是由理论和实践双重证明的且占比也相对突出的过程类型（分别占

33.33%和38.89%），从中可以看出，R和A的实施有分立和融合两种不同的倾向。范文的阅读和分析可以按照先后顺序分开进行，也可以不明确区分先后融合进行，这两种实施方式实际体现了序列加工和平行加工的思想。R和A分立的做法体现了对序列加工思想的运用，即认为应该先整体阅读范文，从宏观上把握语篇意义并感知写作特点；再细致分析整体的各个部分，对特定的学习项目进行深度加工，在分析的基础上最终实现对整体更好的理解。可见，R和A的分立实际上体现了整体—部分—整体、综合—分析—综合的教学路径。R和A融合的做法则体现了对平行加工思想的运用，即认为应该边读边析，在对范文各部分读析结合的基础上实现对整体的理解，反映了部分—整体、分析—综合的教学路径。根据R和A分合率的系统计算结果，二者的分立率与融合率相等（均占44.44%），我们希望在后续研究中能进一步挖掘其分立和融合的教学条件。感知理解阶段的过程解析数据还表明，该阶段教学起点的选择存在R、A、RA共3种情况，其中R和RA作为起点的情形居多（均占44.44%）；在教学过程的延伸和深入中，将依次出现A、R、A，可见R和A的复现是深化范文感知和理解的重要策略。根据R和A的复现数据，其复现存在二者均复现、仅R复现、仅A复现共3种情况，不同的复现策略体现了教学的不同侧重，值得进一步研究。知识聚焦阶段由"知识讲解（K）""练习（P）"和"总结（S）"实现，存在[K]、[P]、[S]、[K-P]、[K-S]和[P-K-P]共6种过程类型。其中，进行显性的知识讲解是教学理论和实践的共有特征，因此"知识讲解（K）"可视为知识聚焦阶段的重要过程节点；"练习（P）"是在教学实践中新发现的构件，既可以单独出现，又可以与K联合出现，且与K联合出现时，P与K的顺序及P的复现亦得到关注；"总结（S）"是教学理论关于知识聚焦的独立思辨，强调对知识线索和规则的梳理，也体现了对学习者语言元认知能力的培养。该阶段的过程解析数据表明，起点的选择存在K、P、S共3种情况，其中K作为起点的情形相对突出（占16.67%）；若知识聚焦阶段的教学还要进一步发展，起点后第二个教学步骤的选择也存在 K、P、S 共 3 种情况，而第三个教学步骤的选择为 P，这也从一定程度上体现了通过反复练习促进并巩固知识学习的教学理念。控制表达阶段由"范文模仿（C）"实现，从主题、文体、语言形式、表达方式、篇章结构等各方面充分利用范文的支架作用，以范文为载体促进阅读与写作的深度融合，可视为对"以读促写"教学理念的积极探索，同时也反映出让学生从"戴着镣铐跳舞"走向自由创作的循序渐进的写作指导思路。

（二）系统集成模型的构建及教学建议

基于上述对理论模型与实证模型的综合分析，可进一步构建范文教学的系统集成模型（见图 5-26）。在系统集成视角下，教学理论与实践之间可以彼此借鉴并有机协调，向着整体优化的目标而努力。

根据图 5-26，范文教学以语篇输入为教学手段，以语篇输出为教学目标，在总体上体现为以教学阶段为明线、以意义和形式协商为暗线的双线设计。范文教学过程自主题刺激阶段开始，逐渐向感知理解、知识聚焦和控制表达阶段深化，各阶段教学特征的发现为范文教学的过程控制和绩效管理提供了策略上的参考和建议。具体来说，在主题刺激阶段，通过有效的导入引起学生对主题意义的注意，唤醒其已有的经验，激活学生个体的内容图式；利用课堂教学环境中人的因素，在生生之间、师生之间观点的交换和分享中共同构建主题意义，扩大写作内容图式；通过提问"写什么、如何写"激发学生的作者意识，使学生能从写的视角去读，在后续的阅读和分析中更好地实现与范文作者的互动协商，为"以读促写"提供条件。在感知理解阶段，范文阅读和范文分析的联合特征和复现特征值得重视，应根据教学目标、教学内容和教学条件等确定最佳实施路径。单纯地阅读和读析融合均是该阶段教学起点的重要选择；若教学目标在起点处已达成，则可直接过渡到知识聚焦阶段的教学，否则需要经由进一步的分析、阅读、分析来达成教学目标。感知理解阶段的教学是范文教学的核心，在范文阅读和范文分析的不同排列组

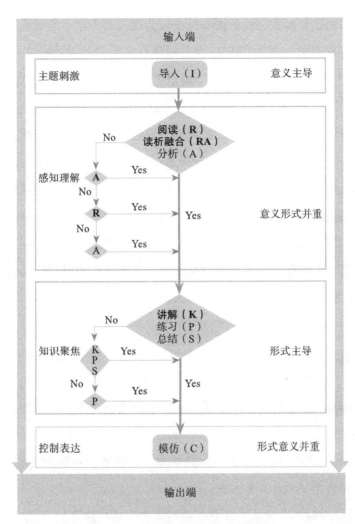

图 5-26 范文教学系统集成模型图

合中，要引导学生从语篇意义入手，在理解意义的基础上分析作者表情达意
所使用的语言形式、篇章结构、写作技巧等，将意义与形式有机地结合起
来，其作用在于深化写作内容图式并促进对语言图式和结构图式等的加工。
此外，在感知理解阶段还应进一步培养学生的作者意识，引导学生积极还原
范文作者的语篇构建过程，并将其与主题刺激阶段学生自己的写作设想进行
对比，在差异中反思应努力的方向。在知识聚焦阶段，知识的讲练特征是影

响教学实施的重要参数，包括讲和练是否共现及共现顺序的问题，以及练习的复现问题；此外，对所学知识要点做显性且明确的总结也应纳入教学视野。从过程实施路径来看，虽然"知识讲解（K）"作为教学起点的应用较为突出，但起点处仍存在"练习（P）""总结（S）"等不同选择；若教学目标在起点处已达成，则可直接过渡到控制表达阶段的教学，否则，在第二个教学步骤中，仍须从 K、P、S 中选择合适的路径；在此基础上，若知识教学还有待深化，则还需通过练习做进一步巩固和提升。知识聚焦阶段的教学以语言形式为主导，是巩固和深化语言图式和结构图式的重要阶段。在控制表达阶段，可组织学生以口头或书面形式进行范文模仿，要求他们在关注表达形式的同时也要重视真实交际意义的输出，为写作知识和技能的迁移创造条件，从而有效固化学生的语言图式、结构图式和内容图式。

∷ 参考文献 ∷

陈　静（2014）来华留学生写作（中级）教材之范文研究，安徽大学硕士学位论文。

陈立平（2000）从阅读与写作的关系看英语写作教学中的范文教学，《解放军外国语学院学报》第 6 期。

陈田顺主编（1999）《对外汉语教学中高级阶段课程规范》，北京：北京语言文化大学出版社。

陈　钰（2012）初中级写作教材中的范文处理研究，载《第十届国际汉语教学研讨会论文选》编辑委员会编《第十届国际汉语教学研讨会论文选》，沈阳：北方联合出版传媒（集团）、万卷出版公司。

崔永华、杨寄洲主编（2002）《汉语课堂教学技巧》，北京：北京语言文化大学出版社。

何立荣（1999）留学生汉语写作教学二题，《扬州大学学报（高教研究版）》

第 3 期。

陆莲莲（2018）《发展汉语中级写作》中的范文教学研究，云南大学硕士学
　　位论文。

罗青松（2002）《对外汉语写作教学研究》，北京：中国社会科学出版社。

王凤兰（2004）汉语写作教学刍议，《齐齐哈尔大学学报（哲学社会科学
　　版）》第 5 期。

徐　浩、高彩凤（2007）英语专业低年级读写结合教学模式的实验研究，
　　《现代外语》第 2 期。

徐子亮、吴仁甫（2013）《实用对外汉语教学法》（第 3 版），北京：北京大
　　学出版社。

杨惠元（2007）《课堂教学理论与实践》，北京：北京语言大学出版社。

杨惠元（2019）《汉语技能教学法》，北京：北京语言大学出版社。

翟　艳、苏英霞（2010）《汉语作为第二语言技能教学》，北京：北京大学出
　　版社。

张宝林（2009）"汉语写作入门"教学模式刍议，《语言教学与研究》第 3 期。

赵金铭主编（2004）《对外汉语教学概论》，北京：商务印书馆。

赵金铭主编（2006）《汉语可以这样教——语言技能篇》，北京：商务印书馆。

郑艳群（2000）浅谈"虚拟词语空间"——多媒体汉语词典的发展设想，载
　　《第六届国际汉语教学讨论会论文选》编辑委员会编《第六届国际汉语
　　教学讨论会论文选》，北京：北京大学出版社。

郑艳群（2017）汉语教育技术研究的新进展与新认识，《国际汉语教学研究》
　　第 4 期。

周小兵主编（2009）《对外汉语教学导论》，北京：商务印书馆。

祝秉耀（1984）浅谈写作课教学，《语言教学与研究》第 1 期。

祝秉耀、傅亿芳（1996）《汉语写作教学导论》，北京：中国环境科学出版社。

邹昭华（2009）《CSL 写作教学研究》，南京：南京师范大学出版社。

Jackson, J. M. (2009) Reading/writing connection. In R. F. Flippo & D. C. Caverly (Eds.), *Handbook of College Reading and Study Strategy Research* (2nd Edition). New York & London: Routledge.

Krashen, S. (1982) *Principles and Practice in Second Language Acquisition.* Oxford: Pergamon Press.

Kucer, S. B. (1987) The cognitive base of reading and writing. In J. R. Squire (Ed.), *The Dynamics of Language Learning: Research in Reading and English.* Urbana, Illinois: ERIC Clearinghouse on Reading and Communication Skills.

Watson, C. B. (1982) The use and abuse of models in the ESL writing class. *TESOL Quarterly,* 16(1): 5-14.

第六章　汉语综合课教学结构和过程建模研究

综合课（曾称"讲授课、讲练课、精读课"）在对外汉语教学界一直具有不可替代的地位，其设课时间长，且受重视程度高。早在 1965 年，北京语言学院、华东师范大学等院校就对来华越南留学生开设了综合课与讲练课。在论及综合课的性质时，大多数学者认同综合课是一门集语言知识和必要的语言文化背景知识、语言技能以及交际技能教学为一体的课型（王钟华主编，1999；张辉、杨楠，2006；姜丽萍等，2014），这与第二语言教学的基本目标，即培养学习者运用目的语进行听、说、读、写的能力是契合的。

自从《高等学校外国留学生汉语言专业教学大纲（长期进修）》将初等、中等、高等汉语综合课纳入汉语言专业的课程设置体系以来，综合课一直承担着综合传授语言知识及训练语言技能的教学任务。目前国内大学多采用以综合课为核心，以专项技能课、专门目标课和语言要素课为辅助的课程体系（崔永华，2008）。这样做可能存在的问题是，综合课任务太重、综合课与专项技能课配合成问题、教学效率不高等（宗世海，2016）。从学者们对综合课教学目标和内容的认识来看，对不同阶段的综合课在训练侧重点上有何差异、语言知识与技能孰轻孰重等问题，还未完全厘清，存在分歧。

正因为如此，学界对综合课的讨论与研究从未间断，成果日益丰富。从课型设置的必要性（吕必松，1985）到教学方法的探讨（王德佩，1989），再到课堂教学结构的分析（崔永华，1992），反映出学界对这一问题的认识从宏观到微观逐步深入的过程。

第一节　汉语综合课教学理论模型推导 *

学界对综合课的教学内容、教学方法早有关注，现有论述对综合课教学的主要环节、基本步骤以及各阶段使用的方法多有涉及（崔永华，1992；杨惠元，2019）。但是已有认知还存在如下问题：首先，并非是在同一个系统框架下对结构和过程所做的描写，表现在对相同性质教学构件的描写或粗或细，构件所在层级也不尽相同。其次，各教学构件有时名称不同，但所指相同；有时名称相同，但所指不同。

针对上述问题，本研究运用内容分析和信息处理的方法，系统梳理汉语教学文献中关于综合课教学结构和过程的思辨性或经验性认知，推导基础汉语综合课的结构和过程模型。已有研究中共有 13 份文献在论述中涉及汉语综合课教学的结构和过程问题，分别是：崔永华（1992），王钟华主编（1999），周健等（2004），张辉、杨楠（2006），崔永华（2007），翟艳、苏英霞（2010），李泉主编（2011），姜丽萍等（2014），国际汉语课堂教学研究课题组[②]（2016），刘巍等（2017），赵菁（2018），姜丽萍、吴倩（2018），杨惠元（2019）[③]。

---

* 本节内容曾以《基础汉语综合课教学结构和过程理论模型研究》为题发表于《汉语学习》2020 年第 1 期，作者为郑艳群、朱世芳。

② 以下简称"课题组"。

③ 有的学者将综合课教学按学生水平、教学内容分为不同阶段，本研究选取基础汉语阶段的相关论述进行讨论。虽然文献中大部分观点没有说明教学等级，但从其具体论述或举例来看，可认定是否为针对基础汉语阶段的。

立足已有文献中的认知，本研究进一步开展了理论建模。主要研究步骤包括：首先，穷尽式地搜索截至 2019 年底论及综合课教学结构和过程的文献，建立"汉语综合课教学·文献样本数据库"。其次，在"宏观层—中观层—微观层"的整体架构下，从概念出发，在文献中提取综合课教学构件、结构和过程信息[①]，对概念相同的构件给予统一命名，对构件、结构和过程进行统一赋码和形式化表达[②]，建立"汉语综合课教学·文献研究数据库"。再次，确立构件系统，在此基础上完成对汉语综合课教学系统理论模型的推导。最后，计算倾向性结果[③]，对模型特征进行分析。本研究的结果可以进一步为综合课教学理论研究奠定基础，也可作为应用模型研究的参照，并为综合课教学设计、教学管理、教学测评和教学优化提供参考，还可为汉语综合课慕课或微课教学单元设计提供依据。

一、顶层模型推导及特征分析

专家学者关于汉语综合课教学结构和过程的表述或粗或细，通过对文献样本的分析可以发现，汉语综合课教学是一个有层次的系统，可以从宏观顶层出发，逐层进行描写并推导模型。

---

① 文献中出现了 13 种关于构件和结构的观点、23 种关于过程的观点。本研究有关支持率的计算公式为：支持率＝支持观点数 ÷ 观点总数。

② 本研究用罗马字母对顶层基本环节进行赋码；用英文字母对基本环节下中观层的构件进行赋码，构件代码取自相关名称（或术语）英文表达中有区别性特征或能起到区分作用的大写字母；用字母连写表示对应的结构类型（如 OR 结构，表示由 O 和 R 形成的结构）；用方括号、字母及短横线表示对应的过程类型（如 [O-R]，表示由 OR 结构形成的过程，且构件 O 在前，构件 R 在后）。此外，本研究关于过程的表达中，构件代码连写表示对应的构件在过程中是相互交融的，难以分割（如 [TG]，表示讲练课文和讲练语法融合进行，难以清晰地区分开来；T、G 为必有构件，但顺序不定）。

③ 倾向性结果通过支持率来体现。

（一）顶层模型推导

经过提取、汇总和对术语进行归一化处理[①]，我们从"汉语综合课教学·文献研究数据库"中提取出"新课前（Ⅰ）""新课教学（Ⅱ）"和"新课后（Ⅲ）"共三个顶层基本环节，我们将其视为顶层结构。根据各基本环节在教学中的实施及体现出的教学功能，"新课前（Ⅰ）"指学习新课的预备阶段，旨在吸引学生注意，为正式授课做铺垫；"新课教学（Ⅱ）"指教授新材料的阶段，旨在帮助学生掌握没接触过的生词、语法、课文等内容；"新课后（Ⅲ）"指新课学习完成后的阶段，以巩固和进一步提升为目的。基于上述基本环节，通过对基本环节结构和过程概念认知的分析和计算，可以完成综合课教学顶层模型的推导（见图 6-1）。

基本环节	支持率（%）	结构类型	支持率（%）	过程类型	支持率（%）
新课前（Ⅰ）	30.77	Ⅰ Ⅱ Ⅲ	100	Ⅰ-Ⅱ-Ⅲ	100
新课教学（Ⅱ）	69.23				
新课后（Ⅲ）	15.38				

图 6-1 "综合课教学顶层结构和过程"理论模型示意图

（二）顶层模型特征分析

由图 6-1 可以看出，综合课教学顶层模型具有如下特征：（1）按支持率由高到低排列的结果为："新课教学（Ⅱ）" > "新课前（Ⅰ）" > "新课后（Ⅲ）"。其中"新课教学（Ⅱ）"是教学研究的焦点。另外，"新课前（Ⅰ）"环节也受到了较高程度的关注，这或许可以从建构主义学习理论的角度来分析，即学习新知不是简单的刺激反应或者机械积累，而是需要利用已有图式构建新的认知图式。（2）由三大基本环节形成的 Ⅰ Ⅱ Ⅲ 结构和 [Ⅰ-Ⅱ-Ⅲ] 过程，既有教学准备阶段，也有教学实施和教学巩固阶段，且在时间轴上

---

① 专家学者对构件的表述不完全一致，为方便讨论，我们对名称不同而内涵相同的构件进行了归一化处理。

按照相对固定的顺序展开，体现出专家学者在宏观层面对综合课教学已形成相对统一的认识。

二、中观层构件系统的确立及特征分析

以顶层模型为基础，采用自上而下的策略，根据已有认知中关于顶层三大环节下中观层教学构件的具体表述，通过提取、汇总和对术语的归一化处理，可确立综合课教学中观层构件的理论模型（见图6-2）。由于针对汉语综合课教学构件的已有认知未论及微观层，故关于综合课教学的理论模型也不涉及微观层。可以看出，中观层共有9个教学构件，分别为："组织教学（O）""复习旧课（R）""导入（I）""讲练生词（V）""讲练语法（G）""讲练课文（T）""综合练习（P）""总结（S）"和"布置作业（H）"。

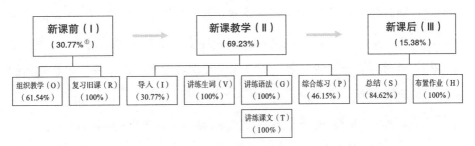

图6-2　"综合课教学顶层和中观层构件系统"理论模型示意图

（一）"新课前（I）"环节下的中观层构件及特征

由图6-2可知，"新课前（I）"可提取出"组织教学（O）"和"复习旧课（R）"共2个中观层构件。其中，"组织教学（O）"指点名、问候等安排教学的活动，以集中学生注意力，使之迅速进入学习状态；"复习旧课（R）"指通过听写、问答等方式检查学生对已学知识的掌握情况，帮助学生巩固所学，同时也为学习新课做铺垫。其特点是：（1）R为共有认知（支持率为100%），这或许是因为复习能够刺激学习者提取头脑中已有信息并强化记

① 图中数字为支持率。

忆，所以被视为学习过程中的重要构件。（2）O 的支持率超过 50%，对该构件功能的认识或许可以从教学目的方面分析。张辉、杨楠（2006）指出，组织教学阶段可以"检查学生出勤情况，安定课堂秩序，稳定学生情绪，使之迅速进入学习状态"。

（二）"新课教学（Ⅱ）"环节下的中观层构件及特征

由图 6-2 可知，"新课教学（Ⅱ）"可提取出"导入（Ⅰ）""讲练生词（V）""讲练语法（G）""讲练课文（T）"和"综合练习（P）"共 5 个中观层构件。其中，"导入（Ⅰ）"指通过语言、多媒体、动作等方式引出与新课相关的内容，使学生激活相关信息，自然地进入新知接收状态。"讲练生词（V）"指对生词进行展示、讲解、练习等，以扩大学生词汇量，为交际运用做准备。"讲练语法（G）"指对语法进行导入、说明、练习、总结等，以帮助学生掌握其使用条件并在交际中正确运用。"讲练课文（T）"指对课文进行讲解、综合操练等，以提供语言使用的环境，培养学生的语感。"综合练习（P）"指通过情景对话、辩论等方式检验学习效果，以培养学生运用目的语进行交际的能力。

"新课教学（Ⅱ）"中观层构件的特点是：（1）按支持率由高到低排列为：V、G、T 最高（均为 100%），P 次之（46.15%），Ⅰ 最低（30.77%）。（2）V、G、T 为共有认知，表明在理论研究中，生词、语法、课文是综合课教学重要且不可或缺的教学内容。（3）P 也颇受重视，其作用或许可以从认知学习理论的角度来解释，即学生习得知识和技能以后，需要进一步通过不同形式的练习促进知识的保持和巩固。（4）"导入（Ⅰ）"曾被个别专家提及（崔永华，2007），近年被重新提出（翟艳、苏英霞，2010；李泉主编，2011；刘巍等，2017），说明导入的功能已受到重视。李泉主编（2011）指出："在传授新知识之前，往往要有一个导入过程，以使学习者激活已有的相关信息，并对新信息产生期待，使之乐于接受新信息。"可见，其功能特点决定了它在教学中运用的必要性。

（三）"新课后（Ⅲ）"环节下的中观层构件及特征

由图 6-2 可知，"新课后（Ⅲ）"可提取出"总结（S）"和"布置作业（H）"共 2 个中观层构件。其中，"总结（S）"指对所学新知进行归纳、评价等，以突出学习重点，使之系统化，加深学生印象。"布置作业（H）"指让学生完成课后练习、综合任务等，以巩固课上所学内容、补充技能训练，同时为新课做准备。"新课后（Ⅲ）"中观层构件支持率的统计结果显示：（1）H 为学界的共有认知，体现了专家学者对综合课教学事件[①]连续性和系统性的重视。（2）S 的支持率也很高（84.62%）。对此，学者们从教学目的的角度阐述了该构件的功能，如王钟华主编（1999）指出，小结阶段可以"突出、强调课堂学习的重点，加深学生的印象"。

三、中观层结构和过程模型推导及特征分析

以汉语综合课教学中观层构件系统为基础，通过对中观层结构和过程文献认知的分析和计算，不仅可以推导出中观层的结构和过程模型，还可以进一步考察顶层三大环节之间在中观层特有的关联关系。由于针对汉语综合课教学结构和过程的已有认知未论及微观层，故关于综合课教学的理论模型也不涉及微观层。

（一）顶层三大环节内部中观层理论模型推导

梳理汉语综合课教学顶层三大环节内部中观层构件的组合以及由此产生的排列结果，可以推导出三大环节各自内部中观层的结构和过程模型（见图 6-3）。而从结构和过程类型的特点、解析过程所得的特点（包括教学事件的取值范围、特定构件出现的位置、构件之间的关联关系等）对各环节内部中观层模型做特征分析，将有助于对综合课教学中的规律和制约关系做出更

---

①　本研究所说的教学事件是指在教学过程中可切分的有区别性特征的类型化教学活动单位。从形式上看，教学事件既可以由单一构件实现，也可以由融合在一起进行教学的构件的组合实现。

深入细致的模型描写，从而把握教学子系统的运行规律。

顶层–基本环节	中观层–构件	中观层–结构		中观层–过程	
		类型	支持率（%）	类型	支持率（%）
新课前（I）	组织教学（O）	OR	61.54	O-R	65.22
	复习旧课（R）	R	38.46	R	34.78
新课教学（II）	导入（I）	VGT	38.46	V-G-T	21.74
				V-T-G	17.39
	讲练生词（V）	VGTP	30.77	V-G-T-P	17.39
				V-TG- P	8.70
	讲练语法（G）			V-TG- P	8.70
		IVGT	15.38	I-V-G-T	4.35
	讲练课文（T）			I-V-T-G	4.35
				I-V-TG	4.35
	综合练习（R）	IVGTP	15.38	I-V-G-T-P	8.70
				I-V-TG- P	4.35
新课后（III）	总结（S）	SH	84.62	S-H	82.61
	布置作业（H）	H	15.38	H	17.39

图 6-3 "综合课教学顶层三大环节内部中观层结构和过程"理论模型示意图 [①]

1. "新课前（I）"环节下的中观层结构和过程

由图 6-3 可知，"新课前（I）"是教学的起始阶段。结构和过程类型的相关数据表明：本环节提取出 R 和 OR 共 2 种结构类型及由此产生的 2 种过程类型。另外，OR 结构支持率相对较高（61.54%），该结构体现的是应全面完整地看待影响教学效果的各方面因素。

教学事件取值范围的统计结果显示：本环节至少经历 1 个教学事件，即 R；最多经历 2 个教学事件，即"组织教学（O）"和"复习旧课（R）"联合使用。这可能与综合课教学从理论上重视课堂组织和温故知新有关。构件出现位置的考察结果显示，已有认知对过程的态度是一致的，表现在：若出现 O，则必在 R 之前，即"组织教学→复习旧课"。

---

① 构件之间有连线表示有文献支持该路径选择，下同。图中支持率按由高到低的顺序排列。

2."新课教学（Ⅱ）"环节下的中观层结构和过程

由图 6-3 可知，"新课教学（Ⅱ）"是综合课教学的核心组成部分，其内部的结构和过程类型均呈现出多样化特征；从支持率和共现特征来看，也表现出某些共性特征。

结构和过程类型的相关数据表明：（1）本环节提取出 VGT、IVGT、VGTP 和 IVGTP 共 4 种结构类型以及由此产生的 10 种过程类型。（2）从结构类型与过程类型的对应关系上看，每种结构类型都可产生多种过程类型。（3）从支持率来看，VGT 结构及与之对应的 [V-G-T] 过程相对较高（分别为 38.46% 和 21.74%）。这说明构件 V、G、T 的重要性受到重视，且对"讲练生词→讲练语法→讲练课文"这一过程的认知是相对一致的，因为它体现了由点到面的教学顺序，符合学生认知加工的规律。学者对此已有论述，如朱其智（2001）提出，可以从词汇、语法点出发，不仅掌握它们在句子内的句法功能，而且把握它们在段落乃至整篇课文中的语篇衔接功能，从而使得词语和语法点的教学语篇化。此外，[V-T-G] 过程和由 VGTP 结构形成的 [V-G-T-P] 过程也得到了较多文献数据的支持（支持率均为 17.39%）。以前者为例，该过程指的是先讲授生词，再讲解课文，最后分析语法。该序列仍然将"讲练生词（V）"置于过程之始，或许想强调应先扫清学生的阅读理解障碍。与 [V-G-T] 不同的是，[V-T-G] 过程将 G 置于 T 之后，意在先让学生从整体意义上理解课文，再深入分析课文中的具体语法结构，这反映出对课文整体性的考虑和重视。正如张辉、杨楠（2006）所说，这是一个由内容到形式的有意义的学习过程，是一种适合成人学生的学习方式。可见，教学对象可能是教学过程的影响因素。（4）VGT 结构和 [V-G-T] 过程在现有教学认知中有较高的支持率，且形态最简，能产性最高，可看作原型结构和原型过程，而其他结构和过程均可在原型基础上添加不同构件形成，至于各类变体结构和过程的影响参数和适用条件，仍有待深入探讨。

教学事件取值范围的统计结果显示：本环节下的教学事件相对丰富，至少经历 3 个教学事件，即 [V-G-T]；最多经历 5 个教学事件，即 [I-V-G-T-P]。值得注意的是，出现了 T 与 G 构件紧密交织的融合型结构类型，它强调讲练课文与讲练语法穿插进行。这可能是既想考虑课文的整体性，又要照顾学习者的认知理解。刘巍等（2017）指出："有时一些语法点对上下文语境的依赖性比较强，单独讲解不便于学生理解，因此也可放在课文讲练中进行。"由此可推论，教学内容可能是形成和产生变体结构和过程的一个影响参数。

构件出现位置的考察结果显示：（1）"讲练生词（V）"作为该环节起点的支持率最高（73.91%），这可以从结构主义的角度进行分析。因为语言是一个关系系统，由语音、词汇、语法等要素构成。在句法层面，学习者较先接触到的是生词，这些生词按照一定的规则（也就是语法）进行排列组合，形成句子。因此，无论是从出现顺序还是从认知难度上来看，"讲练生词（V）"位于"新课教学（Ⅱ）"之始都有其理据。（2）本环节的终点倾向于落在"综合练习（P）"上，这里指的是新内容学完之后进行的综合练习。课题组（2016）对综合练习的解释是："让学生在设定的语境中，综合运用本课学习的语言知识和技能，通过小组活动的方式，完成特定的交际任务。"从这一认识来看，综合练习是一种测量学习者行为表现的教学事件，应在预期的学习已经发生的基础上进行。

构件关联关系的考察结果显示：（1）V 与 G 共现、G 与 T 共现的情形较多，且相互间前后位置固定（支持率均达到 52.17%），即讲练生词后讲练语法、讲练语法后讲练课文是得到专家学者支持的教学操作。（2）先讲练生词再讲练语法体现了层层递进的教学思路。语法与课文联系紧密可能是因为语法作为语言的结构方式能够将单个的生词组成成段的篇章，帮助学生完成复杂的语言架构任务，因此在教学中承担了一定的支架作用，体现出互动调节、循序渐进的教学理念。

3."新课后（Ⅲ）"环节下的中观层结构和过程

由图 6-3 可知，新课后（Ⅲ）是课堂教学的收尾阶段。结构和过程类型的相关数据表明：本环节提取出 H 和 SH 共 2 种结构类型及由此产生的 2 种过程类型。根据支持率统计结果，SH 结构的支持率最高（84.62%），该结构启发我们应整体地而非孤立地看待教学。

教学事件取值范围的统计结果显示：本环节至少经历 1 个教学事件，即布置作业，这说明在本环节，布置作业是必要的教学活动；最多经历 2 个教学事件，即"总结（S）"和"布置作业（H）"联合使用，这或许是因为综合课教学重视知识的系统总结和持续巩固。构件出现位置的考察结果显示，学界对过程的认知是有共识的，表现在：若出现 S，则必在 H 之前，即依照"总结→布置作业"的路径。这说明布置作业前未必进行总结，但进行总结后必定要布置作业。

（二）顶层三大环节之间中观层关联特征分析

聚焦并梳理汉语综合课教学顶层三大环节之间中观层构件的共现关系和发生序列，不仅可以推导出顶层三大环节之间中观层的结构和过程模型（见图 6-4），还可以进一步考察三大环节之间结构和过程类型的映射关系，并从接口位置教学事件的特点出发对模型进行分析，了解其教学作用，透视中观层环节间结构和过程的制约关系。结构或结构的组合在时间轴上的顺序呈现形成过程，从过程类型中可以清楚地看出结构类型，限于篇幅，故不再对结构类型单独论述。

1. 关联特征分析：从"新课前（Ⅰ）"到"新课教学（Ⅱ）"

过程类型的关联数据表明：（1）从Ⅰ到Ⅱ，起点 [O-R] 下的路径支持率更高也更多样，表明以 [O-R] 为教学起点灵活性更强且更常被作为一个整体来论述和研究。也就是说，[O-R] 之后有多种选择，组织教学与复习旧课联合，共同承担教学任务，为即将开启的"新课教学（Ⅱ）"打好基础。（2）[V-G-T] 作为由Ⅰ到Ⅱ教学终点的支持率相对较高，表明在"新课前（Ⅰ）"环节结束后常直接进入生词、语法和课文的学习。这是学生未接触过的新材料，因此这些内容的教学也格外受到重视。（3）[R] 与 [V-G-T] 过程、[O-R]

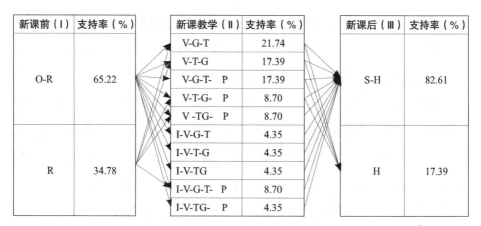

图6-4　"综合课教学顶层三大环节之间中观层过程"理论模型示意图 [①]

与 [V-G-T-P] 过程的共现关系较为突出，体现出复习旧课与讲练生词之间存在一定的关联关系。进一步分析，可以认为复习旧课的目的是巩固所学，为新课做铺垫；而生词作为教学内容，具有单位小、数量多、语义丰富等特点，在作为刺激回忆的材料时选择余地更大，因此在教学理论中给出了丰富的选项。

接口位置教学事件的考察结果显示：（1）"复习旧课（R）"作为新课前环节唯一的后端接口事件，表明已有认知重视复习对新课教学环节的触发效应，也体现出以旧带新的教学理念。（2）"讲练生词（V）"用作新课教学环节的前端接口事件支持率较高（73.91%），一般从生词入手，使教学从新课前环节的复习过渡到新课学习。

2. 关联特征分析：从"新课教学（Ⅱ）"到"新课后（Ⅲ）"

过程类型的关联数据表明：（1）[V-G-T] 作为教学起点的支持率最高。也就是说，课文既是"新课教学（Ⅱ）"的落脚点，同时也是通向"新课后（Ⅲ）"的起点。这或许是因为课文具有把各语言结构、语言功能融合在一

---

① 构件之间有连线表示有文献支持该路径选择，箭头的方向表示教学进程的发展方向，下同。图中支持率按由高到低的顺序排列。

起的特性。正如杨惠元（2019）所说："课文在语言教学中具有丰富多彩的包容性和教学目标的多元性。"因此，构件 T 能够很好地起到承前启后的作用。（2）[S-H] 作为由Ⅱ到Ⅲ教学终点的支持率最高（82.61%），可以视为"新课教学（Ⅱ）"到"新课后（Ⅲ）"的高频路径。也就是说，在"新课教学（Ⅱ）"结束后应进行总结。（3）[V-G-T] 与 [S-H] 过程共现关系较突出。从教学目的角度来分析，可以认为它反映了学生所学知识从接触理解到系统加工再到练习巩固的认知过程。

接口位置教学事件的考察结果显示：（1）"综合练习（P）"用作新课教学环节后端接口事件的支持率较高（47.83%）。（2）"总结（S）"用作新课后环节前端接口事件的支持率较高（82.61%），表明在已有认知中，S 是承接两个教学环节的节点。一方面，在完成新课教学环节的知识学习与技能训练之后，教师还需进行总结；另一方面，教师在总结中会给出帮助学生顺利完成课后作业的提示。

第二节　汉语综合课教学应用模型构建

本研究对"汉语综合课教学·实录研究数据库"进行考察并开展实证研究，通过对汉语综合课教学课堂实录[①]的观察与分析，逐层对综合课教学进行应用模型构建，目的是发现其中隐藏的教学特征和教学规律。具体实施方案如下：首先，选定综合课教学规范化教学实录样本，建立"汉语综合课教学·实录样本数据库"，并对数据库中的样本进行转写。其次，在"宏观

---

① 本研究中的教学实录主要来自北京语言大学出版社出版的《汉语课堂教学示范》（2007年）实录和世界汉语教学学会网站上的示范课，均为初、中级阶段独立开设的综合课，共 24 份样本。这类教学实录通常是由一线教师或教师团队精心设计后付诸实施的，且经过了领域内教学专家或教学研究专家的评选、认证，具有可模仿性和可推广性等特点，值得深入学习和研究。

层—中观层—微观层"的整体架构下，从概念出发，在教学实录中辨识综合课教学构件、结构和过程信息，对各构件类型依据理论模型中的名称进行命名，若构件为新出现则另外确定统一的名称术语并给出定义；按构件类型、结构类型和过程类型进行统一赋码和形式化表达，建立"汉语综合课教学·实录研究数据库"。再次，确立构件系统，在此基础上完成对汉语综合课教学系统应用模型的建构。最后，计算倾向性结果[①]，对模型特征进行分析。本研究可以为综合课教学实践提供依据，促进综合课教学研究，并为综合课教学慕课或微课教学单元设计提供参考。

一、顶层教学环节的建立、结构和过程模型构建及特征分析

通过对教学实录样本的分析可以发现，汉语综合课教学是一个有层次的系统，可以从宏观顶层出发逐层进行描写并构建模型，这是一个自上而下的工作过程；而在每个层面内，又可以通过对构件的辨识和计算，自下而上地完成结构和过程模型的构建，从而揭示来自教学实践的汉语综合课教学结构和过程的规律。

（一）顶层教学环节的建立及结构和过程模型构建

从概念出发，在"汉语综合课教学·实录研究数据库"中经过辨识、归类汇总，以及与理论模型中的名称（术语）一一对应并进行必要的名称（术语）补充，我们共提取出"新课前（Ⅰ）""新课教学（Ⅱ）"和"新课后（Ⅲ）""三个基本教学环节。在此基础上，进一步根据结构和过程的使用信息，完成了顶层模型的构建（见图6-5）。

---

① 相关结果通过使用率来体现。本研究有关使用率的计算公式为：使用率 = 实际应用的样本数 ÷ 样本总数。

基本环节	使用率（%）		结构类型	使用率（%）	过程类型	使用率（%）
新课前（Ⅰ）	70.83		Ⅱ Ⅲ	29.17	Ⅱ-Ⅲ	29.17
新课教学（Ⅱ）	100		Ⅰ Ⅱ Ⅲ	70.83	Ⅰ-Ⅱ-Ⅲ	70.83
新课后（Ⅲ）	100					

图 6-5 "综合课教学顶层结构和过程"应用模型示意图

（二）顶层模型特征分析

由图 6-5 可知，综合课教学顶层应用模型具有如下特征：（1）基本环节共有 3 个，相比之下，"新课前（Ⅰ）"的使用率略低，但仍超过 50%，显示出教学中对学习新知前预备工作的重视，但基于教学时长或新旧内容之间联系紧密度等因素的考量，该环节的应用情形较另外两个环节略少。整体来看，在综合课教学中，"新课前（Ⅰ）"是课堂教学的起点，如何让学生消除对新知的陌生感、快速进入学习新知的状态是该环节需要解决的主要问题。"新课教学（Ⅱ）"是综合课课堂教学的中间环节。通过新课学习，"学生可以了解新知的基本意义、形式、用法，可以通过训练实现对新知的简单交际运用"（刘巍等，2017）。"新课后（Ⅲ）"是课堂教学的后续和延伸。如何让学生对所学知识形成系统的认识并在课后进一步掌握，是该环节需要考虑的问题。（2）上述基本环节形成了 Ⅱ Ⅲ 和 Ⅰ Ⅱ Ⅲ 共 2 种结构类型及与之对应的 2 种过程类型。（3）顶层模型中基本结构和基本过程一致。Ⅰ Ⅱ Ⅲ 结构和 [Ⅰ-Ⅱ-Ⅲ] 过程占绝对优势，使用率均为 70.83%，体现出综合课教学对三大基本环节全面、系统的践行。从时间序列上来看，教学始于预备阶段，成于中间阶段，终于后续阶段，这不仅符合学生的认知规律，也符合教学的操作逻辑，已在实践中得到了教师的认可和贯彻。考察还发现，由于Ⅲ包含的教学事件均围绕对新知的巩固而展开，因此很难脱离新知而单独存在；而Ⅰ的内容与旧知常存在一定的联系，新知旧知之间的联系强度对教学实践中该环节的取舍会产生一定的影响。

二、中观层构件系统的建立及特征分析

以顶层三大环节为基础，自上而下地进行分析，可以构建出中观层模型，而构件系统的建立是中观层模型构建的前提。从概念出发，对实录研究数据库中顶层三大环节内部的构件进行辨识、名称汇总，并与理论模型中的名称（术语）一一对应或进行必要的名称（术语）补充，计算其使用率，可以完成中观层构件系统的构建（见图6-6）。

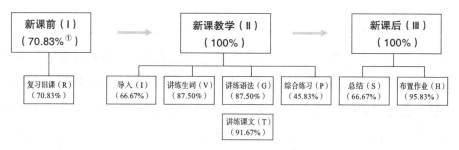

图6-6 "综合课教学顶层和中观层构件系统"应用模型示意图

（一）"新课前（I）"环节下的中观层构件及特征

由图6-6可知，从"新课前（I）"环节辨识出了1个构件[2]，为"复习旧课（R）"。构件使用率的实证数据显示，"复习旧课（R）"的使用率高于50%，体现出教学实践中对复习的重视，也反映出教学一线对"温故知新"这一教学理念的践行。

（二）"新课教学（II）"环节下的中观层构件及特征

由图6-6可知，从"新课教学（II）"环节共辨识出了5个构件，即"导入（I）""讲练生词（V）""讲练语法（G）""讲练课文（T）"和"综合练习（P）"。构件使用率的实证数据显示：（1）构件T是本环节乃至整个综合课教学的核心，使用率为91.67%。这体现出教师对包含生词、语法以及篇章

---

① 图中数字为使用率。

② 在开始上课时，教师常会进行点名、问候等安排教学的活动，此类活动在形式上与教学相关，但在内容上与新知的直接关联并不明显，因此不在本研究讨论之列。

等教学要点的课文的重视，也是综合课课型特点的反映。（2）构件 V、G 使用率相对较高（87.50%），显示出生词、语法等教学内容在实践中的重要地位得到了认可。（3）构件 I 在教学中也得到了广泛应用，使用率为 66.67%。考察发现，教师常通过导入引起学生注意，帮助他们为接收并加工新信息做好准备。从信息加工的角度分析，导入作为一种刺激手段，可以帮助学生顺利开始信息加工过程。

（三）"新课后（Ⅲ）"环节下的中观层构件及特征

由图 6-6 可知，从"新课后（Ⅲ）"环节共辨识出了 2 个构件，即"总结（S）"和"布置作业（H）"。构件使用率的实证数据显示，样本中无共有构件，显示教学实践中并无定式；相比之下，"布置作业（H）"的使用率最高（95.83%）。考察发现，在所有教学内容和教学事件完成以后，教师倾向于将构件 H 作为课堂教学结束的标志，即利用布置作业提醒学生巩固本课所学内容并为下堂课做好准备，教学的延续性由此得到了体现。

三、中观层结构和过程模型构建及特征分析

对教学实录样本的数据分析显示，综合课教学是一个包含顶层、中观层的多层次系统。深入考察中观层的结构和过程类型，可以描写综合课的教学机制。下面，我们以该构件系统为基础，首先构建顶层三大环节内部中观层的结构和过程应用模型，然后构建顶层三大环节之间中观层的结构和过程应用模型。

（一）顶层三大环节内部中观层应用模型构建

以中观层构件系统为基础，通过在实录研究数据库中辨识、汇总和计算汉语综合课教学顶层三大环节内部中观层结构和过程的使用信息，可以构建出三大环节各自内部中观层结构和过程的模型（见图 6-7）。自下而上地对模型特征进行进一步的解析，可以揭示教学实践中有关的结构和过程及其应用规律，包括结构和过程的类型及使用条件、构件所代表的教学事件的取值范

围、特定位置出现的高使用率构件、构件之间的关联关系等。

顶层－基本环节	中观层－构件	中观层－结构		中观层－过程	
		类型	使用率（%）	类型	使用率（%）
新课前（I）	复习旧课（R）	R	70.83	R	70.83
		/	29.17	/	29.17
新课教学（II）	导入（I）	IG	8.83	I-G	8.33
		GT	4.17	G-T	4.17
		IVT	8.33	I-V-T	8.33
	讲练生词（V）	VTP	4.17	V-T- P	4.17
		VGT	12.50	V-G-T	4.17
				V-T-G	4.17
				V-T-G-T-G	4.17
	讲练语法（G）	IVGT	20.83	I-V-T-G	8.33
				I-V-G-T	4.17
				I-V-TG	4.17
				I-VTG	4.17
	讲练课文（T）	VGTP	12.50	V-G-T- P	4.17
				V-G-T-H-P	4.17
				V-R-TG- P	4.17
	综合练习（R）	IVGTP	29.17	I-V-G-T- P	20.83
				I-V-T-G-T-P	4.17
				I-G-V-T- P	4.17
新课教学（III）	总结（S）	SH	62.50	S-H	62.50
		H	33.33	H	33.33
	布置作业（H）	S	4.17	S	4.17

图 6-7 "综合课教学顶层三大环节内部中观层结构和过程"应用模型示意图 [①]

1. "新课前（I）"环节下的中观层结构和过程

结构类型和过程类型的实证数据显示：本环节辨识出的 R 结构与 [R] 过程可视为由"复习旧课（R）"这一独立构件形成的类型。对结构和过程使用条件的考察结果显示：教学时长和教学内容可能是决定 R 结构与 [R] 过

---

① 图中"/"指教学样本中未发现该环节的构件、结构和过程，下图同。双下画线表示该构件出现了兼环节的应用情形。图中过程类型按构件排列位置做解析表达，使用率按由高到低排列。

程应用与否的影响因素。通过对教学样本的考察发现，当教学时长有限时，为了突出新知的教学，部分教学事件会被精简处理；从教学内容方面考虑，短文阶段的综合课课文更复杂，话题更多样，教师倾向于直接通过话题导入进入新课，此时应用 R 的情形不突出。

2."新课教学（Ⅱ）"环节下的中观层结构和过程

结构类型和过程类型的实证数据显示：（1）本环节共辨识出 8 种结构类型和 17 种过程类型。从结构和过程类型的对应关系来看，VGT、IVGT、VGTP 和 IVGTP 结构能产性相对较高，体现出教学实践中 I、V、G、T、P 这 5 个构件在形成结构和过程时排列的灵活性。（2）在上述结构类型和过程类型中，GT 结构可衍生出 VGT 等 4 种其他结构类型，[G-T] 过程可衍生出 [V-G-T] 等 13 种其他过程类型，因而 GT 结构和 [G-T] 过程构成最简，能产性最高，可看作原型结构和原型过程，由此衍生的其他结构类型和过程类型可看作该原型结构和原型过程的变体形式。（3）从使用率的角度分析，应用 IVGTP 结构及 [I-V-G-T-P] 过程的情形相对突出（使用率分别为 29.17% 和 20.83%），即综合课在教学内容方面，生词、语法、课文联合应用情形较多；在技能训练方面，知识的导入、操练和巩固在教学中得到了兼顾，说明实践中非常重视根据课型特点进行教学。（4）过程类型的使用率相对均衡，表明在教学实践中，该环节内部教学过程不存在固定的序列模式。

对结构和过程使用条件的考察结果显示：教学时长、语言点的复杂程度、教学重点等均是构件选择及排列时的考虑因素。当教学时长有限、语言点复杂度较高时，应用"讲练语法（G）"的情形相对突出，由此形成 IG 结构和 [I-G] 过程，即先导入，再对语法点进行讲练。例如，某教学样本中，教师首先通过课文标题呈现"烤鸭"这个话题，然后引入例句"把烤鸭吃了"，进而对"把"字句进行讲练。此处语法作为教学难点，受重视程度大大提高。当教学重点由语音语法发展到词汇短文时，生词、课文的地位也随之提高，IVT、VTP 结构及对应的过程得到了应用。当教学时长充裕、语言点复杂度适中时，倾向于 V、G、T 构件联合应用。

教学事件取值范围的实证数据显示：本环节是教学事件取值范围最多样的一个环节，教学事件取值区间为 [2，6]。通过对教学样本的考察发现了如下特征：（1）构件 G、T 在同一教学过程中可重复出现。从语法讲练来看，教学过程中构件的复现实际上是教学实践中教师对分散的语法点进行灵活处理的结果。从课文讲练来看，受限于学生短时记忆信息加工的能力，教师会通过拆解的方式对篇幅较长的课文进行处理，目的是降低难度，循序渐进地开展教学。在 [V-T-G-T-G] 过程中，构件 T、G 有规律地重复，有助于学生形成一定的学习习惯，进而在循环往复的教学过程中实现螺旋式提高。（2）"讲练课文的同时串讲语法（TG）""讲练课文的同时串讲生词和语法（VTG）"是 V、T、G 融合进行而形成的教学事件。以 TG 为例，在语法点对课文语境依赖性比较强的时候，为了便于学生理解，教师常采用融合处理的方式，在不影响学生对课文整体理解的情况下适当强调语法重点。

构件出现位置的实证数据显示：构件 I 作为本环节起点的应用情形较为突出，使用率为 66.67%。V、G、T 的灵活排列与融合成为本环节的突出特征。本环节的终点倾向于应用构件 P，使用率为 45.83%。整个教学过程大致呈现出 I→X→P（X∈{V，G，T} 构件集合）的序列。值得注意的是，部分样本的教学过程中出现了兼环节教学构件 R 和 H，即该构件可以出现在不同的基本环节。比如构件 R，既出现在"新课前（I）"环节，也出现在"新课教学（Ⅱ）"环节。通过对教学样本的考察发现，在 [V-R-TG-P] 过程中，教师结束讲练生词后，通过提问的方式对上节课学过的课文进行复习，为讲练新课做准备。此时，复习的对象是课文，复习的作用是为新课做铺垫。可以说，该构件下不同的内容决定了它所出现的环节；又如，在 [V-G-T-H-P] 过程中，教师完成主要教学内容的讲练后，先布置作业，然后通过给班里某个学生过生日的综合活动，集中复习当堂课学习的重点语法"把"字句及其相关内容，目的是让学生在真实交际中实现语言的隐性习得，达到熟练应用，同时打破以布置作业结束这种相对固定的教学过程，给学生一种新鲜且意犹未尽的心理暗示，可以说是教学艺术性的一种体现。综上所述，兼环节教学构件的出现，既可以看作是教学构件内容多样性带来的变体形式，也可以看作是教学实践对教学理论灵活运用的结果。如果能在理论上进一步论证其合理性，也许是未来教学优化的方向。

构件关联关系的实证数据显示：（1）I 与 V 共现情形相对较多且前后位置固定，使用率为 50%。考察发现，教师将生词视为理解课文的首要难点，常将之置于新课教学的起点，因此也被作为导入的后续构件，两者体现出紧密的关联关系。（2）G 与 T 共现的使用率也达到了 50%。考察发现，教师一般会先讲练语法结构，再通过课文实例巩固语言应用成果，这符合由点到面的操作程序，在教学实践中应用广泛。

3. "新课后（Ⅲ）"环节下的中观层结构和过程

结构类型和过程类型的实证数据显示：本环节共辨识出 3 种结构类型和对应的 3 种过程类型。应用 SH 结构及 [S-H] 过程的情形最为突出，使用率为 62.50%，说明教师倾向于在新课教学结束后先总结当课重点，然后布置作业并结束课程。

对结构和过程使用条件的考察结果显示：教学时长是构件选择可能的影响因素。通过对教学样本的考察发现，在主要教学任务完成之后，如果时间有限，教师倾向于仅布置作业，使用率为 33.33%。例如，在课文篇幅较长时，讲练比较费时；再如，综合练习一般需要学生分组配合完成，也需要较多时间，这时就出现了应用单一构件 H 的情况，这可视为受教学条件限制而采取的变通策略。这种策略是否有其内在理据和规律，需要在理论上进行分析；若确实出于时间受限的考虑，亦可采取一些补救措施，比如在配套教学资源中补充总结当课教学要点等，这可能是教学优化的思路。

构件关联关系和出现位置的实证数据显示：S 与 H 共现的情形较多，使用率为 62.50%，且相互间前后位置固定。具体分析后发现：对新知的总结是进一步巩固的基础，常紧随新知教学之后；而作业常安排在课下完成，操作上更宜作为课堂教学的终点。这也体现出教学实践对学生学习过程完整性的重视。

（二）顶层三大环节之间中观层关联特征分析

考察基础汉语综合课教学各环节结构和过程应用模型可以发现，有限的构件类型产生了多样化的结构和过程类型，这是教学有序运转的体现。进一步分析三大环节之间的关联特征，探讨环节接口位置的高使用率构件，有助于发现隐藏在教学现象背后的教学运转规律。通过对顶层三大环节之间中观层结构和过程的关联信息的辨识、汇总和形式化表达，可构建出顶层三大环节之间中观层的结构和过程应用模型（见图6-8）。结构或结构的组合在时间轴上的顺序呈现形成过程，从过程类型中可以清楚地看出结构类型，限于篇幅，故不再对结构类型单独论述。

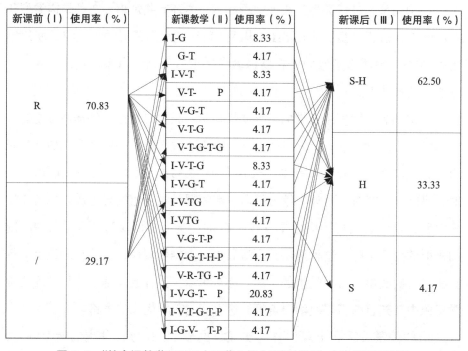

图6-8 "综合课教学顶层三大环节之间中观层过程"应用模型示意图

1. 关联特征分析：从"新课前（Ⅰ）"到"新课教学（Ⅱ）"

接口位置教学事件的实证数据显示：（1）[R] 过程比"/"过程作为环节起点的使用率更高，复习旧课作为接口处唯一的教学事件对"新课教学（Ⅱ）"有更强的影响力。通过对教学样本的考察发现，为了帮助学生在认知上更好地与新课内容建立联系，教师常会使用不同的复习旧课的方式。例如，某教学样本中，教师通过让学生回忆学过的课文，自然地从复习的内容过渡到新课话题。这种以旧带新的做法与建构主义学习理论提倡的利用学生已有图式来构建新的认知图式的认识是一致的。（2）包含"导入（Ⅰ）"的过程类型作为"新课教学（Ⅱ）"环节前端接口事件的使用率占优势（66.67%）。也就是说，导入在联结"新课前（Ⅰ）"与"新课教学（Ⅱ）"中发挥了将学生从旧知引向新知的重要作用。（3）[R] 与 [I-V-G-T-P] 过程共现关系突出。考察发现，复习与导入之间存在紧密联系。教师通过复习旧课自然过渡到与新课相关的内容，再通过导入正式进入新课，目的是刺激学生的回忆，激发其学习新知的热情，为学习新课打下基础。

2. 关联特征分析：从"新课教学（Ⅱ）"到"新课后（Ⅲ）"

接口位置教学事件的实证数据显示：（1）以"综合练习（P）"结尾的过程类型作为"新课教学（Ⅱ）"环节后端接口事件的使用率占优势（45.83%）。通过对教学样本的考察发现，P 在教学中常常以交际运用为目的，教师会让学生完成情景对话、分组讨论、成段表达等复杂的语言任务，学生综合运用当堂课所学的生词、语法、语段来进行相对自由的表达，这既是检验自己的学习成果，也是一种隐性的复习总结，为接下来显性的总结活动做了铺垫。（2）作为"新课后（Ⅲ）"环节的前端接口事件，[S-H] 过程使用率更高（62.50%）。也就是说，"总结（S）"和"布置作业（H）"联合应用情形更多且更常作为整节课的落脚点，从中可以看出教学实践中教师在帮助学生建立系统知识网络并落实到具体应用成果上所做的努力。（3）[I-V-G-T-P]与 [S-H] 过程共现关系突出，即综合练习与总结之间存在紧密联系。通过对教学样本的考察发现，在对本课内容进行拓展和运用的基础上，教师常会通过总结帮助学生加深印象，从中我们可以窥见学生从演绎到归纳的认知过程以及教师在其中所起到的促进作用。

第三节　汉语综合课教学模型对比

通过系统梳理汉语教学文献中关于综合课教学结构和过程的思辨性和经验性教学认知，我们推导出了汉语综合课教学的理论模型（Theoretical Model，以下简称"T模型"）；通过对汉语综合课教学实录样本数据的分析和计算，我们构建出了汉语综合课教学的应用模型（Empirical Model，以下简称"E模型"）。本研究尝试从共性中验证已有理论认知，从差异中揭示来自教学实践的新现象、新规律，为进一步开展综合课教学理论创新及实践反思提供参考。

一、顶层模型对比分析

将综合课教学顶层结构和过程E模型与T模型进行对比，可以得到如下结果（见图6-9）。

基本环节	支持率（%）	使用率（%）		结构类型	支持率（%）	使用率（%）	过程类型	支持率（%）	使用率（%）
新课前（Ⅰ）	30.77	70.83		Ⅱ Ⅲ	0	29.17	Ⅱ-Ⅲ	0	29.17
新课教学（Ⅱ）	69.23	100		Ⅰ Ⅱ Ⅲ	100	70.83	Ⅰ-Ⅱ-Ⅲ	100	70.83
新课后（Ⅲ）	15.38	100							

图6-9 "综合课教学顶层结构和过程"模型对比示意图

由图6-9可以看出，综合课教学结构和过程顶层E模型和T模型有相当多的共性，T模型中的结构类型和过程类型都可以在E模型中找到实例，但是 E 模型中出现了 T 模型未论及的结构和过程。

（一）两个模型的共有特征

T 模型和 E 模型的共性表现在：（1）三个基本环节为 E 模型和 T 模型所共有。（2）I Ⅱ Ⅲ 结构和 [I-Ⅱ-Ⅲ] 过程为 E 模型和 T 模型所共有。可见对教学整体性、系统性的认识不仅在理论中得到了强调，也在实践中得到了证实。理论与实践高度一致，为该教学模型的推广奠定了坚实的基础。

（二）T 模型的特有特征

T 模型中未出现明显的特有特征。

（三）E 模型的特有特征

Ⅱ Ⅲ 结构和 [Ⅱ-Ⅲ] 过程是 E 模型独有的。I 在 T 模型中是必有环节，体现出 T 模型强调新旧知识的关联，而在 E 模型中则成为可选环节。考察结果显示，教学实践更侧重新课内容，这也是规范化教学样本受时间限制的一种选择。后续需要在理论上论证其合理性，以完善对教学的系统性认知。

二、中观层三大环节内部构件、结构类型和过程类型的对比分析

将综合课教学中观层构件系统的 E 模型与 T 模型进行对比，可以得到如下结果（见图 6-10）。

顶层－基本环节	中观层－构件		
	名称及代码	支持率（%）	使用率（%）
新课前（I）	复习旧课（R）	100	70.83
新课教学（Ⅱ）	导入（I）	30.77	66.67
	讲练生词（V）	100	87.50
	讲练语法（G）	100	87.50
	讲练课文（T）	100	91.67
	综合练习（P）	46.15	45.83
新课后（Ⅲ）	总结（S）	84.62	66.67
	布置作业（H）	100	95.83

图 6-10 "综合课教学顶层三大环节内部中观层构件"模型对比示意图

将综合课教学三大环节内部中观层结构和过程的 E 模型与 T 模型进行对比，可以得到如下结果（见图 6-11）。

顶层－基本环节	中观层－结构			中观层－过程		
	类型	支持率（％）	使用率（％）	类型	支持率（％）	使用率（％）
新课前（I）	R	100	70.83	R	100	70.83
	/	0	29.17	/	0	29.17
新课教学（II）	IG	0	8.33	I-G	0	8.33
	GT	0	4.17	G-T	0	4.17
	IVT	0	8.33	I-V-T	0	8.33
	VTP	0	4.17	V-T-P	0	4.17
	VGT	38.46	12.50	V-G-T	21.74	4.17
				V-T-G	17.39	4.17
				V-T-G-T-G	0	4.17
	IVGT	15.38	20.83	I-V-G-T	4.35	8.33
				I-V-G-T	4.35	4.17
				I-V-TG	4.35	4.17
				I-VTG	0	4.17
	VGTP	30.77	12.50	V-G-T-P	17.39	4.17
				V-T-G-P	8.70	0
				V-TG-P	8.70	0
				V-G-T-H-P	0	4.17
				V-R-TG-P	0	4.17
	IVGTP	15.38	29.17	I-V-G-T-P	8.70	20.83
				I-V-T-G-T-P	0	4.17
				I-V-TG-P	4.35	0
				I-G-V-T-P	0	4.17
新课后（III）	SH	84.62	62.50	S-H	82.61	62.50
	H	15.38	33.33	H	17.39	33.33
	S	0	4.17	S	0	4.17

图 6-11 "综合课教学顶层三大环节内部中观层结构和过程"模型对比示意图[①]

① 图中"/"表示在相应模型中无此结构或过程，下同。

（一）"新课前（I）"环节

1. 教学构件对比

由图 6-11 可以看出，在综合课教学中观层构件系统中，E 模型和 T 模型是基本重合的，但在支持率和使用率上仍然存在差异。

"新课前（I）"存在 1 个构件，为"复习旧课（R）"。对比数据显示，理论认知对该构件给予了充分的肯定，但在教学实践中并未完全践行，这促使我们进一步思考：当时间有限时，应如何更好地实现新旧知识的衔接和过渡？

2. 教学结构类型和过程类型对比

通过对比可以发现，T 模型中的结构类型和过程类型都可以在 E 模型中找到实例；同时，E 模型中还出现了 T 模型未论及的结构类型和过程类型。

① 两个模型的共有特征

R 结构和 [R] 过程作为共有部分，在理论和实践上的表现高度一致。考察发现，复习旧课作为"新课前（I）"必要的教学事件，在内容上可以分为复习生词、语法和课文；在形式上，有听写、问答和复述等方式，在教学实践中，教师会利用这种多样性建立起新旧知识之间的联系，使构件 R 更好地发挥承上启下的作用，该构件在具体运用中的灵活性值得重视。

② T 模型的特有特征

T 模型中未出现明显的特有特征。

③ E 模型的特有特征

在 E 模型中出现了空集合，即跳过复习直接进入新知教学。考察发现，这是教师基于教学时长或新旧知识关联度弱的考量而采取的精简策略，可以视为教学实践对教学理论的创新运用，从中体现出的构件的隐现规律需要更多理论研究予以证明。

（二）"新课教学（Ⅱ）"环节

1. 教学构件对比

"新课教学（Ⅱ）"共有 5 个构件，即"导入（Ⅰ）""讲练生词（V）""讲练语法（G）""讲练课文（T）"和"综合练习（P）"。对比数据显示：（1）Ⅰ为两个模型的共有构件，相比之下，其在理论认知中支持率不高（30.77%），但在教学实践中得到了更广泛的应用。也就是说，导入的教学功能需要在理论层面给予更多的关注。（2）V、G、T 也为两个模型所共有。在理论认知中，V、G、T 地位均等，没有偏废，但在教学实践中，T 的使用率相对较高（91.67%），课文重要性在实践中的凸显值得学界对教学内容之间的关系重新进行思考。

2. 教学结构类型和过程类型对比

通过对比可以发现，T 模型中出现的结构类型在 E 模型中都找到了实例，部分 T 模型中的过程类型在 E 模型中未找到实例；另外，E 模型中出现了 T 模型未论及的结构类型和过程类型。

① 两个模型的共有特征

本环节的 VGT、IVGT、VGTP 和 IVGTP 结构为两个模型中的共有结构，对应的过程几乎都能在 E 模型和 T 模型中找到位置，表明基础汉语综合课"新课教学（Ⅱ）"的很多理论认知都在教学实践中得到了验证。{V，G，T} 构件集合的重要性得到了理论和实践的双重认可，构件 V、G、T 的顺序排列，即先讲练生词、再讲练语法、最后讲练课文成为既有理论依据又有实证数据佐证的过程。但对比结果显示，两个模型共有结构类型所对应的过程类型还存在细微差异。具体表现在：（1）由个别构件的复现和调序而产生的差异。例如，E 模型独有的 [V-T-G-T-G] 过程可视为共有的 [V-T-G] 过程的变体。通过对教学样本的考察发现，在不改变基本过程的前提下，教师为降低学生理解难度对课文内容进行了拆解处理，这为 T 模型中关于语法与课文讲练关系的认知带来了新的启示。再如，E 模型独有的

[I-G-V-T-P] 过程是"讲练生词（V）""讲解语法（G）"变序形成的。在理论认知中，一般认为生词相对单位较小，而语法以句式为主，因此由词到句成为相对一致的选择，即讲练语法必然出现在讲练生词之后。但是在 E 模型中却出现了相反的实例。例如，某教学样本中，教师先利用图片导入本节课的语法，在语法练习中出现了新课生词，教师以此为过渡开始讲练生词。采取这样的过程既可能是考虑到新旧知识的衔接，也可能是基于让学生在正式学习生词前有一个附带习得过程的考量。当然，具体教学效果需要通过更多的实证研究进一步考察。（2）共有的结构和过程存在统计频率的差异。其中 VGT 结构和 IVGTP 结构及相应过程表现较明显，两者位于"新课教学（Ⅱ）"环节构件取值的两端，前者最少而后者最多。两者在 E 模型和 T 模型中呈现出相反的倾向。[V-G-T] 过程在理论认识中支持率相对最高（21.74%），但在实际教学中应用不突出（使用率为 4.17%）。反之，理论认识中支持率仅为 8.70% 的 [I-V-G-T-P] 过程在应用模型中获得了 20.83% 的高使用率，体现出理论和实践对教学内容处理方式的不同倾向，即理论认识更重视教学内容本身的完整性和系统性，而教学实践对操作层面的导入、综合练习给予了更多关注。

②T 模型的特有特征

[V-T-G-P]、[V-TG-P] 和 [I-V-TG-P] 过程在 T 模型中存在而在 E 模型中未找到实例，表明这部分理论认知暂时未得到实证数据的支持。以 [V-T-G-P] 过程为例，先讲练课文再讲练语法要求教师对教学进程有很强的掌控能力，在实际教学中，教师是因为操作上的困难而回避应用该过程，还是受限于教学时长而无法完成所有的教学任务，还需通过访谈、刺激回忆等方法深入探究。

③E 模型的特有特征

IG、GT、IVT、VTP 结构及对应的过程是 E 模型中独有的类型。与 T 模型强调 {V，G，T} 构件集合的全集形成的结构和过程不同，在教学实践中，当单位教学时长受限时，教学重心可放在生词、语法、课文任一教学事件上，此时导入、综合练习等可根据实际情况进行精简。这可视为对 T 模型的有益补充。

（三）"新课后（Ⅲ）"环节

1. 教学构件对比

"新课后（Ⅲ）"存在 2 个构件，即"总结（S）"和"布置作业（H）"。对比数据显示，理论认知对 2 个构件的认可度都很高，但在教学实践中，二者的使用率均未达到 100%，尤其是"总结（S）"（使用率为 66.67%），该构件在教学实践中的适用条件需要进一步考察和明确。

2. 教学结构类型和过程类型对比

通过对比可以发现，T 模型中的结构和过程在 E 模型中都有实例佐证，同时还从 E 模型中发现了 T 模型未论及的结构类型和过程类型。

①两个模型的共有特征

本环节辨识出的 H、SH 结构及 [H]、[S-H] 过程为 E 模型和 T 模型所共有，理论和实践呈现出高度一致的特征。这说明通过总结帮助学生强化重点、巩固所学并通过作业使课堂得到延伸，既在理论上得到了专家的认可（刘巍等，2017；杨惠元，2019），又在实践中得到了教师的广泛应用。

②T 模型的特有特征

T 模型中未出现明显的特有特征。

③E 模型的特有特征

S 结构及 [S] 过程，即仅以总结作为课程的终点是 E 模型中出现但 T 模型中未提及的，这突破了 T 模型中将"布置作业（H）"作为课程结束标志的认知。考察显示，在教学样本中，有的教师总结完本课内容后，用该课生词勉励学生并以此作为结束，学生在课下是否需要完成作业不得而知。该类型由单一构件构成且使用率不高（4.17%），其教学效果及可推广性需要审慎对待。

三、三大环节中观层之间构件、结构类型和过程类型的对比分析

通过对综合课教学顶层三大环节内部 E 模型和 T 模型的对比发现，理论与实践存在着复杂的对应关系，呈现出不同的特征；同时，三大环节之间在中观层特有的关联关系对比结果也值得深入分析。

（一）两个模型的共有特征

从"新课前（Ⅰ）"到"新课教学（Ⅱ）"环节，接口位置教学事件的考察结果显示：（1）[R] 过程作为起点是 E 模型和 T 模型的共同特征。可以说，理论认知中复习旧课作为新课教学之始的重要性得到了教学实践的证实。（2）E 模型中包含"导入（I）"的过程类型作为"新课教学（Ⅱ）"环节前端接口事件的使用率相对较高（66.67%），而 T 模型虽然对相应过程也予以认可，但支持率相对偏低（26.10%）。也就是说，在环节 Ⅱ，"导入（I）"和"讲练生词（V）"均可以作为接口教学事件，但在 E 模型中，前者表现出了绝对优势，而 T 模型中后者支持率更高，这表明对于环节 Ⅰ 结束后如何开展环节 Ⅱ 的认识，T 模型和 E 模型之间存在不同倾向。理论认知中更重视教学内容，而教学实践中广泛应用的是导入，今后需要从教学效果的角度对构件 I 予以肯定并强化其理论地位。（3）E 模型中 [R] 与 [I-V-G-T-P] 过程共现关系突出。构件 R 与构件 I 更常共现，同时也存在环节 I 为 "/" 而以导入作为教学起始事件的情况。根据教学样本的考察结果，当没有专门的复习来帮助学生激活已有的知识体系时，教师会通过导入环节完成为新知做铺垫的目标。对比结果显示，T 模型中 [R] 与 [V-G-T] 过程共现支持率最高。R 与 V 的共现特征更明显，可能是因为复习旧课时，如果旧课与新课关联紧密，该教学事件就能承担起导入的部分功能，此时导入的地位有所弱化。可以看出，理论和实践均对学生新信息接收过程的完整性给予了足够的关心和重视，但对复习旧课如何更好地与导入衔接，意见倾向不一，相关问题值得进一步探讨。

从"新课教学（Ⅱ）"到"新课后（Ⅲ）"环节，接口位置教学事件的考察结果显示：（1）包含"综合练习（P）"的过程作为起点应用情形突出。理论认知中对语言交际运用的重视得到了实践数据的证实。（2）作为终点，[S-H] 过程占绝对优势，表明"总结（S）"和"布置作业（H）"的紧密关联得到了理论和实践的双重验证。在环节 Ⅱ 结束后，如何更巧妙地通过总结这一重要的接口教学事件使零散的知识系统化，使学生学有所得又意犹未尽，值得进一步思考。（3）E 模型中 [I-V-G-T-P] 与 [S-H] 过程共现关系更明显。"综合练习（P）"与"总结（S）"作为接口教学事件在实践中的广泛应用需引起理论重视，相关思考能够丰富 T 模型中关于知识拓展和巩固方式的认知。T 模型中 [V-G-T] 与 [S-H] 过程共现关系更为突出，其中，"讲练课文（T）"与"总结（S）"的共现表明，完成课文教学后就进行总结在理论上有其合理性，但在实践中未得到广泛应用，其效果需要通过更多的教学实践加以检验。

（二）T 模型的特有特征

理论模型中未出现明显的特有特征。

（三）E 模型的特有特征

应用模型中未出现明显的特有特征。

E 模型与 T 模型的对比有助于思考综合课理论认知在教学实践中的体现。E 模型和 T 模型一致的结构和过程类型，是教学理论与实践双向良性互动的结果，有一定的推广价值，但相对固化的教学模式是否还有发展和优化的空间，值得思考。另外，也要重视教学实践对理论研究的反拨作用。E 模型中出现而 T 模型中未论及的类型，可能是教学创新，需要通过鉴别排除教学失误的可能性，在此基础上进一步提升，或许能够修正或补充现有理论认知。

第四节　汉语综合课教学结构和过程研究史料分析

本研究通过对汉语综合课教学结构和过程已有的思辨性和经验性研究文献的梳理，系统描绘了综合课教学结构和过程认知的发展历程和分布情况。主要研究角度包括：（1）分别以结构和过程为线索，首先从历时研究的角度看各结构和过程支持率的变化，以探索结构和过程认知的历时发展特点；然后从共时研究的角度看各年份结构和过程支持率的高低，以探索结构和过程认知的共时分布特点；最后聚焦于结构和过程具体特征的变化，探索结构和子结构的析出与重组、过程认知中传承与演变等规律。（2）以研究者为线索，根据各位学者对教学认知的贡献情况，探索结构和过程研究领域的代表性人物。

本研究是在汉语综合课教学结构和过程理论建模的基础上展开的。具体做法是：（1）穷尽式地搜索截至 2019 年底论及综合课教学结构和过程的文献，建立"汉语综合课教学·文献样本数据库"。（2）在"宏观层—中观层—微观层"的整体架构下，从概念出发，在文献中提取综合课教学构件、结构和过程信息，并按类型对概念相同的构件确定统一的名称术语；按构件类型、结构类型和过程类型进行统一赋码和形式化表达，建立"汉语综合课教学·文献研究数据库"。（3）确立构件系统，在此基础上完成对综合课教学系统的理论模型推导。该模型首先从顶层开始，把汉语综合课划分出大的模块，得到"新课前（Ⅰ）""新课教学（Ⅱ）"和"新课后（Ⅲ）"三大基本教学环节；然后自上而下逐步细化，得到基本教学环节之下的中观层教学事件[①]，以及由它们组合而成的教学结构、排列而成的教学过程。与此同时，从

[①] 专家学者对教学事件的表述不完全一致，为方便讨论，我们对名称不同而内涵相同的教学事件进行归一化处理，分别是："组织教学（O）""复习旧课（R）""导入（I）""讲练生词（V）""讲练语法（G）""讲练课文（T）""综合练习（P）""总结（S）"和"布置作业（H）"。

时间的角度，通过梳理理论模型中各教学构件、结构和过程的认知信息，分析得出教学认知的历时发展面貌和共时分布规律。

一、教学结构认知图谱及分析

根据文献时间的先后顺序，对基础汉语综合课教学各结构认知信息进行梳理，可以得到基础汉语综合课教学结构认知时间分布图（见图6-12）。

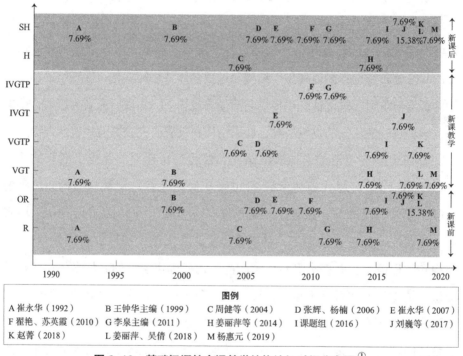

图6-12　基础汉语综合课教学结构认知时间分布图[①]

由图6-12可以看出，基础汉语综合课教学结构认知具有如下特征：
（1）总体来看，自1992年以来，专家学者共提出了13种观点，体现出学界对这一问题的丰富思考，尤其表现在"组织教学（O）""导入（I）""综

---

① 图中横坐标表示年份，纵坐标表示不同的结构类型；大写英文字母表示提出该观点的专家学者，百分数表示该结构的支持率。下同。

合练习（P）""总结（S）"等教学事件的隐现规律上。（2）从支持率看，ORVGTPSH 结构的支持率最高（23.08%），表明"组织教学（O）""复习旧课（R）""讲练生词（V）""讲练语法（G）""讲练课文（T）""综合练习（P）""总结（S）""布置作业（H）"组合成的结构在理论认知中有一定的共识基础。从认知心理学的角度来看，这些教学事件体现出来的引起注意、激起回忆、教学指导、巩固新知、促进知识保持与迁移等教学目的值得关注。（3）从时间看，1992 年是最早关注综合课教学结构的年份。结合对外汉语教学发展史来分析，20 世纪 80 年代，总体设计作为学界的一个新课题被提出，包括教学过程和教学环节在内的问题逐渐得到关注（吕必松，1991）。再则，在教学实践方面，精读课（即综合课）作为主干课程，在近 30 年的发展中形成了比较固定的章法，因此适合作为研究分析的对象（崔永华，1992）。可见，教学理论与实践的良性互动为研究的深入发展打下了坚实的基础。另外，2019 年是最近关注综合课教学结构的年份，杨惠元（2019）再次提到 RVGTSH 结构。这一方面说明综合课教学结构是学界持续关注的重要问题；另一方面，该结构与崔永华（1992）的观点吻合，体现出专家对不同结构重新审视后的反思。

（一）教学结构认知发展的历时分析

从历时发展的角度看，2000 年之前对教学结构仅有零星认知；2005 年前后结构认知集中出现，周健等专家学者或者从教育学的视角，或者在汉语教师培训教材中提出了不同的观点，这可能与孔子学院相继成立后教师培训需求日益增加有关，因为这一需求促使学界对教学理论进行梳理；之后 10 年发展基本平稳，直至 2016 年后出现第二波高潮，刘巍等专家或相关课题研究组先后提出了 5 种观点，反映出近年来对教学结构认知方面的总结和反思。在"新课前（Ⅰ）""新课教学（Ⅱ）"和"新课后（Ⅲ）"环节内部，各教学结构认知在时间轴上呈现出不同的发展趋势，下面分别进行分析。

对"新课前（Ⅰ）"环节教学结构认知的历时分析显示，根据已有认知可归纳出 R 和 OR 结构共 2 种结构类型。下面以支持率更高（61.54%）的 OR 结构为例进行分析。该结构于 1999 年首次被提出（王钟华主编，1999），在 2005 年前后这一重要时间节点得到周健等专家学者的认可，在 2016 年之后仍然是主流观点。从发表时间来看，OR 结构首次提出时，是作为综合课课程规范的一部分出现的，该著作引用率较高，足见该观点影响之大。在随后的教师培训教材中，该观点得到强化；在近期的讨论中，也得到了刘巍等更多专家的认可。从该结构本身来看，"组织教学（O）"和"复习旧课（R）"联合，既有了解学生出勤情况、稳定学生情绪、使之进入学习状态的操作，也有针对前课教学内容的设计，体现出汉语教学理念中关注学生、重视教学内容衔接的传统。

对"新课教学（II）"环节教学结构认知的历时分析显示，根据已有认知可归纳出 VGT、VGTP、IVGT 和 IVGTP 共 4 种结构类型，其中 VGT 结构支持率最高（38.46%），VGTP 结构次之（30.77%）。具体分析，VGT 结构提出时间最早（崔永华，1992），也是早期的主流观点，但之后鲜有出现，直至最近又重新被提及（姜丽萍、吴倩，2018；杨惠元，2019）。从发表时间来看，早期该观点占主流可能与 1988 年《汉语水平等级标准和等级大纲（试行）》推出，将语言内容明确与汉语词汇、汉字和语法大纲相对应，汉语教学逐步走向规范化有关。最近被提及则反映出专家在反复思考后的理性回归，也是该观点富有生命力的证明。从该结构本身来看，"讲练生词（V）""讲练语法（G）""讲练课文（T）"的并立体现出该观点对教学内容的重视。相比之下，VGTP 结构提出时间稍晚（周健等，2004），但随后就得到了学者的认同（张辉、杨楠，2006），并在 2016 年之后仍有一定的支持率。从发表时间来看，该观点的提出可能受到了教学法研究不断推进的影响。20 世纪 90 年代中期，结构—功能—文化相结合的教学法原则在中国对外汉语教学界基本形成共识（陶炼，2000）。这种教学法重视语言的交际功能，提倡在教学中加强语言实践，结合言语活动，而"综合练习（P）"的提出或许是这一教学原则在操作层面的反映。另外，2016 年及之后，该观点仍在汉语课堂教学参考案例及汉语教学设计论文中被提及，说明综合练习的效果在教学研究中得到了一定的验证。从该结构本身来看，教学内容不再被孤立地看待，而是需要通过"综合性、互动性的语言教学活动"加以检验和巩固，目的是让学生"把前面学习的知识、技能转化为交际能力"（课题组，2016）。

对"新课后（Ⅲ）"环节教学结构认知的历时分析显示，根据已有认知可归纳出 H 和 SH 结构共 2 种结构类型。下面以支持率更高（84.62%）的 SH 结构为例进行分析。该结构提出时间早（崔永华，1992），并持续得到王钟华等多位学者的认可，可以说是这一教学环节下的主流观点。从发表时间来看，该结构从被提出后一直高频出现，说明无论是从课程规范的角度，还是从教学实操的角度，学者们对 SH 结构都基本形成了共识。从该结构本身来看，"总结（S）"和"布置作业（H）"联合，对本课重点内容和课后延续学习内容均予以关注，集中体现了教学设计的系统性。

（二）教学结构认知分布的共时分析

从共时的角度对教学结构认知的分布情况进行考察，结果显示：（1）2018 年关于结构认知的讨论最丰富，赵菁、姜丽萍等学者分别提出了 ORVGTPSH 和 ORVGTSH 这 2 种结构。由上文分析可知，OR、VGTP、VGT、SH 分别是"新课前（Ⅰ）""新课教学（Ⅱ）"和"新课后（Ⅲ）"环节内部支持率最高或次高的结构，可以说，2018 年是综合课教学结构认知的集大成之年。（2）1993—1998 年是综合课教学结构认知讨论的空白期。究其原因，1984 年对外汉语教学的学科地位刚刚确立，1994 年在北京召开对外汉语教学的定性、定位、定量问题座谈会（赵金铭主编，2019），学科性质问题是当时学界热议的重点，而相对微观的教学设计问题尚未引起广泛的讨论。

（三）结构与子结构的析出与重组

纵观综合课教学结构的历时发展与共时分布可以发现，较大的结构在一定情况下会析出独立子结构，反之，较小的结构也能够充当子结构并组合成更大的结构，具体变化趋势见图 6-13。

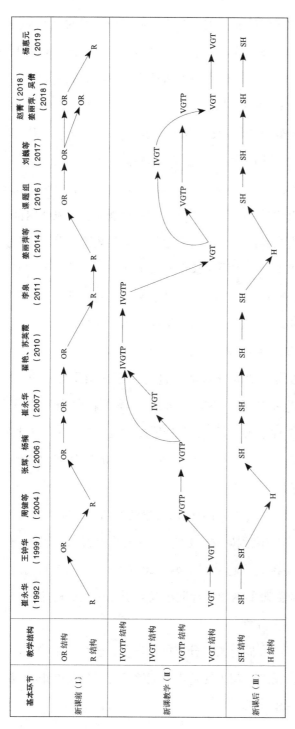

图 6-13 基础汉语综合课教学结构与子结构的析出、重组情况示意图

由图 6-13 可知，在"新课前（Ⅰ）"环节，最早提出的是 R 结构，随后该结构重组为 OR 结构，并于 2004 年、2011 年和 2019 年分别出现析出的情况；在"新课教学（Ⅱ）"环节，最早提出的是 VGT 结构，随后该结构在 2005 年前后和 2016 年之后两个时间段分别重组为 VGTP、IVGT、IVGTP 等结构，最近又回归到 VGT 结构；在"新课后（Ⅲ）"环节，最早提出的是 SH 结构，随后于 2004 年和 2014 年分别析出 H 结构。

1. 子结构的析出

以"新课后（Ⅲ）"为例对综合课教学结构的析出情况进行考察，结果显示，2004 年最早出现从 SH 结构中析出 H 结构的情况，该析出结构于 2014 年再次出现，之后并未延续。具体分析，"布置作业（H）"体现的是教师对本课重点内容和下课需预习内容的设计。作业内容常常包括课本中的练习题、课下任务和预习作业。（姜丽萍等，2014）从教学目的来看，可以加强和巩固课堂所学的重点内容（王钟华主编，1999），这与针对本课重点的教学操作"总结（S）"出现了一定的交叉，所以这可能是 H 结构析出的理据。

2. 子结构的重组

以"新课教学（Ⅱ）"为例对综合课教学结构的重组情况进行考察，结果显示：（1）2004 年最早出现由 VGT 结构组合成 VGTP 结构的情况，该重组结构于 2006 年、2016 年和 2018 年持续出现。"综合练习（P）"作为通过情景对话、辩论等方式检验学习效果，以培养学生运用目的语进行交际的能力的教学事件，是交际法教学原则的集中体现。（2）2007 年出现重组的 IVGT 结构，"导入（Ⅰ）"作为一个独立的教学事件首次进入研究者的视野，它通过引出与新课相关的内容，使学生激活相关信息，进入新知接收状态。崔永华（2007）明确指出："在教案编写时，应当把学习策略和态度列入教学内容"。I 的出现表明学习者的信息加工过程已受到重视，"以学习者为中心"的教学原则正逐步落到实处。（3）IVGTP 结构作为"新课教学（Ⅱ）"环节最复杂的结构，在结构重组过程中出现时间也最晚，2010 年才首次被提及，且次年得到认同后未能延续。从历时发展来看，重组的结构逐渐复杂化，体现出学界对已有认知的积极总结，I 与 P 在竞争中也得以共存。从共时环境来看，翟艳、苏英霞、李泉等学者在尝试总结教学规律的理论性著作中提出该观点，可以看出教育学、心理学理论对教学结构研究的综合影响。至于之后出现停滞，可能是在实践中受阻，也可能是对教学重点的认识有了调整，具体原因还有待深入考察。

总之，从 VGT 结构先后组合成 VGTP、IVGT 及 IVGTP 结构的历程可以看出，专家学者不断吸收相关学科的最新研究成果，对综合课教学结构的认知也在不断调整完善。值得注意的是，"讲练生词（V）""讲练语法（G）""讲练课文（T）"在所有结构中均稳定出现，可见已有认知在综合课教学内容问题上基本达成了一致。

二、教学过程认知图谱及分析

本研究按照观点提出时间的先后顺序，梳理基础汉语综合课教学各过程认知信息，得到了基础汉语综合课教学过程认知时间分布图（见图 6-14）。

由图 6-14 可以看出，基础汉语综合课教学过程认知具有如下特征：（1）总体来看，自 1992 年以来，专家学者共提出了 23 种观点，各观点同中存异，尤其表现在"讲练生词（V）""讲练语法（G）""讲练课文（T）"等教学事件的先后顺序及关联关系上。（2）从支持率看，[O-R]-[V-G-T-P]-[S-H]过程的支持率最高（13.04%），表明将互动热身和复习旧课作为课堂开端，将讲练新课、综合练习作为课堂中心，将总结和作业作为课堂结束在过程认知中认可度相对更高。（3）从时间看，1992 年是最早关注综合课教学过程的年份，崔永华以基础汉语阶段精读课为研究对象，率先提出了 [R]-[V-G-T]-[S-H] 这一完整的教学过程。另外，2019 年是最近关注综合课教学过程的年份。杨惠元提出了 [R]-[V-G-T]-[S-H] 和 [R]-[V-T-G]-[S-H] 共 2 种观点，说明课文与语法在教学中的处理顺序及适用条件是学者们关注的课题。

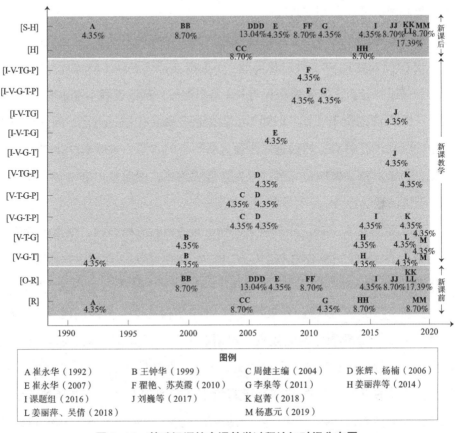

图 6-14　基础汉语综合课教学过程认知时间分布图

（一）教学过程认知发展的历时分析

从历时发展的角度看，2000 年之前对教学过程仅有零星认知；2005 年前后过程认知开始丰富，周健等专家学者分别提出了 6 种不同的观点，涵盖了各基本教学环节所有过程类型的 57.14%，体现出研究广度的新进展；2016 年之后是教学认知观点的爆发期，刘巍等专家或相关课题组共提出了 8 种不同的观点，这些认知为继续探讨不同教学事件出现位置的制约条件创造了丰富的可能。未来关于过程问题的争议可能还会持续下去，这是学科健康发展的表现，也能促进相关研究的不断深入。在"新课前（Ⅰ）""新课教学（Ⅱ）"和"新课后（Ⅲ）"环节内部，各教学过程认知在时间轴上呈现出不同的发展趋势，下面分别进行分析。

对"新课前（Ⅰ）"环节教学过程认知的历时分析显示，根据已有认知可归纳出 [R] 和 [O-R] 共 2 种过程类型。下面以支持率更高（65.22%）的 [O-R] 过程为例进行分析，其发展历程与 OR 结构类似。从该过程本身来看，"组织教学（O）"固定位于"复习旧课（R）"之前，即首先通过点名、问候等安排教学的活动进行热身，然后进一步通过听写、问答等方式唤起学生对旧知的回忆，为学习新课做铺垫。该过程先是形式预热，然后是内容准备，体现出循序渐进的教学思路。

对"新课教学（Ⅱ）"环节教学过程认知的历时分析显示，根据已有认知共归纳出 [V-G-T]、[V-T-G] 和 [V-G-T-P] 等 10 种过程类型，其中 [V-G-T] 过程支持率最高（21.74%），[V-T-G] 和 [V-G-T-P] 过程次之（均为 17.39%）。具体分析，[V-G-T] 过程的发展历程与 VGT 结构类似。从该过程本身来看，对教学内容的处理顺序是先生词，再语法，最后是课文。从学习难度的角度考虑，生词、语法是学生阅读课文时会先后遇到的知识障碍；从教学衔接的角度考虑，生词可通过让学生听写检查其预习情况，从而自然地展示出来（王钟华主编，1999）。因此不管是教学理论还是实践层面，[V-G-T] 过程都有一定的可行性，也得到了相对高的认可度。相比之下，[V-T-G] 过程于1999 年首次被提出，之后零星出现（姜丽萍等，2014），最近又有回归趋势（姜丽萍、吴倩，2018；杨惠元，2019）。从该过程本身来看，其与 [V-G-T] 过程的不同之处在于生词之后先处理课文再处理语法。杨惠元（2019）指出："先讲练课文为展示语法点提供语言环境。"可以看出，语言要素之间的关联性和系统性是设计教学过程时需要考虑的因素。值得一提的是，[V-G-T] 与 [V-T-G] 过程的发展历程高度重合，也就是说，在已有过程认知中，二者是并存而非竞争的关系，这就促使大家进一步思考 G 和 T 出现位置的影响因素及适用条件，相关研究成果可能是教学优化的方向。

对"新课后（Ⅲ）"环节教学过程认知的历时分析显示，根据已有认知

可归纳出 [H] 和 [S-H] 共 2 种过程类型。下面以支持率更高（82.61%）的 [S-H] 过程为例进行分析，其发展历程与 SH 结构类似。从该过程本身来看，"总结（S）"在前，"布置作业（H）"在后，两者位置固定。崔永华（2007）指出："在完成各个设计环节之后，对教学成果进行集中的整体评价，也是必要的。"可见，S 作为针对本课内容的教学操作，与"新课教学（Ⅱ）"环节的联系更为紧密，而作业更多是课下完成，在理论认知中倾向于将其置于最后。这一顺序成为"新课后（Ⅲ）"环节教学过程认知的主流观点。

（二）教学过程认知分布的共时分析

从共时角度对教学过程认知的分布情况进行考察，结果显示：（1）2018 年关于过程认知的讨论最丰富，赵菁、姜丽萍等学者分别提出了 [O-R]-[V-G-T]-[S-H]、[O-R]-[V-G-T-P]-[S-H] 等 4 种过程。对各基本教学环节进行具体分析，[O-R] 和 [S-H] 过程分别是"新课前（Ⅰ）"和"新课后（Ⅲ）"环节内部支持率最高的过程。而在"新课教学（Ⅱ）"环节，不同的观点涵盖了该环节所有过程类型的 40%。可见在这一时期，不论是研究深度还是研究广度都达到了高点。（2）2006 年是过程认知讨论的次高点。张辉、杨楠（2006）提出了 [O-R]-[V-G-T-P]-[S-H]、[O-R]-[V-T-G-P]-[S-H] 和 [O-R]-[V-TG-P]-[S-H] 等 3 种过程。可以看出，在"新课教学（Ⅱ）"环节，G、T 的先后顺序、分合关系成为焦点问题。

（三）过程认知中的传承与演变

纵观综合课教学过程的历时发展与共时分布可以发现，部分过程认知呈现出相对稳定的状态，而另一部分认知则因为种种原因发生了演变。对其规律进行探究，有助于把握教学过程的全貌，为教学走向规范化、精准化提供可能。

1. 子过程的传承

传承指的是专家学者的观点在时间分布图中未经历明显的变化，这一方面说明该观点有坚实的基础，在理论认知中形成了共识；另一方面也说明它能够满足现实需要，在教学研究中得到了肯定。对综合课"新课教学（Ⅱ）"环节过程认知的传承情况进行考察，结果如图 6-15 所示。

教学过程	周健等（2004）	张辉、杨楠（2006）	崔永华（2007）	翟艳、苏英霞（2010）	李泉（2011）	姜丽萍等（2014）	课题组（2016）	刘巍等（2017）	赵菁（2018）
[I-V] 子过程的传承			[I-V-T-G]→	[I-V-TG-P] [I-V-G-T-P]	[I-V-G-T-P]	──────→		[I-V-TG] [I-V-G-T]	
P 作为"新课教学"的终点	[V-T-G-P]→ [V-G-T-P]	[V-TG-P] [V-T-G-P]─→ [V-G-T-P]		[I-V-TG-P] [I-V-G-T-P]	[I-V-G-T-P]→		[V-G-T-P]→		[V-TG-P] [V-G-T-P]

图 6-15　基础汉语综合课教学过程传承情况示意图——"新课教学（Ⅱ）"环节

由图 6-15 可以看出，在"新课教学（Ⅱ）"环节，过程的传承主要体现在 [I-V] 子过程的稳定发展和"综合练习（P）"作为该环节终点上。具体分析如下：（1）[I-V] 子过程于 2007 年首次被提出后，在 2010 年、2011 年连续被提及，最近一次被提出是 2017 年，总支持率为 26.10%。从发表时间来看，该子过程的出现反映了教育学中的教学设计理论对对外汉语课堂的影响（崔永华，2007）；随后，翟艳、苏英霞等数位学者进一步从理论上确定了其地位。从该子过程本身来看，它是先通过语言、多媒体、动作等方式化解学生对新知的陌生感，然后正式进入新知（生词）的学习；从学生学习的心理过程分析，先尝试激发学生的学习动机，再由易到难开始新课；从教师教学看，生词单位小、类别多，适合作为新课的切入点。该子过程从提出到发展一直保持稳定，未来研究可以更关注导入手段与生词类别之间的精确匹配，以加强二者之间的关联关系。（2）"综合练习（P）"在过程上作为"新课教学（Ⅱ）"的终点，总支持率为 47.83%。该子过程于 2004 年首次被提出，2010 年前后获得广泛认同，最近于 2018 年被提及。从发表时间来看，2004 年全球首家孔子学院设立，随着教育规模的扩大，教学理论与实践研究的需求日益突出，[V-T-G-P] 和 [V-G-T-P] 过程最早是作为东南亚汉语教师培训内容提出的，可见现实需求促使学界将研究视野从单纯关注"教怎么"扩展到了"怎么教"。从该子过程本身来看，新课内容的讲练结束后，以综合性的言语活动作为收尾，一方面可以检验学习成果，另一方面也可以让学生在语言运用中获得成就感。未来可以对不同的综合练习形式进行深入研究，比较其教学效果的差异，不断提升教学的规范化水平。

2. 子过程的演变

演变指的是专家学者的观点在时间分布图中出现了变化。例如，教学事件呈现出不同顺序，某些教学事件出现融合的情形，以及较小的过程充当子过程并组合成更大的过程。这一方面反映出不同教学理念的影响；另一方面也促使研究者探寻其中的变化规律，以便将教学研究引向纵深。

（1）子过程的变序

对综合课教学过程与子过程的排列顺序进行考察，可以发现"讲练语法（G）"和"讲练课文（T）"的顺序经历了数轮变化。根据相关过程类型被提出的时间节点，可以绘制出 [G-T] 子过程变序情况示意图（见图6-16）。

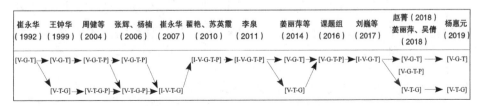

图 6-16　[G-T] 子过程变序情况示意图

由图6-16可以看出，在"新课教学"环节，[G-T] 子过程经历了如下变化：最初出现的是 [G-T] 子过程（崔永华，1992），随后便分化为 [G-T] 与 [T-G] 子过程，之后2007年、2010年、2016年分别经历短暂的统一后再次分化，直至最近仍保持两种顺序并存的状态。从发表时间来看，在早期制定课程规范时，学者们已经意识到在教学过程定式之外存在变化的可能（王钟华主编，1999）；随后周健等（2004）提出，"如果在'生词'之后有'句型操练'，也可以把语法放在课文之前讲解"，这是学者首次从适用条件的角度对不同过程做出的规定；之后张辉、杨楠（2006）从适用对象、对教师的要求等角度对不同过程进行了区分。从 [G-T] 子过程变序研究不断细化的趋势可以看出，各语言要素之间存在不同的关联关系，如何理清这些关系并将之与课堂教学主体更好地结合，是值得学者们思考的课题。

（2）子过程的分合

对综合课教学过程与子过程的分合情况进行考察，可以发现 G 和 T 经历了分立和融合的变化。根据相关过程类型提出的时间节点，可以绘制出 [G-T] 子过程分合情况示意图（见图 6-17）。

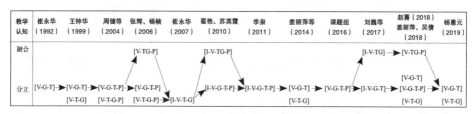

图 6-17　[G-T] 子过程分合情况示意图

由图 6-17 可以看出，在"新课教学（Ⅱ）"环节，[G-T] 子过程最初处于分立的状态（崔永华，1992），在 2006 年最早出现融合的变化，该融合观点最近被提及是 2018 年。[G-T] 子过程分立的情况上文已经分析，此处不再赘述。仅就 [TG] 子过程而言，从发表时间来看，该观点的提出一直是与 [G-T] 子过程并存的，可见 G 和 T 的分立或融合不是二元对立的关系，而是应该实现有条件的统一。从该子过程本身来看，[TG] 子过程指的是讲练课文的同时串讲语法。学者们分别从教学进程、语法与课文的关系等方面论述了其存在的合理性（张辉、杨楠，2006；刘巍等，2017），但张辉、杨楠（2006）也指出这种方式存在破坏课文内容整体性、教学设计层次不清等问题。也就是说，现有过程认知对子过程的融合问题还存在疑义，尚无定论。

（3）子过程的扩展

以"新课前（Ⅰ）"为例对综合课教学过程的扩展情况进行考察，可以绘制出 [O-R] 子过程扩展情况示意图（见图 6-18）。

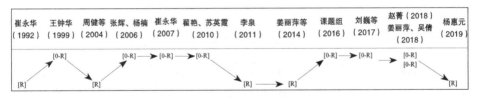

图 6-18 [O-R] 子过程扩展情况示意图

由图 6-18 可以看出，1999 年最早出现由 [R] 扩展为 [O-R] 过程的情况，该扩展过程于 2006—2010 年、2016—2018 年持续出现。从发表时间对应的学科背景来看，1999 年综合课课程规范确立，2005—2010 年教师培训教材集中出现，2016—2018 年综合课教学案例、教学模式总结方面的专著出现。"组织教学（O）"作为"新课前（I）"起点的地位得到了教学研究成果的支持。具体分析，这一教学事件体现的是学者们对课堂开场的理解，在直接进入教学内容之前，既需要让老师做好授课准备，又需要引起学生注意，此时点名、问候等活动形式就被赋予了为教学预热的功能。从教育学的角度分析，[O-R] 子过程的出现体现的是对教学对象心理过程的重视（崔永华，2007）。

三、教学结构和过程研究代表性人物图谱及分析

自 20 世纪 90 年代以来，随着对外汉语教学学科地位及学科属性的确立，相关教学理论与教学方法的研究日益受到专家学者的重视。以研究者为线索，对在综合课教学结构和过程研究中做出突出贡献的代表性人物进行梳理，有助于总结经验，把握研究热点和趋势，推进相关研究稳步健康发展。

（一）教学结构研究的代表性人物

从研究时间的早晚来看，崔永华（1992）最早关注综合课教学结构的研究，提出了 RVGTSH 结构的观点。该文明确提出对外汉语课堂教学"在教学对象、教学内容和教学程序上都是有组织的一种'集体'学习方式"。可以说，该研究也是从教学设计角度对课堂教学涉及的各因素进行剖析的可贵尝试。该文引用率较高，可见其影响。杨惠元是近期提及综合课教学结构

观点的学者之一，其 2019 年的专著《汉语技能教学法》将技能教学的理论和实践结合起来，可以说集中展现了汉语教学结构研究的成果。

从贡献教学认知的多少来看，崔永华先后提出了 2 种不同的教学结构，是提出结构类型最多的学者。值得注意的是，作为最早提出综合课教学结构观点的学者，崔永华并未止步于早期研究，而是于 2007 年再次从教育学的视角提出了新的观点，即 ORIVGTSH 结构，该文引用率较高，"组织教学（O）"和"导入（I）"的出现首先反映了教学理论对课堂结构设计的影响，也是课堂结构研究纵深发展的体现。

（二）教学过程研究的代表性人物

从研究时间的早晚来看，最早明确论述综合课教学过程的学者是崔永华，而最近系统提出过程观点的是杨惠元，与结构观点的提出类似。

从贡献教学认知的多少来看，张辉、杨楠（2006）提出了 3 种不同的教学过程，分别为 [O-R]-[V-G-T-P]-[S-H]、[O-R]-[V-T-G-P]-[S-H] 和 [O-R]-[V-TG-P]-[S-H]。其中最主要的变化体现在对"讲练生词（V）""讲练语法（G）"和"讲练课文（T）"的处理上。两位学者明确提出了 3 种不同的教学模式，且从教学实施、适用条件、优缺点等方面对这些模式进行了分析，体现出学者们对教学过程复杂性的认识，也反映出对教学规律进行细化研究的必要性。

第五节　汉语综合课语法教学结构和过程研究 *

一、对语法教学结构和过程"应然"的描写研究

描写是对客观存在事物的描述，其意义在于使人们对被描写的对象有更直观清晰的了解和认识。在此，我们对语法教学结构和过程的"应然"进行

---

* 本节内容曾以《"应然"与"实然"：初级汉语语法教学结构和过程研究》为题发表于《语言教学与研究》2019 年第 1 期，作者为郑艳群、袁萍。

描写，梳理已有的相关论述，并运用形式化手段呈现教学结构和过程的类型。

（一）对语法教学结构"应然"的描写研究

本研究所指的语法教学的结构构件，在有些文献中称为语法教学的环节、教学事件等，如说明、练习等。已有研究中虽然较少使用"结构"一词，但从所指来看基本是同一个事物，只是在表述或指称上有所不同。我们查阅了截至 2017 年公开发表的重要文献，从中择取与语法教学结构相关的认识，视作"应然"。"应然"汇总的原则为：只呈现研究性的结论；只呈现不同学者的相同观点及同一学者的不同观点。汇总结果见表 6-1（按发表时间先后排序）。

表 6-1 语法教学结构构件"应然"观点汇总表[①]

文献	汉语语法教学结构构件
崔永华（1989）[②]	语法点的展示、语法点的解释、语法点的练习、语法规则的归纳
王钟华主编（1999）	导入、操练、归纳
周小兵、李海鸥主编（2004）	语法点的展示、语法点的讲解、语法点的练习
张辉、杨楠（2006）	语法点导入、语法点操练
吴中伟（2007）	导入、展开、练习
李珠、姜丽萍（2008）	导入、解释、练习
卢福波（2010）	精讲、操练
翟艳、苏英霞（2010）	引入、展示、解释、操练、归纳
姜丽萍（2011）[③]	导入、操练、归纳、练习
李先银（2011）	说明/讲（导入、引出、示例）、练习
韩玉国（2014）	引导与展示、练习、总结
苏英霞（2014）	讲（语法点导入、例句展示、语法点说明）、练
刘玉屏（2017）	导入、讲解（呈现）、操练（运用）

① "应然"中有关语法教学结构和过程的观点大都没有限定教学等级。但从所举例子来看，可认定大都是针对初级汉语语法教学的。

② 崔永华（1992）及崔永华、杨寄洲主编（2002）中有同样的表述，未列入本表。

③ 姜丽萍（2014）中有相似的表述，未列入本表。

从表 6-1 可以看出，学者对语法教学结构构件的归纳不尽相同，且对概念的表述也不完全一致。但是，不同概念所指的事物没有本质差别，指称用语是可以归一的。比如，语法点"练习"，有的学者用"操练"，有的学者用"练"。为便于讨论，我们对不同学者所用术语进行归一化处理并用英文字母表示：I（introduction）= 导入（包括"导入；引出、示例；引导与展示；引入、展示；展示"等）；E（explanation）= 说明〔包括"讲；讲解；讲解（呈现）；解释；精讲；说明；展开"等〕；P（practice）= 练习〔包括"操练；操练（运用）；练；练习"等〕；S（summary）= 总结（包括"归纳；总结"等）。在此基础上，对不同学者的观点进行归类，结果见表 6-2（按结构类型代码音序排列）。

表 6-2　语法教学结构构件及结构类型"应然"代码化归类表

文献	结构构件	结构类型
卢福波（2010）	E、P	EP 结构 [1]
周小兵、李海鸥主编（2004）	I、E、P	IEP 结构
吴中伟（2007）	I、E、P	
李珠、姜丽萍（2008）	I、E、P	
李先银（2011）	I、E、P	
苏英霞（2014）	I、E、P	
刘玉屏（2017）	I、E、P	
崔永华（1989）	I、E、P、S	IEPS 结构
翟艳、苏英霞（2010）	I、E、P、S	
张辉、杨楠（2006）	I、P	IP 结构
王钟华主编（1999）	I、P、S	IPS 结构
姜丽萍（2011）	I、P、S	
韩玉国（2014）	I、P、S	

---

[1]　其中的每个字母代表该语法教学结构的构件，连写表示共为结构的组成部分。如"EP 结构"，意思是该结构由构件"E（说明）"和"P（练习）"组成。

从表 6-2 可以看出:(1)学者们共归纳总结出 4 种构件:I、E、P、S,按提及文献份数由多到少排列为:P、I、E、S。(2)构件 P 为共有项,这充分体现了学者们从观念上对"练习"的重视。(3)构件 S 自崔永华(1989)和王钟华主编(1999)提出之后,近年又被明确提出(翟艳、苏英霞,2010;姜丽萍,2011;韩玉国,2014)。(4)学者们共归纳出 5 种结构类型,分别是 EP 结构、IEP 结构、IEPS 结构、IP 结构和 IPS 结构。其中,持 IEP 结构观点的文献最多。

(二)对语法教学过程"应然"的描写研究

既往研究已注意到语法教学的过程性特征。比如韩玉国(2014)指出:"语法的要素性教学与技能性教学先后有序,体现出明显的过程性特征。"可以说,就"过程"这一概念而言,学者们的认识基本一致,即结构构件的发生是有先后次序的。我们查阅了截至 2017 年公开发表的重要文献,从中择取与语法教学过程相关的认识,视作"应然",汇总后用代码表示并归纳出过程类型,结果见表 6-3(按过程类型代码音序排列)。

表 6-3 语法教学过程类型"应然"代码化归类表

文献	过程类型
卢福波(2010)	[E-P] 过程[①]
周小兵、李海鸥主编(2004)	[I-E-P] 过程
吴中伟(2007)	
李珠、姜丽萍(2008)	
李先银(2011)	
苏英霞(2014)	
刘玉屏(2017)	

[①] 其中的每个字母代表该语法教学过程中出现的结构构件,短横线"-"表示语法教学构件之间的先后顺序,在左为先,在右为后。如"[E-P] 过程",意思是该过程由 EP 结构完成,其中 E、P 两个构件的顺序为:先 E(说明),然后 P(练习)。

续表

文献	过程类型
崔永华（1989）	[I-E-P-S] 过程
翟艳、苏英霞（2010）	
张辉、杨楠（2006）	[I-P] 过程
王钟华主编（1999）	[I-P-S] 过程
韩玉国（2014）	
姜丽萍（2011）	[I-P-S-P] 过程

从表 6-3 可以看出：（1）由于过程中的结构构件和结构类型不同，学者们对过程的归纳呈现出不同的类型，共有 6 种。（2）过程类型按文献份数由多到少排列为：[I-E-P] 过程；[I-E-P-S] 过程、[I-P-S] 过程；[E-P] 过程、[I-P] 过程、[I-P-S-P] 过程。（3）总体来看，构件在过程中呈现出相对固定的先后顺序，即 I→E→P→S。（4）从微观来看，学者们对过程的认识持有一致的观点。若出现构件 I，则 I 必在 E 和 P 之前，即 I→E、I→P；若出现构件 E，则 E 在 P 之前，即 E→P。

上面通过梳理汉语语法教学的相关文献，我们对目前关于初级汉语语法教学结构和过程的"应然"做了归纳和描写。总的来看，对初级汉语语法教学结构和过程的认识有一定的范畴化特征，但并非完全一致，还存在不同的见解。

二、对语法教学结构和过程"实然"的实证研究

实证研究采用实际经验中获得的证据而非进行思辨的研究，具有鲜明的直接经验特点。关于语法教学结构和过程的实证研究并不多见，代表性研究如王青（2006）和吴倩（2014）。从已有成果来看，实证研究有两个特点：（1）仅就语法教学结构和过程的某些问题进行考察。（2）研究材料既包括教

学实录，也包括教案和实地观课，样本的代表性和同质性难以保证；加之样本数量相对较少，因此可比性相对较弱。

近年来，数据挖掘和数据分析技术的发展和广泛应用为实证研究提供了更多来自数据的支持，本研究正是这一研究方法的实践。

（一）研究设计

第一步，选取"汉语语法教学·实录样本数据库"①中初级汉语语法教学的样本作为研究对象，共计 45 份。

第二步，对这些样本按研究目的进行转写，除标注基本信息外，还以构件为单位标注相关的语法教学信息，形成"汉语语法教学·实录研究数据库"。

第三步，对各样本数据进行汇总和计算，得到关于语法教学结构和过程的相关统计结果。

（二）对语法教学结构"实然"的实证研究

语法教学结构构件和结构类型的计算结果如表 6-4 所示（按结构构件代码音序排列）。

表 6-4　语法教学结构构件和结构类型"实然"统计表

结构构件	构件数量	结构类型	样本数量	百分比（%）
I、E、P	3	IEP 结构	11	24.44
I、E、P、S	4	IEPS 结构	25	55.56
I、P	2	IP 结构	1	2.22
I、P、S	3	IPS 结构	8	17.78
合计	2—4	4	45	100

从表 6-4 可以看出：（1）构件 I 和 P 为必有项，体现出规范化语法教学

---

① 该数据库为自建。本研究中的教学实录主要来自北京语言大学出版社出版的《汉语课堂教学示范》（2007 年）实录、青年教师教学基本功大赛获奖作品和世界汉语教学学会网站上的示范课。这类教学实录通常由一线教师或教师团队精心设计后付诸实施，且经过了领域内教学专家或教学研究专家的评选、认证，具有可模仿性和可推广性等特点，值得深入学习和研究。

对"导入"和"练习"的重视。(2)各构件占比情况为：I 与 P 占比相同，E 与 S 占比相同，且前两者的占比大于后两者的占比。(3)共出现 4 种结构类型，按占比由高到低排列为：IEPS 结构、IEP 结构、IPS 结构、IP 结构。(4)结构类型占比最高且占绝对优势者为 IEPS 结构，占 55.56%。

综观已有的同类语法教学结构实证研究，吴倩（2014）认为语法教学结构类型均为 IEPS 结构，但本研究发现了其他类型；王青（2006）的研究归纳出两种语法教学结构类型，分别是 IPS 结构和 IEPS 结构，但也不如本研究的结果丰富；王青（2006）认为占比较高者为 IPS 结构，这与本研究结果有所不同。这些差异很可能是由样本的代表性和规模造成的。

（三）对语法教学过程"实然"的实证研究

语法教学过程的计算结果如表 6-5 所示（按过程类型代码音序排列）。

表 6-5　语法教学不同结构类型下的过程类型"实然"统计表

结构类型	过程类型	样本数量	百分比（%）
IEP 结构	[I-E-P] 过程	8	17.78
	[I-P-E-P] 过程	3	6.67
IEPS 结构	[I-E-P-E-P-S] 过程	1	2.22
	[I-E-P-E-S] 过程	1	2.22
	[I-E-P-E-S-P] 过程	1	2.22
	[I-E-P-S] 过程	16	35.56
	[I-E-P-S-P] 过程	2	4.44
	[I-E-P-S-P-S] 过程	2	4.44
	[I-P-E-P-S-P] 过程	1	2.22
	[I-P-E-S] 过程	1	2.22
IP 结构	[I-P] 过程	1	2.22
IPS 结构	[I-P-S] 过程	5	11.11
	[I-P-S-P] 过程	3	6.67
合计	13	45	100

从表 6-5 可以看出：

第一，过程特征明显，且起始和结尾由特定的构件承担。

首先，在对样本构件进行标注的过程中容易区分出不同的组成部分，构件间的区分特性十分明显，这表明初级汉语语法教学过程中使用了界限相对分明的不同构件。其次，所有样本中的过程均以 I（导入）开头，以 P（练习）或 S（总结）结尾，其中以 S（总结）结尾的样本居多。这一结果与王青（2006）和吴倩（2014）的研究结果一致，且本研究提供了更多的数据支持。

第二，[E-P]、[I-E] 和 [I-P] 子过程的实际应用凸显。

本研究的样本中，某些结构构件间存在特定的关联关系，形成若干子过程，且出现频次较高。例如，[E-P] 子过程特征显著，即语法教学中的"说明"和"练习"相伴出现，"说明"后必实施"练习"；其他凸显的还有 [I-E] 和 [I-P] 子过程。

第三，不同的过程类型是由相同的结构类型产生的。

在 IEP 结构类型下，过程类型有 2 种，分别为 [I-E-P] 过程和 [I-P-E-P] 过程；在 IEPS 结构类型下，过程类型有 8 种，为 [I-E-P-E-P-S] 过程等；在 IPS 结构类型下，过程类型也有 2 种，分别为 [I-P-S] 过程和 [I-P-S-P] 过程。

第四，过程类型呈现出范畴化特征。

研究发现，在所有过程类型中，[I-E-P-S] 过程是 IEPS 结构类型中的原型过程，占比最高，为 35.56%（教学过程示例[①]见例 1）。类似的还有 IEP 结构类型中的 [I-E-P] 过程和 IPS 结构类型中的 [I-P-S] 过程，占比分别为 17.78% 和 11.11%。

　　例 1："把"字句中"S ＋ 把 ＋ O ＋ V ＋ 在 ＋ 处所"的 [I-E-P-S] 教学过程。

　　I：教师通过呈现图片等方式进行导入，引出若干例句。

---

① 示例来源于实证样本。下同。

E：教师带领学生一起进行分析，说明"把"字句的结构。

P：开展一定量的不同形式的练习。

S：进行总结。

三、对语法教学结构和过程"实然"与"应然"研究的对比分析

上面对初级汉语语法教学结构和过程"应然"进行了描写，并通过对一定规模规范化汉语教学"实然"的实证研究得出了相应的结论。在此，我们把两者进行对比分析。通过对比，思考"应然"在"实然"中的体现，以及"实然"对"应然"的反拨作用。

（一）对语法教学构件的对比分析

根据表 6-2 和表 6-4，我们可以得到初级汉语语法教学结构构件的"应然"描写结果与"实然"研究结果对照表，如表 6-6 所示（按结构构件代码音序排列）。

表 6–6　语法教学结构构件"应然"与"实然"对照表

结构构件	"应然"描写结果（提及份数 / 文献总份数）	"实然"研究结果（实际出现样本数 / 样本总数）	"应然"与"实然"支持情况
E	9/13=69.23%	36/45=80%	"实然"支持率高
I	12/13=92.31%	45/45=100%	"实然"支持率高
P	13/13=100%	45/45=100%	全部支持
S	5/13=38.46%	33/45=73.33%	"实然"支持率高

从表 6-6 可以得到如下两点结论：

第一，"I（导入）、E（说明）、P（练习）、S（总结）"构成语法教学结构构件的集合。

关于初级汉语语法教学的结构构件，"应然"中包括的可能的构件集合

为：I（导入）、E（说明）、P（练习）、S（总结），共 4 个；"实然"中并未发现有别于上述 4 个构件的其他构件。另外，"应然"和"实然"研究结果中的最少构件数均为 2（I 和 P），最多均为 4（I、E、P、S）。这一结果表明：目前对初级汉语语法教学结构构件是有共识的，是相对清晰和明确的；同时，这也从侧面反映了本研究选取的样本具有代表性和典型性。

第二，"P（练习）"和"I（导入）"是语法教学的必要组成部分。

"应然"探讨中均包括"P（练习）"，且绝大部分都提到了"I（导入）"；"实然"中 I 和 P 两个构件更是在所有样本中都出现了。在这一点上，"应然"与"实然"基本是一致的。这充分说明"练习"和"导入"两个构件是语法教学的必要组成部分。事实上，在以往的研究中，学者们已经对二者的作用在理论上给予了充分的阐述和分析，比如：语法点学习环节的"第一步就是语法点的导入"（张辉、杨楠，2006），"导入环节作为语法教学的起点至关重要"（韩玉国，2014），"练习语法点是语法教学的最主要的环节"（崔永华、杨寄洲主编，2002）。

第三，"S（总结）"项很可能是影响语法教学效果的重要参数，但还有待实验验证。

"应然"描写结果显示，"S（总结）"项较少被提及（占 38.46%）；而在"实然"研究中，该项出现频次较高（占 73.33%）。这说明在规范化汉语语法教学中，教师对构件 S 给予了高度重视。事实上，自崔永华（1989）明确提出该项后，王钟华主编（1999），翟艳、苏英霞（2010），姜丽萍（2011）和韩玉国（2014）也相继明确提出了该项。但是，相比 I、E、P 项在"应然"中被提及的频次，S 项被提及和强调得不够，这对于以"应然"认知为指导的新手教师建立教学认知来说，或许不是一种完备性知识。考虑到本书实证研究所用数据的性质定性为规范化汉语教学样本，我们认为"S（总结）"项很可能是影响语法教学效果的重要参数。当然，这有待今后的教学实验加以验证。

（二）对语法教学结构类型的对比分析

我们将"应然"与"实然"中结构类型的有无进行对比，如表 6-7 所示
（按结构类型代码音序排列）。

表 6-7　语法教学结构类型"应然"与"实然"对照表[①]

结构类型	"应然"结构类型	"实然"结构类型
EP 结构	+	-
IEP 结构	+	+
IEPS 结构	+	+
IP 结构	+	+
IPS 结构	+	+

表 6-7 显示，"应然"中的绝大部分结构类型在"实然"中找到了证据；
从中还可以看出，"应然"中共有 5 种结构类型，而"实然"研究共发现了
4 种结构类型，"实然"包含在"应然"之中。两个集合相比，"应然"研究
中论及的 IEPS 结构、IEP 结构、IPS 结构和 IP 结构等 4 种结构类型在"实
然"研究中均已出现；而"应然"研究中论及的 EP 结构在"实然"研究中
尚未发现。我们认为，一方面，持该观点的学者可能重点强调的是语法教学
中的"讲"和"练"，将结构类型归纳为 EP 结构；另一方面，在实际教学
中，可能存在"导入"环节过简的情况。

结合前文论述还可发现，结构类型呈现范畴化特征。本研究"应然"描
写得出的 5 种结构类型中，被关注程度最高、提及最多的结构类型为 IEP
结构。可以说，结构类型呈现范畴化特征，且 IEP 结构可以看作是"应然"
中的原型结构。而在"实然"研究得出的 4 种结构类型中，出现最多的为
IEPS 结构，占 55.56%。同样可以说，结构类型呈现范畴化特征，且 IEPS
结构可以看作是"实然"中的原型结构。

---

① 表中"+"表示有，"-"表示无。

（三）对语法教学过程的对比分析

下面对"应然"和"实然"教学过程从构件的组合和排列上做进一步的解析，如表 6-8 所示（按"应然"过程类型代码音序及"实然"过程类型代码音序排列）。

表 6-8　语法教学过程类型"应然"与"实然"解析表

"应然"过程类型	"实然"过程的样本数量、类型、原型及变体解析		
	样本数量	类型	原型及变体解析
E-P	0	/	/
I-E-P	8	I-E-P	I-　[E–P]
	3	I-P-E-P	I-P-[E–P]
I-E-P-S	1	I-E-P-E-P-S	I-　[E-P]-[E-P]-S
	1	I-E-P-E-S	I-　[E-P]-E-　S
	1	I-E-P-E-S-P	I-　[E-P]-E-　S-P
	16	I-E-P-S	I-　[E–P]-　S
	2	I-E-P-S-P	I-　[E–P]-　S-P
	2	I-E-P-S-P-S	I-　[E–P]-　S-P-S
	1	I-P-E-P-S-P	I-P-[E–P]-　S-P
	1	I-P-E-S	I-P- E-　S
I-P	1	I-P	I-P
I-P-S	5	I-P-S	I-P-　S
I-P-S-P	3	I-P-S-P	I-P-　S-P

通过对比分析，可以得到如下四点认识：

第一，"应然"中的 5 种过程类型可以看作是语法教学理论和实践研究的结晶。

本研究结果表明，语法教学过程的"应然"与"实然"不完全一致。具体来说，"应然"探讨论及的 6 种过程类型中，有 5 种在"实然"中已经出现，即 [I-E-P]、[I-E-P-S]、[I-P]、[I-P-S] 和 [I-P-S-P] 过程；而且，这 5 种"应然"类型在"实然"中出现的总频次占优势（73.33%），这说明"应然"的这 5 种过程类型从理论和实践的角度看，都是值得信赖的。

第二，"应然"和"实然"中的过程类型都不是单一的、固定不变的。某些类型为大概率事件，值得实际教学中参考和借鉴。

本研究"应然"描写中归纳出了 6 种过程类型，"实然"研究结果则发现了 13 种过程类型。这一方面表明，语法教学过程类型多样，并不是单一的、固定不变的，能够体现出教师对教学方法的灵活运用；另一方面也表明，过程类型是非常有限且相对集中的若干种，而不是结构构件的随机或任意排列。[I-E-P-S] 过程为大概率事件，值得教学中参考和应用。鉴于"应然"和"实然"研究的背景，可以说其有限和集中的特点体现了语法教学理论和教学模式的制约作用。

第三，"实然"中出现了许多"应然"过程类型的变体形式，应进一步探讨其应用的背景或条件，并纳入教学认知的视野。

"应然"中的 6 种过程类型在"实然"中出现的有 5 种，而"实然"研究中发现的 [I-E-P-S-P] 等 8 种过程类型在"应然"探讨中未见到具体论述。根据表 6-8，这 5 种"应然"过程类型与"实然"的 13 种过程类型相比较，"实然"中的诸多过程类型可看作是"应然"过程类型的变体形式，可由"应然"原型变体得到。如 [I-E-P-E-P-S] 可看作是 [I-[E-P]-[E-P]-S]，即原型 [I-E-P-S] 的变体。其他还有若干类似的情形，具体见例 2 和例 3。将上述变体研究成果纳入教学认知的视野，有利于语言教学创新，也方便教师在不同教学目标下选用合适的语言教学方法。

例 2：该样本的教学过程为 [I-E-P-E-S]，与原型 [I-E-P-S] 相比，可看作中间多了一个 [E]，即在类似例 1 的过程中，又进行了第二次说明。

I：教师通过动作导入，引出例句。

E：教师主要讲解"把"字句的结构。

P：进行练习。

E：教师再次强调"把"字句的结构语义特征，进行第二次说明。

S：带领学生一起总结。

例3：该样本的教学过程为 [I-E-P-S-P-S]，可以看作是 [I-E-[P-S]-[P-S]]。与原型 [I-E-P-S] 相比，后面多了 [P-S]。实际情况是，教师进行导入、说明、练习和总结之后，又做了第二次练习和总结。

I：教师通过图片导入，引出例句。

E：教师带领学生一起进行分析，说明情态补语的结构。

P：进行一定量的练习。

S：通过黑板板书总结情态补语的结构、提问方式等。

P：完成总的交际性练习（即多了一个 P）。

S：教师再次进行总结（即又多了一个 S）。

上述各例反映出原型是主流形式，语法教学既可以遵循 [I-E-P-S] 或 [I-E-P] 等教学过程原型，也可不拘泥于原型。"应然"体现的是"教学有法"，"实然"体现的是"法无定法"。同时，这些变体非常值得研究，学者们既需要对语法教学的结构构件、结构类型和过程类型做更细致的描写，也应从理论上探讨各类（种）变体的依据，这正是通过数据挖掘方法，从可操作的角度更准确地把握教学模式的真谛（郑艳群，2016）。

第四，"应然"中对子过程 [E-P]、[I-E] 和 [I-P] 的认识，在"实然"中找到了证据。

崔永华、杨寄洲主编（2002）认为，解释语法点不是一个独立的过程，而是随着练习的进程而进行的。由表6-8可以看出，[E-P] 子过程的频次最高，可以说，"实然"实证研究为"应然"描写提供了强有力的证据。

此外，由表 6-8 还可以看出：[I-E] 子过程的频次较高，即"导入"与"说明"相伴，这与苏英霞（2014）的观点相吻合。还有 [I-P] 子过程，即"导入"之后不做说明就开始"练习"的情形，其出现频次也相对较高，可与"在语法点导入之后，要通过大量的操练使学生进一步理解其意义，逐步熟悉并掌握其结构与使用的条件"（张辉、杨楠，2006）的教学理念相互印证。

四、对语法教学结构和过程的史料分析

（一）语法教学结构认知图谱及分析

我们从时间的角度梳理了初级汉语语法教学各结构认知信息[①]，得到了初级汉语语法教学结构认知时间分布图（见图 6-19）。

由图 6-19 可以看出初级汉语语法教学结构认知发展的以下特点：（1）1989 年至今，已有教学认知中共提出了 5 种初级汉语语法教学结构类型，分别是 EP 结构、IEP 结构、IEPS 结构、IP 结构和 IPS 结构。（2）从支持率来看，IEP 结构的支持率最高，接近 50%（6/13=46.15%），这表明该结构被关注程度和认可度均最高。EP 结构和 IP 结构支持率最低，占比均为 7.69%（1/13=7.69%），这表明二者虽已引起学者的关注，但认可度不高。（3）从时间来看，1989 年是最早关注初级汉语语法教学结构的年份，这一年，IEPS 结构首次进入语法教学结构研究的视野（崔永华，1989）；2017 年是最近关注初级汉语语法教学结构的年份，这一年，专家学者重新提及 IEP 结构，体现出这一语法结构在学者的教学认知中活跃度较高。

---

① 不同学者对语法教学构件的表述不完全一致，但从所指来看基本是同一个教学事件，基于此，我们对名称不同而内涵相同的教学构件进行归一化处理。为方便讨论，用英文字母来代表语法教学中不同的结构构件，具体表示为：I（introduction）= 导入；E（explanation）= 说明；P（practice）= 练习；S（summary）= 总结。

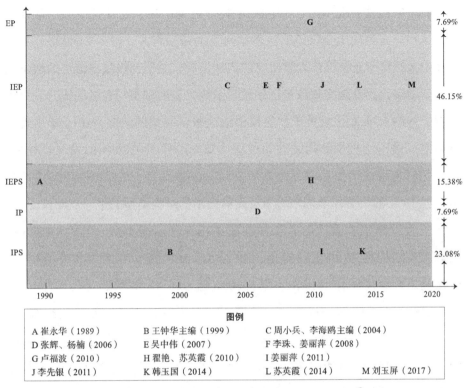

图 6-19 初级汉语语法教学结构认知时间分布图[①]

图例

A 崔永华（1989）	B 王钟华主编（1999）	C 周小兵、李海鸥主编（2004）
D 张辉、杨楠（2006）	E 吴中伟（2007）	F 李珠、姜丽萍（2008）
G 卢福波（2010）	H 翟艳、苏英霞（2010）	I 姜丽萍（2011）
J 李先银（2011）	K 韩玉国（2014）	L 苏英霞（2014）　M 刘玉屏（2017）

1. 教学结构认知发展的历时分析

我们可分别从时间和结构两个维度具体分析初级汉语语法教学结构认知的历时发展。

从时间维度来看，20 世纪 80 年代末至今，各个历史时期均有专家学者对初级汉语语法教学的结构进行思考，语法教学结构认知呈现出一定的连续性。总的来看，20 世纪共有 2 篇文献明确提出初级汉语语法教学的构件和类型（2/13=15.38%）；进入 21 世纪后，共有 11 篇文献明确提出初级汉语

①　图中横坐标表示年份，纵坐标表示不同的结构类型；大写英文字母表示教学结构认知来源，百分数表示对应教学结构的支持率。下同。

语法教学的构件和类型（11/13=84.62%）。可见，20 世纪相关的教学认知较少，这在一定程度上与汉语语法教学研究的滞后有关。进入 21 世纪，随着国际中文教育事业及汉语教学研究的快速发展，关于初级汉语语法的教学认知逐渐增多，无论是文献数量还是教学结构类型的种类均有显著提升。具体来看，1989 年首次出现关于初级汉语语法教学结构的认知，2010 年出现关于初级汉语语法教学结构类型的最新认知。可见，在 20 年的发展过程中，学者们对初级汉语语法教学结构的新认知不断涌现，5 种结构类型均被提出。近 10 年的相关教学认知均为对此前提出的结构类型的进一步探讨。

从教学结构来看，已有认知共归纳出 5 种结构类型。其中，IEPS 结构和 IPS 结构在 20 世纪被提出；EP 结构、IEP 结构和 IP 结构均在 21 世纪被提出。具体来看，IEPS 结构于 20 世纪 80 年代末提出，提出时间最早（崔永华，1989）。该结构在已有认知中共被提及 2 次，首次提出 20 年后，IEPS 结构再次被明确提出。这表明 IEPS 结构虽然是最早引起学者关注和肯定的，但对其研究有所间断，未能持续。IPS 结构最早于 20 世纪 90 年代末被提出（王钟华主编，1999），且在 21 世纪不止一次被明确提出（姜丽萍，2011；韩玉国，2014），表明对该结构的关注有一定的持续性。21 世纪最早被提及的语法教学结构新类型为 IEP 结构（周小兵、李海鸥主编，2004）。该结构自首次提出之后，被多位学者反复提及，是初级汉语语法教学结构研究中最为活跃的结构类型。相较之下，21 世纪新出现的其他 2 种结构类型受到的关注较少，分别只有 1 篇文献明确提及。其中，IP 结构于 2006 年被明确提出（张辉、杨楠，2006），EP 结构被提出的时间最晚，于 2010 年被明确提出（卢福波，2010），且对两种结构的研究未能持续。

2. 教学结构认知分布的共时分析

自 20 世纪 80 末开始出现关于初级汉语语法教学结构的教学认知以来，21 世纪第二个 10 年是语法教学结构研究最为活跃的年代（7/13=53.85%）。在这 10 年间，相关的教学认知共提及 4 种语法教学结构类型。具体来看，

10 年中前 5 年的教学认知更为丰富，集中在 2010 年、2011 年和 2014 年，这 3 年每年均有 2 篇关于语法教学结构的教学认知文献，且每年提及的结构均有 2 种。其中，2010 年被提及的教学结构为 EP 结构和 IEPS 结构；2011 年被提及的教学结构为 IEP 结构和 IPS 结构；2014 年被提及的教学结构为 IEP 结构和 IPS 结构。

相较之下，21 世纪第二个 10 年的后 5 年关于语法教学结构的研究较少，仅 2017 年有一位学者在研究中涉及相关教学认知（刘玉屏，2017）。这或许表明，一方面，经过多年对初级汉语语法教学结构的探讨，学者们对语法教学的结构形成了比较一致的看法，如对 I 和 P 构件重要性的认可等；另一方面，经过多年的语法教学实践，即便是一些创新型语法教学模式，仍未出现超出上述 5 种结构类型的新的教学结构，因此学者们对语法教学结构探讨的热度逐渐下降。

（二）语法教学过程认知图谱及分析

按照提出时间的先后顺序，我们梳理了语法教学认知中各类教学过程的认知信息，得到了初级汉语语法教学过程认知时间分布图（见图 6-20），据此可分析初级汉语语法教学过程认知的历时发展与共时分布规律。

由图 6-20 可以看出初级汉语语法教学过程认知发展的以下特点：（1）已有教学认知对初级汉语语法教学过程的归纳呈现出不同的类型。（2）总的来看，1989 年至今，已有教学认知中共提出 6 种初级汉语语法教学过程类型，分别是 [I-E-P] 过程、[I-E-P-S] 过程、[I-P-S] 过程、[E-P] 过程、[I-P] 过程和 [I-P-S-P] 过程。（3）从支持率来看，[I-E-P] 过程的支持率最高，接近 50%（6/13=46.15%），是学者们最为关注的语法教学过程类型；[E-P] 过程、[I-P] 过程和 [I-P-S-P] 过程的支持率比较低，占比均为 7.69%（1/13=7.69%）。（4）从各过程提出的先后顺序来看，[I-E-P-S] 过程最早进入初级汉语语法教学过程认知，这表明专家学者注意到语法教学的过程性特征，开始探究语法教学中各类教学事件发生和发展的先后顺序。

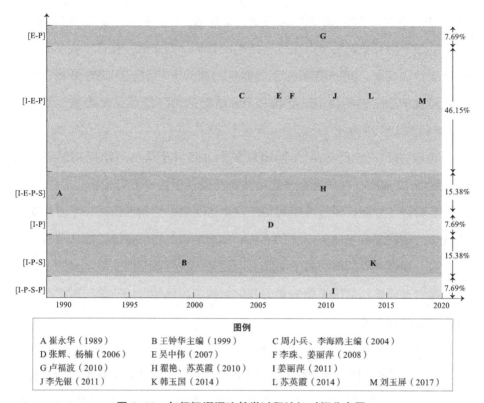

图 6-20 初级汉语语法教学过程认知时间分布图

1. 教学过程认知发展的历时分析

初级汉语语法教学过程认知的历时发展可从时间和过程两个维度分别进行分析。

从时间维度来看，1989 年以来，关于初级汉语语法教学过程的教学认知比较丰富，语法教学过程认知呈现出一定的连续性。与语法教学结构认知相一致，20 世纪共有 2 篇文献明确提出初级汉语语法教学的过程类型（2/13=15.38%）；进入 21 世纪，共有 11 篇文献明确提出初级汉语语法教学的过程类型（11/13=84.62%）。具体来看，1989 年首次出现关于初级汉语语法教学结构的认知，2011 年出现关于初级汉语语法教学过程类型的最新认知。至此，6 种初级汉语语法教学过程类型全部被提出。

从教学过程来看，已有认知共归纳出 6 种过程类型。其中，[I-E-P-S] 过程和 [I-P-S] 过程在 20 世纪被提出；[E-P] 过程、[I-E-P] 过程、[I-P] 过程和 [I-P-S-P] 过程均在 21 世纪被提出。具体来看，[I-E-P-S] 过程于 1989 年被提出，提出时间最早（崔永华，1989）。该过程在已有认知中共被提及 2 次，首次被提出 20 年后，[I-E-P-S] 过程再次被明确提出（翟艳、苏英霞，2010）。[I-E-P-S] 过程被提出后的 10 年，未有关于初级汉语语法教学过程的新的教学认知。1999 年，[I-P-S] 过程被提出（王钟华主编，1999），在此后的 15 年间，没有出现关于该过程的教学认知。2014 年，[I-P-S] 过程再次被明确提出（韩玉国，2014）。可见，20 世纪初级汉语语法教学过程认知中出现的 2 种过程类型的关注度和活跃度均不是很高，未能成为 21 世纪初级汉语语法教学过程认知中的热点。在 21 世纪新提出的 4 种语法教学过程类型中，[I-E-P] 过程于 2004 年被提出，提出时间最早（周小兵、李海鸥主编，2004）。该过程被提出后，又有多位学者反复提及，是初级汉语语法教学过程研究中最为活跃的过程类型。相较之下，其他 3 种过程类型的关注较少，分别只有 1 篇文献明确提及。其中，[I-P] 过程于 2006 年被明确提出（张辉、杨楠，2006）；[E-P] 过程于 2010 年被明确提出（卢福波，2010）；[I-P-S-P] 过程被提出的时间最晚，于 2011 年被明确提出（姜丽萍，2011）。

2. 教学过程认知分布的共时分析

自 20 世纪 80 末开始出现关于初级汉语语法教学过程的教学认知以来，21 世纪第二个 10 年是语法教学过程研究最为活跃的年代（7/13=53.85%）。在这 10 年间，相关的教学认知共提及 5 种语法教学过程类型，其中 [E-P] 过程和 [I-P-S-P] 过程 2 种类型为这 10 年新出现的过程。具体来看，2010 年、2011 年和 2014 年这 3 年关于初级汉语语法教学过程的认知较为活跃，每年均有 2 篇相关的教学认知文献，且每年提及的过程类型均有 2 种。其中，2010 年被提及的教学过程为 [E-P] 过程和 [I-E-P-S] 过程；2011 年被提

及的教学过程为 [I-E-P] 过程和 [I-P-S-P] 过程；2014 年被提及的教学过程为
[I-E-P] 过程和 [I-P-S] 过程。

相较之下，21 世纪第二个 10 年的后 5 年关于语法教学过程的研究较
少，仅 2017 年有一位学者在研究中涉及相关教学认知（刘玉屏，2017）。这
或许表明，一方面，经过多年对初级汉语语法教学过程的探讨，学者们对
语法教学的过程形成了比较一致的看法。比如，若出现构件 I，则 I 必在 E
和 P 之前，即 I→E、I→P；若出现构件 E，则 E 在 P 之前，即 E→P。另
一方面，多年的语法教学实践显示，初级汉语语法教学过程要么属于已有
教学认知 6 种类型中的一种，要么是其变体形式。

（三）语法教学结构和过程研究代表性人物图谱及分析

20 世纪 80 年代末以来，很多学者对初级汉语语法教学的结构和过程进
行了探索，产出了丰富的研究成果。在已有语法教学结构和过程认知中，共
有 15 位学者做出了贡献。以研究者为线索，分析各位学者进行语法教学结
构和过程研究的时间早晚，以及贡献观点数的多少，可以得出语法教学结构
和过程研究领域的代表性人物。

1. 教学结构研究的代表性人物

从研究时间的早晚来看，崔永华是最早关注初级汉语语法教学结构的
学者，于 1989 年提出了语法教学完整的 4 个构件和 IEPS 结构的观点，是开
启语法教学结构研究的代表性人物。刘玉屏是已有教学认知中最近关注初级
汉语语法教学结构的学者，于 2017 年对语法教学 IEP 结构进行了新的思考，
贡献了最新的教学认知。

从贡献教学认知的多少来看，姜丽萍和苏英霞两位学者提出的结构类型
最多，分别提出了两种不同的语法教学结构。其中，李珠、姜丽萍（2008）
提出了 IEP 结构，姜丽萍（2011）提出了 IPS 结构；翟艳、苏英霞（2010）
提出了 IEPS 结构，苏英霞（2014）提出了 IEP 结构。从中可以看出学者们
对语法教学结构的持续关注和不断思考。

2. 教学过程研究的代表性人物

从研究时间的早晚来看，崔永华是最早关注初级汉语语法教学过程的学者，于 1989 年提出了 [I-E-P-S] 过程，首次对语法教学 4 个构件的先后次序进行了阐述。刘玉屏是已有教学认知中最近关注初级汉语语法教学过程的学者，于 2017 年重新思考了语法教学的 [I-E-P] 过程。

从贡献教学认知的多少来看，姜丽萍和苏英霞两位学者提出的过程类型最多，分别提出了两种不同的语法教学过程。其中，李珠、姜丽萍（2008）提出了 [I-E-P] 过程，姜丽萍（2011）提出了 [I-P-S-P] 过程；翟艳、苏英霞（2010）提出了 [I-E-P-S] 过程，苏英霞（2014）提出了 [I-E-P] 过程。

∷ 参考文献 ∷

崔永华（1989）对外汉语语法课堂教学的一种模式，《世界汉语教学》第 2 期。

崔永华（1992）基础汉语阶段精读课课堂教学结构分析，《世界汉语教学》第 3 期。

崔永华（2007）试论综合课课堂教学设计——教育学视角的分析，载《第八届国际汉语教学讨论会论文选》编辑委员会编《第八届国际汉语教学讨论会论文选》，北京：高等教育出版社。

崔永华（2008）《对外汉语教学设计导论》，北京：北京语言大学出版社。

崔永华、杨寄洲主编（2002）《汉语课堂教学技巧》，北京：北京语言文化大学出版社。

国际汉语课堂教学研究课题组（2016）《国际汉语课堂教学参考案例·初级综合课》，北京：北京语言大学出版社。

韩玉国（2014）汉语语法教学的语义引导，《国际汉语教学研究》第 4 期。

姜丽萍（2011）《汉语作为第二语言课堂教学》，北京：北京大学出版社。

姜丽萍（2014）《综合课教学方法与技巧》，北京：北京语言大学出版社。

姜丽萍、吴　倩（2018）初级汉语综合课教学模式，《国际汉语教学研究》第
　　3 期。

姜丽萍、赵秀娟、吴春仙（2014）《综合课教学方法与技巧》，北京：北京语
　　言大学出版社。

李　泉主编（2011）《汉语综合课教学理论与方法》，北京：北京大学出版社。

李先银（2011）表达导向的对外汉语语法教学模式及"把"字句的教学，载
　　迟兰英主编《汉语速成教学研究》，北京：北京语言大学出版社。

李　珠、姜丽萍（2008）《怎样教外国人汉语》，北京：北京语言大学出版社。

刘　巍、张冬秀、孙熙春（2017）《对外汉语教学理论与实务》，北京：清华
　　大学出版社。

刘玉屏（2017）《汉语作为第二语言语法教学》，北京：中央民族大学出版社。

卢福波（2010）《汉语语法教学理论与方法》，北京：北京大学出版社。

吕必松（1985）基础汉语教学课型设计和教材编写的新尝试，《语言教学与研
　　究》第 4 期。

吕必松（1991）再论对外汉语教学的总体设计，载第三届国际汉语教学讨论
　　会会务工作委员会编《第三届国际汉语教学讨论会论文选》，北京：北京
　　语言学院出版社。

苏英霞（2014）基于案例观察的语法教学失误分析，《国际汉语教学研究》第
　　2 期。

陶　炼（2000）"结构—功能—文化"相结合教学法试说，《语言教学与研究》
　　第 4 期。

王德珮（1989）基础汉语精读课的课堂教学方法略述，《语言教学与研究》第
　　3 期。

王　青（2006）对外汉语初级阶段综合课的课堂教学模式研究，北京语言大
　　学硕士学位论文。

王钟华主编（1999）《对外汉语教学初级阶段课程规范》，北京：北京语言文

化大学出版社。

吴　倩（2014）优秀教师综合课教学模式研究——以北语五位教师教学录像为考察对象，北京：北京语言大学硕士学位论文。

吴中伟（2007）《怎样教语法——语法教学理论与实践》，上海：华东师范大学出版社。

杨惠元（2019）《汉语技能教学法》，北京：北京语言大学出版社。

翟　艳、苏英霞（2010）《汉语作为第二语言技能教学》，北京：北京大学出版社。

张　辉、杨　楠（2006）《汉语综合课教学法》，北京：北京语言大学出版社。

赵金铭主编（2019）《对外汉语教学概论》（修订本），北京：商务印书馆。

赵　菁（2018）北语留学生本科专业初级阶段汉语教学设计要点，《国际汉语教学研究》第 1 期。

郑艳群（2000）浅谈"虚拟词语空间"——多媒体汉语词典的发展设想，载《第六届国际汉语教学讨论会论文选》编辑委员会编《第六届国际汉语教学讨论会论文选》，北京：北京大学出版社。

郑艳群（2016）汉语教学数据挖掘：意义和方法，《语言文字应用》第 4 期。

郑艳群（2020）教学分析与教学计算：大数据时代汉语教学研究方法探新，《国际汉语教学研究》第 2 期。

郑艳群、袁　萍（2019）"应然"与"实然"：初级汉语语法教学结构和过程研究，《语言教学与研究》第 1 期。

郑艳群、朱世芳（2020）基础汉语综合课教学结构和过程理论模型研究，《汉语学习》第 1 期。

中国对外汉语教学学会汉语水平等级标准研究小组（1988）《汉语水平等级标准和等级大纲（试行）》，北京：北京语言学院出版社。

周　健、彭小川、张　军（2004）《汉语教学法研修教程》，北京：人民教育出版社。

周小兵、李海鸥主编（2004）《对外汉语教学入门》，广州：中山大学出版社。

朱其智（2001）语篇分析技巧在汉语精读课中的运用，《汉语学习》第 4 期。

朱世芳、郑艳群（2019）汉语课堂教学应用模型研究，载朱瑞平、王命全主编《第十五届国际汉语教学学术研讨会论文集：汉语国际教育的跨学科发展研究》，北京：外语教学与研究出版社。

朱世芳、郑艳群（2023）汉语教学综合技能发展轨迹：基于实证的研究，《辽宁师范大学学报（社会科学版）》第 6 期。

宗世海（2016）我国汉语教学模式的历史、现状和改革方向，《华文教学与研究》第 1 期。